Der
Reise Know-How Verlag Peter Rump GmbH
ist Mitglied der
Verlagsgruppe

REISE KNOW-HOW

Gunda Urban
Komodo, Sumbawa & Flores

"Du kennst diese Fieberkrankheit, die uns im kalten Elend ergreift,
dieses Heimweh nach einem Land, das man nicht kennt,
und die qualvolle Sehnsucht nach Neuem!"
Aufforderung zur Reise, Charles Baudelaire

Bali
Lombok
Sumbawa

Gunda Urban

Komodo, Sumbawa & Flores

Impressum

Gunda Urban

Komodo, Sumbawa & Flores

erschienen im
Reise Know-How Verlag Peter Rump GmbH
Hauptstr. 198
33647 Bielefeld/Brackwede

2. Auflage 1996

Wir drucken auf chlorfreiem Papier

Gestaltung:
Umschlag: M. Schömann, P. Rump
Inhalt: Kordula Röckenhaus
Karten, Stadtpläne: Catherine Raisin
Fotos: Karin Bischoff (KB), Anne Stewart (AS),
Peter Rump (PR), alle übrigen die Autorin

Druck, Bindung und Lithographie: Fuldaer Verlagsanstalt GmbH, Fulda

ISBN: 3-89416-060-8

PRINTED IN GERMANY

Dieses Buch ist erhältlich in jeder Buchhandlung der BRD, Österreichs, der Niederlande und der Schweiz. Bitte informieren Sie Ihren Buchhändler über folgende Bezugsadressen:

BRD: Prolit GmbH, Postfach 9, 35461 Fernwald (Annerod)
Schweiz: AVA-buch 2000, Postfach 89, CH-8910 Affoltern
Österreich: Mohr Morawa Buchvertrieb GmbH, Sulzengasse 2, A-1230 Wien
Niederlande: Nilsson & Lamm BV, Postbus 195, NL-1380 AD Weesp

Wer im Laden trotzdem kein Glück hat, bekommt unsere Bücher gegen Voreinsendung des Kaufpreises plus 4,50 DM für Porto (Scheck im Brief) direkt bei:
Rump-Direktversand, Heidekampstr. 18, 49809 Lingen (Ems)

- Wir freuen uns über Kritik, Kommentare und Verbesserungsvorschläge.
- Der Verlag sucht ***Autoren*** für qualitativ gleichartige Reiseführer.

Vorwort

Nusa Tenggara ist eine Region, die, bis auf den ***Komodo-Nationalpark***, als uninteressant und langweilig gilt. Die im Nationalpark lebenden einzigartigen Komodo-Warane sind die Hauptattraktion, ein Magnet, der jährlich Tausende von Besucher anzieht. Man verbindet mit Komodo die Vorstellung von urtümlichen Dinosauriern, menschenfressenden Echsen, abenteuerlichen Expeditionen durch undurchdringlichen Dschungel, begleitet von der ständigen Angst vor den lebensgefährlichen Raubtieren. Heutzutage ist vieles anders geworden, vor allem einfacher. Aufregend genug ist es aber immer noch, und mit Waranen ist auch heute noch nicht zu spaßen.

Aber nicht nur die Ora Darat (so nennt die Lokalbevölkerung die Warane) machen den Komodo-Nationalpark so interessant. Bislang noch wenig erforscht, gibt es um den Nationalpark Hunderte kleine, unbewohnte Inseln mit unberührten Stränden und wunderschönen Korallengärten, bewohnt von unzähligen Fischen.

Der Charme der Kleinen Sunda-Inseln ist ein völlig anderer als etwa der von Bali. Nach den überbevölkerten Inseln Java, Bali und Lombok sind ***Sumbawa, Komodo*** und ***Flores*** wohltuend menschenleer, wild und laden zum Entdecken ein. Großartige Sehenswürdigkeiten wie z.B. Tempel sucht man vergebens. Abenteuerliche Touren zu abseits gelegenen Orten und Inseln mit aufgeschlossenen, gastfreundlichen Menschen durch landschaftlich schöne Gebiete machen hingegen die Anziehungskraft dieser Inseln aus. Die Voraussetzung für das Reisen in dieser Region ist lediglich etwas Zeit und ein ausreichendes Maß an Entdeckerlust. Wer dann noch in der Lage ist, auf den Komfort touristisch erschlossener Gebiete zu verzichten, und es statt dessen vorzieht, mit den dort lebenden Menschen in hautnahen Kontakt zu kommen, wird die Kleinen Sunda-Inseln immer wieder besuchen.

Ich habe mich bemüht, möglichst viele Informationen zusammenzustellen, aber natürlich ist nicht jedes Fleckchen beschrieben, sonst würde ja nichts mehr zum Entdecken bleiben. Auch ändern sich Preise, manchmal innerhalb weniger Monate, aber die Relationen werden weiterhin ihre Gültigkeit behalten.

Ich hoffe, mein Buch hilft, die Reise zu planen und Neues zu entdecken und zu erfahren.

Danksagung

Viele Menschen haben mir bei diesem Buch geduldig geholfen, wie z.B. Iain, der Schweigsame (Karthograph), Liane, die Sucherin (Korrektur), Wolfram, der Genaue (Lektor).

Vielen Dank auch an die Frauen für alle Fälle: meine Mutter, Arlind und Nele, die sich um meinen Sohn Wayan kümmerten, immer wenn Not am Mann war.

Und ganz zum Schluß, die beiden Menschen, ohne die eine zweite Auflage nicht möglich gewesen wäre: Karin Eva Bischoff und Klaus Polak. Die beiden recherchierten viele der Reiseinformationen und stellten sie mir zur Verfügung. Vielen Dank.

Vor der Reise

Praktische Reisetips

Indonesien im Überblick

Anreise nach Sumbawa, Komodo und Flores

Die Insel Sumbawa

Reisen durch Sumbawa

Orte auf Sumbawa

Der Komodo-Nationalpark

Die Insel Komodo

Die Insel Rinca

Die Insel Flores

Reisen auf Flores

Orte auf Flores

Anhang

Exkurse zwischendurch

Vor der Reise

Reiseplanung

Aufgrund des relativ kurzen ***2-Monats-Visums*** kann man die unzähligen Inseln Indonesiens nur schwerpunktmäßig bereisen. Wer ausschließlich die östlichen Inseln Sumbawa, Komodo und Flores besuchen möchte, sollte einen Direktflug nach Denpasar buchen und von dort seine Reise starten.

Für Leute, die ***genügend Zeit*** mitbringen und gerne noch etwas von Java sehen möchten, ist es natürlich günstiger, nur bis Jakarta zu fliegen und eventuell den Rückflug ab Denpasar zu buchen (Gabelflug). Falls man das zu Beginn der Reise noch offenhalten möchte, besteht immer die Möglichkeit, eventuell einen Inlandflug *(Merpati, Sempati, Bouraq* oder *Garuda)* vor Ort zu buchen (ca. 220 DM).

Wer ***wenig Zeit*** hat, aber trotzdem Komodo besuchen möchte, sollte sich den Organisationsplan für eine 3-Wochen-Reise oder für einen 4-Tages-Ausflug (von Bali aus) im Kapitel "Anreise" durchlesen.

Flugtickets

Preis

Der offizielle, von der IATA festgesetzte ***Flugpreis*** für die Strecke Frankfurt - Denpasar - Frankfurt liegt bei 6720 DM, für die 1. Klasse gar bei 11.886 DM. Doch keine Angst - soviel zahlt kaum jemand, es sei denn, er ist Geschäftsreisender. Die Preise für Billigtickets liegen bei 1700 bis 1900 DM. Junge Menschen (bis 26) und Studenten (bis 29) fliegen zu bestimmten Zeiten deutlich billiger. *Lufthansa* gewährt zum Beispiel einen Nachlaß von 25%. Bei anderen Fluggesellschaften muß man den ermäßigten Preis erfragen. Wer nicht eingeschriebener Student ist, aber noch unter 25 Jahre, sollte nach dem Jugendtarif fragen. Manche Fluggesellschaften gewähren einen Nachlaß von 40%.

Auch sind erhebliche ***Preisunterschiede für verschiedene Jahreszeiten*** üblich. Wer nicht zur Hauptsaison fliegt (Juni-August) kann einiges sparen

Die Flüge ***ab Amsterdam oder Brüssel*** liegen preislich oft unter denen ab Frankfurt, was für Leute aus Nordwestdeutschland von Interesse sein könnte.

Einen guten, aktuellen ***Preisüberblick*** geben die im Zeitschriftenhandel überall erhältlichen Magazine *Reise & Preise* und *fliegen & sparen*.

In der "Billigflugliste" im Anhang des Buches findet sich eine Übersicht über alle Flugmöglichkeiten. Da gibt es auch Sonderangebote für Jugendliche (*Lufthansa*) und seit November. 1994 sogar einen wöchentlichen Charterflug mit *LTU*.

Wie findet man ein Reisebüro, das Billigtickets verkauft?

Billigreisebüros annoncieren oft in Alternativ-Blättern oder Stadtmagazinen und den speziellen Reiseillustrierten. Wer jemanden kennt, der notorischer Weltreisender ist, sollte ihn einmal fragen, wo er seine Tickets kauft, er zahlt mit Sicherheit nicht den IATA-Preis. Ansonsten: die Reisebüros in der Stadt antelefonieren und nach den Preisen fragen. Doch Vorsicht, manche Tickets haben nur eine ***sehr kurze Geltungsdauer,*** also z.B. nur 30 oder 45 Tage. Das ist dann nichts für Langzeitreisende. Andere Tickets sind billig, weil die einmal gebuchten Termine nicht mehr verschoben werden können (fixe Tickets). Bei der Anfrage also immer auch gleich nach der Gültigkeitsdauer des Tickets fragen.

Wie lange sind Tickets gültig?

Die Tickets haben eine Geltungsdauer von 30 oder 45 Tagen, 3, 6, oder 12 Monaten. Nach Ablauf der Frist (siehe Gültigkeitsdauer in der Mitte des Tickets über der Flugstreckenangabe) ist keine Verlängerung möglich. Das Ticket verfällt.

Flugdauer

Für welche Fluggesellschaft man sich entscheiden soll, fällt manchmal recht schwer bei der Vielzahl von Angeboten. Neben dem Preiskriterium sollte man auf jeden Fall die Flugdauer berücksichtigen. Es macht schon einen gravierenden Unterschied, ob man 26-28 Stunden eingepfercht im Flugzeug sitzt oder "nur" 18-20 Stunden. Ausschlaggebend ist hier die ***Anzahl der Zwischenstopps.*** Aufenthalte auf Flughäfen, wo die Maschine gewechselt wird, dauern erfahrungsgemäß besonders lange.

Die Flugdauer ist in der "Billigflugliste" ebenfalls angegeben.

Air Pass

Wer innerhalb Indonesiens mehrere Inseln besuchen möchte und ein *Garuda*-Langstrecken-Flugticket besitzt, kann sich einen ***Air Pass*** kaufen (300 US-$, Stand 12/95). Dieser Pass beinhaltet drei Gratis-Inlandflüge. Für jede weitere Flugstrecke bezahlt man 100 US-$ bis maximal zehn Flugstrecken. Minimale Aufenthaltsdauer sind fünf Tage, maximal 60 Tage. Der Pass sollte im Heimatland vor dem Abflug nach Indonesien gekauft werden, kann aber auch innerhalb von 14 Tagen in Indonesien bei Vorlage des Hin- und Rückflugtickets erworben werden. Wer nach Flores fliegen möchte, sollte seinen Flug besser vor Ort kaufen. Zum einen kann man sich so sicherer sein, daß man wirklich zum gebuchten Termin fliegen kann, und zum anderen sind die Tickets zu den östlichen Inseln nicht teurer als 100 US-$

Können die Flugtermine geändert werden?

Kein Problem, wenn man von den eingangs erwähnten fixen Tickets und Chartertickets absieht. Innerhalb der Geltungsdauer des Tickets kann der Flugtermin theoretisch beliebig oft verschoben werden, wenn ein Platz frei ist.

Reiserücktrittsversicherung

Man versichert sich gegen Kosten, die entstehen, wenn der Flugtermin nicht wahrgenommen werden kann. Die Gründe müssen aber zwingend sein, wie z.B. schwere Krankheit des Reisewilligen, der Kinder oder eines nahen Verwandten, sofern dieser ein bestimmtes Höchstalter noch nicht überschritten hat. Andere Gründe werden kaum akzeptiert. Die Reiserücktrittsversicherung muß spätestens sieben Tage nach Reisebuchung abgeschlossen werden und sollte nicht mehr als 3% der maximalen Stornogebühren kosten. Im Schadensfall ist eine Selbstbeteiligung des Versicherten durchaus üblich.

Warteliste – was ist das?

Ist ein Flugtermin belegt, kann man sich auf die Warteliste setzen lassen, d.h. man kann noch einen Platz bekommen, wenn andere Passagiere ihre Buchung rückgängig machen. Es gibt also keine Garantie, daß man mitfliegen kann. Bei Tickets, die lange vor dem Flug gekauft wurden, ist die Chance groß, daß der Wartelistenplatz in einen bestätigten Platz umgewandelt wird.

Man sollte unbedingt darauf achten, ob das Reisebüro ein ***bestätigtes Ticket*** oder eines mit Platz auf der Warteliste ausstellt: Bestätigte Tickets verzeichnen rechts neben der Streckenangabe (z.B. Frankfurt - Jakarta) den Vermerk ***"OK".*** Steht stattdessen ein ***"RQ"*** *(Request),* so bedeutet das Warteliste! Das Ticket also gut anschauen, und wenn man vorher ausdrücklich auf einen bestätigten Flugtermin gepocht hat, das "RQ"-Ticket nicht annehmen!

Was ist "Rückbestätigung"?

Kauft man ein Ticket Frankfurt - Denpasar - Frankfurt mit schon festgesetzten Terminen, muß der Rückflug dennoch am Zielort (in diesem Falle Denpasar) bis mindestens 72 Std. vor Abflug rückbestätigt (= *reconfirmed*) werden. Man muß also mit dem Ticket zur betreffenden Airline, oder man muß dort anrufen, um zu bestätigen, daß man wirklich zu dem gebuchten Termin fliegt. Vergißt man diese Rückbestätigung *(reconfirmation),* kann man im Computer der Airline gestrichen werden, und der Flugtermin ist dahin. Das Tikket verfällt selbstverständlich nicht, es sei denn, der Gültigkeitstermin wird überschritten.

Ticket verloren – was nun?

Wird ein Ticket verloren, ist die Chance gut, einen Ersatz dafür zu erhalten. Einige Airlines kassieren aber noch einmal 10% des Flugpreises, andere 50% und andere - sorry, da läuft dann nichts mehr.

Wer auf "Nummer Sicher" gehen möchte, sollte zumindest eine ***Fotokopie des Tikkets*** besitzen. Man kann die Rückflugtickets auch im Office der Fluggesellschaft deponieren (gegen Quittung!) und sie dann kurz vor dem Rückflug abholen. Die Deutsche Botschaft deponiert ebenfalls Wertgegenstände, das kostet aber Gebühr.

Rückflug – was ist zu beachten?

Fluggesellschaften schreiben vor, daß man sich mindestens ***zwei Stunden vor Abflug am Airport*** einfindet, um das Gepäck abzufertigen, die Bordkarte in Empfang zu nehmen und um Paßkontrolle und Zollabfertigung zu passieren.

Die Fluggesellschaften erlauben die Mitnahme von 20 kg ***Freigepäck,*** sind aber bei geringer Gewichtsüberschreitung nicht kleinlich. Genauere Angaben zu den Vorschriften der Fluggesellschaften finden sich in jedem Flugticket.

Garuda Indonesia hat einen Check-in-Service in ihren Stadtbüros in Singapur, Jakarta, Surabaya und Denpasar eingeführt. Um Wartezeiten am Flughafen zu vermeiden, können Passagiere dort zwischen 24 und 4 Stunden vor Abflug ihr Gepäck aufgeben.

In allen internationalen Flughäfen Indonesiens befinden sich ***Bankschalter.*** Dort besteht die Möglichkeit, Rupiah in harte Währung umzutauschen. Dies ist allerdings mit Kursverlusten verbunden.

Die ***Airporttax*** (ca. 20.000 Rp für internationale Flüge) wird nach dem Einchecken und vor der Paßkontrolle bezahlt.

Anreise zum Flughafen

Die Deutsche Bundesbahn bietet den Sonderservice *Rail + Fly* für alle deutschen Flughäfen und Amsterdam als einzigen ausländischen Flughafen an. Der harte Konkurrenzkampf unter den Fluggesellschaften macht es möglich, daß heutzutage dieses Bahntikket von verschiedenen Fluggesellschaften bezahlt wird (d.h. im Preis inbegriffen ist).

Geld

Reisekosten

Wenn man durch Java nach Bali, Lombok und Sumbawa und Komodo nach Flores ***mit öffentlichen Verkehrsmitteln über Land*** reist (Bus,

Bahn, Fähre), zahlt man für den Transport insgesamt kaum 300 DM, vorausgesetzt, man begnügt sich mit der 2. Klasse.

Eine ***Übernachtung*** in den preiswerten Pensionen (Wisma, Losmen etc.) kostet durchschnittlich 11-15 DM (=15.000-20.000 Rp), wobei kein Unterschied zwischen Einzel- oder Doppelzimmern gemacht wird. Paare reisen also billiger.

Wer nach europäischem Standard reisen und schlafen will (das bezieht sich hauptsächlich auf Aircondition und Pool) zahlt natürlich mehr, teilweise bis zum 5fachen Preis. In Hotels mit internationalem Standard (zwei bis fünf Sterne) bezahlt man für Doppelzimmer ab 75 US-$, kann aber auch Suiten für 1.200 US-$ bekommen. Je weiter östlich man sich jedoch von Bali befindet, desto weniger Luxusunterkünfte gibt es.

Zu guter Letzt die ***Verpflegungskosten:*** Da kann derjenige, der sich in landesüblichen Restaurants bzw. Garküchen beköstigen läßt, mit ca. 2 bis 4 DM pro kompletter Mahlzeit rechnen. In einigen Touristenrestaurants kann man aber auch das Zehnfache loswerden, jedoch zahlt man in der Regel auch hier deutlich weniger als 10 DM.

Bargeldlose Zahlungsmittel

Den größten Teil des Reisegeldes sollte man in ***Travellerschecks*** mitnehmen. Falls Travellerschecks abhanden kommen oder gestohlen werden, erhält man gegen Vorlage der Kaufbescheinigung neue Schecks bzw. Geld. Auf der Kaufbescheinigung stehen Name, Adresse, der Gesamtbetrag, Umrechnungskurs und die Schecknummern. Diese Quittung sollte von den Schecks getrennt aufbewahrt werden, denn nur mit ihr bekommt man reibungslos Ersatz. Falls auch diese Quittung verschwunden ist, dauert der Ersatz sehr lange, da erst alle Angaben überprüft werden müssen. Voraussetzung ist natürlich eine Anzeige bei der Polizei.

American Express (AMEX) ist innerhalb Indonesiens die bekannteste Reisescheckgesellschaft. Am besten sind US-Dollar-Schecks, da sie selbst auf Inseln mit wenig Tourismus bekannt sind und eingelöst werden. Die Erfahrung der Bankangestellten mit Schecks im östlichen Teil Indonesiens ist noch nicht besonders groß. Man muß man langer "Bearbeitungszeit" rechnen, denn keiner will etwas falsch machen. Selbst ausländische Banknoten werden mit Mißtrauen beäugt. Fast neue Banknoten werden gerne getauscht. Sehr stark benutzte Noten werden dagegen oft gar nicht angenommen. Da man aber indonesisches Bargeld nicht gleich "kiloweise" mit sich herumschleppen möchte, wird man sich zwischendurch auf das Abenteuer Bank einlassen müssen.

Auf Bali und Lombok hat man aber überhaupt keine Probleme, DM oder Schweizer Franken einzutauschen, Österreichische Schillinge will allerdings auch dort kaum jemand. AMEX-Niederlassungen gibt es in Sanur/Bali und Jakarta. Wer dem stetig sinkenden oder steigenden Dollarkurs nicht traut, sollte DM-Reiseschecks mitnehmen.

Kreditkarten sind auf Sumbawa, Komodo und Flores kein gängiges Zahlungsmittel, um nicht zu sagen, in weiten Teilen unbekannt.

Auf Bali und Lombok fährt man mit *Visa* und *Eurocard/Mastercard* besser als mit *American Express.* Trotzdem akzeptieren Banken und Geldwechsler in den Touristenzentren auch die meisten anderen Institute. Zum Einkaufen in Geschäften eignet sich das Plastikgeld nicht besonders, da, wenn es überhaupt akzeptiert wird, normalerweise 5% auf den Preis aufgeschlagen werden. In Hotels, zur Bargeldbeschaffung oder beim Autoverleih klappt es aber fast überall.

Niederländer kommen sehr gut mit **Postschecks** *(girobetaalkaarten)* zurecht. Der Wechselkurs ist teilweise sogar günstiger als bei Bargeldeintausch.

Währung

Die indonesische Währung heißt ***Rupiah (Rp).*** Es gibt neue und alte Münzen und Scheine. Fast jährlich werden neue Scheine mit unterschiedlichen Motiven herausgegeben, alle sind gültig. Im Umlauf befinden sich folgende

Münzen:

5, 10 (nur noch sehr selten), 25, 50 und 100 Rp. Ganz neu und daher noch selten sind 500- und 1.000-Rp-Münzen.

Scheine:

100, 500, 1000, 5000, 10.000, 20.000, 50.000 und 100.000 Rp.

Indonesische Rupies schon zuhause in Deutschland zu kaufen ist unsinnig, denn der Wechselkurs ist hier deutlich schlechter als in Indonesien. An den Flughäfen Denpasar bzw Jakarta gibt es Wechselstuben bzw. Banken.

Kein ***Wechselgeld*** zu haben ist eine allgegenwärtige Ausrede, um dieses zu sparen. Man sollte deshalb stets Kleingeld mit sich führen. An *Warungs* z. B. kann man kaum mit 10.000-Rp-Scheinen zahlen. In Supermärkten und Kaufhäusern hat es sich eingebürgert, Bonbons anstelle von Kleingeld zurückzugeben. Eine Unsitte, die man nicht mitmachen muß, es gibt ja kleine Münzen!

Oft weigert man sich, zerschlissene oder angerissene ***alte Scheine*** anzunehmen. Auf der anderen Seite gibt man diese teilweise bis zur Unkenntlichkeit abgenutzten Lappen mit Vorliebe als Wechselgeld heraus.

Die indonesische Währung ist an den ***US-Dollar gekoppelt.*** Das bedeutet: Steigt der Dollar, steigt die Indonesische Rupiah auch.

Der ***Kursverfall*** seit Oktober 1986 ist auf verschiedene Abwertungen gegenüber dem Dollar zurückzuführen. Die Preise für ausländische Produkte und für Edelmetalle stiegen daraufhin entsprechend. Die Preise für indonesische Produkte sind relativ gleich geblieben. Tourismusspezifische Preise sind erheblich gestiegen, aber die Teuerung hat sich durch den Kursverlust in Grenzen gehalten, ja, heutzutage sind Übernachtungs- und Automietpreise z.B. deutlich geringer als noch 1983.

Wechselkurs seit 1980

1980	1DM =	340 Rp
1981	1DM =	286 Rp
1982	1DM =	250 Rp
1983	1DM =	360 Rp
1984	1DM =	345 Rp
1985	1DM =	385 Rp
1986	1DM =	600 Rp
1987	1DM =	1045 Rp
1988	1DM =	950 Rp
1989	1DM =	870 Rp
1990	1DM =	1003 Rp
1992	1DM =	1340 Rp
1994	1DM =	1358 Rp
1995	1DM =	1375 Rp
Dez.1995	1DM =	1630 Rp

Zoll

Einführen darf man zollfrei: 2 Liter alkoholhaltige Getränke, 200 Zigaretten oder 50 Zigarren oder 100 g Tabak. Foto- und Filmausrüstung, Radio und Schreibmaschine dürfen eingeführt werden, wenn man sie privat nutzt und wieder aus dem Lande mitnimmt. Sie müssen dem Zoll angezeigt werden, der macht aber keinen Vermerk in den Paß. Ausländische Währungen oder Reiseschecks: keine Beschränkung bei der Ein- und Ausfuhr.

Die Einfuhr von Pornographie (auch Zeitschriften mit Barbusigen), chinesischen Zeitungen, chinesischer Medizin und natürlich von Drogen ist verboten.

Ausfuhr: Indonesische Währung darf nur bis zu 50.000 Rp ausgeführt werden. Bislang haben wir noch von keiner Ausfuhr-Geld-Kontrolle gehört. Es empfiehlt sich trotzdem, das Geld in Indonesien auszugeben. In Deutschland bekommt man nur ca. die Hälfte des Geldwertes, den man in Indonesien bekommen würde.

Visum

Seit 1983 benötigen Staatsangehörige der BRD, der Schweiz, der Niederlande und Österreichs für einen Aufenthalt ***bis zu 60 Tagen kein Visum*** mehr. Man muß lediglich einen noch 6 Monate gültigen Reisepaß vorweisen, in den bei der Ankunft eine Aufenthaltsgenehmigung für 60 Tage eingestempelt wird. Dieses Visum ist auf keinen Fall verlängerbar. Wer die 60-Tagesfrist überschreitet, muß pro Tag mindestens 50.000 Rp Strafe bezahlen.

Achtung!! 60 Tage sind nicht gleichzusetzen mit zwei Monaten! Wer z.B. am 1. Juli abfliegt und seinen Rückflug am 1. September antreten will, wäre 61 (!) Tage im Land. Also vorher genau rechnen.

Bei der Ankunft muß man vor der Gepäckannahme durch die ***Immigration.*** Hier stempelt der Beamte die Aufenthaltsgenehmigung mit Einreisedatum in den Paß und legt dazu das weiße Visumkärtchen, das man bereits im Flugzeug ausfüllen mußte. Außerdem will der Beamte normalerweise das Rückflugticket sehen, evtl. auch Geld.

Die ***weiße Karte*** sollte man nicht verlieren. Verschwindet das Dokument doch auf unerklärliche Weise, sollte man bei der Abreise der Flug-

…gesellschaft beim Einchecken Bescheid geben. Man erhält ein neues Formular, das man ausfüllen muß. An der Paßkontrolle erklärt man die Situation und gibt das neue zweiseitige Formular ab. Der Beamte kann am Visumstempel im Paß erkennen, daß das Visum nicht überschritten wurde, und man kann dann ohne Probleme ausreisen.

Wer ***länger bleiben*** will, muß das Land verlassen und erneut einreisen. Das wird akzeptiert, obwohl mindestens 24 Std. Auslandsaufenthalt sicherer sind. Von Denpasar bzw. Jakarta fliegt man am preisgünstigsten nach Singapur aus, ab Flores lohnt sich der Flug von Kupang auf Timor nach Darwin (Australien).

Es gibt auch ***länger gültige Visa*** (z.B. Social-Visit-Visum). Die sind zwar erst einmal nur für 5 Wochen gültig, können aber dann in Indonesien auf 3 Monate verlängert werden, wenn man einen indonesischen Bürgen hat. Das ist schwieriger. Man braucht einen indonesischen Counterpart, also jemanden, mit dem man etwas zu tun hat. Der muß ein Empfehlungsschreiben verfassen, in dem er begründet, warum eine weitere Verlängerung notwendig ist. Wird dieses akzeptiert, kann man bis zu einem halben Jahr bleiben. Dann werden aber nicht unerhebliche Gebühren fällig, die eventuell den Hin- und Rückflug nach Singapur übertreffen. Kosten entstehen Bundesbürgern für die ersten 3 Monate dagegen nicht. Die Ausstellung eines solchen Visums dauert in Deutschland 1 bis 2 Wochen und läßt sich postalisch erledigen.

Geschäftsreisende, die nicht länger als zwei Monate in Indonesien bleiben wollen, können seit neuestem ebenfalls direkt bei der Einreise ihre Aufenthaltsgenehmigung bekommen. Für sie gilt nämlich jetzt ebenfalls das Touristen-Visum.

Botschaften

In der BRD

- ***Indonesische Botschaft***
53175 Bonn, Bernkastelerstr. 2,
Tel. 0228-382990
- ***Indonesische Konsulate in der BRD***
13187 Berlin, Esplanade 7-9,
Tel. 030-4459210/1/2/3
22299 Hamburg, Bebelallee 15,
Tel. 040-512071/3
24159 Kiel, Brauner Berg 15,
Tel. 0431-394021
30159 Hannover, Georgsplatz 1,
Tel. 0511-3612150
40470 Düsseldorf,
Mörsenbroicher Weg 200 VII,
Tel. 0211-626151
65189 Wiesbaden, Bierstadter Str. 9
Tel. 0611-304339
80538 München, Wiedenmayerstr. 24/III,
Tel. 089-294609

In Österreich

- ***Indonesische Botschaft***
A-1180 Wien, Gustav-Tschermakg. 5-7,
Tel.01–4790537

In der Schweiz

- ***Indonesische Botschaft***
CH-3006 Bern, Elfenauweg 51,
P.O.Box 270, Tel. 031-3520983-5
- ***Indonesisches Konsulat***
CH-1203 Genf, 16, Rue de Jean,
Tel. 022-3453350

In den Niederlanden

●***Indonesische Botschaft***
NL-2517 KC S'Gravenhage,
8, Tobias Asserlaan,
Tel. 070-3108100, 3108182

In Indonesien

●***Deutsche Botschaft***
Jakarta, Jl. Thamrin 1,
Tel. 021-3901750, Fax 021-3901757
Mo-Fr 9.00-12.00 Uhr
Paß-, Visa- und Zollangelegenheiten:
Jalan Prof. Moh. Yamin.
●***Deutsche Konsulate***
Medan, Jl. Karim NS 4,,
Tel./Fax 061- 537108
Batu Jimbar/Sanur, Jl. Pantai Karang 17,
Tel. 0361-288535, 288826

●***Österreichische Botschaft***
Jakarta, Jl. Diponegoro 44,
Tel. 021-338090, 338101
Mo u. Mi 8.00-18.00,
Di, Do u. Fr 8.00-14.00 Uhr
●***Österreichisches Konsulat***
Bandung, Jl. Prabu Dimuntur 2a,
P.O.Box 150,
Tel. 439509

●***Schweizer Botschaft***
Jakarta-Kuningan,
Jl. H.R. Rasuna Said,
Block X/3/2,
Tel. 021-516061, 20745
Mo, Di, Mi u. Fr 7.15-14.00,
Do 7.15-13.00 u. 14.15-17.30 Uhr
●***Schweizer Konsulat:***
Denpasar, Jl. Pura Bagus Taruna,
Tel. 0361-751735

●***Niederländische Botschaft***
Jakarta, Jl. HR Rasuna Said Kav S-3,
Tel. 021-511515
Mo-Do 8.00-16.00, Fr 8.00-14.00 Uhr
●***Niederländische Konsulate***
Bandung, Jl. Diponegroro 25, Kotamadya
Tel. 022-439482
Medan, Jl. A. Rivai 22
Tel. 061-519025
Surabaya, Jl. Pemuda 54
Tel. 031-51612
Kuta, Jl.Raya Imam Bonjol, Km 9
Tel. 0361-751094

●***Australische Botschaft***
Jakarta,
Jl. H. R. Rasuna Said kav. C, No. 15-16,
Tel. 021-5227034-5
Mo-Do 8.00-16.00 Uhr
●***Australisches Konsulat***
Jakarta, Jl. M. H. Thamrin 15,
Tel. 021-323109
Denpasar, Jalan Prof. Jamin 51,
P.O.Box 243
Tel. 0361-235092/3

Indonesische Botschaften in Nachbarländern

●***Australien:*** Canberra,
Darwin Avenue 8, Yarralumla, ACT 2600,
Tel. 2723222

●***Malaysia:*** Kuala Lumpur,
Jl. Tun Razak 233,
Tel. 9842011, 9841354

●***Papua Neuguinea:*** Port Moresby,
Sir John Guisa Drive,
Kiroki Street 1+2/140,
Tel. 253116/18

●***Philippinen:*** Manila,
Salcedo Street, Lagaspi Village 185,
Tel. 855061/67

●***Singapur:*** Singapur 1024,
Chatsworth Rd. 7, Tel. 7377422

●***Thailand:*** Bangkok,
Petchburi Road 600-602,
Tel. 252-3135/40, 25231177/8,
2523175, 2523180

Tourismus

Präsident *Suharto* nannte den Tourismus einmal die "Primadonna" der indonesischen Entwicklungspolitik. Tourismus ist nach der Öl- und Holzwirtschaft die drittgrößte ***Deviseneinnahmequelle*** Indonesiens. In den Fünfjahresplänen *(Repelita)* wird seit dem Jahre 1969 die Tourismusentwicklung vorangetrieben, in den letzten Jahren besonders massiv der Ausbau der touristischen Infrastruktur auf Java, Sumatra, Sulawesi, Bali und Lombok.

1992 besuchten nach offiziellen Angaben 3,1 Millionen Touristen Indonesien. Die Einnahmen aus dem Tourismus werden im gleichen Jahr auf 3,2 Milliarden US-$ beziffert. Jeder einzelne Besucher hat demnach durchschnittlich 1032 US-$ im Land gelassen, das sind ungefähr 1650 DM. Das scheint nicht besonders viel zu sein.

Sumbawa, Komodo & Flores sind bislang vom Massentourismus verschont geblieben. In wenig besuchten Gebieten finden Veränderungen nur langsam und in geringem Ausmaß statt.

Auf ***Sumbawa*** hat sich bis auf ein kleines Surf-Paradies im Osten und ein Luxusklasse-Hotel auf Pulau Moyo, fast nichts getan. Die Insel ist wie eh und je nur die Einflugschneise auf dem Weg nach Komodo.

Flores zieht immer mehr Touristen an, vor allem Individualreisende. Sehenswürdigkeit Nummer eins ist nach wie vor der Kelimutu mit seinen drei verschiedenfarbigen Kraterseen. Die vielfältige und artenreiche Unterwasserwelt lockt mittlerweile mehr und mehr Schnorchler und Taucher in die Küstenregionen.

Komodo ist ein beliebtes Ausflugsziel von Bali bzw. Lombok. Jahrezehntelang unbeachtet, erlebte es in den letzten zehn Jahren einen Besucher-Boom. Die indonesische Regierung hat die Insel Komodo mit seinen Waranen zu einem der beliebtesten Besucherziele Indonesiens gemacht. Journalistengruppen und Filmteams werden bevorzugt zur Insel gebracht, um die Popularität dieser einzigartigen Tiere ständig zu steigern. Viele Travel Agencies auf Bali und Lombok bieten 3-5tägige Komodotouren zu Höchstpreisen (von 450 bis 700 US-$) an. Der „Geheimtip" Komodo läßt sich mittlerweile auch von Europa aus buchen. Die Attraktion Komodo-Waran wird jährlich von Tausenden besichtigt, vornehmlich in den Monaten Juni - September. Aber für die Warane hat sich außer der Fütterungszeit nichts geändert.

Auf ***Bali und Lombok*** dagegen sind bereits große Veränderungen zu sehen. So ist zum Beispiel fast die gesamte Westküste Lomboks an grosse Hotelketten verkauft. Jede Ecke und jeder Winkel, der nur ansatzweise Erträge durch Touristen abwerfen könnte, wird von Investoren umlagert. In der Regel geht die Entwicklung an der örtlichen Bevölkerung vorbei. Landverkäufe an irgendwelche Investoren haben nicht selten zur Folge, daß die dort ansässigen Bewohner umgesiedelt werden - nach irgendwo.

Touristeninformation

Ich habe mich bemüht, alle mir zur Verfügung stehenden Informationen in diesem Buch zusammenzutragen. Wer noch weiteres Informationsmaterial benötigt, kann sich an folgende Adressen weden:

● ***Indonesisches Fremdenverkehrsamt für Europa***
60239 Frankfurt a. Main
Wiesenhüttenstraße 17
Tel. 069-233677
Fax 069-230840

In Indonesien

Das *Directorate General of Tourism* (DGT) befindet sich in Jakarta und ist dem Ministerium für Post und Telekommunikation angegliedert. Es ist nicht für allgemeine Touristenfragen zuständig:

● ***Direktorat General of Tourism***
Jakarta, Jalan Kramat Raya 81,
P.O.Box 409
Tel. 021-3103117,
Fax 021-3101146

Die ***Touristenbüros der einzelnen Provinzen*** heißen *Kanwil Depparpostel* und die regionalen Büros heißen *Diparda.*

● ***Yogyakarta***
Kanwil VIII Depparpostel
Jl. Adisucipto, Km 7-8, Yogyakarta
Tel. 0274-5150, 87899, 87794,
Fax 0274-64402

● ***Bali***
Kanwil X Depparpostel
Komplex Niti Mandala,
Jl. Raya Puputan, Denpasar 80235
Tel. 0361-225649, 233474/5

● ***Nusa Tenggara Barat***
Kanwil XX Depparpostel
Jl. Indrakila No. 2-A, Panjang Timur,
Mataram 83121
Tel. 0364-22327, 22723,
Fax 0364-27233

Reisezeit

Jahreszeiten, wie bei uns den Frühling, Sommer, Herbst und Winter, gibt es in Indonesien nicht. Der Wechsel von ***Trockenzeit und Regenzeit*** bestimmt das Wetter.

Je weiter man von Bali nach Osten reist, desto heißer und trockener wird es. Einer relativ langen Trockenzeit von April bis November folgt die kurze Regenzeit von Dezember bis März. Wobei März und November als Übergangsmonate gelten, in denen es regnen kann, aber nicht muß. Denn genau wie bei uns verschieben sich auch in Indonesien die Jahreszeiten. So kann es vorkommen, daß es in der Trockenperiode auch mal regnet, allerdings nur kurz, und dann scheint wieder die Sonne. Wer einen reinen Strandurlaub plant, sollte in der Trockenzeit reisen. Die Monate Juli und August gelten als Hauptreisezeit, und entsprechend viele Leute sind unterwegs. In Touristenballungszentren auf Java, Bali und Lombok kann es zu Engpässen bei der Hotelsuche kommen. Die Jalan Jaksa in Jakarta, Gang I und II in Yogyakarta, Kuta, Lovina Beach und Ubud auf Bali, Sengiggi Beach, die drei Gilis auf Lombok und Labuan Bajo auf Flores sind Orte, die dann fast aus den Nähten platzen.

Die ***Regenzeit*** kann stundenlan-

Land unter: die Kanalisation kann die Wassermassen der Regenfälle häufig nicht bewältigen

ge, sintflutartige Regenfälle bescheren. Normalerweise regnet es ab dem späten Nachmittag, so daß man sich recht gut darauf einstellen kann. Tagelanger grauer Himmel ist nur recht selten, und warm ist es immer. In den Monaten Januar und Februar fällt der meiste Regen. Trotz Regenrisiko ist es am angenehmsten während der Monate März/April und Oktober bis Dezember. Da sind nicht so viele Urlauber unterwegs, und die Leute, die mit Touristen zu tun haben, sind nicht so gestreßt. Fast "völlig alleine" ist man in der Regenzeit.

Wer nicht an irgendwelche Urlaubsregelungen gebunden ist, sollte seine Reise also nicht unbedingt nur vom Klima abhängig machen.

Sumbawa

Die Trockenzeit (und beste Reisezeit) herrscht von April bis November. Zur Regenzeit zählen die Monate Dezember bis März. In dieser Zeit grünt und blüht Sumbawa, doch ist die Vegetation nicht so üppig wie auf Bali oder West-Lombok. Die Temperaturen liegen normalerweise zwischen 24 und 33 °C.

Komodo National Park

Besonders grün und üppig sind auch diese Inseln nicht zur Regenzeit. Insbesondere im Februar muß man mit starken, gefährlichen Strömungen rund um Komodo rechnen. Die Anfahrt mit *kleinen* Fischerbooten empfiehlt sich dann nicht. Ich habe schon die "tollsten" Horrorgeschichten über Bootsfahrten während der Regenzeit gehört. Zum Beispiel kann die Überfahrt von Lb. Bajo nach Komodo ca. 20 Stunden dauern (normalerweise 3 bis 6 Stunden), falls das Boot überhaupt ankommt! - aber wer das Abenteuer liebt ... Selbst die Fähren haben zu dieser Zeit mit den Strömungen zu kämpfen. Die einfachsten Reisemonate sind während der Trockenzeit. In dieser Zeit besichtigen Tausende von Touristen die Warane, so daß die knapp 50 Schlafplätze im PHPA-Camp nicht ausreichen. Zur Regenzeit ist es deutlich gemütlicher und angenehmer. Die Fähren fahren zu jeder Zeit täglich einmal, und so ist man heute nicht mehr abhängig von den Wetterbedingungen.

Flores

Auch für Flores gilt die Trockenzeit als ideale Reisezeit. Zwar sind die Zeiten der unpassierbaren Straßen vorbei. Dennoch spülen die sintflutartigen Regenfälle hin und wieder die eine oder andere Brücke fort, so daß man auf jeden Fall längere Fahrtzeiten einkalkulieren sollte.

Das Meer ist zur Regenzeit erheblich unruhiger. Für Taucher und Schnorchler sind das ungünstige Monate, da das Wasser oft aufgewühlt ist und somit die Unterwassersicht beeinträchtigt. Als beste Monate für Unterwasserfans gelten Oktober und April.

Gesundheitsvorsorge

Impfungen/Krankheiten

Seit 1979 sind bei der Einreise nach Indonesien keine Impfungen mehr Pflicht. Zumindest nicht für Leute, die aus Europa anreisen. Wer aus Gelbfieberinfektionsgebieten kommt, muß nachweisen, daß er gegen Gelbfieber geimpft ist. Nun bedeutet aber "keine Impfvorschriften" nicht, daß man in Indonesien an nichts erkranken kann.

- Für alle Eventualitäten unterwegs empfehlen wir das Buch ***"Wo es keinen Arzt gibt*** – *Medizinisches Gesundheitshandbuch zur Hilfe und Selbsthilfe unterwegs"*. Es ist in der Reihe REISE KNOW-HOW erschienen und ausgesprochen nützlich. Näheres steht in der Bücherliste im Anhang.

Hier ein paar spezielle Anmerkungen zu ***Krankheitsrisiken in Indonesien***:

- ***Cholera:*** kaum Risiko
- ***Polio*** (Kinderlähmung): grundsätzliche Impfempfehlung. Polio ist in Indonesien weit verbreitet, und falls man die letzten kostenlosen Schluckimpfungen nicht mitgemacht hat, sollte man das vor der Reise nachholen. Auch als Erwachsener kann man sich noch anstecken. Das Mittel gibt es auf Rezept und gegen Bezahlung auch in der Apotheke.
- ***Tetanus*** (Wundstarrkrampf): grundsätzliche Impfempfehlung
- ***Typhus:*** grundsätzliche Impfempfehlung
- ***Diphtherie:*** grundsätzliche Impfempfehlung
- ***Hepatitis A:*** grundsätzliche Impfempfehlung. Da viele Menschen unbemerkt eine Hepatitis A durchgestanden haben und somit immun dagegen sind, kann man nach einem positiven Hepatitis-A-Antikörpertest beim örtlichen Gesundheitsamt (ca. 30 DM) auf die Impfung verzichten.

● ***Malaria:*** Ganzjährig besteht in ganz Indonesien Infektionsgefahr. Der Erreger ist zu 50% Pl. vivax, zu 50% Pl. falciparum. Sumbawa, Flores und Komodo gelten als Regionen mit erhöhtem Malariarisiko. Ein mittleres Risiko besteht in ländlichen Gebieten der Insel Lombok, im Hinterland von Java und Bali besteht nur ein geringes Risiko, die Großstädte auf Java und Bali gelten als malariafrei. Zur ***Prophylaxe*** wird bei "mittlerem Risiko" *Chloroquin* und *Proguanil* empfohlen, bei geringem Risiko reicht es, sich vor möglichen Stichen zu schützen. Zur Not bzw. zur Behandlung: *Mefloquin*.

● ***Darminfektionen:*** Es besteht generelles Ansteckungsrisiko. Hinweise zur Hygiene beachten.

● ***Dengue:*** In der Zeit von Oktober bis März besteht Infektionsrisiko.

● ***AIDS:*** Ansteckungsrisiko wie überall auf der Welt. Zur Erlangung einer Arbeitserlaubnis (Visum) ist die Vorlage eines negativen HIV-Tests erforderlich.

● ***Geschlechtskrankheiten:*** Um sich Peinlichkeiten zu ersparen, hier das passende Vokabular: *"Penyakit kotor"* heißt Geschlechtskrankheit (wörtl. schmutzige Krankheit). Der entsprechende Facharzt nennt sich *"Ahli Penyakit Kelamin"*. Einen gibt es in Denpasar, Jl. Veteran.

● ***Sonnenschutz***: Das Hautkrebsrisiko und besonders die Stärke der Sonneneinstrahlung so dicht unter dem Äquator sollte nicht unterschätzt werden. Ein Sonnenschutzmittel mit Lichtschutzfaktor 10-20 gehört ins Reisegepäck.

● Genaueres steht in der beiliegenden kostenlosen Broschüre: ***Gesundheitstips für Fernreisende***

Reiseapotheke

Nicht zuviel mitnehmen. Es gibt in Indonesien genügend Apotheken, in denen alles mögliche gekauft werden kann. Auf einige Mittelchen würde ich aber nicht verzichten:

● Verbandszeug
● Fieberthermometer
● Medikamente gegen:
Fieber
Durchfall
Grippe
Vitaminentzug
Infektionen
Entzündungen von Schürf- und Kratzwunden (auch der kleinste Kratzer kann sich entzünden und wochenlang eitern)
Juckreiz (Mücken-, Floh- und Wanzenstiche)
Hautpilze und Flechten

● Welche Präparate in Frage kommen, erfährt man beim Arzt.

Auch hier sei nochmals auf das Buch *"Wo es keinen Arzt gibt - Medizinisches Gesundheitshandbuch zur Hilfe und Selbsthilfe unterwegs"* hingewiesen. Auf Komodo gibt es nämlich keinen Arzt! Siehe auch beiliegende Broschüre.

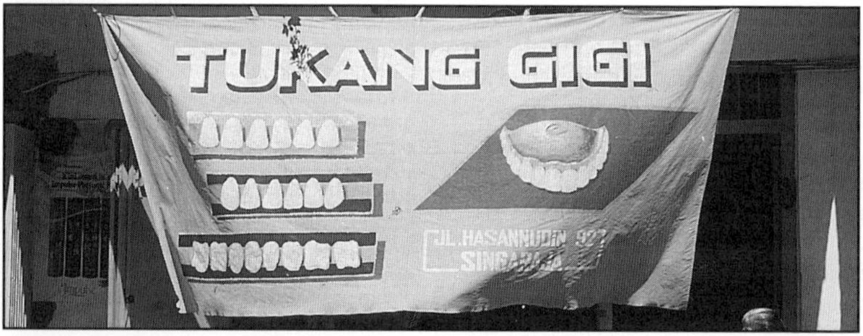

Tukang Gigi: Hier gibt's die dritten Zähne

Hygiene

Ernährung

Eine der größten Sorgen vieler Reisender betrifft das Essen. Ist es sauber? Vertrage ich es? Was gibt es dort? Die letzte Frage wird im Kapitel "Reisetips" ausführlich beantwortet, zu den ersten beiden soll im folgenden Stellung genommen werden:

Sauberkeit

Im Restaurant, Rumah Makan und Warung können die angebotenen Speisen in der Regel bedenkenlos genossen werden. Man sollte trotzdem folgende Regeln einhalten:

- Alles, was nicht gar ***gekocht*** ist, birgt Gefahren. Das bezieht sich auf Blattgemüse, Salate, ungeschältes Obst und Gemüse. Warum? Es besteht die Gefahr, das niedrigwachsende Pflanzen mit Fäkalien gedüngt wurden. Dadurch wiederum besteht die Möglichkeit, daß sich insbesondere Amöben (Ruhr), aber auch andere Krankheitserreger darauf festgesetzt haben. Ein einfaches Abwaschen vertreibt die Biester nicht. Zwar ist Fäkaliendüngung auf Bali nicht üblich, aber mittlerweile weiß man auch in Indonesien nicht mehr immer, woher die Waren kommen. Alles, was hoch oben wächst (z.B. Jambu, Äpfel), ist weniger risikoreich, sollte, wenn möglich, aber trotzdem geschält werden. Also Finger weg von Tomaten- und Gurkenscheiben, Kohlschnitzel, Salatblättern. Traditionell werden ohnehin nur Gurkenscheiben gereicht, und die sind dann in der Regel geschält.

  Gekocht ist das Gemüse natürlich bedenkenlos genießbar.
- Alles, was nicht gar ***gebraten*** ist, birgt Gefahren. Halbrohes Fleisch (z.B. am Saté), halbroher oder roher Fisch, Muscheln, weiche oder gar rohe Eier.
- ***Milchprodukte*** jeder Art (es sei denn, sie kommen pasteurisiert aus dem Supermarkt oder basieren auf Milchpulver) können Salmonellen bergen. Insbesondere betrifft dies Majonnaisen, Speiseeis und Joghurt.
- ***Wasser*** muß abgekocht sein. Jeder halbwegs denkende Indonesier kocht sein Wasser ab. Zudem gibt es haufenweise abgepacktes Wasser, leider in Plastikflaschen. Beliebt bei Touristen wie bei Indonesiern, türmen sich diese Einweg-Behälter überall in der Landschaft. Also, der Umwelt zuliebe Tee trinken! Als Alternative kaufe man 5-Liter-Kanister! Erstens sind die billiger als 5 Literflaschen, und zweitens werden die Plastikkanister nicht weggeschmissen, sondern sind im Haushalt sehr begehrt.
- Wer die Liste genau durchgeht, wird schnell feststellen, daß die "Gefahrenquellen" hauptsächlich im Zusammenhang mit typischen ***Touristenspeisen*** zu finden sind. Indonesier essen keine Milchspeisen, kochen ihre Eier hart und essen nur sehr wenig Fleisch.

Verträglichkeit

Jeder, der schon einmal weit gereist ist, weiß, daß sich in den ersten Wochen der Darm umstellt. Die Bakterien, die in jedem gesunden Darm für eine geregelte Verdauung sorgen, gehören bestimmten Stämmen an, die zu Hause ununterbrochen mit der Nahrung aufgenommen werden. Ist man nun weit weg, befinden sich in der Umwelt andere Stämme, die diese Aufgabe übernehmen müssen. Während der Umstellungsphase kommt es häufig zu ***Verstopfungen*** oder zu ***Durchfall,*** normalerweise ohne Fieber und nicht besonders heftig. Man lebe ein, zwei Tage Diät: Brot, Tee, Salz, und bald sind die Beschwerden vorbei. (Fieber oder langanhaltende Durchfälle können allerdings andere Ursachen haben!)

Traditionelles Essen ist grundsätzlich recht bekömmlich, wenn auch teilweise ***schärfer gewürzt*** als bei uns. Salz wird hingegen deutlich weniger verwendet als in unseren Breiten. An Mangelerscheinungen braucht niemand leiden, es sei denn, er ernährt sich einseitig, weil er sich nicht traut, das Angebot auszunutzen.

Wasch- und Toilettenangelegenheiten

Indonesier legen sehr viel Wert auf Sauberkeit. Täglich wird zwei- bis dreimal geduscht.

Das ***indonesische Badezimmer*** *(Kamar Mandi)* hat mit dem unsrigen wenig gemein. So eine ***Kamar Mandi*** besteht aus einem Becken (hat fast Ähnlichkeit mit einer Badewanne), direkt daneben befindet sich oft das Hock-Klo. Irgendwo in diesem Raum befindet sich dann auch noch eine Schöpfkelle. Mit dieser schöpft man Wasser aus dem Becken und übergießt sich. Auf keinen Fall sollte man sich *in* das Becken setzen!

Das indische Bad

Wovon träumt wohl ein waschechter Europäer, wenn er müde von langer Reise in einem Hotel des Ostens absteigt? Von einem indischen Bad! Und kommt er gar nach Hinterindien, so träumt er sicherlich von einem großen Marmorbassin mit Lotosblumen und braunen Sklavinnen. Man hat nicht umsonst Hunderte von Filmen gesehen, man trägt also eine klare Vorstellung von Indien bei sich!

In Singapore mußte ich mich zuerst über die unverschämten Hotelpreise ärgern. Der Preis des Zimmers war mit Verpflegung auf eine hohe Zahl von Dollars angesetzt, und es war völlig gleichgültig, ob man das Zimmer eine oder vierundzwanzig Stunden benutzte, ob man im Hotel zu Mittag speiste oder nicht. Und was kam noch alles zu diesem Preise hinzu! Aber ich schluckte meinen Ärger hinunter. Denn ich wartete auf mein "indisches" Bad.

Kaum hatte ich mein Zimmer mit dem riesigen Moskitonetz einer flüchtigen Besichtigung unterzogen, so warf ich auch schon meine Kleider ab und wollte mich im Pyjama, von einem Chinesen geführt, auf den Weg machen. Doch der Mandur hielt mich zurück. Er fragte, ob ich mich schon auf der Polizei vorgestellt hätte. Ich war entrüstet, ich war empört! Noch war ich kaum fünf Minuten im Hotel, und schon ärgerte man mich mit den verdammten Paßangelegenheiten! War denn die ganze Welt von Sinnen?

"Ja, in Singapore ist es besonders streng! Besondere Formalitäten, mein Herr!" – Mich ergriff die Wut. Vor meinen Augen stieg das Bild des Marmorbassins, der Lotusblumen und der braunen Sklavinnen auf … Ich gab dem Boy ein Trinkgeld, ich gab ihm meinen Paß. Er solle versuchen, die Angelegenheit zu erledigen. Ich wolle heute unter keinen Umständen mit solchen unangenehmen Dingen behelligt werden.

Mit beflügeltem Schritt folgte ich dem Zimmerboy durch die Korridore. Er führte mich durch weite Hallen über ein Dach, in ein zweites, offenbar sehr geräumiges Gebäude mit vielen verschlossenen Türen. Gerade so hatte ich es mir vorgestellt. Hinter jeder Tür spielte sich wohl das indische Geheimnis ab. Und siehe da: es erschien wirklich eine schokoladenbraune, mit Gold behangene Inderin, die mich mit verführerischem Lachen in Empfang nahm. Ich schmunzelte äußerst zufrieden. Schon erschien eine andere. Sie war schlank und zierlich, sie öffnete mir eine Tür. Ich nickte ihr vertraulich zu, als seien wir einander schon lange bekannt. Vor mir zeigte sich ein kleiner, ziemlich dunkler Raum, der vollständig leer war. Nur ein jämmerlicher Stuhl stand in der Mitte. Das Vorzimmer, dachte ich. Ich setzte mich und wartete.

Ich wartete ziemlich lange. Aber ich dachte: "Die europäische Hast mußt du hier ablegen. Im Osten hat man Zeit und Ruhe."

Vor langer Weile begann ich den Raum etwas näher zu mustern und bemerkte in einer Ecke ein ärmliches Betongebilde, in dem trübes Wasser enthalten war. Ein kleiner Holzkübel stand daneben. In meiner Heimat pflegt man sich solcher Holzkübel zu bedienen, um sich nach dem Dampfbad mit kaltem Wasser zu übergießen. Gab es denn in Indien Dampfbäder? Sollte man hier vielleicht in der umgekehrten Reihenfolge verfahren, zuerst sich abgießen und dann das eigentliche Bad nehmen? Fremde Länder - fremde Sitten! Ich entledigte mich meines Pyjamas und übergoß mich geduldig ungezählte Male mit dem lauwarmen Wasser.

Dann setzte ich mich auf den Stuhl und wartete darauf, daß die Schlanke mich zum Bade rufe. Geduld muß man erst erlernen, sagte ich mir, - da klopfte es an der Tür. Ich schaute hinaus. Da stand der Mandur mit einem anderen Gast, der anscheinend ebenfalls das Vorzimmer zu betreten wünschte. In der Tiefe des Korridors glaubte ich meine braune Inderin stehen zu sehen. Eine plötzliche Entschlossenheit überkam mich. Ich schob den Mandur beiseite und ging eilig auf sie zu. Mit lebhaften Gebärden versuchte ich ihr klarzumachen, daß es nun doch höchste Zeit sei, mit dem Bade zu beginnen. Sie lächelte mütterlich und öffnete mir schleunigst eine zweite Tür. Ich stürzte hinein... Was sehe ich, wo war ich? Ich knirschte vor Wut: Sie hatte mich offenbar mißverstanden und an diesen entsetzlichen Ort geführt.

Im Nu war ich wieder draußen, stürzte auf den Mandur los, packte ihn am Arm und schrie ihn an: "Eine Stunde lassen Sie mich hier in einem finsteren Vorzimmer sitzen, und jetzt führt man mich in die Toilette! Ich brauche nicht auf die Toilette, ich will baden, mein Herr, baden, verstehen Sie das? Ich bin vier Wochen auf dem Meere gewesen ..."

"Aber mein Herr," sprach getragen der Mandur, "haben Sie denn nicht soeben gebadet? Sie haben doch eine geschlagene Stunde im Baderaum verbracht?" "Nennen Sie das baden? Nennen Sie diesen erbärmlichen Kübel, diesen Futternapf aus Beton eine Badewanne?"

"Gewiß," lächelte der Mandur undurchsichtig, "das ist das Bad der Inder. Kein Eingeborener würde es in unserem Klima aushalten, ein anderes Bad zu nehmen, es würde ihn auch nie erfrischen! Nur ein Rückenguß bringt Abkühlung!"

"Herr!" schrie ich vor Empörung, "die ärmsten Bauern daheim benutzen solche Kübel, wenn sie ihr richtiges Bad schon hinter sich haben, sie bilden sich darauf nicht das geringste ein. Sie aber wollen mir vormachen, daß dieses armselige Kübelbad das indische Bad sei."

Touristenunterkünfte haben heute oft ihre Badezimmer mit westlichem Equipment ausgestattet: Dusche und Sitzklo sind keine Ausnahne mehr. Trotzdem wird auf das *Bak,* das Wasserbehältnis für die Kippdusche selten verzichtet, weil auch viele Westler die Vorzüge dieser Art des Duschens zu schätzen gelernt haben.

•Zum Thema Mandi möchte ich das Kapitel "Das indische Bad" aus *Robert Genins "Die ferne Insel, Aufzeichnungen von meiner Fahrt nach Bali in Wort und Bild",* Berlin 1928, nicht vorenthalten (siehe Exkurs). Wenn *Genin* von "Indien" oder dem "Indischen Bad" schreibt, meint er das heutige Indonesien, seinerzeit "Ost-Indien". Die Bäder in Singapur entsprachen denen Indonesiens.

Die ***indonesische Toilette*** ist ein Hockklo. Man reinigt sich mit der linken Hand und Wasser. Toilettenpapier gilt als unhygienisch (und ist es ja auch) und wird von Indonesiern nicht benutzt. In Reichweite befindet sich immer ein Wasserhahn, ein gefüllter Eimer oder Topf. Toilettenpapier kann allerdings fast überall erworben werden, auch Indonesier benutzen es, allerdings als Serviette. Frei nach dem Motto: Für den einen ist es Toilettenpapier, für den anderen die längste Serviette der Welt.

Nicht jeder Haushalt verfügt über Mandi und/oder Toilette. Oft gibt es nur letztere (*Kamar Kecil*). ***Nur-Toiletten*** sind in einfachen Restaurants und Privathäusern häufig sehr drekkig. Man sollte auf keinen Fall barfuß in derartige Räumlichkeiten gehen.

In ***kleinen Dörfern*** sind manchmal überhaupt keine Toiletten bzw. Bäder vorhanden, obwohl das heutzutage eher die Ausnahme ist. Dort ersetzt der Fluß das Badezimmer. Es gibt meistens unterschiedliche Badezeiten oder -stellen für die beiden Geschlechter. Für die "kleinen Geschäfte" kann man natürlich auch in die Büsche gehen.

Mit dem Kleinkind unterwegs

Sumbawa und Flores würde ich mit einem Baby nicht bereisen, mit einem Kleinkind ist es möglich. Unser Sohn machte seine erste Reise nach Flores mit 2,5 Jahren. Ihm gefiel es auf Flores besser als auf Bali. Die weiten Sandstrände, dörfliches Leben, sehr freundliche Leute waren die positiven Aspekte der Reise. Das hohe Malariarisiko und die schlechte ärztliche Versorgung sind die negativen. Hinzu kommt, daß die Flugverbindungen nicht immer gesichert sind. Das heißt, in einem Notfall ist es vielleicht noch möglich, sich Sitzplätze zu "erkaufen", aber oft fallen Flüge aus, weil die Maschinen defekt sind, und dann geht gar nichts.

Komodo ist erst für größere Kinder ab 10 Jahren interessant.

Im Grundsatz gilt, daß Indonesier sehr ***kinderfreundlich*** sind, stets bemüht, den kleinen Erdenbürgern alles recht zu machen. Jedes Kind wird umworben mit *"manis",* (wie süß), und wenn es irgendein Unheil anrichtet, kann man sich eines *"tidak apa-apa"* (macht nichts) oder *"biasa begitu"* (das ist normal) sicher sein.

Fast immer ist einer da, der das Kind gerne herumtragen oder mit ihm spielen möchte. Ist das Kind müde, finden sich in fast jedem Restaurant oder Warung eine Matte und eine Decke sowie eine stillere Ecke für ein mehr oder minder geruhsames Schläfchen. Geduldig werden Fläschchen gewärmt und wird gewürzarme Kost (immer erst probieren, da manchmal in der gleichen Pfanne ein Chili-Gericht gekocht wurde) auf Wunsch zubereitet. Zuvorkommend werden in eine Schlucht gestürzte Kinderspielzeuge „gerettet".

Spätestens ab Lombok beginnt die „Pamperswüste". Entweder steigt man dann auf Stoffwindeln um, oder man packt entsprechende Vorräte ins Gepäck. Trockenmilch bzw. Babytrockenmilch bekommt man in den größeren Städten. Auf Bali in Ubud und Kuta gibt es Kindergeschäfte mit ***Kleidung*** und ***Spielsachen,*** am westlichen Geschmack orientiert. In Supermärkten werden ***Pampers*** und ***Babynahrung*** verkauft. Sogar Buggies für einen gemütlichen Einkaufsbummel kann man sich stundenweise leihen.

Von zu Hause mitnehmen muß man auf jeden Fall das ***Lieblingsspielzeug.*** Der vertraute Geruch der eigenen ***Schmusedecke*** oder des ***Kuschelkissens*** geben dem Kind mehr Sicherheit und lassen es sich schneller zu Hause zu fühlen. Gibt es kein spezielles Ding, das das Kind zum Schlafen benötigt, nimmt man einfach den wochenlang (!) benutzten Kopfkissenbezug von zu Hause mit. Im Laufe der Reise wandelt sich dann der Heimat-Geruch zum Reise-Geruch.

Die lange ***Anreise*** (18-24 Stunden) ist für uns Erwachsene strapaziös, Kinder stecken das sehr viel einfacher weg. Kinder unter 2 Jahren zahlen zwar nur ein Minimum an Flugkosten, haben aber keinen Sitzplatzanspruch. Normalerweise werden Eltern mit Kindern direkt vor die Küchenwand gesetzt. Das ist zwar gut gemeint, weil dort die aufhängbaren Wiegen angebracht werden, jedoch lassen sich die Armlehnen hier nicht hochklappen. Das bedeutet in der Praxis, man kann das für die Wiege schon zu große Kind noch nicht einmal quer über zwei Sitzplätze legen (wenn man mit seinem Partner reist). Gerade zur Hochsaison sind die Flugzeuge oft bis auf den letzten Platz ausgebucht, und man muß damit rechnen, das Kind die gesamte Zeit auf dem Schoß sitzen zu haben. Läßt sich ein freier Platz finden, kann man sich allerdings der Hilfe der Stewardessen sicher sein.

Bei der Buchung sollte man darauf achten, das ***Kindermenü*** zu bestellen. Kinder bekommen dann nicht nur passenderes Essen und kleine Spielzeuge, sondern sie bekommen ihr Essen auch zuerst serviert. So hat man Zeit, dem Kind zu helfen und anschließend in Ruhe zu essen.

In Indonesien benötigen Kinder bei der ***Einreise*** einen Reisepaß mit Foto. Wer vorhat, mehrere Länder zu besuchen, sollte darauf bestehen, einen *richtigen* ***Reisepaß*** für das Kind zu bekommen. Wenn der recht wenige Seiten umfassende Kinder-Reiseausweis nämlich keine freien Stellen für das Visum oder die Ausreisestempel mehr aufweist, kommt man nicht weiter über die Grenzen. Man sitzt solange fest, bis man von der nächsten deutschen Botschaft einen neuen Reisepaß für das Kind besorgt hat.

Die ***Zeitumstellung*** läßt sich mit Kind nicht ignorieren. Spielstunden in den ersten 2-4 Nächten werden vom Kind zwangsverordnet. Man sollte Kleinigkeiten zu essen und trinken bereitstellen, denn auch der Kindermagen benötigt ein paar Tage für die Umstellung.

Weiterhin muß die ***Reisegeschwindigkeit*** den kindlichen Bedürfnissen angepaßt werden. Schnelle Ortswechsel, zehn Tempelbesuche pro Tag, zwanzig Antik-Läden pro Stunde erzeugen unvermeidbar schlechte Laune und lautstarke Proteste. Ein strukturierter Tag mit festen Spielstunden, eine "Heimat", von der aus man Ausflüge unternimmt, immer wieder die gleichen Restaurants mit dem gleichen Personal schaffen ein Zuhause. Bei Ausflügen sollte man immer etwas Trinkbares mit sich führen und dem Kind immer wieder anbieten.

Babygläschen und spezielle Babymilch erhält man nur in Supermärkten auf Java, Bali oder Lombok.

Dehydration/Austrocknung passiert fast unmerklich und bei Kindern sehr viel schneller als bei Erwachsenen. Mit einem einfachen Test kann man Dehydration feststellen. Dazu muß man mit Daumen und Zeigefinger die Haut an der Handoberseite hochziehen. Fühlt sich die Haut pergamentartig an und sinkt nur ganz langsam wieder zurück, muß das

Kind sofort Flüssigkeit zu sich nehmen. Am besten eine Elektrolytlösung (kann man zu Hause und in Indonesien in der Apotheke rezeptfrei kaufen). Falls nicht zur Hand, mischt man Wasser oder Tee mit Zucker, Salz und Zitronensaft.

Zum Überbrücken langer Distanzen kann man nur hin und wieder lange Busfahrten in Kauf nehmen, ansonsten empfiehlt sich das teurere Fliegen. Die heimischen Fluggesellschaften bieten für Kinder reduzierte Flugpreise an.

Auch Kinder haben ***bevorzugte Reiseziele*** wie z.B. Strände und Swimming Pools, Märkte, Werkstätten (Schmiede, Maler, Holzschnitzer), der Warung mit der besonders lieben Ibu, Vergnügungsparks (Jakarta), Spielwarengeschäfte oder das indonesische Kind, mit dem es besonders gut spielen konnte.

Sinnvollerweise sollte man ein Zimmer oder Häuschen mit Terrasse mieten. Das ist ein überschaubarer Bereich. Außerdem kann man auf der Terrasse gemütliche Abende in Hörweite des Kindes verbringen. Es ist im übrigen recht einfach und preiswert, ein ***Kindermädchen*** *(Pembantu)* zu finden (im Hotel oder Losmen nachfragen). Es muß ja nicht gleich eine 24-Stunden-Betreuung sein. Ein paar Stunden am Tag, in denen die Eltern ihr Programm machen dürfen, reichen völlig aus. Während der Abwesenheit der Eltern wird das Kind völlig verwöhnt. Es darf alles machen, was es nur will. Die *Pembantu* greift ein, wenn es um die Gefährdung des Kindes oder anderer geht, indem sie das Kind ablenkt. Preis: zwischen 20.000 und 100.000 Rp pro Monat.

Einen ***Kinderwagen*** oder ***Buggy*** mitzunehmen ist völlig unnütz. Die Straßen und Wege sind in der Regel so schlecht, daß man die meiste Zeit das Kind und den Buggy trägt. Für kleine Kinder empfiehlt sich eine gute ***Rückentrage*** mit Hüftgurten.

Einen ***Autokindersitz*** mitzunehmen ist sinnlos, es sei denn, man läßt sich dort in den Mietwagen die mitgebrachten Sicherheitsgurte einbauen. Die meisten Wagen haben Pseudo-Sicherheitsgurte für den Beifahrer und Fahrer, hinten herrscht die Sicherheitswüste.

Autositzschalen sind für Babys lediglich brauchbar, um die Kleinen im Restaurant gut abstellen zu können.

Für die größeren Kinder kann man sich in ***Restaurants*** speziell etwas zubereiten lassen. *Tidak pedas* (Nicht scharf!) oder *Tidak isi bumbu* (Nicht würzen!) sind die Zauberworte. Nachsalzen kann man die Speisen dann immer noch. Die riesige Auswahl an ***Früchten*** sichert ein gutes Frühstück und die kleinen Mahlzeiten zwischendurch. Das Obst sollte immer geschält werden.

Vor direkter ***Sonneneinstrahlung*** müssen Kinder geschützt werden. Ein *Sonnenhut,* der die sehr empfindlichen Kinderaugen beschattet und den kaum behaarten Kopf schützt, ist ein Muß. Weiterhin sollte das Kind immer mit *Sonnenschutzcreme* behandelt sein. Gute Erfahrungen habe ich mit *UV-Derm* (LSF 15 oder 20) gemacht. Eine halbe Stunde, bevor man nach draußen geht, wird es aufgetragen und baut dann seine volle

Wer müde ist, schläft überall - auch die Kleinen

Schutzwirkung für ca. 6 Stunden auf. Der Schutz bleibt auch beim Baden im Meer erhalten. Da heutzutage viele Kinder allergisch reagieren, muß man auf jeden Fall einen Test zu Hause machen und eventuell auf andere Sonnenschutzcreme ausweichen. Die Mitttagssonne sollte immer gemieden werden. Die frühen Morgenstunden und der späte Nachmittag sind für alle Aktivitäten, insbesondere aber das Baden, am besten geeignet. In Indonesien redet zwar niemand von Ozonlöchern, das liegt aber sicherlich nur daran, daß es noch keiner untersucht hat. Australien ist ja nicht fern, und dort ist das Hautkrebsrisiko bekanntermaßen besonders hoch.

Die Abenddämmerung ist ***Moskitozeit.*** Dünne, lange Hosen, Socken und langärmelige T-Shirts schützen den größten Teil des Körpers. Mückenschutzmittel aus ätherischen Ölen halten Mücken recht gut auf Distanz. Ausführliches siehe unter "Ausrüstung". Das chemische Mittel *Autan* ist nach wie vor der sicherste Abwehrschutz. Kinder sollten aber nur im Notfall damit eingerieben werden. Vorsicht ist bei den Händen geboten. *Autan* brennt furchtbar, wenn es in die Augen kommt. Die Haut von Babys sollte noch nicht einmal mit ätherischen Ölen eingerieben werden. In der Nacht kann man beträufelte Tücher mit ins Bett legen bzw. einige Tropfen auf die Kleidung geben. Ein

Moskitonetz gehört auf jeden Fall über das Bett. Für ganz kleine Babys kann man in Indonesien so eine Art Käseglocke *(Kelambu Bayi)* aus Gaze und Draht kaufen. Hin und wieder schafft es eine vorwitzige Mücke trotzdem zu stechen (siehe Gesundheitsvorsorge, Malaria). Ein juckreizlinderndes Gel (wird auch von Naturkosmetikläden angeboten) verhindert das Aufkratzen der Stiche.

Die ***medizinische Versorgung*** ist weder auf Sumbawa noch auf Flores gesichert. Im Komodo National Park gibt es gar keinen Arzt. Wenn etwas Ernstes passiert, muß man den langen Weg nach Bali bzw. Jakarta oder Singapur antreten. Bei einem Notfall sind zwar alle recht bemüht und hilfsbereit, aber da das Verkehrsnetz nicht besonders gut ausgebaut ist, kann es besonders zur Hochsaison zu Wartezeiten kommen. Die kleinen Flugzeuge sind oft Tage im voraus gebucht, so daß kaum eine Chance auf einen Platz besteht. Nur auf Bali gibt es Kinderärzte. Die Praxiszeiten sind in den frühen Morgen- bzw. Abendstunden. Es empfiehlt sich, einen Dolmetscher mitzunehmen, denn kaum ein Arzt spricht Englisch.

Ein ***medizinisches Notfall-Set*** sollte man auf jeden Fall von zu Hause mitnehmen. Dazu gehören (in Klammern Beispiele): Medikamente gegen Durchfall *(Perenterol),* Hustensaft *(Bronchoforton),* fiebersenkende bzw. schmerzstillende Medizin *(Paracetamol)* als Tropfen, da Zäpfchen in der Wärme schmelzen, Wundsalbe *(Desitin),* reichlich Wunddesinfektionsmittel und Pflaster. Jeder kleine Kratzer oder aufgekratzte Mückenstich sollte sofort desinfiziert werden, da es in den Tropen sehr schnell zu Entzündungen kommt. Welche Medikamente für das jeweilige Kind passend sind, sollte man auf jeden Fall mit dem Kinderarzt besprechen.

Wickelkinder sollten so wenig wie möglich Windeln tragen. In der feuchten Hitze entwickelt sich sehr schnell Windeldermatitis. Bei kleinen Pickelchen, nicht nur am Po, handelt es sich meistens um Hitzepickelchen, die von alleine wieder verschwinden. Wer mit der Babyflasche reist, sollte die Flaschenbürste nicht vergessen, da sich in Babyflaschen durch die Hitze schnell Pilzkulturen bilden.

Tritt etwas Ungewöhnliches auf, hat man auch die Möglichkeit, per Telefon den ***Kinderarzt zu Hause*** zu befragen. Die Telefonnummer des Kinderarztes also sicherheitshalber einpacken. Weiterhin sollte man sich sicher sein, daß das Kind die ***Schutzimpfungen*** gegen *Polio* und *Tetanus* erhalten hat.

Problematisch ist es, gleichgesinnte Kinder für das etwas ältere Kleinkind zu finden. Nicht etwa, daß ***indonesische Kinder*** nicht spielen würden, jedoch gestaltet sich die Kommunikation, unabhängig von der Sprache, manchmal etwas schwierig. Die kleinwüchsigeren indonesischen Kinder halten unsere 2jährigen für 4-5jährige und erwarten ein entsprechendes Spielverhalten (Fangen spielen, Verstecken spielen o.ä.), das ein 2jähriger natürlich noch nicht erfüllen kann. Zusätzlich ist das Spielverhalten sehr unterschiedlich. Unsere Kinder wachsen mit beschäftigendem Spiezeug auf, während asiatische Kinder kaum Spielzeug besitzen und in der Regel aus der Natur schöpfen. Erwachsenen bei der Arbeit zu helfen oder nachahmende Spiele sind sehr beliebt, wie z.B. Vater-Mutter-Kind-Spiele. Allerdings unterscheidet sich der indonesische Eltern-Alltag von dem europäischen doch recht gravierend.

Es gibt natürlich auch Überschneidungen der Bedürfnisse: Dreirad fahren, mit dem Ball oder mit Sand und Wasser spielen, kleine Autos herumschieben, mit Klötzen bauen usw. Im großen und ganzen muß man sich darüber im klaren sein, daß man seinem Kind, insbesondere am Anfang des Aufenthaltes, noch mehr Aufmerksamkeit als normalerweise schenken muß.

Wir sind mit unserem Sohn nun das dritte Mal problemlos in Indonesien gereist (1,5, 2,5 und 3,5 Jahre). Das Kind zu Hause zu lassen und alleine zu fahren oder überhaupt nicht mehr zu verreisen waren keine Alternativen. Das Reisen hat sich aber verändert mit unserem Kind! In mancher Hinsicht ist es anstrengender geworden, in anderer gemütlicher, und die Bereicherung durch neue Erfahrungen wiegt alle Strapazen auf.

Zum Thema ***Impfungen*** bei sogenannten ***Kinderkrankheiten*** schickte uns B. Kroma aus Hamburg folgenden Leserbrief:

Während unserer Indonesienreise haben meine Söhne (1 und 5 Jahre alt) eine in Deutschland erworbene Hepatitis A stumm bzw. als grippeähnliche Erkrankung durchgemacht. Der Gedanke daran, daß meine Kinder, die herzlich aufgenommen wurden, viele Menschen angesteckt haben könnten, ist mir sehr unangenehm; denn bei Erwachsenen verläuft die Krankheit schlimmer – heilt aber glücklicherweise vollkommen aus. Bei Unterhaltungen mit anderen Touristen ist mir aufgefallen, daß der Schutz der Indonesier zu kurz kommt, da alle Prophylaxen dem Selbstschutz dienen.

Hier in Deutschland wird jede schwangere Frau auf Rötelnantikörper untersucht. Es wird heute nicht mehr dem Zufall überlassen, ob eine junge Frau eine Infektion durchmacht, da alle Mädchen rechtzeitig geimpft werden. Jede schwangere Frau, die Kontakt zu Rötelnviren hat und eine Erstinfektion durchmacht, wird ein behindertes Kind bekommen. Nur mit ausreichend vielen Antikörpern im Blut ist das ungeborene Kind vor dem Eindringen der Viren geschützt. Da die Krankheit bei Jungen wie Mädchen harmlos verläuft, kann man hier in Deutschland seine Kinder ohne Impfung die Krankheit durchmachen lassen.

Schleppt man diese Viren also (ungewollt) nach Indonesien, stecken wir ungeschützte Menschen an (im schlimmsten Fall schwangere Frauen), die mit dieser Art von Krankheiten nicht so leicht fertig werden. Hinzu kommt natürlich noch, daß arme Leute sich kaum einen Arztbesuch leisten können. Denn es gibt keine Krankenversicherung, die dafür bezahlt.

Das Wort "Kinderkrankheiten" läßt die Krankheiten harmlos erscheinen und macht uns glauben, daß nur Kinder diese Krankheit bekommen können. Es gibt aber sogenannte Kinderkrankheiten, die man immer wieder bekommen kann, wie z.B. Scharlach, aber auch Keuchhusten in abgeschwächter Form.

Vor der Abreise sollte man sich sicher sein, daß weder das Kind noch man selber einen Infekt hat. Zusätzlich sollte man sich überlegen, ob eine Impfung (Röteln) nicht doch sehr sinnvoll ist, um unsere Gastgeber zu schützen.

Ausrüstung

Bei der Beschaffung der Ausrüstung sollte bedacht werden, daß alles nicht zu schwer und sperrig ist. Auf keinen Fall gehören Gegenstände ins Gepäck, die man liebt oder die besonders wertvoll sind. Beim Packen stellt man sich am besten vor, nichts käme wieder mit zurück nach Hause.

Von Bali in Richtung Komodo reisend, nimmt der Luxus mit jedem zurückgelegten Kilometer ab. Die Landschaft wird karger, die Unterkünfte und das Essen werden einfacher, englischsprechende Menschen seltener. Dafür nimmt die Wildnis der Landschaft sowie die Freundlichkeit der Bewohner immer mehr zu. Shops, Souvenir- oder Antikhändler sind nur noch sehr selten zu finden. Auch Geschäfte mit alltäglichem Bedarf werden rarer, und das Warenangebot ist beschränkt. "Luxusartikel" wie Toilettenpapier oder Tampons fehlen oft völlig im Verkaufssortiment.

Deshalb folgt nun eine Liste mit Artikeln, die man in Deutschland bzw. Bali oder Lombok besorgen sollte, bevor man sich auf den Weg macht.

- ***Rucksack:*** Wer auf seiner Reise mit Bus, Zug, Bemos und zu Fuß unterwegs sein möchte, sollte sich einen guten, passenden Rucksack als Reisebegleiter zulegen oder leihen. Er sollte nicht zu groß oder klein sein, wasser- und reißfest, mit gepolsterten, verstellbaren Hüft- und Tragegurten. Während der Regenzeit schützt man sein Gepäck vor Feuchtigkeit, indem man es in Plastiktüten oder einen großen Müllsack verpackt.
- ***Tagesrucksack:*** Ein Tagesrucksack ist sinnvoll bei Ein- bis Dreitages-Touren. Er reicht aus für die nötigsten Dinge, wie Zahnbürste, Seife, Sarong, Handtuch, T-Shirt, Kekse und Wasser.
- ***Umhängetasche:*** Eine kleine Tasche benötigt man für Geld, Papiere, Tagebuch, Reiseführer, Karten, Kugelschreiber, Portemonnaie usw. Sie sollte gut verschließbar sein und der Trageriemen stark genug, damit man ihn nicht einfach zerschneiden oder zerreißen kann.
- Ein ***Schlafsack*** ist in 95% aller Fälle überflüssig, es sei denn, man will ständig in Bergregionen weilen. Zwei Bettlaken, eines zum Zudecken und das andere als Laken verwendet, sind völlig ausreichend.
- ***Bekleidung:*** dünne, lange Hosen, Röcke, T-Shirts, Hemden und Blusen, alles aus Naturfaser und nicht zu eng. Wer Wanderungen plant, sollte eine festere Hose und ein langärmeliges Hemd oder T-Shirt einpacken. Damit ist man einigermaßen vor Dornen und anderem stacheligen Gestrüpp geschützt. Ebenso gehören ein paar feste Schuhe (z.B. Turnschuhe) ins Gepäck.

Oberbekleidung kann man sehr gut in Indonesien kaufen. Hinzu kommt, daß man in Indonesien deutlich preiswerter einkaufen kann als in Europa. Viele europäische und amerikanische Firmen lassen in Indonesien produzieren. Häufig findet man die gleiche Ware zum 10fachen Preis in irgendwelchen Geschäften hier in Deutschland.

Unterwäsche sollte man ausreichend mit auf die Reise nehmen. Bei Frauen gehört ein BH ins Gepäck.

Ein dünner ***Pullover*** sollte im Gepäck nicht fehlen für nächtliche Busfahrten oder kühlere Abende. Eine Jacke ist nicht nötig.

- ***Badesachen:*** Außerhalb der Touristen-Ressorts empfiehlt sich mindestens ein Einteiler, in abgelegeneren Ecken baden Frauen mit langen Hosen oder Shorts und T-Shirts bekleidet. Ein Sarong erfüllt die gleichen Zwecke. Am besten schaut man sich an, wie die anderen Frauen bekleidet sind.
- Als ***Regenschutz*** eignen sich dünne, auf das kleinste zusammenfaltbare Nylonjacken. Regenschirme kann man überall unterwegs kaufen (sehr preiswert). Praktisch sind natürlich die kleinen Knirps-Schirme.
- ***Schuhe*** und ***Sandalen*** sollte man von zu Hause mitbringen. Natürlich man auch wel-

che in Indonesien kaufen, aber außer in Touristengegenden nur bis Größe 42. Wer also große Füße hat, sollte ein Ersatzpaar in Erwägung ziehen. Gummilatschen, der Schuh-Klassiker Asiens, sind überall erhältlich und preiswerter als zu Hause.

● Der ***Sarong*** ist das vielfältigste und praktischste Bekleidungsstück überhaupt. Es handelt sich um ein großes rechteckiges Stück Stoff, daß sich in folgendes verwandeln läßt: Kleid, Rock, Bademantel, Badeanzug für abgelegenere Gegenden, Badetuch, Handtuchersatz, Laken, Decke, Umkleidekabine usw. Wie man den Sarong trägt und bindet, kann man bei Indonesiern abgucken bzw. läßt man sich am besten gleich beim Kauf zeigen.

● ***Hygieneartikel:*** Alles für die tägliche Reinigung, wie Seife, Shampoo, Zahnpasta und Zahnbürste, ist auch in Indonesien an jeder Ecke erhältlich. Rasierzeug bringt man besser mit. Tampons kann man in internationalen Hotels und westlich orientierten Supermärkten kaufen, aber nicht in abgelegeneren Gegenden wie Sumbawa, Komodo und Flores. Kondome, Antibabypillen sowie andere Verhütungsmittel gehören schon in Deutschland ins Reisegepäck.

● ***Toilettenpapier*** ist in Indonesien nicht üblich. Touristisch erschlossene Gebiete haben sich auf die Bedürfnisse der Besucher eingestellt, und dort findet man in den Hoteltoiletten Toilettenpapier, oder es wird zumindest welches verkauft. In den großen Städten von Sumbawa und Flores wird man mindestens ein Geschäft finden, daß Toilettenpapier verkauft.

● ***Waschmittel*** kann man überall in Indonesien in kleinen Tütchen kaufen, außerdem kann man in den meisten Losmen, Homestays und natürlich den Hotels seine Wäsche waschen lassen.

● ***Sonnenschutz:*** Sonnenhut und Sonnenbrille sollte man mitnehmen. Die Sonnenbrillen, die man dort bei Straßenhändlern zu billigsten Preisen angeboten bekommt, sind von minderwertiger Qualität. Sonnenschutzmittel mit hohem Lichtfaktor sind heutzutage ein Muß. Gute Erfahrungen haben wir mit dem Sonnenschutzmittel *UV-Derm* gemacht (LSF 15 + 20). Man trägt es eine halbe Stunde, bevor man in die Sonne geht, auf, erst dann erreicht es seine volle Lichtschutzwirkung, die dann ca. sechs Stunden anhält, auch beim Baden in Salzwasser. Für Kinder, die sich nicht gerne einreiben lassen, optimal. Bei empfindlicher Haut empfiehlt es sich, zu Hause einen Test zu machen, ob auch keine allergische Reaktion erfolgt. Dann auf jeden Fall noch einmal Rücksprache mit dem Hausarzt halten.

Wer vergessen hat, ein Sonnenschutzmittel in Deutschland zu kaufen, sollte das in Bali, spätestens aber in Lombok nachholen. In den Supermärkten der Touristenzentren werden Sonnenschutzmittel verkauft.

● ***Moskitonetz:*** Moskitos, bei uns als Mücken bekannt, lassen sich nachts am besten durch ein Moskitonetz fernhalten. Moskitonetze aus Plastik werden zwar auch in Indonesien in den schrillsten Farben zu Spottpreisen angeboten, aber das Gewebe ist sehr lose und deshalb sehr schnell durchlöchert. Es empfiehlt sich deshalb, ein Netz von zu Hause mitzunehmen. Eine stabile Schnur und ein paar Nägel zur Befestigung nicht vergessen!

● ***Mückenschutzmittel*** aus ätherischen Ölen halten Mücken recht gut auf Distanz, insbesondere folgende Inhaltsstoffe sind dafür verantwortlich: Lavendel, Zitrone bzw. Zitronell und Nelke. Man kann sich so ein Öl im Verhältnis 1:1:1 mit 3 Teilen Körperöl in Apotheken bzw. deutlich preiswerter in Naturkosmetikläden mischen lassen. Viele der letztgenannten Läden bieten auch fertige Produkte (z.B. *Bellavera)* an, die in der Regel recht gut sind. Ätherische Mückenschutzmittel haben nur ein Problem, der Schutz hält nicht so lange an, und bei einem Sturmangriff von völlig ausgehungerten asiatischen Moskitos hilft nur noch Chemie. Also sollte man ein Fläschchen *Autan* mitnehmen oder dort kaufen für Notfälle. ***Autan*** oder ***Off*** ist in den Supermärkten der Touristenzentren erhältlich.

● ***Taschenlampe:*** Sehr wichtig! Ab 18.00 Uhr ist es dunkel. Beim Einpacken eine Batterie umdrehen. Dann kann die Lampe sich nicht von selbst anschalten und vor der Zeit leer brennen. Taschenlampen mit Ersatzbatterien und Birne bekommt man aber auch auf Sumbawa und Flores.

● ***Fernrohr/Fernglas:*** Der Hit beim Tierebeobachten. Taschenmodelle gibt es bei uns ab ca. DM 100.

● ***Ersatzbrille*** nicht vergessen!

● ***Kontaktlinsenträger*** sollten die entsprechenden Reinigungs- und Aufbewahrungsmittel nicht vergessen.

● ***Lärmschutz:*** Geräuschempfindliche Personen sollten sich Ohropax einpacken. In Großstädten und Touristenzentren knattern die Motorräder und brummen die Autos bis spät in die Nacht. Wohnt man in preiswerten Unterkünften, ist man oft ungewollt Zuhörer bei Gesprächen, die in benachbarten Räumen geführt werden.

● ***Vorhängeschlösser*** sind ganz praktisch, um das Reisegepäck zu verschließen oder auch das eigene Zimmer.

● ***Nähzeug,*** zum Beispiel eine Sicherheitsnadel, Nähnadel, Zwirn und Nähseide, um kleinere Reparaturen auszuführen, sollte man ebenfalls mitnehmen.

● ***Taucherbrille und Schnorchel:*** Bei allen touristisch erschlossenen Tauchgründen kann man sich gegen eine geringe Gebühr Schnorchelsachen leihen. In größeren Städten, wie Denpasar und Mataram, gibt es Tauchausrüstungsgeschäfte, weiter östlich nicht mehr. Die eigene Ausrüstung ist natürlich immer besser, aber um nur einmal schnorcheln zu gehen, lohnt es sich nicht, das ganze Zeug wochenlang zu schleppen. Badesandalen aus Plastik sind sehr wichtig, denn sie schützen vor scharfen Korallen.

● ***Angeln:*** Angelsachen kann man in Ampenan kaufen (Lombok). Aber fast jeder Kutter hat zumindest einfaches Angelgerät an Bord.

● Eine ***Wasserflasche*** für Wanderungen nicht vergessen.

● Ein kleiner und stabiler ***Reisewecker*** oder eine Armbanduhr mit Weckfunktion sind sehr praktisch.

● ***Bücher, Karten:*** Auf Bali und Lombok ist das Angebot an ***Straßenkarten*** größer und deutlich preiswerter als in Europa, auf Sumbawa und Flores gibt es keine Karten. Es lohnt sich also, erst vor Ort eine Karte zu kaufen. In allen Touristenorten werden sie angeboten.

● ***Geschenke:*** Es ist gut, kleine Geschenke, wie z.B. Kugelschreiber, Feuerzeuge, T-Shirts u.ä. mit sich zu führen. Kinder lieben Kulis, Luftballons und Malstifte. Die Bitte um Kugelschreiber hört sich vielleicht so an: "*Tidak ada Mama* (ich hab' keine Mutter), *tidak ada Papa* (ich hab' keinen Vater), *tidak ada bolpen* (ich hab' keinen Kugelschreiber). *Minta bolpen." (*Schenk mir einen Kugelschreiber.) Wer kann solch einer Bitte widerstehen!?

● Einen ***Sprachführer*** sollte man sich zu Hause zulegen, da die in Indonesien erhältlichen fast alle Englisch als Grundsprache haben. Wir empfehlen *"Indonesisch - Wort für Wort"*, Kauderwelsch-Reihe, Bd. 1, aus dem Peter Rump Verlag. Siehe auch das Kapitel "Sprache" im allgemeinen Teil.

Reisegepäckversicherung

Ob sich solch eine Versicherung lohnt, sollte jeder für sich abwägen, denn es gibt sehr viele Einschränkungen, und der bürokratische Aufwand im Schadensfall ist sehr groß. Deshalb empfehlen Verbraucherberatungen vor allem, das Gepäck so zusammenzustellen und sich so zu verhalten, als ob man nicht versichert wäre.

Versichert ist man gegen Verlust, Beschädigung, Diebstahl, Einbruch-Diebstahl, Raub, räuberische Erpressung oder vorsätzliche Sachbeschädigung durch Dritte. Bei Diebstahl, Raub u.ä. muß man auf jeden Fall einen Polizei-Bericht vorlegen.

Nicht unter den ***Versicherungsschutz*** fallen Geld, Wertpapiere, Fahrkarten, Urkunden und Dokumente aller Art, Gegenstände mit überwiegendem Kunst- und Liebhaberwert, Kontaktlinsen, Prothesen jeder Art sowie Land-, Luft- und Wasserfahrzeuge. Nur teilweise erstattungsfähig sind Pelze, Schmuck, Gegenstände aus Edelmetallen, Foto- und Filmapparate samt Zubehör. Laut Urteil des Landesgerichts Düsseldorf braucht die Versicherung auch nicht zu bezahlen für Kleidungsstücke, die im Reiseland gekauft und dann gestohlen wurden, da diese ja nicht zum ursprünglichen Reisegepäck gehörten (Aktenzeichen: 20 a S 214/ 87).

Fotografieren

Filme

In Indonesien kann man Filme lediglich in größeren Städten kaufen. In Bali an jeder Ecke, aber auf Sumbawa nur in Bima und Sumbawa Besar. Allerdings oft überlagert bzw. nicht temperiert gelagert. Das wirkt sich auf die Farbqualität aus. Im Angebot sind *Kodak* und *Fuji*. Von letzterer Firma gibt es auch s/w-Filme, die aber in der BRD nicht ordentlich entwickelt werden können, da diese "Abart" hier nicht gehandelt wird.

- ***Negativfilme*** (*Fuji Color, Kodak Color Gold*): 100 ASA, 24/36 Bilder, 6000 Rp (4,50 DM)/9000 Rp (6,50 DM)
- ***Diafilme:*** 100 ASA, 36 Bilder *Fujichrome,* 10.000 Rp (DM 7,50); *Fujichrome* RHP 13.000 Rp (10 DM), *Ektachrome* 15.000 RP (11,50 DM)

Fotografierende Horden, wie hier während einer Verbrennung in Bali gibt's in NTB nicht

Entwicklung

In vielen Städten gibt es "Super-Schnell-Entwicklungs-Shops", vollautomatisiert. ***Prints*** bekommt man dort, wenn die Maschine funktioniert, in 45 bis 60 Minuten. Das ist deutlich preiswerter als bei uns, und man sieht ziemlich schnell, ob die Bilder etwas geworden sind.

24 Abzüge (9x13) incl. Entwicklung kosten ungefähr 9000 Rp, 36 Abzüge 12.000 Rp. Dia-Filme sollte man zu Hause entwickeln lassen.

Fotografiertips

Das beste ***Fotolicht*** herrscht frühmorgens, schon ab 9-10 Uhr scheint die Sonne schon so grell, daß die Bilder zu kontrastreich werden. Das gleißende Licht verursacht grau-bläuliche Bilder. Wer einen *Polfilter* besitzt, kann diesen unangenehmen Effekt ein wenig abschwächen. Das schöne Nachmittagslicht nimmt den Fotos etwas die Schärfe, das läßt sich durch einen *Skylight Filter* ein wenig ausgleichen. Das Licht der tiefstehenden Sonne fällt gern ungewollt ins Objektiv, was sich oft mit einer Sonnenblende ausschließen läßt.

Problematisch ist das ***Fotografieren im Schatten***, z.B. unter Bäumen, Tiere im Wald, in bewaldeten Schluchten u.ä. Bei näheren Motiven sollte man hier einen Blitz benutzen oder gleich einen empfindlicheren Film einlegen (200/400 ASA).

Das heißgeliebte ***Sonnenuntergangsfoto*** gelingt am besten, wenn man die Belichtungszeit des Himmels mißt (ohne Sonne) und dann mit dieser Belichtungszeit die untergehende Sonne aufnimmt.

Das begehrteste Motiv in Bali sind ***Reisterrassen.*** Die Terrassen sind am attraktivsten, wenn die Sonne im Rücken steht.

Siehe auch *„Warane fotografieren"* im Kapitel *Komodo*.

Einige Verhaltensregeln

- Auf ***Tempelfesten*** (insbesondere auf Bali) soll nicht geblitzt werden. Auch ist es verboten, zum Beispiel zwischen Priestern und Betenden Aufstellung zu nehmen, um etwa ein Porträt des Würdenträgers zu erhaschen.
- Im allgemeinen lassen sich ***Indonesier*** gerne ***ablichten,*** vorausgesetzt, man ist höflich und fragt vorab.
- Daß man davon Abstand nehmen sollte, ***Menschen in peinlichen Situationen*** zu fotografieren (etwa beim Baden im Fluß), versteht sich ja wohl von selbst.

Buchempfehlung

- *"Die Welt im Sucher"* von *Helmut Hermann* und *"Achtung Touristen"* von *Christian Adler*. Beide in der Reihe REISE KNOW-HOW. Siehe Bücherliste am Schluß.

Praktische Reisetips

Wichtige Verhaltensregeln

Die Verhaltenstips plazieren wir hier ganz bewußt an den Anfang des Kapitels. Denn wer sich richtig zu benehmen weiß, hat weniger Probleme. Natürlich gibt es unterschiedliche Hinweise, je nachdem, welcher Religion die Menschen angehören. Insbesondere der Islam (auf Java, Lombok und Sumbawa die Hauptreligion) kennt diverse Vorschriften, die sich aus dem Koran ableiten.

Auf die Frage, welcher ***Religion*** man angehöre, sollte man übrigens nie antworten: "keiner". Man könnte als Atheist (=Kommunist) gelten, was in Indonesien nicht gerade das Ansehen hebt.

Es empfiehlt sich also, diese Regeln gründlich zu lesen *und* zu beherzigen.

Der Fremde als Ereignis

Gefühle

●***Lächeln:*** Indonesier lächeln gern (fast immer und fast überall). Bei uns im Westen lächelt man nicht jeden an, aber in Indonesien kann man es lernen. Es gibt ein gutes Gefühl.

Allerdings bedeutet ein Lächeln nicht unbedingt, daß einem das Gegenüber auch wohlgesonnen ist!!!

●***Wutausbrüche*** und Schreien sind völlig unakzeptierte Verhaltensweisen. Man zeigt seine Wut nicht, nur Kinder verlieren die Selbstkontrolle und schreien. Die Reaktion des Gegenübers ist Unverständnis und Distanz. Wer sich nicht beherrschen kann, verliert sein Gesicht.

●***Harmonie*** ist das Hauptziel einer jeden Erziehung in Indonesien. Persönliche Gefühle stören diesen Harmoniezwang, wenn sie ausgedrückt werden. Selbst übelste Beleidigungen werden mit einem lachenden Gesicht beantwortet. Über das Innenleben des einzelnen sagt diese "Maske" freilich nichts. Zorn und Ärger werden in sich hineingefressen.

Wenn dann eines Tages das "Faß überläuft", kann es zu Katastrophen kommen. Aus scheinbar nichtigen Anlässen werden Gewalttaten begangen, Familien sitzengelassen oder gar Leute umgebracht.

●***Peinlichkeiten*** werden vermieden. Das führt häufig zu Mißverständnissen. Wenn man z.B. jemandem nach einem Weg fragt und dieser keine Ahnung hat, wo sich der gesuchte Ort befindet, wird er nicht mit "Weiß ich nicht" antworten, sondern lieber irgendwohin zeigen, oder, wenn die Frage falsch gestellt wurde, mit "Ja!" antworten. Keine passende Antwort geben zu können ist peinlich (*malu*), und es ist besser, man gibt eine falsche. Man verliert sein Gesicht nicht. Daß der Fragende später "sauer" sein wird, spielt dabei keine Rolle, er ist ja weg.

Ähnlich verhält es sich mit Fragen folgender Art: "Hast Du genügend Geld in der Tasche, um xy zu kaufen? Ich geb es Dir spä-

ter zurück!" Antwort "Ja!" Ergebnis: Die Erledigung wird "vergessen", es war doch nicht genug Geld da.

Oder: "Wollen wir heute abend zusammen essen gehen?" Antwort: "Nein, leider keine Zeit!" Was steckt dahinter? Entweder hat der Gefragte Angst vor der fremden Umgebung (Touristenrestaurant) oder zu wenig Geld, um evtl. seine Zeche zu zahlen.

Ein letztes Beispiel. Frage: "Kennst Du ein preiswertes einheimisches Restaurant?" Antwort: "Ja!" Ergebnis: Das genannte Restaurant ist weder billig noch einheimisch, dem Gefragten war es peinlich, ein passendes zu nennen, weil er glaubte, daß es dem Touristen nicht gefallen würde.

• ***Schadenfreude*** bzw. das, was wir dafür halten, ist ebenfalls ein Ausdruck dieser Sichtweise. Da stürzt z.B. jemand (und das kann durchaus auch ein alter Mensch sein) auf der Straße. Die Augenzeugen brechen in schallendes Gelächter aus. Warum? Weil dem Gestürzten so der Gesichtsverlust erspart wird.

Unreine Körperteile

• Die ***linke Hand*** ist unsauber, da sie das Toilettenpapier ersetzt. Um Menschen zu begrüßen, zu berühren, zum Essen, um etwas anzunehmen oder weiterzugeben, wird ausschließlich die rechte Hand benutzt. Das gilt auch in Situationen, wenn z.B. die rechte Hand naß oder dreckig ist, und jemand einen mit Handschlag begrüßen will. Nicht, wie bei uns, ersatzweise die linke reichen!

• Die ***Füße*** sind der unsauberste Teil des Körpers. Es ist mehr als unhöflich, beim Sitzen (auf dem Boden z.B.) die Fußsohlen auf eine Person zu richten. Befindet man sich allerdings in vollen Bussen, auf Fähren oder in ähnlichen Situationen, läßt sich diese Regel nicht immer einhalten, sie ist dann außer Kraft gesetzt. Füße etwa auf den Tisch zu legen oder auf eine ausgebreitete Matte zu trampeln ist immer äußerst unhöflich.

• Die ***Schuhe*** sollten beim Betreten eines Wohnhauses (oder auch Geschäftes) ausgezogen werden. Steht ein Wasserbehälter am Eingang, wäscht man sich dort den Staub von den Füßen. Ob z.B. beim Betreten eines Ladenraumes das Schuhausziehen empfehlenswert ist, klärt der schnelle Blick auf die Füße des Personals: Laufen die barfuß, dann Schuhe aus; haben sie Sandalen an, kann man sie auch anlassen.

Auch in eindeutigen "Schuhe-aus-Situationen" wird demjenigen, der sich hinsetzt, um seine Schnürstiefel zu lösen, gerne gesagt: "Macht nichts, komm einfach rein!" Es ist trotzdem ein Zeichen der Höflichkeit, die Schuhe auszuziehen. Die Aufforderung muß nicht ernst gemeint sein.

Auch auf der eigenen Hotelterrasse oder im gemieteten Zimmer sollte man die Schuhe draußen lassen, will man nicht als "Barbar" gelten.

• ***Barfußlaufen*** ist aus dem gleichen Grunde verpönt. Schließlich zieht man in der Wohnung die Schuhe aus, um den Raum vor dem Schmutz der Straße zu bewahren. Was aber will der Barfußlaufende ausziehen?

Kleidung

• ***Männer*** sollten in der Öffentlichkeit ***nicht in kurzen Hosen*** herumlaufen. Die kurze

Hose ist ein Bekleidungsstück für arme oder arbeitende Männer. Zu dieser Kategorie gehört der weiße Tourist wohl kaum, denn er konnte sich immerhin ein Flugticket nach Indonesien leisten. Es wird zwar geduldet, und man sieht ja auch reichlich Leute, die in Shorts, ja gar in Badehosen herumlaufen. Trotzdem ist es nicht die passende Kleidung, und man wird nicht ganz ernst genommen. Zu allen offiziellen Anlässen (z.B. Amt, Bank etc., egal wie warm es ist) sind kurze Hosen tabu.

●Das gleiche gilt für den ***freien Oberkörper***. Der ist eher noch anstößiger als die kurze Hose. Die offizielle Oberbekleidung für den Mann ist ein Batik-Hemd, das über der Hose getragen wird, in der Öffentlichkeit tut's auch ein T-Shirt.

Wer auf seiner Hotelterrasse mit bloßem Oberkörper sitzt, tut gut daran, einem unangekündigten Besucher die Ehre zu erweisen, sich kurz zu entschuldigen und ein Hemd überzuziehen.

●Als ***Frau*** empfiehlt es sich, im altmodischen Sinne ***"anständig" gekleidet*** zu sein, d.h. knielanger undurchsichtiger Rock oder Kleid, Bluse, BH, Hose (auch kurze, aber keine Hotpants), alles nicht zu eng. Selbst bei vollständiger Kleidung kann es passieren, daß man (speziell in touristischen Regionen, weniger auf dem Lande) belästigt wird. Frauen gelten aber überall als "Freiwild", wenn sie nur dürftig bekleidet herumlaufen - auch in männlicher Begleitung.

●***Frauen*** sollten nicht alleine ***am Strand*** baden (Ausnahmen sind die Touristenstrände), schon gar nicht in knappem Bikini oder "oben ohne". (Im Zweifelsfalle T-Shirt überziehen.) Indonesierinnen gehen, wenn überhaupt, komplett bekleidet ins Meer.

Geschlechtliches

●Auf die Frage: ***"Verheiratet?"*** immer mit "Ja!" antworten. "Wieviel Kinder?" Antwort: "Mindestens eins" oder *"belum"*, d.h. noch nicht, aber bald! Keine Kinder haben zu *wollen,* das gibt es nicht!! Über "zu viele Kinder haben" kann man Scherze machen, Argumentieren ist meist zwecklos, das macht die Regierung schon seit langem. Da erzählt keiner mehr etwas Neues.

Als Frau unterwegs

●***Frauen*** sollten sich darauf gefaßt machen, in den größeren Städten hin und wieder einen Klaps auf den Po zu bekommen oder sonstwie berührt zu werden. Normalerweise passiert das "im Vorbeigehen" und geschieht unabhängig davon, ob man in Begleitung ist oder nicht. Das kann sehr nervenaufreibend sein, am besten aber nimmt man es mit Humor. Schimpfen und auch zurückschlagen sollte man aber schon, der "Ehre" wegen. Meist sind die Typen aber so flink, daß man gar nicht weiß, wer's nun war. Wenn es mir zu bunt wurde, habe ich mir Luft gemacht, indem ich deutsche Schimpf- und Fluchtiraden auf die "Schuldigen" losließ (laut muß es sein, damit Öffentlichkeit geschaffen wird) - das hat immer geholfen.

Im großen und ganzen gehört aber Indonesien zu den Ländern auf der Welt, in denen die Frau (allein, zu zweit oder in Begleitung) die wenigsten Probleme hat.

●Das ***Bild der weißen Frau*** (und auch des Mannes) ist geprägt von amerikanischen Sex-&-Crime-Filmen in Kino und Fernsehen.

Geschichten von Frauen, die nur auf einen One-Night-Stand aus sind, kursieren mittlerweile überall. Die Gründe dafür findet man auch in den Touristenhochburgen, wie Kuta (Bali) oder die Gilis (Lombok). Dort ist männliche Prostitution fast üblicher als weibliche.

- In nichttouristischen Gegenden ist es sinnvoll, als ***alleinreisende Frau*** eine Erklärung bereitzuhalten, wie zum Beispiel verheiratet zu sein und noch keine Kinder zu haben oder auf einer Nachbarinsel zu studieren oder etwas anderes.
- Für eine Frau ist es empfehlenswert, egal mit welchen ***Fragen***, sich immer an indonesische *Frauen* zu wenden. Damit schließt man von vornherein Mißverständnisse aus.
- Männer und Frauen ***umarmen, küssen*** oder ***tätscheln*** sich nicht in der Öffentlichkeit. Selbst das "Händchenhalten", auch beim Spazierengehen, gilt als anstößig.

Allerdings ist es üblich, daß sich ***gleichgeschlechtliche Freunde*** bei der Hand halten oder Arm-in-Arm gehen. Das ist *kein* Zeichen von Homosexualität.

- ***Homosexualität*** ist weit verbreitet, wird aber in der Öffentlichkeit nicht geduldet. Bali etwa galt ab den 20er Jahren gar als Paradies für männliche Homosexuelle. Viele berühmte Künstler und Forscher gehörten zu dieser "Gattung", z.B. *Walter Spieß*.
- Männer und Frauen ***waschen*** sich stets nacheinander, auch im Hotelbadezimmer, wenn es nicht dem Schlafzimmer angeschlossen ist. Draußen normalerweise an getrennten Stellen (Flüsse, Quellen etc.).

Höflichkeit

- Zur ***Begrüßung*** reicht man sich die rechte Hand: nur eine leichte Berührung, bloß nicht kräftig schütteln. Anschließend führt man, insbesondere in moslemischen Gebieten, seine Hand an sein Herz. Eine wirklich schöne Art der Begrüßung.
- In Privaträumen, Restaurants, Zügen etc. kann man beobachten, wie Indonesier eine gebeugte Haltung einnehmen, wenn sie an ***sitzenden Personen*** vorbeihuschen. Gleichzeitig hält man seine rechte Hand, mit der man kurz zuvor seinen Kopf berührt hat, vorgestreckt, aber tiefer als der Kopf desjenigen, an dem man vorbei will. Das ist ein Zeichen der Ehrerbietung. Man will den Kopf nicht höher tragen als der Gast, der Ältere oder die Respektsperson. Mit der Hand nimmt man ihn quasi auf eine tiefere Ebene. Gleichzeitig sagt man *"Permisi!"* (Entschuldigung). Es ist höflich, wenn wir diese Haltung zumindest andeuten.

Aus gleichem Grunde ist es unhöflich, wenn man sich z.B. auf einer Treppe höher setzt als der Nachbar oder sich nicht hinunterbeugt bzw. -hockt, wenn man stehend mit einem Sitzenden spricht.

- In Restaurants oder wenn man jemanden irgendwo anders ***beim Essen*** überrascht, wird man vom Essenden oft durch Kopfnikken oder andere Gesten eingeladen, das Mahl zu teilen. Das ist zwar ausgesprochen höflich, aber nicht wörtlich zu nehmen. Mit einer kleinen Geste und *"Mari"* oder *"Silahkan"* (Bitte) gibt man dem anderen zu verstehen, daß er ruhig alleine weiteressen kann.

Umgekehrt schickt es sich nicht, ohne diese Aufforderung, etwa auf einer Schiffsreise, sein Essen auszupacken.

Reisetips

• ***Verharmlosungen:*** Will man z.B. jemandem klar machen, daß er etwas Falsches gesagt hat, muß man dieses so formulieren, daß er nicht "sein Gesicht verliert", sonst hilft die ganze Erklärerei wenig. In Indonesien sind daher Wendungen wie "weniger wahr" (*kurang benar*) für "falsch", "weniger schlau" (*kurang pintar*) für "dumm" oder "weniger wissend" (*kurang tauh*) für "keine Ahnung" gebräuchlich. Echte Verneinungen wie "nicht wahr" (*tidak benar*) oder Negativa wie "das ist gelogen" (*ini bohong*) werden in der Kommunikation kaum gebraucht. Man muß sich daran gewöhnen und die Antworten richtig interpretieren.

• Wer sich in kleine Dörfer "vorwagt", dem kann es hin und wieder passieren, daß alle ***Kinder*** des Dorfes beginnen, hinter einem herzulaufen. Es werden immer mehr, und nach kurzer Zeit fangen sie an zu schreien Dann dauert es nicht mehr lange, bis die ersten Steine fliegen.

Uns ist das ein paar Male in ziemlich abgelegenen Dörfern Lomboks passiert. Aufregen und Schreien hat keinen Zweck, im Gegenteil, es macht die Kinder nur noch aggressiver. Ignorieren hat auch keinen Zweck, das macht sie mutig. Wir glauben, das beste ist, man versucht möglichst frühzeitig, mit den anfänglich wenigen Kindern in Kontakt zu treten. Wenn alles zu spät ist, wende man sich an den nächstbesten Erwachsenen und bitte ihn um Hilfe. Er wird die Meute schon verscheuchen. Von alleine kommen die Leute leider nicht darauf, weil sie selber daran interessiert sind, wie sich die Ausländer wohl aus der Affäre ziehen.

Steht vor vielen Häusern in den Dörfern: ein wassergefüllter Topf zum Waschen der Füße

Glücklicherweise scheint diese Verhaltensweise von Kindern nur die Ausnahme zu sein, je ungewöhnlicher man aussieht (z.B. verdreckt, falsch angezogen), um so eher kann einem das passieren.

Anrede

In Indonesien wird viel Wert auf die korrekte Anrede gelegt. Die Sprache bietet viele Höflichkeitsstufen, die weit über den uns bekannten Unterschied zwischen "Sie" und "Du" hinausgehen. Jeder ordentliche Sprachführer gibt darüber Auskunft. Als ***Grundregel*** kann man sich folgendes merken:

• ***Ältere Leute*** redet man mit *Ibu* (=Mutter) und *Bapak* (=Vater) an. Diese beiden Wörter werden häufig verkürzt zu *Bu* bzw. *Pak*. Dieser "Titel" wird vor den Namen gestellt, also z.B. *Ibu Putu* oder *Pak Majid*. Auch kann man ihn vor Berufsbezeichnungen stellen, z.B. *Pak Doktor.*

• ***Jüngere bzw. Gleichaltrige*** spricht man mit *Adik,* verkürzt *Dik* (= jüngerer Bruder bzw. Schwester) an.

• ***Man selbst*** wird häufig mit *Tuan* angeredet. Das entspricht in etwa unserem "Herr". Diese Anrede ist ein Überbleibsel aus der Kolonialzeit und gilt nur für Weiße, einen Indonesier kann man so nicht ansprechen.

Gesten

• Das ***Herbeiwinken*** mit der Hand erfolgt nicht wie bei uns mit dem Handrücken nach unten, sondern genau umgekehrt, mit dem Handrücken nach oben. Für uns sieht das im ersten Moment wie Wegscheuchen aus. Die europäische Art, jemanden herbeizuwinken, wird einfach nicht verstanden.

• ***Überhebliche und aggressive Gesten*** sind: mit einem Finger direkt auf eine Person zeigen (insbesondere während eines Gesprächs), die Arme vor der Brust verschränken oder die Hände in die Hüften stemmen. Das sind alles Posen, die bei uns üblich, aber nicht unbedingt aggressiv belegt sind, aus diesem Grunde muß man sich immer mal wieder selbst beobachten.

Rein islamische Regeln

- Das ***Essen von Schweinefleisch*** ist laut Koran verboten. Man sollte keinen Moslem zum Beispiel in ein chinesisches oder balinesisches Restaurant einladen. Am sinnvollsten läßt man den Eingeladenen das Restaurant selber aussuchen.
- Die ***Gebetszeiten*** sollten respektiert werden. Besuche sollten deutlich *vor* oder *nach* 18.00 Uhr, der Zeit des Abendgebetes, gemacht werden.
- Zur Zeit des ***Fastenmonats*** essen, trinken und rauchen Moslems von Sonnenauf- bis Sonnenuntergang nicht. Als Gast sollte man sich an diese Regelung halten, in der Öffentlichkeit und bei Besuchen.
- Während man den ***Koran*** liest, wird weder getrunken noch geraucht. Kein anderer Gegenstand darf auf den Koran gelegt werden.
- Siehe auch Kapitel "Islam".

Transportmittel

Verkehrsnetz

Das "Straßennetz" auf ***Sumbawa*** besteht aus einer asphaltierten, guten Straße, die im Westen (Taliwang) beginnt, die drei Hauptstädte verbindet und im Osten (Sape, der Fährhafen nach Komodo und Flores) endet. Der Bau dieser Straße wurde schon unter den Holländern begonnen, aber erst 1983 endlich fertiggestellt.

Ansonsten führen relativ schlechte Stichstraßen zu kleineren Orten nördlich oder südlich der Hauptstraße. Viele Dörfer sind nur mit LKW, Jeep, Geländemotorrad, auf dem Pferd oder zu Fuß erreichbar (wie z.B. die Strecke von Sumbawa Besar nach Lunyuk).

Zur Regenzeit sind solche Touren noch schwieriger, da die Wege oft weggespült bzw. von Erdrutschen verschüttet sind. Das Straßennetz weiter auszubauen dauert sehr lange, da die Arbeitsmethoden vorsintflutlich sind.

Die Straßensituation auf ***Flores*** ist ähnlich. Eine mehr oder minder gut ausgebaute Straße führt von Labuan Bajo im Westen nach Larantuka im Osten. Der Straßenzustand ist bei weitem nicht so gut wie auf Sumbawa, aber deutlich besser als vor 10 Jahren. Die Zeiten, in denen man für 120 Kilometer 18 Stunden Fahrzeit benötigte, sind vorbei.

Von der Hauptroute führen einige schlechte Stichstraßen nach Norden oder Süden in kleinere Dörfer.

In den Hauptstädten der Inseln und auf der Hauptroute fahren ausreichend öffentliche Verkehrsmittel.

Busse/Expreßbusse

Busse sind das Verkehrsmittel Nr. 1 für weite Strecken. Von außen wirken die meisten Busse modern und gut gepflegt, man sollte sich aber vom Äußeren nicht täuschen lassen - die Sitze sind oft durchgesessen, die Beinfreiheit ist arg eingeschränkt, Stoßdämpfer hatten die meisten Busse sicherlich auch mal, die Einstellschrauben für Liegesitze haben ihre Bestimmung teilweise schon lange vergessen. Natürlich sind ein paar Busse in diesem Sortiment optisch *und* technisch o.k.

Der ***Platz zum Sitzen*** ist kleiner als bei europäischen Bussen. Es gibt manchmal fünf oder sechs Sitze pro Reihe und diese sind viel enger hintereinander montiert. Für große Menschen können lange Busfahrten zur Tortur werden. Es ist überlegenswert, sich für lange Strecken zwei Sitzplätze zu kaufen.

Die bequemeren ***AC-Busse*** (*Air Condition*) mit RC (*Reclining Seat*), also Liegesitzen und WC, sind teurer und bieten neben mehr Platz und Beinfreiheit dem ohne Pullover Reisenden meistens noch eine Erkältung gratis. Wer sich also für AC entscheidet, sollte seinen Pullover mit in den Bus nehmen.

Indonesische Busse haben in der Regel keinen ***Kofferraum,*** deshalb muß das Gepäck entweder mit in den Bus genommen werden, oder es wird oben auf dem Dach festgezurrt. Die Wertsachen gehören auf jeden Fall mit *in* den Bus. Wer zur Regenzeit fährt, tut gut daran, seinen Rucksack in eine Plastiktüte zu packen. Zwar kommen bei Regen Planen übers Gepäck, aber die sind häufig nicht ganz dicht.

Buchung: Um eine Tour zu buchen, begibt man sich am besten zu einem *Agen Bis*, so heißen die Büros, in denen man Bustickets kaufen kann. Normalerweise verkauft man dort Tickets verschiedener Gesellschaften. So hat man die Möglichkeit, je nach Komfortwunsch und Zeit den richtigen Bus auszuwählen. Der Agent verlangt einen geringen Aufschlag. Eventuelle Fährfahrten sind im Preis inbegriffen.

Es werden feste ***Sitzplätze*** verkauft, man kann auf einer Zeichnung wählen, welchen Platz man haben will. Die begehrtesten Sitzplätze sind neben dem Fahrer (gute Sicht und Beinfreiheit), die schlechtesten über der Hinterachse und weiter hinten. Die hinteren Sitzplätze kann man auf holprigen Strecken nur mit ausgezeichneter Wirbelsäulenkondition und Sturzhelm ertragen. Etwas tiefere Schlaglöcher katapultieren den Fahrgast bis zum Autodach.

Je nach Entfernung wird unterwegs ein- bis zweimal ***Rast*** gemacht. Dafür hat jede Busgesellschaft bestimmte Raststätten, dort kann man essen und austreten. Sonst wird nicht gehalten.

Preise der wichtigsten Verbindungen stehen im Anhang oder in den Ortsbeschreibungen.

Bei der Ankunft auf ***Sumbawa*** stehen Busse an den Fährhäfen *Alas* und *Sape* bzw. auf den Busbahnhöfen der Städte. Falls noch Sitzplätze frei sind, halten die Gefährte auch bei Handzeichen auf offener Strekke, meistens sind aber keine Plätze frei; dann wird nicht einmal innnerhalb der Orte angehalten.

Die Expreßbusse von Poto Tano nach Bima machen ihrem Namen alle Ehre. Fast non-stop und mit leicht überhöhter Geschwindigkeit donnern die Fahrer die Strecke runter.

Sie kennen jeden Stein, jede Bodenwelle oder Unebenheit und jede Kurve im Schlaf - kein Wunder, sie fahren tagein/tagaus die gleiche Strecke.

Bei den Bussen auf ***Flores*** handelt es sich meistens um ziemlich heruntergekommene Exemplare, die bei uns längst ihre letzte Ruhe auf dem Autofriedhof gefunden hätten. Nichtsdestotrotz sie rollen weiterhin, mit kleineren Reparaturen muß man unterwegs immer rechnen.

Bemo

Das ist eine Wortverbindung und bedeutet eigentlich *Bejak-Motor.* Es ist wohl das verbreitetste und billigste Verkehrsmittel in ganz Indonesien: Ein halboffener Jeep, vorne die Fahrerkabine mit dem Beifahrersitz, hinten längs zwei Sitzreihen, die hochgeklappt werden können, um Lasten zu transportieren. Federung, Tacho, Licht und Scheibenwischer sind in der Regel außer Funktion, nie aber die Hupe, die fast so wichtig ist wie der Motor.

Bemos transportieren Menschen, Tiere, Steine, Motorräder, Holz, kurz alles. Ich sah ein Bemo, das bis auf Fensterhöhe voller Fische war. Wer mit *Fahrrad* oder *Motorrad* unterwegs ist und eine Panne oder einen zu steilen Berg vor sich hat, kann auch diese "Gepäckstücke" mit einpacken, allerdings wird man sich auf einen gewissen Aufpreis einigen müssen.

Bemos fahren in der Regel ***feste Routen*** in Städten oder außerhalb, weiter als 20-30 km normalerweise aber nicht. Häufig sind die Strecken von A nach B in zwei oder drei Abschnitte geteilt. Das ist lästig, denn man muß nach relativ kurzer Zeit an einer Station umsteigen und erneut mit Preisverhandlungen beginnen.

Von der ***Station*** *(Terminal Bemo)* wird erst gestartet, wenn die Karre voll ist. Das ist nicht der Fall, wenn man als Tourist meint, sie sei voll, 5-

Ein Bemo wird beladen

6 Leute passen dann immer noch rein. Wer längere Strecken fahren will, sollte versuchen, den Beifahrersitz zu ergattern, zur Not das 2. oder 3. Bemo abwarten. Man hat vorn bessere Sicht, mehr Platz, allerdings auch erhöhtes Verletzungsrisiko bei Unfällen.

Feste ***Haltestellen*** gibt es nicht; wer mitfahren will, stellt sich an die Straße und gibt Handzeichen. Wer übersehen wird, wartet auf das nächste.

Obwohl die ***Geschwindigkeit*** dieser Vehikel selten über 40 km/h beträgt, hat man permanent das Gefühl, aus jeder Kurve zu fliegen. Herausschauen kann nur derjenige, der das Glück hatte, vorn neben dem Fahrer (da passen mindestens 2-3

Reisetips

Personen hin) zu sitzen. Wer hintendrin nicht "erstickt", kann froh sein, wenn seine Bandscheiben nach 20-30 km Schlaglochstrecke alle noch beisammen sind.

Zu einer ***Bemobesatzung*** gehören zwei Personen: vorn der Fahrer (*supir*) und hinten der "Bemo-Boy" (*karnet*), die "Seele des Geschäftes". Er ist zuständig, potentielle Passagiere zu animieren, in gerade *dieses* Bemo zu steigen; er ist beim Einladen des immer reichlichen Gepäcks behilflich; außerdem verteilt er die Passagiere gleichmäßig auf beide Sitzreihen und pfercht sie so zusammen, daß immer *noch* jemand hereinpaßt. Zu guter Letzt kassiert er auch das Fahrgeld und teilt dem Fahrer mittels einer Klingel mit, daß irgend jemand aussteigen will.

Wie gesagt, *voll* ist ein Bemo *nie*. Auf die gut (je nach Größe) 8-12 Plätze passen ohne weiteres 16-25 Personen plus Gepäck! Wer nicht mehr sitzen, hocken oder halbwegs stehen kann, hängt sich hinten an.

Die Bemos auf Sumbawa und Flores sind teilweise merklich größer als die Verwandten auf Bali oder Lombok.

LKW (truk)

LKWs sind auf ***Sumbawa*** und Flores durchaus gesellschaftsfähige Transportmittel. Bei Touren in abgelegenere Gebiete hat man oft gar keine andere Wahl. Man steht auf der Ladefläche, hält sich fest, so gut es geht, und muß höllisch aufpassen, daß man keinen Ast ins Gesicht bekommt. Der Fahrer fährt ein Wahnsinnstempo und denkt nicht über die Köpfe seiner Passagiere nach. LKWs haben den Vorteil der freien Sicht und frischen Luft. Sie sind billiger als Busse auf gut ausgebauten Strecken (bei harten Geländetouren sind die Preise etwas höher), und man kann ohne weiteres sperrige Sachen (z.B. ein Fahrrad oder eine Kuh) mitnehmen. Wer absteigen will, hämmert auf das Führerhaus und bezahlt beim Fahrer.

Die auf ***Flores*** als Bus getarnten LKW's sind eine "Luxusausführung", denn die Ladefläche ist überdacht, und es gibt Bretter als Sitzbänke. Von Bequemlichkeit kann allerdings keine Rede sein, da man in der Regel jeglicher Beinfreiheit beraubt ist. Der Boden ist nämlich vollgestopft mit Säcken und Kisten.

Von einer LKW-Tour möchte ich allerdings abraten, nämlich von der ***Nachttour*** von Sumbawa Besar nach Bima. Natürlich ist der Preis erheblich niedriger als beim Bus, aber Preis und Leistung stehen in keinem Verhältnis zueinander. Acht Stunden auf einer zugigen, harten, rumpelnden Ladefläche zu verbringen ist einfach kein Spaß.

Dokar, Ben Hur

Innerhalb von Ortschaften, aber auch zum Transport von der Durchgangsstraße zu nahe liegenden Dörfern o.ä. gibt es noch ein anderes, sehr typisches Individualverkehrsmittel, das normalerweise gechartert wird, aber auch feste Routen fährt. Es handelt sich um die kleinen Pferdewagen. Je nach Region heißen sie *Dokar, Cidomo* oder *Ben Hur* (Bima).

Dokars warten auf Kundschaft

Gegen Regen und Sonne schützt ein oft buntbemaltes Dach. Die Pferde sind geschmückt mit Glöckchen, Fransen oder kleinen Spiegelchen. Vier bis sechs Leute haben in diesen 2rädrigen Kutschen Platz, ich hatte allerdings bei zwei Personen schon das Gefühl, daß das Pferd gleich zusammenbricht. Recht unbequem und langsam, aber wenn man viel Gepäck hat, lohnt es sich schon, so ein Gefährt zu mieten. Die Preise differieren je nach Entfernung und sind reine Verhandlungssache. Als Richtlinie würde ich pro Kutsche und Kilometer 200 Rp rechnen.

Motorrad/Auto mieten

Motorräder oder Autos auf ***Sumbawa/Flores*** zu mieten ist teurer und schwieriger als auf Bali oder Lombok. Es gibt hier keine Agenten oder Geschäfte.

Motorräder mietet man von Privatpersonen. Die einfachste Möglichkeit ist, im Losmen nachzufragen. Es wird sich sicherlich jemand finden, der seine Maschine verleiht, um sein Einkommen aufzubessern. Sumbawa ist eine gute Motorradinsel. Zum einen kann man mit der Maschine sehr unkompliziert die letzten Winkel, Dörfer und Strände erkunden, und zum anderen ist hier das Fahren mangels dichtem Verkehr nicht so gefährlich. Geht die Maschine unterwegs kaputt, wird es allerdings problematisch. Es gibt keine Reparaturwerkstätten unterwegs. Da bleibt dann nur zu hoffen, daß der einmal täglich fahrende Truck noch nicht durchgefahren ist.

Bei Sonnenuntergang nur im Notfall fahren – es wimmelt nur so von Mücken, Fliegen und anderem Kleinvieh, die alle zur Motorradlampe wollen. Ohne Brille geht es nur für Leute, die mit geschlossenen Augen fahren können.

Autos verleihen einige größere Hotels in Bima und Sumbawa Besar, aber nur selten an Selbstfahrer. Es ist durchaus sinnvoll, einen Fahrer zu haben, denn zum einen hat man so jemanden, der zwischen den Einheimischen vermittelt, zum anderen weiß der Fahrer im Falle einer Panne, was zu tun ist. Einige Hotels bieten auch einen Taxiservice an, zum Beispiel von Bima zum Flughafen oder zur Fähre nach Sape.

Für ***Tagesausflüge*** kann man auch mit einem Bemofahrer einen Tagestarif aushandeln. Man chartert sozusagen das ***Bemo*** mit Fahrer. Oft kann der ortskundige Bemofahrer gute Tips bei der Suche nach Sehenswertem geben. Man kann auch ein Bemo chartern, um eine bestimmte Strekke zurückzulegen.

Auf ***Flores*** besteht fast keine Möglichkeit der Fahrzeugmiete. Man kann sich ein Bemo chartern von Maumere nach Moni. Das ist aber nicht sinnvoll, da es ausreichend öffentliche Transportmittel gibt.

Wer mit einem geliehenen Fahrzeug die jeweilige ***Insel verlassen*** will (z.B. von Lombok nach Sumbawa), benötigt eine besondere Zulassung, ansonsten steht man mit seinem Vehikel an der Fähre und darf nicht mit. Diese Zulassung rückt der Vermieter aber nur ungern heraus, zu groß ist die Angst, daß das Gefährt nicht wiederkommt.

LKW auf dem Weg von Ruteng nach Reo

Tankstellen gibt es nur in den großen Städten. In abgelegenen Dörfern gibt es Privatleute, die 3-5 Liter zum Eigenbedarf haben. Es ist selbstverständlich, daß der Benzinpreis um so höher steigt, je weiter man von der Tankstelle entfernt ist. Ein Liter Benzin *(Premium)* kostet normalerweise 700 Rp und ein Liter Diesel *(Solar)* ungefähr die Hälfte.

Schiffe

PELNI

Die ***staatliche Schiffahrtslinie*** heißt *PELNI*. Sie besitzt eine stattliche Flotte von sehr guten, großen und fast neuen Passagierschiffen. Die Kreuzer werden in Papenburg in der BRD hergestellt und sind nach westlichem Standard ausgerüstet.

Im Vergleich zu Zug oder Bus sind die Schiffe ***relativ schnell*** und sicher, allerdings auch etwas teurer.

Die Preise verstehen sich bei allen ***Klassen*** inklusive Essen. Wobei man in der 1. Klasse das Essen im Salon serviert bekommt und in der Economy Class sich seine Portion erkämpfen muß. Die 1. Klasse bietet AC-Doppelkabinen mit TV, Dusche, WC und vollem Service, während man in der Economy Class mit einer Matratze unter Deck und im Glücksfall auf dem Deck schlafen darf.

Die einzelnen Inseln werden nach einem festgelegten ***Fahrplan*** angefahren, der präzise eingehalten wird. Es ist allerdings nicht möglich, feste Abfahrtstermine zu nennen, da die verschiedenen Schiffe Rundkurse und zum Beispiel alle 12 Tage von A nach B fahren. Am besten erkundigt man sich vor Ort in einem PELNI-Büro. Das Hauptbüro in Jakarta liegt in der Jalan Angksa 18. Weitere Büros befinden sich in den jeweiligen Hafenstädten. Die Adressen sind in den entsprechenden Ortsbeschreibungen zu finden.

Zwei Stunden vor ***Abfahrt*** muß man sich im Hafen am PELNI-Terminal einfinden. Das ***Ticket*** sollte man sich einen Tag im voraus im Ticketbüro besorgen.

Eine Übersicht über die ***Routen*** der einzelnen PELNI-Schiffe findet sich im Kapitel *Anreise nach Sumbawa, Komodo und Flores* .

Fähren

Zwischen Java, Bali und Lombok, aber auch von Java nach Sumatra oder von Lombok nach Sumbawa, Sumbawa nach Komodo und weiter nach Flores fahren Autofähren und verbinden so benachbarte Inseln.

Auf Fähren reist man ausgesprochen ***billig,*** man bezahlt nur Pfennigbeträge. Allerdings muß man je nach Entfernung recht lange Fahrzeiten in Kauf nehmen. Deutlich schneller ist man natürlich mit dem Flugzeug. Aber das ist auch ca. zehnmal so teuer.

Das ***Ticket*** für die Fähren besorgt man sich am besten direkt im Hafen, dort gibt es Schalter für jede ***Klasse.*** Es empfiehlt sich, mindestens die 2. Klasse zu buchen, der Preisunterschied ist gering, und man hat deutlich besseren Komfort.

Fahrzeuge dürfen nur mitgenommen werden, wenn eine spezielle Zulassung vorliegt, siehe Kapitel *Auto/ Motorrad mieten*.

Wichtige Fähren:

- ***Padangbai*** (Bali) **–** ***Lb. Lembar*** (Lombok): Non-Stop-Verbindung alle zwei Stunden tagsüber. Fahrzeit etwa vier Stunden. Da diese Fahrzeit relativ lang ist, bieten diverse Unternehmen auch Schnellboottouren an. Details und Preise siehe "Anreise nach Sumbawa".
- ***Lb. Lembar*** (Lombok) **–** ***Poto Tano*** (Sumbawa): fast stündlich eine Fähre von 7.00 Uhr morgens bis 19.00 Uhr abends. Die Fahrzeit beträgt 1,5-2 Stunden.
- ***Sape*** (Sumbawa) **–** ***Komodo*** **–** ***Labuan Bajo*** (Flores): täglich, außer Freitag, eine Fähre in jeder Richtung um 8.00 Uhr morgens, die Fahrzeit beträgt insgesamt ca. 8 Sunden. Einmal jährlich werden die beiden Fähren überholt, so daß dann nur noch dreimal wöchentlich ein Fähre geht. Siehe auch Ortsbescheibungen "Sape" (Sumbawa) und "Labuan Bajo" (Flores).

Boot, Sampan, Prahu

Der Transport zu vorgelagerten Inseln (z.B. *Pulau Moyo,* den unzähligen Inseln vor *Labuan Bajo)* wird von Auslegerbooten oder kleinen Motorschiffen übernommen. Sie heißen *Sampan* oder *Prahu* und haben einen Außenbordmotor, *Sampans* oft auch ein zusätzliches Segel. Normalerweise werden sie zum Fischen oder für den Transport von Waren und Menschen genutzt. Preisverhandlungen mit Bootskapitänen sind nie einfach, und vor allem ist das Chartern immer teuer.

Bei der Preiskalkulation müssen folgende Faktoren berücksichtigt werden: 1. Benzinpreis und Entfernung, 2. Größe des Bootes und Stärke des Motors, 3. Verdienstausfall für die nicht gefangenen Fische, 4. Tagessatz des Kapitäns und seiner Besatzung. Man fährt immer billiger, wenn man mit mehreren Leuten zusammen ein Boot chartert.

Flugzeuge

Fliegen ist zwar die schnellste und bequemste Fortbewegungsart, aber natürlich auch die teuerste. Es gibt verschiedene ***Fluggesellschaften,*** die den Flugverkehr abwickeln, aber ab Lombok und weiter östlich fliegen ausschließlich *Merpati* und auf einigen Strecken *Bouraq:*

- *Garuda* (GA) ist die staatliche Fluggesellschaft, die die internationalen Strecken fliegt und die größten Städte Indonesiens verbindet.
- *Merpati* (MZ) ist die zweitgrößte Fluggesellschaft und eine Tochter von *Garuda* mit dem größten Streckennetz. Wenn es einen Flughafen gibt, kann man zu 80% sicher sein, daß *Merpati* dort landet.
- *Bouraq* (BO) ist eine kleinere Gesellschaft, die weniger Ziele anfliegt.

Die ***Preise*** sind für die gleiche Strecke immer fast gleich. Über den Preis wird sich hier nicht Konkurrenz gemacht. Wohl aber über den ***Service.*** *Sempati* z.B. erlaubt 30 kg Freigepäck, *Bouraq* verspricht ein Freiticket, wenn man 10mal die gleiche Strecke geflogen ist.

Ermäßigungen erhalten Kinder. Bis 2 Jahre fliegen sie umsonst, über 2 bis 6 Jahre zum halben Preis. Das Alter der Kinder wird nicht kontrolliert.

Es gibt ***Flughäfen*** in Sumbawa Besar, Bima, Lunyuk auf Sumbawa. und in Labuan Bajo, Ruteng, Bajawa, Ende, Maumere und Larantuka/ Flores.

Das Wort Flughafen sollte man aber in den östlichen Regionen nicht so wörtlich nehmen. In Labuan Bajo (Flores) handelt es sich zum Beispiel um eine befestigte Flugpiste. Bis 1987 landete man dort auf einer großen Weide, von der die Büffel vor den Starts und Landungen erst vertrieben werden mußten. Um einen Flug sollte man sich frühzeitig bemühen, da ein Stop auf den ganz kleinen Flughäfen (z.B. *Lb. Bajo)* über Funk geordert werden muß. Diese kleinen Maschinen sind insbesondere zur Hauptreisezeit oft völlig ausgebucht. Wenn dann noch eine von den zwei kleinen Maschinen ausfällt (und das passiert häufiger), sollte man noch genügend Zeit einkalkuliert haben, um die Strecke über Land zum nächsten größeren Flughafen zu machen. Auf Sumbawa ist es in der Regel kein Problem, von Bima einen Flug zu bekommen, auf Flores verfügt Maumere über den größten Flughafen.

Man sollte sich nicht irritieren lassen, wenn vor dem Flug nicht nur das Gepäck, sondern auch der Passagier gewogen wird. Diese kleinen 2-Propeller-Maschinen (16-Sitzer) dürfen nicht überladen werden. Auch wenn der Flieger mehr einem Bemo ähnelt, mehr als drei bis fünf Rucksäcke faßt der Laderaum kaum. Überschüssiges Gepäck wird mit in den Passagierraum geladen. Bei den "großen" Maschinen (50-Sitzer) läuft dann alles normal.

Falls der Sicherheitsgurt nicht einrastet - mit einem einfachen Doppelknoten hält er einen auch im Sitz. Guten Flug!

Streckennetz siehe Kapitel *Anreise nach Sumbawa, Komodo und Flores*

Wer schon vorher weiß, daß er innerhalb Indonesiens mehrere Inseln besuchen möchte und ein *Garuda*- oder *Lufthansa* - Langstrecken - Flugticket besitzt, kann sich einen ***Air Pass*** kaufen (300 US-$, Stand Dez. '95). Dieser Paß beinhaltet drei Inlandflüge. Für den 3. bis 10. Flug bezahlt man 100 US-$. Minimale Aufenthaltsdauer ist fünf Tage, maximale 60 Tage. Der Paß sollte vor dem Abflug nach Indonesien gekauft werden, kann aber auch innerhalb von 14 Tagen im Land bei Vorlage eines Hin- und Rückflugtickets von *Garuda* oder der *Lufthansa* erworben werden.

Auf allen indonesischen Flughäfen wird eine ***Airport-Tax*** (Flughafensteuer) erhoben, auch von Kindern, die ermäßigt fliegen. Auf Inlandsflughäfen derzeit 7000 Rp, für internationale Flüge 20.000 Rp.

Die in diesem Buch angegebenen Flugpreise sind immer Nettopreise, die Flughafengebühr muß also hinzugerechnet werden.

Zu Fuß, zu Pferd, Trampen

Die langsamste, aber erlebnisreichste Fortbewegungsart ist das ***Wandern.*** Bestimmte Gegenden kann man gar nicht anders erreichen. Mit genügend Essen und Wasser im Rucksack kann man tagelang unwegsame Gegenden erkunden, unterwegs schlafen und weiter wandern. Da Sumbawa, Komodo und Flores recht dünn besiedelt sind, muß man oft stundenlang laufen, um eine Menschenseele zu treffen, und manchmal tagelang bis zum nächsten Dorf.

Wenn man Glück hat, kann man auch mal mit Pferden weiterkommen.

Reiter auf Sumbawa: Sattel aus Stroh, Gepäckhaken aus Hirschgeweih

Für Abenteurer sind diese Inseln genau das richtige.

Sumbawa ist für seine ***Pferde*** in ganz Indonesien berühmt. Sumbawa-Pferde haben Ähnlichkeit mit Islandpferden, nur sind sie nicht ganz so kompakt gebaut, ansonsten aber genauso zäh und mit guter Kondition. Man benutzt die Tiere heute noch als Transportmittel zwischen abgelegenen Dörfern ohne Straßenverbindung zu den Hauptstädten. Wer sich gerne ein Pferd leihen möchte, sollte in seinem Losmen nachfragen. In kleinen Dörfern ist der *Kepala Kampung* (Dorfchef) der richtige Ansprechpartner. Auf jeden Fall sollte man einen festen Preis vorher ausmachen und einen Proberitt veranstalten.

Trampen ist ziemlich sinnlos auf diesen Inseln, da nur sehr wenige Privatwagen fahren. Wer zufälligerweise einen dieser zehn Privatwagen trifft, wird höchstwahrscheinlich mitgenommen.

Wohnen

Zu den Übernachtungsempfehlungen in diesem Buch

In jeder Ortsbeschreibung findet sich die Rubrik "Übernachten". Angegebene Adressen und Hotels verstehen sich als ***Empfehlungen.*** Unterkünfte, die ich nicht empfehlen will (weil dreckig, laut, unfreundlich etc.), führe ich *nicht* auf. Es liegt nicht in meiner Absicht, irgendwelche Hotelbesitzer zu schädigen, indem ich schreibe: "Geht da nicht hin!" Und wer weiß, vielleicht hat ja zwischenzeitlich das Management gewechselt, und die Unterkunft ist toll.

Wenn ein Etablissement nicht aufgeführt ist, heißt das aber nicht unbedingt, daß ich es ***nicht*** empfehle. Es kann mir auch schlicht nicht bekannt sein, da es erst neu eröffnet wurde.

Auf der anderen Seite können sich natürlich auch die Verhältnisse in

Achtung, Hotelbrände!

Immer häufiger brennen kleinere Hotels bzw. Häuser aufgrund der Unvorsichtigkeit von Touristen ab. Bei unserer Reise 94/95 erfuhren wir von zwei Hotelbränden, verursacht durch Touristen.

Einer davon fand direkt vor unserer Nase statt. In dem Hotel war seit zwei Tagen die Elektrizität ausgefallen, das ist zur Regenzeit durchaus üblich. Abends werden dann Kerzen und Petroleumlampen an die Hotelgäste verteilt. In diesem speziellen Fall befand sich unter den Hotelgästen ein Ehepaar mit Kind. Die Eltern gingen am Abend noch einmal in den Pool. Das Kind blieb im Zimmer zurück und stellte eine brennende Kerze in den hölzernen Fensterrahmen. Die so hübsch aus Bambus, Holz und mit Grasdach gebauten Häuschen brennen wie Zunder. Innerhalb von 15 Minuten war die gesamte Hotelanlage mit acht Zimmern und Restaurant bis auf die Steinmauern abgebrannt. Menschen wurden, Gott sei dank!, nicht verletzt.

Der andere Hotelbrand, von dem wir nur hörten, wurde von Erwachsenen verursacht, die beim Schlafengehen vergessen hatten, ihre Kerze zu löschen.

Eine ***Feuerwehr*** haben die meisten Gemeinden nicht, viele Losmen oder Hotels haben kein Telefon, abgesehen davon sind Hotels oft an landschaftlich schönen Stellen gebaut, aber ohne Zufahrtswege.

Also aufpassen! Offene Flammen ***niemals*** unbeaufsichtigt lassen!!!

den empfohlenen Häusern geändert haben. Schreiben Sie mir, wenn Ihnen Unstimmigkeiten auffallen! Ich freue mich über jede Nachricht.

Immer angegeben sind Adresse, Telefon (wenn bekannt) und die Preiskategorie für eine Übernachtung im Doppelzimmer zur Hauptreisesaison.

Preiskategorien

*	bis 10.000	Rp
**	11.000 bis 20.000	Rp
***	21.000 bis 30.000	Rp
****	über 31.000	Rp

Weitere Informationen zum Thema "Übernachten" befinden sich in den Kapiteln *Wohnen* auf Sumbawa, Komodo bzw. Flores.

Essen und Trinken

Indonesische Küche

In diesem Kapitel werden Speisen und Getränke für Indonesien im allgemeinen aufgeführt. Spezielles zum Thema Essen und Trinken auf den einzelnen Inseln befindet sich in den entsprechenden Kapiteln.

Die indonesische Küche ist bekannt für ihre ganz spezielle Würze; schließlich ist Indonesien das Ursprungsland von Gewürzen wie Nelken, Pfeffer, Muskat und anderen. Indonesische Gerichte können scharf sein, niemals sind sie aber so feurig wie die in Thailand, Südindien oder Sri Lanka, allerdings in der Regel stärker gewürzt als die chinesische Küche.

Charakteristisch für indonesische Gerichte sind Bestandteile wie Sojasprossen, Kokosfleisch, Kokosmilch, Chili, Ingwer, Erdnüsse. Gemüse und Fleisch werden häufig im Saft von ausgepreßtem Kokosfleisch (*Santen)* gekocht und bekommen dadurch einen ganz unverkennbaren Geschmack.

Gebraten wird oft in ***Kokosnußöl,*** was sich ebenfalls geschmacklich bei Fisch, Fleisch und Gemüse bemerkbar macht.

Bananen werden als Gewürz benutzt, gekocht oder gebraten.

Der größte Anteil eines Gerichtes besteht immer aus ***Reis.*** Reis gekocht, gebraten, gebacken, weißer Reis, schwarzer Reis, süß, scharf, salzig, sauer, in Bambusrohren geröstet, in Bananen- oder Palmblättern gekocht, es gibt überhaupt keine Möglichkeit, Reis zuzubereiten, die in Indonesien nicht bekannt wäre. Der Anteil an Gemüse, Fleisch oder Fisch ist für den europäischen Geschmack recht klein, oft dient er nur dazu, dem riesigen Haufen Reis einen Beigeschmack zu geben. Alles, was in der Speisekarte mit ***"Nasi"*** beginnt, bezeichnet ein Reisgericht.

Obwohl das Essen teilweise recht einfach ist, besitzt es doch, komplett gegessen, einen hohen ***Nährwert.*** Wichtig bei der Zusammenstellung ist das stets gegenwärtige *Tahu* oder *Tempe,* eine eierstichartige Beilage aus Sojafleisch, die sehr eiweißhaltig ist (heißt bei uns *Tofu).* Wer ausschließlich indonesisch ißt, wird keine Mangelerscheinungen bekommen.

Kleine Wortkunde zum Thema Reis

Reis ist das wichtigste Nahrungsmittel Indonesiens. Auf Java, Bali und anderen Inseln, überall dort, wo genügend Wasser vorhanden ist, wird Reis auf dem ***sawah*** (Naßreisfeld) angebaut. In anderen Gebieten kultiviert man ihn trocken auf dem ***ladang*** (Trockenreisfeld).

Für unser Wort "Reis" gibt es im Indonesischen mehrere Bezeichnungen, die den jeweiligen "Zustand" des Getreides bezeichnen:

- ***padi*** heißt die Reispflanze, die auf dem Feld steht.
- ***gabah*** nennt man die gedroschenen, aber noch nicht geschälten Körner.
- ***beras*** heißt der geschälte Reis, so, wie er auf dem Markt angeboten wird.
- ***nasi*** heißt er nachdem er gekocht ist.

Tischsitten

In ländlichen Gegenden wird das Essen noch häufig auf Bananenblättern serviert und mit den ***Fingern gegessen***. Natürlich sind auch Teller und Besteck weit verbreitet, zumindest ein Exemplar findet sich in jeder Küche für "feinere Leute". Mit ein wenig Übung lernt man es, genauso geschickt mit Fingern zu essen wie ein Indonesier, ohne von oben bis unten bekleckert zu sein. Es macht Spaß und schmeckt wider Erwarten sehr gut.

Man benutzt stets die ***rechte Hand*** zum Essen, mit der linken reinigt man sich auf der Toilette.

Wenn ***Besteck*** gebracht wird, besteht dies aus Löffel und Gabel, Messer benötigt man nicht, falls es etwas zu schneiden gibt (Fleisch z.B.), hat der Koch das bereits vorher getan. Stets nimmt man den Löffel in die rechte Hand und führt diesen zum Mund.

Speisen sind häufig nur ***lauwarm,*** selten heiß. Das liegt daran, das z.B. Reis schon morgens gekocht wurde, natürlich ist er mittlerweile kalt. Auch andere Zutaten sind schon vorbereitet. Wirklich heiß werden nur Suppen serviert, da sie den ganzen Tag auf dem Feuer stehen bzw. frisch zubereitet werden.

Wer sich beschwert, daß sein Essen kalt ist, wird auf Erstaunen und Unverständnis stoßen, in Indonesien ißt man eben nicht heiß. Das gilt natürlich nicht für Speisen, die erst zubereitet werden, wenn man sie bestellt, und das sind erstaunlich viele. Die kommen natürlich heiß auf den Tisch.

Wenn es etwas ***länger dauert***, bis das Essen endlich auf den Tisch kommt (besonders wenn man Sonderwünsche äußert oder zu viert kommt, und jeder möchte etwas anderes), liegt das daran, daß häufig in der Küche auf einem offenen Feuer mit nur *einer* Pfanne gekocht wird, d.h., alle Gerichte werden nacheinander und frisch zubereitet. Wenn man das bedenkt, geht es eigentlich recht schnell.

Neben den vielen Möglichkeiten, original indonesisch zu essen, findet man auch ***chinesische Restaurants***. Hier gibt es neben einigen indonesischen Standardgerichten die gewohnte chinesische Küche, nur schmeckt die in Indonesien auch deutlich besser als zu Hause beim Chinesen um die Ecke.

Wo ißt man?

Warung

Das billigste und oft auch beste Essen bekommt man bei den an jeder Straße stehenden *Warungs.* Das sind mehr oder weniger "primitive" Stände mit Holzbank, einem Tisch, *einem* Gericht und vielen Leuten.

Um Staub und Neugierige abzuhalten, ist oft ein Tuch vom Dach über die Bank bis zum Boden gespannt. Auf ihm steht meistens, was es zu essen gibt, z.B. *Gado Gado, Soto Ayam* oder ähnliches. Das sind die "Restaurants des einfachen Mannes", wo man sich trifft, ißt und ausruht. Hier begegnet man den nettesten Leuten, hier ißt man sozusagen direkt in der Küche und kann Sonderwünsche äußern. "Viel *(banyak)"* hiervon, "wenig *(sedikit)"* oder "gar nichts *(tidak)"* von jenem. Besonders sauber ist es zwar nie, aber wer sagt denn, daß es in der Küche eines Air-Conditioned-Restaurants, wo das Essen drei- bis viermal so teuer ist, anders aussieht.

An den meisten *Warungs* (aber auch Restaurants) kann man sich auch *Nasi Bungkus* (Reis verpackt), also ein in Bananenblätter (heutzutage häufig in Papier oder Plastik) ***eingewickeltes Reisgericht,*** zum Mitnehmen kaufen. Für längere Bus- oder Schiffsfahrten ist das recht angenehm.

Neben "Speisewarungs" gibt es auch solche für "Snacks". Hier erhält man Tee und Kaffee. Bonbons, Kekse und Kuchen befinden sich in säuberlich aufgereihten Gläsern. Man kann einfach reingreifen und essen, muß aber immer mitzählen, wieviel man ißt, und vorher nach dem Preis fragen. Das beugt unnötigen Diskussionen vor.

Rumah Makan

Das Restaurant der Mittelklasse ist der *"Rumah Makan"* (Eßhaus). Ein billiges Restaurant mit nicht allzu umfangreicher Speisekarte, die meistens in Form eines Schildes an der Wand hängt.

Warten auf Kundschaft: einfacher Warung irgendwo

Essen auf Rädern: fahrbare Snackbude am Straßenrand (KB)

Hinter "völlig unverständlichen" indonesischen Bezeichnungen verbergen sich oft köstliche Gerichte. Jeder *Rumah Makan* hat seine eigene Spezialität, *Nasi goreng* schmeckt in dem einen anders als im anderen. Auch die Portionsgrößen sind unterschiedlich.

Man sollte sich nicht von Äußerlichkeiten leiten lassen. "Probieren geht über studieren" ist hier die Devise. Da die Preise so niedrig sind, kann man ein zweites, altbewährtes Gericht nachbestellen, falls das Experiment mißglückt ist. Als Faustregel gilt, je mehr Einheimische den Speisesaal bevölkern, desto besser ist im allgemeinen das Essen.

Restoran / Restaurant

Weiterhin gibt es die sogenannten *"Restoran"* oder auch *Restaurant.* Viele haben sich ausschließlich auf ausländische Gäste eingestellt, in grossen Städten Javas auf gutbetuchte Indonesier. In Touristenorten findet man reichlich Restaurants, die nicht ein einziges indonesisches Gericht anbieten, dafür aber alle Hamburger-Variationen dieser Welt. Findet man indonesische Speisen auf der Karte, sind diese oft dem vermeintlichen westlichen Geschmack angepaßte Speisekarikaturen. Natürlich gibt es auch hervorragende Spezialitäten-Restaurants, die ausgezeichnetes Essen anbieten, aber indonesisch ist das meistens nicht und billig natürlich auch nicht.

Seit 1994 sind alle Restaurants verpflichtet, 10% des Rechnungsbetrages als ***Steuer*** abzuführen. Diese Steuer wird nicht in den Preis hineingerechnet, sondern später aufgeschlagen. Manche Restaurants schlagen gar 15 oder 20% auf. Das *muß* auf der Speisekarte stehen oder an der Wand hängen. Bei der Einschätzung, ob ein Restaurant billig oder teuer ist, sollte die *Tax* (Steuer) nicht vergessen werden.

Chinesische Restaurants

Preiswerter als andere sind oft die chinesischen Restaurants, die den gewohnten Standard anderer chinesischer Restaurants Asiens bieten.

Nachtmärkte (Pasar Malam)

Wer bereit ist, etwas zu experimentieren und vor allem die Spezialitäten der Region kosten möchte, sollte auf jeden Fall Nachtmärkte besuchen. In jeder etwas größeren Stadt öffnet bei Einbruch der Dämmerung der *Pasar Malam.* Unzählige kleine Warungs bieten Hauptgerichte, Suppen, Schleckereien, Kuchen, Obst und Getränke an, alles recht preiswert. Dort kann man wirklich auf Geschmacks-Entdeckungsreise gehen.

Spezialitäten

Die Eßgewohnheiten der Indonesier sind völlig anders als bei uns. Frühmorgens wird ein Tagesvorrat Reis gekocht und dazu zwei bis drei verschiedene Gemüsesorten, geröstete Erdnüsse, etwas Sojafleisch oder Ei. Gegen Mittag und am frühen Abend sind die Hauptmahlzeiten. Wer Hunger hat, nimmt sich von den kalten Speisen und ißt alleine. Nach dem Essen wird ein Glas Wasser oder lauwarmer Tee getrunken. Nur zu Festen ist Fleisch Bestandteil einer Mahlzeit. Zum Frühstück gibt es Tee oder Kaffee und dazu gebratene Bananen oder Reiskuchen.

Das ***beste Essen*** bekommt man unseres Erachtens an den Tausenden von Warungs, die überall an den Straßen stehen. Alle folgenden Gerichte kann man dort bekommen, natürlich aber auch im *Rumah Makan.* Die gleichen Speisen sind in Touristenrestaurants zwar häufig schöner angemacht, aber oft sind die Portionen kleiner, dafür dann wiederum teurer.

Wenn möglich, sollte man vor der Ankunft auf Sumbawa nicht nur milde gewürztes Touristenessen zu sich nehmen. Fritten und Jaffles oder Toast mit Ham & Eggs zu finden, wird, je weiter östlich man reist, immer schwieriger.

- ***Gado Gado.*** Wohl das typischste aller indonesischen Gerichte. Eines der billigsten, nahrhaftesten, verbreitetsten und am schnellsten zubereiteten Gerichte. Wird kalt gegessen. Besteht aus verschiedenen kurz gekochten Gemüsen (häufig Bohnen und Sojasprossen), *Tahu* und vielen Brocken von zusammengekochtem Reis. Über alles kommt eine Soße aus zerstampften Erdnüssen mit Kokosmilch und reichlich Gewürz.
- ***Nasi Goreng*** und ***Mie Goreng,*** gebratener Reis bzw. gebratene Nudeln. Vorgekochter Reis oder Nudeln werden in einer Pfanne mit Zwiebeln, Gemüse, Tomaten und Gewürzen gebraten. Je nach Preis und Ort auch mit Fleisch, Huhn, Fisch, Muscheln, Krabben, kurz, mit allem, was es gibt. *Istimewa* bedeutet, daß ein Spiegelei den Berg Reis krönt.

  In Qualität und Geschmack sehr unterschiedlich. Im schlimmsten Falle einfach nur Reis oder Nudeln, die durch bestimmte Gewürze rot gefärbt werden.
- ***Nasi Campur*** besteht aus weißem Reis

und einer Auswahl von Gemüsen, Fleisch, Ei, Sojafleisch. Wieviel Verschiedenes auf dem Teller liegt, richtet sich nach dem Restaurant und der Saison. Für Einsteiger sehr zu empfehlen, da man sehr gut einen Überblick über die Geschmacksrichtungen bekommt.

●***Cap Cai,*** die indonesische Variante des chinesischen Allerweltsgerichtes *Chop Suey.* Rohes Gemüse wird mit wechselnden Zutaten in einer Pfanne gebraten. Etwas für experimentierunlustige Eßmuffel.

●***Nasi Padang, Makanan Padang:*** Padang ist ein Ort in West-Sumatra. Von dort kommt *Nasi Padang,* die Spezialität der Minangkabau, die heute überall in Indonesien in bestimmten Restaurants (*Rumah Makan Padang)* zu bekommen ist.

Nasi Padang bezeichnet nicht ein Gericht, sondern eine Zubereitungsart: Fleisch, Fisch, Gemüse, Eier usw., alles sehr scharf gewürzt, steht in kleinen Schüsselchen im Schaufenster oder im Tresen. Die großen Mengen *Chili* verhindern das Verderben der ungekühlten Speisen.

Wer essen will, sagt einfach *"Mau makan"* (ich möchte essen) und bekommt das ganze Sortiment, manchmal bis zu 20 verschiedene Schüsselchen, aufgetischt. Man bezahlt nur, was man ißt oder probiert hat, darum vorher nach den Preisen fragen. Die köstlichen Soßen sind kostenlos, und jedermann bedient sich freizügig, um damit seinen Reis zu würzen.

Billiger ist es, sich *Nasi Campur* (gemischter Reis) zu bestellen: Man bekommt einen Teller voll Reis mit einer kleinen "Standardauswahl".

●***Sambal:*** eine sehr scharfe Soße, die oft auf einem Tellerchen zum Essen gereicht wird. Die Zubereitung ist regional unterschiedlich. Manchmal versteht man darunter einfach nur eine Paste von zerstoßenen Chilischoten, oft wird aber auch eine Mischung (je nach Restaurant verschieden) aus Sojasoße, Zwiebeln, Essig, ganzen oder zerstampften Chilis, manchmal mit Zitrone oder Knoblauch vermengt, angeboten. Vorsicht ist auf jeden Fall geboten. Schon eine Messerspitze kann manchem das ganze Essen verderben.

Tips gegen das Brennen von Mund und Zunge: Banane, Zitrone, Brot, Kokosraspeln und Kretekzigaretten machen brennende Mundwerkzeuge wieder gebrauchsfähig.

●***Soto*** und ***Sop*** sind Suppen, die durch das angehängte Wort charakterisiert werden, z.B. *Soto Ayam* (Hühnersuppe), *Soto Sayur* (Gemüsesuppe), *Soto Daging* (Suppe mit Fleischeinlage). *Soto* ist eine Suppe, die mit *Santen* (Kokosfleischsaft) eingedickt wird, *Sop* bedeutet soviel wie Brühe.

●***Sate:*** Weltbekanntes Nationalgericht. Hauptsächlich nachts am Straßenrand zubereitet. Der Sate-Mann trägt seine ganze Küche auf den Schultern. Wo ein guter Platz ist, stellt er seinen Holzkohlegrill ab, facht das Feuer an und grillt darauf die kleinen Fleischspieße. Huhn, Rind, Büffel, Schwein, Ziege, Schaf (je nach Gegend, Geschmack und Nachfrage verschieden) wird als Sate angeboten. Oft mit Erdnußsoße, aber auch mit anderen Tunken serviert. Normalerweise kauft man 10 Spießchen.

Auch Restaurants oder Warungs bieten Sate an, und dort schmeckt es genausogut.

Vorsicht! Oft ist das Fleisch noch halbroh. Um Gesundheitsrisiken zu vermeiden, sollte man immer auf durchgebratenem Fleisch bestehen.

●***Lontong*** wird immer kalt gegessen. Es ist ein traditionelles javanisches Festtagsessen, das zum Beispiel zum Ende des Fastenmonats bzw. zum moslemischen Neujahrsfest mit *Sate* und *Gule* gereicht wird. Reis wird in ein gerolltes Bananenblatt gefüllt und gekocht, bis er zusammenklebt. So entsteht eine Reisrolle, die man in Scheiben geschnitten serviert.

●***Ketupat*** ist eine Variante von *Lontong.* Die viereckigen Behälter werden allerdings aus Kokosblattstreifen geflochten. In Warungs sieht man oft zwanzig bis dreißig in Fenstern oder unter dem Dach hängen. Ketupat wird zu *Gado Gado* serviert.

●***Fisch*** *(Ikan)*: Obwohl in Indonesien eine Unmenge von Seefisch (*Ikan Laut)* gefangen wird, ist es teilweise recht schwierig, frischen Fisch zu bekommen (außer Tunfisch = *Tuna).* Das hat sehr wahrscheinlich etwas mit dem Transport und der leichten Verderblichkeit der Ware zu tun.

Süßes Angebot: Kinder verkaufen Schleckereien (KB)

• ***Trockenfisch*** *(Ikan Kering)* dagegen gibt es überall in Mengen. Er ist sehr salzig und nur in kleinsten Mengen zu Reis genießbar. Süßwasserfische *(Ikan danau)* haben oft einen starken Modergeschmack. Das liegt daran, daß sie teilweise in überfluteten Reisfeldern gefangen werden.

• ***Rujak*** und ***Petis*** ist eine Kleinigkeit zum Zwischendurchessen. Unreife Früchte werden mit einer feurig-scharfen und gleichzeitig süßen Soße gemischt. Auf fast jedem Markt findet man einen Rujak-Stand. Manchmal bieten auch Restaurants diese feine Kleinigkeit an.

• ***Krupuk:*** Aus Krabben oder Fisch hergestellte "Riesenkräcker", die, in heißem Fett gebraten, ähnlich wie Popkorn aufgehen. Viele verschiedene Formen und Farben. Von weiß oder goldgelb bis dunkelorange. Manchmal mit einem Loch in der Mitte, um sie auf einem Stock aufzustapeln.

• ***Martabak:*** Dünner Fladen, gefüllt mit pikant gewürztem Fleisch, Gemüse oder Ei. Wird mit grünen Chilischoten serviert. Zu haben an kleinen Ständen auf der Straße.

• ***Jaffle*** ist eine australische Erfindung, die überall in indonesischen Touristengebieten angeboten wird. Zwei Toasts werden in einer Art Waffeleisen zusammengebacken. Dazwischen kommt eine beliebige Füllung. Es gibt Bananen-, Erdnußbutter-, Spaghetti-, Tomaten-, Käse-, Zwiebel-und Knoblauch-Füllungen je nach Wunsch.

• ***Apam:*** Pfannkuchen, mit Zucker, Nüssen oder Kokosraspeln bestreut.

• ***Speiseeis*** *(Es Ys):* Eisdielen sind groß in Mode. "Milchshakes" und "Hawai-Becher" werden in sogenannten "Ice Palaces" angeboten. Die "ganze Familie" begibt sich abends dorthin, läßt sich von "Western-Style"-Popmusik berieseln und frönt dem "50er-Jahre-Feeling". Das Eis ist in diesen Eisdielen meist recht gut und hygienisch zubereitet. Man bekommt ausgefallene Geschmacksrichtungen: *Erdnuß-, Kokos-, Durian* und *Lychee-Eis*. Es gibt auch abgepacktes Speiseeis, ganz hervorragend sind die Sorten von *"Campina"*.

• ***Traditionelles indonesisches Eis*** sieht so aus: Mit einer Raspel wird von einem

Sarang Burung (Schwalbennester) – ein Rezept

Schwalbennester findet man zwar auf fast keiner Speisekarte, aber gesammelt werden sie im Osten Sumbawas (siehe Kapitel "Sape"). Für diejenigen, die beim Vogelnestersammeln nicht abstürzten, und diejenigen, die immer schon mal welche essen wollten, folgt nun ein Rezept aus dem Buch: *"Praktisches Kochbuch für die gewöhnliche und feinere Küche. Mit besonderer Berücksichtigung der Anfängerinnen und angehenden Hausfrauen"* von *Henriette Davidis*, Bielefeld und Leipzig, 1890.

Batavia-Suppe von indonesischen Vogelnestern.

Am Abende vor dem Gebrauch werden 100-130 Gr. solcher Nester in kalte Bouillon gelegt und über Nacht aufgeweicht, des folgenden Tages all die kleinen Federchen, welche schwarzen Punkten gleichen, mit einer Spicknadel herausgenommen und die Nestchen, welche gehörig aufgeweicht sein müssen, in Filets (Streifen) geschnitten, in einer Kasserolle gethan und mit Madeira, etwas Cayenne-Pfeffer, welcher seiner Schärfe wegen mit Vorsicht anzuwenden ist, und mit einem kleinen Theelöffel von Liebigs Fleischextrakt langsam gekocht, worauf man nachstehend bemerkte Konsommee und noch eine halbe Flasche Madeira hinzufügt und die Vogelnester vollends weich kocht. Beim Anrichten wird die Suppe rein abgeschäumt, gesalzen und in die Terrine gefüllt.

Um die bemerkte Konsommee zu bereiten, belegt man den Boden einer Kasserolle, welche ungefähr 5-6 Liter faßt, mit gewässertem Nierenfett, 2 in fingerdicke Scheiben geschnittenen großen spanischen Zwiebeln, 3 Pfund Ochsenfleisch vom Schweisstück und 2 Pfund Kalbfleisch vom Schlegel, in Stücke geschnitten und gewaschen; dann kommt ferner hinzu 125 Gr. in Scheiben geschnittener magerer Schinken und ein halber Füllöffel gewöhnliche Fleischbrühe. Die Kasserolle wird nun auf ein schwaches Feuer gestellt und das ganze langsam gedämpft, bis sich am Boden eine hellbraune Färbung zeigt. Hierauf füllt man die Kasserolle bis eine Handbreit vom Rande mit Fleischbrühe an und läßt es langsam fortkochen, während man die Konsommee so lange sehr rein abschäumt, bis kein Schaum mehr aufsteigt. Unterdes hat man ein altes Huhn und ein bis zwei alte Feldhühner oder in Ermangelung 2 alte Tauben halb gar gebraten, die man sodann mit einer gelben Rübe oder Möhre, einer Petersilienwurzel, einem Stück Sellerieknolle und ein paar Porreestangen hinzugibt und es 5 bis 8 Stunden, gut zugedeckt, langsam kochen läßt. Nach Verlauf dieser Zeit wird das Fett gänzlich abgenommen und die Brühe langsam durch eine Serviette in einen irdenen Topf gegossen. Diese Portion gibt ein paar Liter Konsommee von goldgelber Farbe und dem kräftigsten und angenehmsten Geschmack.

Anmerk. Vorstehendes Rezept ist aus einer königl. Küche. Ein jedes solcher Nestchen soll hierzulande einen Dukaten kosten und nur 15 Gr. wiegen.

Wassereisblock eine Plastiktüte voll gehobelt und mit leuchtend buntem Zuckersirup geschmacklich aufbereitet.

- Den ***Eismann*** hört man schon von weitem; er hat eine Hupe, einen Gong oder eine Glocke dabei und betätigt diese unaufhörlich. *Langnese* wird in Indonesien unter dem Namen *Walls* vertrieben. Es gibt auch Walls-Männer.

- ***Schildkrötenfleisch*** ist eine Spezialität, die man nur noch selten auf Speisekarten findet. Zumeist nur noch in Edellokalen. Auf dieses höchst zweifelhafte Vergnügen sollte man verzichten und lieber eine Bratwurst oder ähnlich Exotisches bestellen.

Folgendes ist dazu zu sagen: Die großen Meeres-Schildkröten gehören, wie z.B. die Wale, zu den Tieren, die kurz vor der Ausrottung stehen. Es ist daher unverantwortlich, das Fangen und Jagen dieser Tiere durch das Bestellen eines Schildkrötengerichtes zu unterstützen Das gleiche gilt für den Verzehr von Schildkröteneiern.

Es wird zwar behauptet, in Südbali würden Schildkröten gezüchtet, aber zum einen scheint es sich nur um ein Zwischenlager für gefangene Schildkröten zu handeln, und zum anderen ist es für Schildkrötenhändler nach wie vor lukrativer, diese Reptilien in freier Wildbahn zu fangen, da sind sie nämlich umsonst.

Auf Sumbawa haben wir erlebt, wie balinesische Fischer an die südlichen Strände kamen, um die dort zum Eierlegen an Land kommenden Tiere zu fangen. Und das, obwohl Schildkröten auch dort unter Naturschutz stehen.

Mittlerweile wird sogar aus dem Umweltbewußtsein von Touristen ein Geschäft gemacht. An manchen Stellen darf man geschlüpfte Schildkröten (gegen Geld natürlich) ins freie Meer entlassen. Doch meistens geschieht das für die Tiere zu spät, so daß die entkräfteten Jungtiere kaum eine Überlebenschance haben. Vor allem aber wäre es für die Erhaltung der Art am besten, man ließe Muttertier wie Eier vollkommen in Ruhe.

Getränke

• ***Tee*** *(Teh)* ist eines der Nationalgetränke Indonesiens. Besucht man jemanden, bekommt man als erstes Tee oder Kaffee angeboten. Beide Getränke werden mit ganz viel Zucker serviert, so daß die Geschmacksrichtung ausschließlich süß ist. Immerhin kann man an der Farbe noch den Tee vom Kaffee unterscheiden.

An Warungs bekommt man zum Essen kostenlos kalten oder lauwarmen Tee gereicht, der in der Hauptsache nach Wasser schmeckt.

Bestellt man ausschließlich Tee, erhält man hellbraunes Zuckerwasser (außer natürlich in Touristenorten). Je nach Region nennt man es *Teh* oder auch *Air Panas (air* = Wasser, *panas* = heiß). Möchte man Tee *ohne* Zucker, muß man ihn *pahit* oder *tawar* (= bitter) bestellen. Da aber Teetrinken ohne Zucker in Indonesien undenkbar ist, sollte man die Zubereitung im Auge behalten.

• ***Teh Es*** bedeutet gesüßter Tee mit Eiswürfeln. In Fabriken abgefüllter (natürlich stark gesüßter) Tee wird verkauft als *Teh Botol* (Tee Flasche) oder *Teh Kotak* (Tee Packung). Indonesien ist kein Land für Teetrinker!

• ***Kaffee*** *(Kopi):* 1699 brachten die Holländer zum ersten Mal Kaffee nach Indonesien, der hier seither angebaut wird. Man bereitet ihn zu, indem man ihn röstet, zerstampft und dann mit heißem Wasser aufbrüht. Serviert wird er meistens in Gläsern. Wer nur Filterkaffee gewohnt ist, sollte einmal frisch gerösteten, dickflüssigen, schwarzen indonesischen Kaffee probieren. Ein völlig neuer Geschmack! Jede Insel ist besonders stolz auf ihren jeweiligen Kaffee.

Teilweise wird Kaffee mit gerösteten Erdnüssen o.ä. (!) gestreckt. Der Geschmack ist entsprechend. Ungepanschter Kaffee heißt *Kopi Murni*.

• ***Limonaden:*** Neben Coca-Cola, Fanta, Sprite etc., die ja wohl mittlerweile überall auf der Welt erhältlich sind, gibt es in reichlichen Mengen indonesische Varianten westlicher Erfrischungsgetränke. Grüne, blaue, rote, gelbe, alle Farben, alle ziemlich süß und mehr oder weniger sprudelnd. Diese Getränke sind zwar preiswerter als die bekannten "Weltmarken", aber leider nicht besonders wohlschmeckend.

Ansonsten sind an Warungs oder ähnlichen Ständen noch eine Reihe von Phantasie-Getränken zu bekommen, die meistens unter dem Namen *"Es Minuman"* oder *"Bajigur"* gehandelt werden. Sie bestehen hauptsächlich aus Kokosmilch und sind mit verschiedenen Früchten und anderen, undefinierbaren, meist sehr bunten (rot, blau, grün), glibberigen Zutaten versehen.

• ***Fruchtsäfte:*** Zu einer wahren Meisterschaft haben es die Balinesen in der Herstellung von Fruchtcocktails *(Fruit-Juice)* gebracht. Je weiter man nach Osten reist, desto seltener wird diese Kunst beherrscht. Ein beliebter und fast überall erhältlicher Saft ist *Air Jeruk*, heiß *(Jeruk panas)* oder kalt *(Es Jeruk)* getrunken, hergestellt aus Limonen oder Apfelsinen je nach Obstlage.

Alkohol

Da Indonesier hauptsächlich islamischen Glaubens sind, ist der Alkoholkonsum relativ gering. Starke Sachen (*minuman keras)* sind auf Inseln, deren Einwohner mehrheitlich Moslems sind, generell verboten. Das bezieht sich zumindest auf den Ausschank westlicher Produkte. In Moslemgebieten gibt es alkoholische Getränke nur in Geschäften und Restaurants, die von Chinesen geführt werden. Allerdings verzichtet der Indonesier ungern auf seine traditionellen und meistens hausgemachten "Trinkdrogen".

● ***Brem*** (Reiswein). Ein süßes, dickflüssiges, trübes alkoholisches Getränk, das, wie der Name sagt, aus Reis hergestellt wird. Eine spezielle Reissorte wird hierfür verwendet, gekocht, zusammen mit Kokosnußmilch in Gefäße gefüllt, Yest (Hefe) dazugetan und das ganze einige Tage lang gegoren. Zucker wird nicht zugesetzt.

Alter Reiswein *(Brem Tuah)* gärt länger als 3 Tage, hat einen stärkeren Alkoholgehalt und ist nicht ganz so süß. Neuer Reiswein *(Brem Muda)* ist schon nach 2 Tagen fertig, nicht so stark und sehr süß.

Am besten ist selbstgemachter Brem, den man an vielen Warungs, beim Losmenbesitzer oder sonstwo bekommt.

Es gibt auch fabrikmäßig hergestellten Brem in kleinen Flaschen zu kaufen, geschmacklich bei weitem schlechter. Wenn Brem rot ist, liegt das daran, daß es auch roten "Bremreis" gibt. Die 0,66-l-Flasche kostet etwa 3000 Rp.

● ***Tuak:*** Die Blüte der Aren-Palme wird angeritzt und der austretende Saft in darunter befestigten Gefäßen aufgefangen. Die Flüssigkeit gärt dann einige Tage und entwickelt einen mittelmäßigen Alkoholgehalt (weniger als Bier). Getrunken wird meistens aus Bambusrohren. Man trifft sich gegen Abend an bestimmten Plätzen (*tempat tuak),* sitzt herum, raucht, redet und trinkt. Hersteller verkaufen das Gebräu aus großen Plastikkanistern. 5 l kosten ungefähr 3000 Rp.

Um betrunken zu werden, muß ein Europäer schon einige Mengen zu sich nehmen, was oft starke Blähungen verursacht. Nicht aber der Rausch ist die Hauptsache beim Tuaktrinken, sondern das gemütliche Beisammensitzen.

● ***Arak*** wird aus *Tuak* oder *Beras* (= Reis) gebrannt. Der Alkoholgehalt ist vergleichbar mit unserem Korn. *Arak Beras* schmeckt ganz hervorragend in Kaffee *(Kopi Arak)* oder heißer Schokolade. *Arak Tuak* ist pur kaum genießbar. Die 0,6-l-Flasche kostet ca. 2500 Rp.

● ***Bier*** *(Bir):* Bier ist fast überall erhältlich, je mehr Touristen, desto mehr Bier im Angebot. Die 0,66-l-Flasche kostet ca. 2800-3500 Rp.

Da oft kein Kühlschrank vorhanden ist, wird das Bier warm serviert. Wer nun unbedingt kaltes Bier trinken möchte, bekommt ein paar Eiswürfel ins Glas.

Früchte

Eine Unmenge von Früchten sind auf den Märkten zu kaufen. Allerdings nicht, wie bei uns, ganzjährig das gleiche Angebot, sondern je nach Jahreszeit und Gegend verschiedene Sorten und Mengen.

Die ***Erntezeit*** für viele Obstsorten ist *nach* oder *während* der Regenzeit, dann quellen die Märkte über, und die Preise sind günstig. "Out-of-season"-Angebote sind meistens recht teuer, genauso wie importierte Ware.

● ***Stinkfrucht*** *(Durian).* Eine besondere Spezialität Indonesiens. Die mindestens fußballgroße ovale Frucht mit stacheliger Schale wächst an Bäumen und zeichnet sich durch einen wahrlich "abartigen" Geruch aus. Wird von vielen Einheimischen (aber auch einigen Ausländern) sehr geschätzt und gilt als Aphrodisiakum (indonesisches Sprichwort: *"Wenn die Durians unten sind, ge-*

hen die Sarongs hoch!"). Es soll die einzige Frucht sein, die von Tigern gefressen wird. Aus den Blättern und Wurzeln stellen Balinesen traditionelle Medizin her.

Die harte, stachelige Schale wird aufgebrochen und der Inhalt ausgelöffelt, der Geschmack ist im wahrsten Sinne des Wortes unbeschreiblich. Vielleicht eine Mischung aus Erdbeeren, Zwiebeln, Karamel und Camembertkäse. Entweder entwickelt man eine Art Sucht danach, oder man bekommt einen Brechreiz, schon wenn man zusammen mit dieser Frucht im Zugabteil sitzt. Leute, die sich trotz des abschreckenden Geruchs an *Durian* gewöhnen wollen, sollten mit einer eisgekühlten Frucht beginnen - dann schmeckt's nicht so stark nach Durian. Reifezeit ist zwischen Januar und März.

Alkohol und *Durian* zusammen genossen machen todkrank.

●***Avocado*** *(Apokat):* Die birnenförmige Frucht ist 5-10 cm lang, ihre Farbe ist meistens dunkelgrün, manchmal auch dunkelgrün und rot. Avocados werden zu Salaten verarbeitet, aber auch als Getränk, gesüßt mit Kondensmilch, serviert. Die Frucht ist hoch fett-, protein- und vitaminhaltig.

●***Bananen*** *(Pisang)* gibt es immer und überall. 15 verschiedene Sorten werden angebaut. Es gibt alle Formen, Geschmacksrichtungen, Farben und Größen, von der winzigen fingerlangen *Pisang Tuju* bis zur fast 1 m langen *Pisang Raja* (Königsbanane), mit und ohne Samen, wilde und gezüchtete, gelbe, grüne und rote, manche nur gekocht genießbar und mit Kartoffelgeschmack, andere süß und saftig. Keine sieht aus wie eine "Chiquita", aber fast alle schmecken besser.

●***Mango*** *(Mangga):* längliche Steinfrucht, grün, gelb, rötlich. Saftiges Fleisch, das sich schwer vom Stein trennen läßt. Schmeckt ausgesprochen gut. Saison: ab September.

●***Mangostine*** *(Manggis):* Runde, dunkellila Frucht, innen weiße, süß-saure Segmente, ziemlich glibberig, aber unvergleichlich gut.

●***Schlangenhautfrucht*** *(Salak):* Eine Frucht mit schlangenhautartiger, geschuppter, brauner, fester Schale. Hat Ähnlichkeit mit einem geschlossenen Tannenzapfen. Sehr ange-

Reisetips

Jede Menge Bananen (KB)

nehm zu verzehren, da nicht klebrig und gut zu schälen. Schmeckt apfelartig säuerlich. Wächst an einer Palmenart. Es gibt einundzwanzig verschiedene Sorten in Indonesien.

- ***Ananas*** *(Nanas)*: Viel, viel wohlschmekkender als bei uns, logischerweise. Ist reif, wenn sie auch nach Ananas riecht.
- ***Zitrusfrüchte*** *(Jeruk)*: Dieser Begriff ist gebräuchlich für alle in Indonesien vorkommenden Zitrusfrüchte (Orange, Mandarine, Grapefruit, Zitrone).
- ***Sawo:*** (Ausspr.: *s-a-u*). Sieht so aus wie eine Kartoffel, schmeckt aber hervorragend.
- ***Rambutan:*** haarig, rot, tischtennisballgroß. Süßes, weißes, saftiges Fruchtfleisch, sehr lecker. Es gibt elf verschiedene Sorten in Indonesien.
- ***Papaya*** *(Pepaya)*: Melonenart, grüne bis gelbe Haut, sehr saftiges, orangerotes Fruchtfleisch mit schwarzen Samen. Schmeckt gut mit Zitronensaft. Papaya entwickelt das zur Proteinspaltung wichtige Enzym Papain und verträgt sich nicht mit Alkohol.
- ***Wasserapfel*** *(Jambu Air)*: Klein und birnenförmig, außen rosarot, innen weiß, säuerlicher, erfrischender Geschmack. Als gesundheitsbewußter Traveller müßte man die Frucht eigentlich schälen, aber dann bleibt nichts mehr übrig.
- ***Passionsfrucht*** *(Markisa)*: Es handelt sich um eine tennisballgroße, gelbe Frucht, deren Schale aufgebrochen wird, um die Frucht dann auszuschlürfen. Ausgesprochen wohlschmeckend.
- ***Jackfruit*** *(Nangka)*: Bis zu 20 kg schwere, große Frucht. Wird in Stücken angeboten, aus denen man sich das Fruchtfleisch herauspulen muß. Die Schale sondert eine bittere, klebrige Flüssigkeit ab, die man kaum von den Fingern bekommt, wenn man sie nicht vorher in Öl getaucht hat. Schmeckt auch unreif, wenn man sie. Die stachelige Schale ähnelt der *Durian*.

TELKOM

Telefon und Fax

In allen größeren Orten gibt es entweder ein ***Kantor Telekomunikasi*** oder einen ***Wartel*** *(Warung Telepon)*. Von hier aus kann man telefonieren, faxen oder Telegramme schicken, wohin man will.

Das ***Telefonnetz*** auf den Inseln ist mittlerweile recht gut ausgebaut.

Die ***Telefonämter*** und ***Wartels*** sind häufig 24 Stunden geöffnet. Man kann von dort telefonieren sowie Faxe senden und empfangen. 500 Rp kostet der Erhalt eines Faxes.

Telefonämter und Wartels bieten einen 25%igen ***Discount*** an Sonn- und Feiertagen, sowie ab 0.00 bis 7.00 Uhr nach Europa, Amerika und Afrika und von 21.00-6.00 Uhr nach Asien, Pazifik und Ozeanien. Diesen Nachlaß erhält man in Telefonzellengesprächen nicht.

Möchte man ein ***internationales Gespräch*** führen, muß man erst 001, dann die internationale Vorwahl, Städtevorwahl und Teilnehmernummer wählen. Bei der internationalen und der Städtevorwahl müssen die Nullen weggelassen werden. Die ***Vorwahl***

für Deutschland lautet: 00149,
für Österreich 00143,
Schweiz 00141,
Singapur 00165,
Malaysia 00167,
Australien 00161.

Die Minute nach Deutschland kostet ca. 6200 Rp (= ca. 5 DM). Von Deutschland nach Indonesien zahlt man für 3 Minuten ca. 9,50 DM.

Telegramme werden von den Telefonämtern verschickt. Das Aufgeben ist unkompliziert und geht schnell. Außerdem ist es sehr preiswert. Leider ist es nicht sicher, ob das Telegramm auch wirklich ankommt, zumindest in Indonesien. Nach Deutschland zahlt man pro Wort 500 Rp. Da ist ein ***Fax*** schneller und billiger: pro DIN-A-4-Seite zwischen 10.000 und 15.000 Rp. Von privaten Anbietern ist es oft billiger als von der Post.

Telefonzellen

Telefonzellen sind im östlichen Indonesien noch keine Standardeinrichtung. Falls man mal eine sieht und sie benutzen möchte, ist folgendes zu beachten. Es gibt ***drei Arten*** von Telefonzellen:

- ***Lokal***: Von der Lokal-Telefonzelle kann man innerhalb eines Ortes/ Distriktes telefonieren. Man benötigt ein 100-Rp-Geldstück für 5 Minuten.
- ***Interlokal:*** Von der Interlokal-Telefonzelle kann man andere Distrikte und andere Inseln telefonisch erreichen. Dazu benötigt man eine ***Telefonkarte,*** erhältlich in Telefonämtern, am Flughafen und teilweise in Restaurants und Geschäften (20-680 Einheiten kosten zwischen 1500 und 51.000 Rp). Die Verkaufsstellen haben in der Regel einen Aushang mit folgendem Text: *Disini jual Kartu Telepon*.
- ***Home Country Direct (HCD):*** Die dritte Telefonzellenart ist ausschließlich für internationale Gespräche bestimmt, und der Empfänger übernimmt die Gebühren. Am Telefon befindet sich eine Liste mit Ländernummern. Mit der Wahl seiner Ländernummer (Deutschland z.B. 07) erreicht man direkt den Operator im jeweiligen Land. Ihm teilt man die gewünschte Teilnehmernummer mit. Kommt die Verbindung zustande, wird der Teilnehmer gefragt, ob er gewillt ist, die Telefonkosten zu übernehmen. Falls er einwilligt, kommt das Gespräch zustande, beim Nein muß man sich einen anderen zahlungswilligen Gesprächspartner ausgucken. Man kann auch seine eigene Telefonrechnung belasten lassen, auch wenn man mit einem Dritten spricht. Dazu muß man aber vor der Reise den Deutschland-direkt-Service der Telekom nutzen und sich eine Code-Nummer geben lassen.

Post

Briefe habe ich mir bereits 'Poste Restante' nach *Sumbawa Besar*, *Bima* und *Labuan Bajo* schicken lassen. Die Postwege funktionieren ganz gut. Das Problem ist eher, die Briefe im Postamt zu finden. Man sollte sich auf keinen Fall abwimmeln lassen und darauf bestehen, daß noch einmal alle Fächer und Schränke durchsucht werden.

Briefe abzuschicken ist, hat man das Postamt gefunden, kein Problem. Die Gebühren sind in ganz Indonesien gleich. Inlandbriefe, z.B. von Sumbawa nach Bali, können ein bis zwei Wochen unterwegs sein, man bringt sie am besten persönlich dorthin. Briefe von Europa nach Sumbawa bzw. Flores dauern bis zu zwei Wochen.

Postämter auf ***Sumbawa*** sind in Sumbawa Besar, Dompu, Kempo, Raba, Sila, Jente, Bima, Empang, Taliwang und Sape, auf ***Flores*** in Labuan Bajo, Ruteng, Bajawa, Ende, Maumere und Larantuka

Gebühren nach Europa

Aerogramm	800-1.000 Rp
Briefe unter 10 g	1.400 Rp
Briefe bis 20 g	2.000 Rp
Postkarte	600-700 Rp
Telefon 1 Min.	6.200 Rp
Telegramm (pro Wort)	500 Rp
Fax (DIN A 4)	10-15.000 Rp
Pakete bis 20 kg	
Seefracht	90.000 Rp

Geld wechseln

Je weiter man nach Osten reist, desto weniger Geldwechselmöglichkeiten sind vorhanden. In *Sumbawa Besar, Bima, Ende und Maumere* gibt es Banken, die Geld wechseln. Der Wechselkurs ist allerdings weitaus schlechter als zum Beispiel in Lombok oder Bali.

Kreditkarten kann man fast gar nicht benutzen und auch mit Traveller-Schecks kann es Probleme geben, wenn sie nicht auf US $ ausgestellt sind oder nicht von American Express sind. Exotische Währungen wie österreichische Schilling oder französische Franc sind unbekannt. Mit DM kommt man allerdings meistens auch klar. Geldscheine werden nur dann akzeptiert, wenn sie in außerordentlich gutem Zustand sind.

In Bima werden keine beschädigten Reise-Schecks akzeptiert. Den Scheck sollte man erst dann ausfüllen, wenn der Bankangestellte wirklich hinschaut, ansonsten läßt er 2 bis 8 Schecks ausfüllen. Geld wechseln kann hier bis zu zwei Stunden dauern.

Die Bank in Sumbawa Besar wechselt ausschließlich Traveller-Schecks, aber nur gegen Vorlage der Kaufquittung.

Uhrzeit

Von Bali bis Flores gilt die *ostindonesische Zeit.* Wer von Java nach Bali reist, muß seine Uhr eine Stunde vorstellen, der ***Unterschied zu Mitteleuropa*** beträgt 7 Stunden. Zwischen Bali, Sumbawa und Flores gibt es aber keinen Zeitunterschied.

Gesundheit

Ärzte

Ärztliche Versorgung wird schwieriger, je weiter man sich in Richtung Osten von Bali entfernt. Zwar gibt es in größeren Städten Krankenhäuser und Ärzte, aber auf die Qualität der Diagnose und der folgenden Behandlung würde ich mich nur in leichteren Krankheitsfällen verlassen. Bei einem Notfall würde ich zumindest erst einmal bis Bali fliegen und dort entscheiden, ob es weiter nach Singapur oder Jakarta gehen soll. Man muß sich allerdings darüber im klaren sein, daß es lange dauert, zum Beispiel von Komodo wieder nach Denpasar zu kommen. Wenn gar nichts geht, sollte man sich ein Boot chartern, um zumindest zum nächsten Ort mit Flughafen zu kommen. Selbst, wenn man in einem Ort mit Flughafen, wie Labuan Bajo, ist, kann es sein, daß man 24 Stunden und mehr auf einen Sitzplatz im Flugzeug warten muß. Das hängt davon ab, wie ausgebucht die Maschinen sind. In Orten mit größeren Flughäfen, wie Bima oder Maumere, hat man natürlich bessere Chancen, schnell wegzukommen. Im Notfall sollte man sich nicht scheuen, mit einem größeren Geldbetrag einen Sitzplatz zu "erkaufen".

Auf Bali praktizieren relativ viele Ärzte. In allen größeren Orten haben sie sich niedergelassen, die meisten in Denpasar. Dort gibt es auch viele Spezialisten (inklusive Psychiater), die natürlich auch Spezialistenbezahlung verlangen. In Indonesien existieren keine Krankenkassen, d.h. die ***Arzthonorare*** sind frei in jeder Richtung, ebenso *Krankentransportkosten* u.ä. Auch wenn die Ausbildung der Ärzte ganz gut ist, so fehlt es doch oft an Ausrüstung oder an Erfahrung.

- In Denpasar kann man ***Dr. Elias Sukardi,*** Jalan Hasanudin 24, Tel. 0361-24128, konsultieren oder
- den deutschsprechenden Arzt *Dr. A. A. M. Udaya*, Mo-Mi ab 17.00 Uhr, Tel. 0361-224729.
- Im ***Bali-Beach-*** und ***Bali-Hyatt-Hotel*** gibt es *englischsprechende Ärzte,* die vor- und nachmittags jeweils zwei Stunden Sprechstunde haben.
- Auch das ***Touristenzentrum Nusa Dua*** verfügt über spezialisierte Ärzte für Touristen.
- Ein weiterer frei praktizierender englischsprechender Arzt ist ***Dr. Djelantik*** an der Jalan Hayam Wuruk, Sanur, Tel. 888466.
- Bei Zahnschmerzen kann man sich an ***Dr. Retno Agung,*** Jalan Bypass Ngurah Rai, nahe der Jalan Danau Buyan, Tel. 888501, wenden.
- In ***Ubud*** gibt es oberhalb des Aquädukts ein ***Ärztezentrum.*** Dort praktiziert u.a. auch ein ***Zahnarzt,*** der zwar kein Englisch spricht, aber ein recht vertrauenerweckenden Eindruck macht (ich mußte ihn ausprobieren).

Medikamente

sind knapp und für indonesische Verhältnisse nicht billig. Wer Geschenke machen will, Medizin ist stets willkommen. Allerdings sollte man keine starken Medikamente verschenken (wohl verabreichen, aber nur, wenn man *sicher* ist, daß es das *richtige* ist), da man den Umgang mit westlicher Medizin nicht überall gewohnt ist. Es könnte zum Beispiel passieren, daß man zu viele oder falsche Tabletten nimmt, da man den deutschen oder englischen Text des Beipackzettels nicht versteht und glaubt, daß Medizin grundsätzlich hilft ("doppelte Dosis hilft doppelt gut").

Ein gutes ***Geschenk*** ist auch die indonesische Ausgabe des Buches *"Wo es keinen Arzt gibt": "Apa yang anda kerjakan bila tidak ada dokter".*

Notfall

Die ***Dr. Saruna Clinic*** ist Mitglied des Rettungsservice *SOS Medika (Asia Emergency Assistance*). Rund um die Uhr kann man einen englischsprechenden Arzt unter den Telefonnummern 888271 (Bali Hyatt) und 881127 (Privatklinik) erreichen. Alternativ kann man auch ***SOS Jakarta*** anrufen: 021-750-6001 (24 Std. Tag und Nacht besetzt).

SOS Medika ist perfekt ausgestattet mit Hubschraubern und Flugzeugen mit modernster medizinischer Technik. Im Notfall können sie einen Erkrankten auch nach Singapur oder Deutschland ausfliegen oder zum Beispiel ein dringend benötigtes Serum o.ä. einfliegen.

Krankenversicherung

Seit dem 1.1.1989, also seit unserer Gesundheitsreform, ersetzen gesetzliche Krankenversicherungen keine Arztkosten mehr, die im außereuropäischen Ausland entstehen.

Das heißt, man sollte auf jeden Fall eine zusätzliche ***Reisekrankenversicherung*** mit Rücktransport (nicht vergessen) abschließen. So eine Reisekrankenversicherung trägt die Kosten für unvorhersehbare Behandlungen auf einer Urlaubsreise. Zu beachten ist, daß man seine Ansprüche innerhalb von 10 Tagen nach Rückkehr anmelden und beweisen muß, durch Originalbelege und Zahlungsnachweise und Angaben vom Arzt über Patient, Ort, Behandlungszeitraum, Krankheitsbezeichnung, Krankenhausbehandlung usw.

Keine Ersatzansprüche hat man bei chronischen Krankheiten und deren Folgen, bei Krankheiten und Folgen, die durch Kriegsereignisse oder aktiver Teilnahme an inneren Unruhen verursacht wurden oder auf Vorsatz oder Sucht beruhen, sowie Untersuchung und Behandlung aufgrund von Schwangerschaft und Entbindung.

Wann eine Reisekrankenversicherung den ***Rücktransport*** bezahlt, liegt in ihrem Ermessen. Wichtig ist es, als Versicherter alle nur erdenklichen ärztlichen Bescheinigungen beizubringen und, wenn es sich einrichten läßt, auch noch Gutachten neutraler Institutionen vorzulegen (z.B. Rotes Kreuz).

Reisekrankenversicherungen werden von einer Vielzahl von Versicherungen angeboten. Die billigste kostet um 15 DM (für 6 Wochen). Für nicht viel mehr Geld kann man sich über ein ganzes Jahr versichern, wenn einzelne Reisen nicht länger als 30 Tage dauern. Beim Prüfen der Versicherungsbedingungen muß darauf geachtet werden, daß der Schutz nicht erlischt, wenn man aus Krankheitsgründen die Aufenthaltsdauer überschreitet.

Wer ***privat krankenversichert*** ist, sollte bei seiner Versicherung nachfragen, ob sie auch das Ausland abdeckt. Viele Privat-Krankenversicherungen haben das automatisch in ihrem Leistungskatalog.

Indonesien im Überblick

Geographie

Indonesien liegt zwischen dem 95. und 141. Grad östlicher Länge, das sind etwa 5100 km maximale Ost-West-Ausdehnung. Die größte Nord-Süd-Ausdehnung beträgt 1900 km, vom 6. Grad nördlicher bis zum 11. Grad südlicher Breite, also beiderseits des Äquators.

Die 13.677 Inseln Indonesiens bilden den größten Archipel der Welt. Nur ca. 6000 Inseln sind bewohnt. Zu den Hauptinseln zählen Sumatra, Kalimantan, Java, Sulawesi, Bali und Irian-Jaya.

Die Gesamtfläche (Land) beträgt ca. 1,9 Mio. km≈, das ist mehr als 5mal so groß wie Deutschland. Die Wasserfläche beträgt 3,3 Mio. km≈.

In grauer Vorzeit bildete Indonesien eine Landverbindung zwischen Asien und Australien. Diese "Brücke" brach zusammen, und es entstanden die vielen Vulkane, von denen heute noch rund 100 aktiv sind.

Fast ganz Indonesien ist gebirgig. Die höchsten Berge sind:

- *Puncak Jaya* mit 5020 m (Irian Jaya),
- *G. Kerinci* mit 3800 m (Sumatra),
- *G. Rinjani* mit 3726 m (Lombok),
- *G. Semeru* mit 3676 m (Java)
- *G. Latimodjong* mit 3400 m (Sulawesi).

Ausblick auf die Bucht von Labuan Bajo, Flores (KB)

Klima

Das Klima ist durchweg "tropisch-feucht-heiß". Durchschnittstemperatur in Meereshöhe: ca. 26 °C. Je höher man steigt, desto niedriger wird sie, ist ja klar, wie bei uns auch (z.B. Badung 750 m ü. M., Durchschnittstemperatur: 23 °C). Die relative Luftfeuchtigkeit kann 90% überschreiten. Nachts kühlt es zumindest im Flachland nur geringfügig ab.

Es gibt keine Jahreszeiten im europäischen Sinne (Schnee kommt nur auf den Berggipfeln Irian Jaya's vor), aber eine Einteilung in Monate mit mehr und Monate mit weniger Niederschlägen ist möglich.

Der *Westmonsun* bringt südlich des Äquators in den Monaten November bis März Regen, der *Ostmonsun* dagegen bringt den Rest des Jahres über relative Trockenheit.

Allerdings verteilt sich die Regenmenge nicht gleichmäßig über alle Inseln. In Balikpapan (Kalimantan) fallen jährlich 4000 mm Regen, während die Provinzen Nusa Tenggara (Barat und Timur) oft unter ausgesprochenem Wassermangel leiden. Aber, egal wo man sich aufhält, es gibt auch während der Regenzeit selten Tage ohne Sonnenschein.

Die Länge der Tage ändert sich, so dicht am Äquator, das ganze Jahr über kaum. Täglich 12 Stunden Sonne (6 bis 18 Uhr) und 12 Stunden Dunkelheit.

Detaillierteres zur "besten Reisezeit" steht in den Einleitungen zu den einzelnen Inseln.

Nationalparks und Natur-Reservate

Indonesiens Tier- und Pflanzenwelt ist üppig und reichhaltig. So wachsen hier ca. 15.000 verschiedene Pflanzenarten, u.a. die größte Blume der Welt, die "schwarze Orchidee" *(Rafflesia).*

Exzessives Abholzen von Wäldern, Dynamit-Fischen, die Jagd nach edlen Fellen, die Nachfrage nach exotischen Souvenirs (wie Schildkrötenpanzer), haben zur Folge, daß ein großer Teil der Tier- und Pflanzenwelt vom Aussterben bedroht ist. Gesetzlich geschützt sind bereits 140 heimische Tierarten, wie z.B. der *Java-Tiger,* das *Java-Rinozeros,* der *Bali Star,* der *Komodo-Waran* u.v.a.

Um das Überleben der geschützten Tiere zu sichern, mußte und muß man den natürlichen Lebensraum dieser Tiere erhalten. Die indonesische Regierung erklärte insgesamt 64.000 qkm zu Schutzgebieten. Das entspricht fast der Gesamtgröße von Ceylon bzw. 3/4 der Insel Java. Weiterhin existieren Pläne zur Errichtung von 131 Natur-Reservaten, 28 Wildreservaten, 19 Touristenparks und 2 Meeresparks. Einige dieser "Nature Reserves" gibt es auch auf den Kleinen Sunda-Inseln. Es sind auf Lombok der Rinjani, auf Sumbawa die Insel Moyo, und selbstverständlich ist die Insel Komodo auch unter Schutz gestellt.

Die Naturreservate verwaltet das ***P.H.P.A.*** ***(P****erlindungan* = Schutz, ***H****utan* = Wald, ***P****engewetan* = Erhaltung, ***A****lam* = Natur).

Anlegestelle auf Komodo

P.H.P.A.-Büros findet man überall dort, wo es Natur oder Tiere zu schützen gibt. Das *Head-Office* befindet sich in Bogor (Java), Jalan Juanda 9. Permits, um einen National Park zu besuchen, bekommt man mittlerweile direkt bei den P.P.A.-Büros des jeweiligen Naturschutzgebietes (einheitlich 1000 Rp). Das P.H.P.A. ist dem *Minister of Forestry* in Jakarta unterstellt.

Bevölkerung

Nach offiziellen Zählungen betrug die Bevölkerungszahl Indonesiens 1930 ca. 60,7 Mio., 1961 97,1 Mio. 1980 schätzte man die Zahl auf 143,3 Mio. und im Jahr 2000 rechnet man mit 216,7 Mio. Einwohnern.

Der Abstammung nach gehört die Mehrheit der Indonesier zur malaiisch - polynesischen Völkerfamilie. Hauptsächlich sind es Malayen, im Osten des Landes (Molukken, Irian Jaya) leben verwandte melanesisch-polynesische Völker und Papuas.

Es gibt heute in ganz Indonesien über 300 verschiedene Volksgruppen, die alle höchst unterschiedliche Kulturen und Traditionen besitzen. Die Bevölkerung von Java, Bali und Madura besitzt (besaß?) die höchstentwickelte Zivilisation, in den Gebirgsgegenden der Inseln Kalimantan und Sulawesi gibt es dagegen noch unberührte Stämme, in Irian Jaya (West-Neuguinea) leben sogar noch Volksgruppen, die Steinwerkzeuge benutzen.

Indonesien ist der Zahl der Einwohner nach der viertgrößte Staat der Erde. Die jährliche Zuwachsrate beträgt 2,5%. Besondere Probleme entstehen durch die ziemlich ungleiche Verteilung der Bevölkerung.

Fast 2/3 der Gesamtbevölkerung leben auf Java, andere Inseln, wie Kalimantan oder Irian Jaya, sind dagegen fast völlig unbewohnt. Die "indonesische Antwort" auf diese Situation heißt ***"Transmigrasi"***, d.h. staatlich geförderte Umsiedlung. Allerdings hat dieses System bisher keinen Erfolg gezeitigt.

Chinesen bilden eine starke Minderheit. Ca. 2,5 Mio. sollen heute über den ganzen Archipel verteilt leben. Das Verhältnis zwischen Indonesiern und Chinesen ist nicht das beste. Die etwas trägen und händlerisch unbegabten Malayen neiden den fleißigen Chinesen ihren geschäftlichen Erfolg. Die Chinesen, auf der anderen Seite, lassen selten andere Volksgruppen an ihren wirtschaftlichen Unternehmungen teilhaben. Fast der gesamte Großhandel, das Transportwesen und viele Banken befinden sich in den Händen von Chinesen.

1965, während des Putschversuches der Kommunisten, wurden Hunderttausende von Chinesen, gleichsam nebenbei, mit umgebracht.

Auch in jüngerer Zeit kommt es immer wieder zu Ausschreitungen gegen diese Volksgruppe. 1973 in Bandung, 1974 in Jakarta.

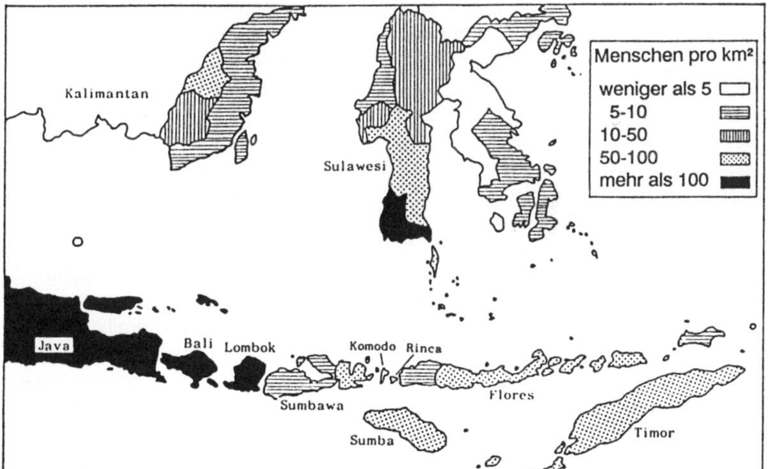

Bevölkerungsdichte

Religion: der Islam

Der ***Islam*** ist die Hauptreligion Indonesiens. 90% aller Indonesier sind, zumindest auf dem Papier, Moslems.

Um die Vielschichtigkeit der islamischen Lehre zu verstehen, ist es am Besten, den ***Koran*** zu lesen. Auch heute noch gelten seine Regeln fast unverändert. Interessant und wichtig für den Reisenden ist der Koran, weil er nicht nur religiöse Vorschriften beinhaltet, sondern auch alltägliche Verhaltensweisen und den Umgang mit Fremden und Freunden. Das ganze Leben ist bis ins Detail geregelt. Aus der Unwissenheit Reisender entstehen oft peinliche oder auch beleidigende Situationen sowohl für den Besuchten als auch für den Besucher.

Die Bevölkerung Sumbawas, Komodos und Rincas ist sogar zu 98% moslemisch. Nur Flores bildet eine Ausnahme. 2/3 der Bevölkerung sind dort römisch-katholisch, während 1/3 moslemisch ist.

Grundsätzliche Vorschriften sind das fünfmalige Gebet pro Tag, einmonatiges Fasten während des Ramadan (indon.: *Puasa)* und die Pilgerreise nach Mekka (*Haj)*.

Die Moschee: Die *Masjid* ist nicht nur ein Bethaus, sondern auch Ort des Studiums; oft mit einer integrierten Koranschule. Vom *Minarett* (Turm) ruft der *Muezzin* die Gläubigen 5mal täglich zum Gebet auf; heutzutage fast ausschließlich lautsprecherverstärkt, oft vom Tonband. Das Wohnen nahe einer Moschee kann zur Qual werden, wenn man bedenkt, daß das erste Gebet um 4 Uhr morgens zu absolvieren ist. Weiterhin wird von der Moschee zur Fastenzeit täglich um 18.00 Uhr ein Signal (Trommelschlag, Kanonenschuß) gegeben, das den Gläubigen erlaubt, bis zum nächsten Morgen ihr Fasten zu unterbrechen. Freitag ist der islamische Sonntag. In Indonesien sind die Behörden und Ämter an diesem Tag nur bis 11.00 Uhr geöffnet, viele Geschäfte bleiben geschlossen.

Haj: Lebensziel eines gläubigen Moslems ist die Pilgerfahrt nach Mekka (*Haj)*. Einmal im Leben sollte jeder Moslem die heiligste Stätte des Islam besucht, viermal den schwarzen Stein in der Mitte der *Kaaba* geküßt haben. Hat man die Pilgerfahrt gemacht, darf man sich, nicht ohne Stolz, *Haji* nennen. Dieser Titel steht vor dem Namen. Die haubenähnliche Kopfbedeckung, der weiße *Peci,* zeichnet den *Haji* für jedermann offensichtlich als Mann aus, dem Ansehen und Ehre gebührt. Frauen, die nach Mekka gepilgert sind, nennen sich *Hajah.* Allerdings gibt es weniger *Hajah,* denn wenn das Geld für eine Mekka-Reise da ist, fährt zuerst der Mann. Jährlich begeben sich ca. 40.000 Indonesier auf diese kostspielige Reise. Oft wird das ganze Leben für die *Haj* gespart. Bevor jemand die Reise antritt (ungefähr 3 Monate), muß beim Dorfvorstand belegt werden, daß die Familie versorgt ist. Eine schriftliche Prüfung, bestehend aus religiösen und nationalen Fragen, muß bestanden werden. Da jeder, der es sich leisten kann, nach Mekka pilgern *muß,* garantiert ein moslemischer Staat die Reisefreiheit eines jeden Bürgers.

Begriffe des Islam

- ***Mohammed,*** Gründer des Islam, geb. 571 n. Chr., begann im Jahr 612 zu lehren, nahm keine übernatürlichen Kräfte für sich in Anspruch, behauptete aber, der einzige wahre Prophet Gottes zu sein.
- ***Koran,*** die "Bibel" des Islam, zusammengestellt kurz nach ***Mohammeds*** Tod, enthält die mündlich und schriftlich überlieferten Aussagen des Propheten, der den Willen Allahs mitteilte. Aufgeteilt in 14 Kapitel, bringt das Buch in Versen (*Suren)* Glaubensaussagen und Verhaltensregeln, die das Leben der Gläubigen betreffen. 644-655 erhielt der Koran die endgültige Fassung.
- ***Haji/Hajah,*** darf sich ein/e Pilger/in nennen, der/die *Mekka* besucht hat. Erkennt man auch an dem Titel, der vor den Namen gesetzt wird, z.B. *Haji Halef*
- ***Kauman,*** konservatives, moslemisches Stadtviertel, in dem die Koranregeln strikt eingehalten werden. Hier findet man während des Fastenmonats tagsüber auf keinen Fall etwas zu essen.
- ***Mesjid*** (indon.: Moschee), Bethaus der Moslems.
- ***Mullah,*** islamischer Religionslehrer.
- ***Muezzin,*** die Person, die die Gläubigen vom *Minarett* (Turm der Moschee) zum Gebet ruft. Heutzutage oft durch Tonband mit Lautsprechern ersetzt.
- ***Walis,*** die legendären neun heiligen Männer, die den Islam nach Java gebracht haben sollen, werden als Heilige verehrt. Ihre Gräber, die *"Sunan",* liegen auf Berggipfeln und sind heilig.
- ***Imam,*** Vorbeter in der Moschee.

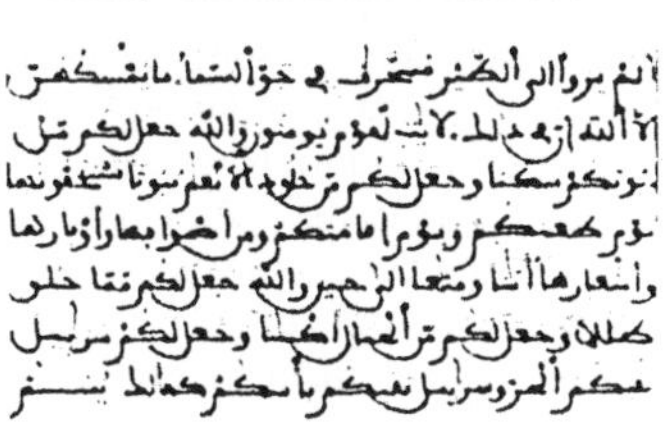

Der Islam ist eine ***moralische Religion,*** "Hauptgrundsätze" sind unter anderem Gastfreundschaft und das Geben von Almosen. Alkohol ist verboten, Schweinefleisch gilt als unrein und darf nicht gegessen werden, Glücksspiel und Geldverleih gegen Zins sind untersagt. Schwierigkeiten entstehen durch fanatische und orthodoxe Moslems auch für den indonesischen Staat. Die Gruppierung strebt islamische Gesetzgebung und deren konsequente Einhaltung für *alle* Indonesier an. Die Regierung steht diesen Zielen aber sehr skeptisch gegenüber.

Die wichtigsten islamischen Festtage

Ramadan (indon.: *Puasa).* Während des gesamten 9. Monats des moslemischen Kalenders darf von Sonnenauf- bis Sonnenuntergang weder gegessen noch geraucht werden. Moslemische Restaurants bleiben tagsüber geschlossen. Moslemische Familien stehen morgens um 4.00 Uhr auf, um zu essen, während des restlichen Tages wird gefastet. Kurz vor Sonnenuntergang, um halb sechs, kann man Leute im Restaurant vor gedeckten Tischen sitzen sehen, die darauf warten, daß es 18.00 Uhr wird (meistens durch Trommelschläge von der Moschee signalisiert). Dann schlägt man sich gierig den Magen voll.

Das Fastengebot wird in Gebieten, in denen wenig Moslems wohnen, nicht so streng eingehalten. In strengen Moslemorten sollte man sich als Tourist und Besucher auch an die

Maulud-Festlichkeiten vor der großen Moschee in Sumbawa Besar

Fastenzeiten halten, zumindest in der Öffentlichkeit: also weder rauchen noch essen. Angenehmer ist es, den Fastenmonat in weniger orthodoxen Gegenden zu verbringen, denn hier läuft alles seinen normalen Gang – also keine Beschränkungen im gesellschaftlichen Leben (Feste, Hochzeiten o.ä.). Hinzu kommt, daß die Menschen gegen Ende des Fastenmonats (verständlicherweise) mißgelaunt und unfreundlicher als sonst sind.

Idul Fitri, Lebaran, Hari Raya: Das Ende der Fastenzeit ist der erste Tag des 10. Monats. Dieser Tag ist eine Mischung aus Neujahr, Weihnachten und Valentinstag. In den Moscheen werden die ganze Nacht hindurch Trommeln geschlagen, in den Straßen brennen Feuerwerkskörper ab (Schlafen ist unmöglich). Alles ist auf den Beinen. Frühmorgens um 7.00 Uhr treffen sich alle Gläubigen auf dem großen Gemeindeplatz zum gemeinsamen Gebet. Überall bieten Warungs Süßigkeiten, Kuchen oder sonstige Leckereien zum Verkauf an (endlich darf wieder gegessen werden!). Schulen, Ämter und Geschäfte sind für zwei bis drei Tage geschlossen.

Idul Fitri ist auch ein ***Familienfest.*** Alte Streitigkeiten werden bereinigt, Geschenke ausgetauscht, Verwandte besucht, Feindschaften begraben. Jeder besucht jeden, Nachbarn, Verwandte, Bekannte. Ausnahmslos muß man in jeder Familie wenigstens ein Stück Kuchen (ersatzweise fünf Kekse) und eine Tasse Tee (mit einer Überdosis Zucker) verzehren, bis

Koran-Schülerinnen mit weißen Schleiern (KB)

man platzt. Sollte man in dieser Zeit bei einer moslemischen Familie wohnen, muß man sich frühzeitig Abführmittel besorgen und angefangene Abmagerungskuren vergessen. Die Verkehrsmittel sind für Tage ausgebucht, Nahverkehrsmittel (Bemos etc.) doppelt so teuer, alle Ausflugsorte völlig überlaufen. In der Woche nach *Hari Raya* ist es schwierig, große Strecken zurückzulegen, da Züge, Busse, Flugzeuge überfüllt und auf Tage ausgebucht sind.

Maulud Nabi Mohammed (Mohammeds Geburtstag) ist am 12. Tag des 1. Monats. Es werden Prozessionen abgehalten, bei denen man "bienenstockförmige" Reisberge mitführt (besonders toll auf Sumbawa).

Idul Adha. Moslemischer Opfertag. Am 10. Tag des 11. Monats

Besonderheiten des "Indonesischen Islam"

Indonesier haben es immer verstanden, Religionen wie Buddhismus, Hinduismus, Christentum und auch den Islam an ihre Bedürfnisse und Vorstellungen anzupassen. Ihre starken Wurzeln im Animismus, der Glaube an Dämonen, beseelte Natur, schwarze und weiße Magie, haben jeder Religion einen ganz speziellen Stempel aufgedrückt. (In Denpasar, Bali, gibt es z.B. eine katholische Kirche, die im balinesischen Tempelstil erbaut wurde, mit saronggtragenden Engeln und Wächterdämonen.) *Adat,* das traditionelle Dorfgesetz, tut ein übriges.

So hat auch der indonesische Islam seine Besonderheiten: ***Die in-***

donesische Frau ist gleichberechtigter (sozial, wirtschaftlich und politisch) als in allen anderen moslemischen Staaten. Verschleierte Frauen sind eine Seltenheit. Will ein Mann mehr als eine Frau heiraten (lt. Koran darf ein Mann vier Frauen haben, in Indonesien maximal zwei, wer in den Staatsdienst will, gar nur eine), ist das nur mit der Einwilligung der ersten Frau möglich.

Frauen werden nicht so extrem der männlichen Unterdrückung unterworfen wie in anderen konservativen Islam-Staaten. Das erklärt sich durch das ehedem weitverbreitete Matriarchat, das auch heute noch in vielen Familien hinter den Kulissen vorherrscht. Hin und wieder findet man ausschließlich für Frauen gebaute Moscheen.

Einige Wörter weisen noch auf die ***hinduistisch-buddhistische Vergangenheit*** hin. *Puasa* (indonesisches Wort für die moslemische Fastenzeit) ist ein Sanskritwort, das auch heute noch in Indien gebraucht wird. Oder *Sembayang* (indon.: beten), dessen Stamm das buddhistische *sembah* ist, welches die Geste beschreibt, die vor und nach Gebeten ausgeführt wird. Die Handflächen zusammenlegen und mit den Fingerspitzen Stirn, Mund oder Brust berühren.

Der islamische Kalender

Der europäische Kalender richtet sich nach der Erde, die um die Sonne wandert. Der arabische Kalender richtet sich nach dem Mond, der um die Erde kreist. Aus diesem Grund wandern die Daten für Festtage rückwärts durch unsere Zeiteinteilung.

Alle Daten verschieben sich jährlich etwa um 11 Tage. Die genauen Tage des jeweiligen Jahres findet man entweder im "Calender of Events", den man beim Fremdenverkehrsbüro anfordern kann, oder aber in jedem besseren indonesischen Kalender. Auch der "Bali-Kalender" gibt die moslemischen Festtage an. Die Jahreszählung weicht von der unsrigen ab. 1996 beginnt das islamische Jahr 1417.

Termine der wichtigsten Feiertage:

Jahr des Heschra	1416	1417	1418
Geburtstag des Propheten	9.8.95	28.7.96	17.7.97
Beginn des Ramadan	21.1.96	10.1.97	30.12.97
Ende des Ramadan	19.2.96	8.2.97	25.1.98
Idul Adha	29.4.96	18.4.97	7.4.98

Geschichte

Die Geschichte Indonesiens begann vor einer halben Million Jahre, zu einer Zeit, als Europa noch unter einer Eisdecke lag. Den Beweis, daß zu dieser Zeit schon menschenähnliche Wesen in Indonesien existierten, fand 1891 der holländische Arzt *Eugene Dubois* auf Java. Sein Fund waren Knochen vom *Pithencanthropus erectus,* dem aufrecht gehenden Menschenaffen. Dieser menschenähnliche Affe (oder affenähnliche Mensch) soll aber nicht allein der Vater bzw. die Mutter der heutigen indonesischen Bevölkerung sein.

In Indonesien leben viele verschiedene ethnische Gruppen, und man geht davon aus, daß bereits ***3000-1000 v. Chr.*** Menschen aus Südchina zuwanderten und zwar die Altmalaien (*Protomalaien*) und Jungmalaien (*Deuteromalaien*). Durch diese Einwanderer soll auch das Wissen um Ackerbau, Steinwerkzeuge, der Umgang mit Feuer, Eisen und Bronzeverarbeitung verbreitet worden sein.

Als erste Hochkultur Indonesiens gilt der Zeitraum ***7.-1. Jahrhundert v. Chr.*** In der *Dong-Son-Kultur* (Bronzekultur) wurden Handwerkstechniken verfeinert, d.h. zum Beispiel Alltagsgegenstände wurden nicht mehr ausschließlich funktional gearbeitet, sondern verziert.

Ab dem ***1. Jahrhundert v. Chr.*** machten sich hinduistische und buddhistische Einflüsse bemerkbar. Der Grund waren Handelsbeziehungen mit Südindien und China. Neben Händlern kamen auch Gelehrte und Mönche nach Indonesien, um ihren Glauben und ihre Kultur zu verbreiten. Die neuen Religionen vermischten sich mit der indonesischen Kultur, und es entstanden hinduistische und buddhistische Reiche.

Die wichtigsten Königreiche waren das ***Srivijaya-Reich*** auf Sumatra, die ***Sailendra-Dynastie*** und das ***Majapahit-Reich*** auf Java. Das Majapahit-Reich existierte vom 8. bis Anfang des 16. Jahrhunderts und erstreckte sich fast über die gesamten (heutigen) indonesischen Inseln.

Bereits im 13. Jahrhundert gewann der ***Islam*** die ersten Anhänger in Aceh (Nordsumatra). Auch diese Religion erreichte Indonesien durch Kaufleute und Händler, und zwar aus Malakka, dem Ausgangshafen, um Gewürze nach Indien und von dort weiter nach Venedig zu schicken.

Von Aceh breitete sich der Islam langsam, aber sicher über Indonesien aus und verdrängte Hinduismus und Buddhismus. Die fortschreitende Islamisierung beschleunigte den Zerfall der bestehenden buddhistischen und hinduistischen Reiche. Ein Überbleibsel dieser Zeit ist der Hinduismus auf Bali.

Die ersten "Besucher" aus Europa erschienen 1509 in Indonesien. ***Portugiesen*** liefen auf der Suche nach Gewürzen nordsumatranische Häfen an, später (1529) dann auch die Molukken.

Doch die europäischen Konkurrenten, in diesem Fall die ***Niederländer,*** schliefen nicht. Auch sie hatten den Reichtum Indonesiens entdeckt und begannen ab 1596 Indonesiens Geschichte mitzulenken.

1602 gründeten private niederländische Handelsgesellschaften die ***VOC (Vereinigte Ostindische Companie)*** und übernahmen ab 1605 die vollständige Kontrolle über den Gewürzhandel.

Ihre Konkurrenten, die Briten und Portugiesen, hatten sie aus dem Feld geschlagen. Für 300 Jahre trug Indonesien den Namen ***"Niederländisch Ost-Indien".***

Die Handelsgesellschaft VOC festigte ihre Herrschaft, indem sie die unumschränkt herrschenden ***Fürsten*** entweder unterwarf und tributpflichtig machte oder an den Gewinnen beteiligte. Das normale Volk lebte in dörflichen Gemeinschaften, in denen Lebensmittel, Kleidung und Werkzeug für den Eigenbedarf produziert wurden. Von den ohnehin geringen Einkünften wurden steuerähnliche Abgaben vom Fürsten eingezogen, um dessen luxuriösen Lebensstil zu finanzieren. Zwar hatte jede Gemeinde ein Oberhaupt, das mit dem Altenrat über dörfliche Belange entschied, aber die richterliche und religiöse Gewalt lag beim Fürsten.

Da Volk und Adelsschicht keine Einheit bildeten, brauchte sich die VOC ausschließlich mit der kleinen herrschenden Schicht auseinanderzusetzen. Ein weiterer Vorteil der Holländer bestand in der geografischen Situation. Aufstände, die später entbrannten (z.B. Nordsumatra 1873-1903, Bali 1906-1908) waren und blieben regional, da zwischen den Inseln kein Kontakt bestand und auf jeder Insel unterschiedliche Volksgruppen mit jeweils anderen Kulturen und Sprachen lebten. Diese Situation machte große Aufstände unmöglich.

Finanzielle Schwierigkeiten und Probleme mit den Briten hatten die Handelsgesellschaft VOC um 1800 an den Rand des Ruins gebracht. Die holländische Regierung übernahm das Konkursunternehmen und machte Niederländisch Ostindien zur ***staatlichen Kolonie.*** Für die Bewohner spielte diese neue Situation keine Rolle. Nach wie vor ging es den Holländern um die optimale Ausbeutung des Inselreiches.

1811 gewannen die ***Engländer*** für ein paar Jahre die Kontrolle über den Gewürz- und Kaffeehandel unter *Thomas Stamford Raffles,* dem Mann, der ein paar Jahre später Singapur dem Britischen Empire hinzufügte.

1816 lösten die ***Holländer*** die Briten wieder ab und führten gleich ein ***angeblich neues Kultivierungssystem*** ein, genannt *Cultuurstelsel.* Praktisch änderte sich nichts. Jeder Bauer mußte einen Teil seiner Ernte abgeben oder einen Teil seines Landes mit Kolonialwaren (also Exportgütern), Kaffee, Tee, Zucker, Tabak, bebauen und die Ernte abliefern. Bei den heimischen Machthabern lag die Kontrolle über die Durchführung des Kultivierungssystems. Als Belohnung waren diese an den Gewinnen beteiligt.

Dieses ausbeuterische System sollte ***1870*** durch neue Agrargesetze ein Ende finden. Die Neuerung bestand darin, daß nun auch privaten Unternehmern erlaubt war, langfristig Boden zu pachten und zu kaufen. Die nun entstehenden ***Plantagen*** waren natürlich ausschließlich gewinnorientiert, ob der Besitzer nun die holländische Regierung oder ein privater Investor war, spielte keine Rolle.

Durch das Plantagensystem wuchsen Heere von Arbeitern heran, die in völliger Abhängigkeit vom Plantagenbesitzer standen. Das große Geschäft wickelten die Investoren natürlich mit den staatlichen Behörden ab. Gewinne und Erträge gingen zum größten Teil auf das Konto der Holländer, die auch die Preise diktierten. Die Verarmung der Bevölkerung nahm rapide zu.

Mit der ***Ethnischen Politik (um 1900)*** sollten die Lebensumstände der Bevölkerung verbessert sowie Schul- und Gesundheitssystem ausgebaut werden. Zwecks Ausbildung und Erziehung wurden einige ohnehin schon gebildete Indonesier in die Niederlande geschickt.

Wie wenig die Holländer im Endeffekt für die Bildung des Volkes getan haben, zeigt eine Zahl von 1954. Zu dieser Zeit waren 94% der Bevölkerung noch Analphabeten.

Auf den Ausbau des Gesundheitswesens wurde mehr Wert gelegt, aber das war nur logisch, denn es ging ja um die Erhaltung der Arbeitskräfte.

1910 begann sich die erste Änderung für das indonesische Volk abzuzeichnen. Die erste Massenorganisation *Serekat Islam* bildete sich, allerdings mit religiösen und nicht politischen Zielen.

Aus dem linken Flügel dieser Organisation entstand dann ***1920*** die erste kommunistische Partei Indonesiens *(P.K.I. = Partai Komunis Indonesia).* Damit begann endgültig die ***Auflehnung gegen den holländischen Kolonialismus.***

Im November ***1926*** fand ein ***Aufstand*** gegen die Machthaber statt, der niedergeschlagen wurde. Die Folgen waren Verhaftung, Verbannung, Internierung oder Hinrichtung vieler P.K.I.-Leute.

1927 bildete sich die ***erste Nationalpartei*** *(P.N.I. = Partai Nasional Indonesia)* mit dem Ziel der Einheit und Unabhängigkeit Indonesiens. *Sukarno* war der Führer.

Die Holländer, aus der Erfahrung von 1926 klug geworden, versuchten nun, jede neue Kraft zur Stärkung der nationalen Einheit zu unterbinden. *Sukarno* und weitere Führer der P.N.I. wurden verurteilt und inhaftiert.

1941 "befreiten" die ***Japaner*** Indonesien von den Holländern. Anfangs als Befreier bejubelt und anerkannt, wurde jedoch sehr schnell klar, daß nur ein neuer Unterdrücker ins Land gezogen war. Auf der einen Seite unterstützten die Japaner zwar das noch recht neue nationale Bewußtsein (*Bahasa Indonesia* ersetzte die holländische Sprache,

Holländer wurden aus dem öffentlichen Leben verbannt, politische Häftlinge freigelassen), aber andererseits schufen sie ein Heer von Zwangsarbeitern, die in Bergwerken, Plantagen und zum Ausbau der Infrastruktur eingesetzt wurden. Die Unruhen im Land nahmen immer mehr zu.

Am ***17. August 1945*** verlas *Sukarno* die ***Unabhängigkeitserklärung*** Indonesiens (s.u.). *Sukarno,* nun Präsident, gab die Anweisung, daß nur noch Befehle der gerade ausgerufenen indonesischen Regierung gelten sollten. Es folgten Kämpfe gegen die japanische Besatzungsmacht.

Am ***28.08.1945*** bildete sich der Rat *K.N.I.R. (Komite Nasional Indonesia),* der zwar beratende Funktion, aber keinen Einfluß auf die Entscheidungen des Präsidenten hatte. Weiterhin wurde die Republik Indonesien in 8 Regionen aufgeteilt: West-, Mittel- und Ost-Java, Sumatra, Kalimantan, Sulawesi, Molukken und die kleinen Sunda-Inseln. Eine Nationalarmee, die *T.N.I.,* wurde aufgebaut.

Sechs Wochen nach der Unabhängigkeitserklärung landeten ***alliierte Truppen*** in Indonesien mit der Begründung, die Japaner entwaffnen zu wollen. Unter den Alliierten befanden sich die Holländer, die keine Möglichkeit ungenutzt ließen, die ehemalige Kolonie zurückzubekommen. Aber Indonesien wehrte sich und kämpfte gegen die alten Unterdrücker.

Mit dem ***Lingajati-Abkommen*** von ***1946*** sollte die Einigung zwischen Holland und Indonesien erzielt werden. Der Inhalt des Abkommens lautete: Anerkennung der Republik Indonesien, Zusammenarbeit beider Staaten mit der holländischen Königin an der Spitze, Abzug der englischen Truppen. Der letzte Punkt wurde eingehalten, aber ansonsten brachen die Holländer sofort das Abkommen, indem sie weite Teile Indonesiens besetzten.

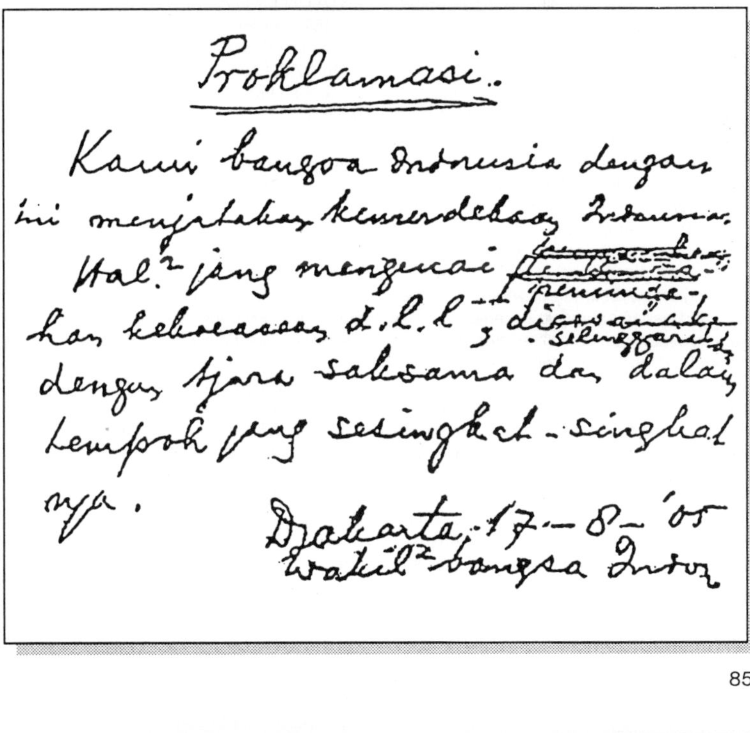
Proklamasi.

Kami bangsa Indonesia dengan ini menjatakan kemerdekaan Indonesia.
Hal² jang mengenai [illegible] pemindahan kekoeasaan d.l.l., [illegible] diselenggarakan dengan tjara saksama dan dalam tempoh jang sesingkat-singkatnja.

Djakarta, 17-8-'05
Wakil² bangsa Indonesia.

Am ***20. Juli 1947*** begann der ***neue Krieg.*** Die kaum bewaffnete indonesische Armee vermied jede offene Kampfhandlung gegen die gut ausgerüsteten holländischen Truppen. *"Hit and Run"* war die wirksamste Strategie der Indonesier.

Eine Blockade der Holländer, verhängt über die befreiten Gebiete Indonesiens, verhinderte den Lebensmittel- und Waffennachschub.

Yogyakarta, Hauptstadt des freien Indonesiens, wurde von den Holländern bombardiert und besetzt, *Sukarno* mit sechs Ministern verhaftet und auf Sumatra interniert. Die Chancen auf einen indonesischen Sieg verringerten sich immer mehr.

Den Anstoß zur Beendigung dieses Krieges gaben die USA. Amerika drohte Holland, jede weitere finanzielle Unterstützung zu streichen, wenn es nicht seine Truppen aus Indonesien abziehen würde. Unter diesem Druck gaben die Holländer nach.

Am 14.08.1949 war der Krieg beendet. Am ***27.12.1949*** erkannte Holland die ***Souveränität der Republik Indonesien*** an.

Die nun folgende Zeit des indonesischen Staates läßt sich in drei Phasen einteilen: Parlamentarische Demokratie (1949-1957), Gelenkte Demokratie (1957-1965) und die Neue Ordnung (ab 1965 bis heute).

1955 fanden die ***ersten freien indonesischen Wahlen*** statt. Von 190 angetretenen Parteien erreichte die *Partai Nasional Indonesia* unter Präsident *Sukarno* die knappe Mehrheit.

Es folgte eine Zeit, in der versucht wurde, das Land parlamentarisch zu regieren, aber die Interessen der vielen Parteien waren zu unterschiedlich, um richtungsweisende Politik zu machen.

1959 kehrte *Sukarno* zur ursprünglichen Verfassung von 1945 zurück. Der ***Präsident,*** also *Sukarno,* hatte damit alle Entscheidungs- und Machtbefugnisse. Beratende Funktion hatte der Nationalrat (*Gotong Royong),* in dem alle wichtigen Parteien und Gruppierungen vertreten waren. *Sukarnos* große Idee, nämlich Nationalismus, Religion und Kommunismus, die drei Hauptströmungen Indonesiens zu vereinigen, bekam einen Namen: *NASAKOM.*

Doch die ökonomischen Probleme wuchsen, und die Konflikte zwischen Moslems, Kommunisten und der mächtiger werdenden Armee nahmen zu. Außenpolitisch verschloß *Sukarno* Indonesien immer mehr gegen die Einflüsse westlicher oder westlich orientierter Länder. Diese Politik gipfelte im UNO-Austritt Indonesiens.

Am ***30. September 1965*** erschossen Kommunisten 6 Armeegeneräle. (So liest man es zumindest überall, über die Wahrheit des ***Putsches*** und seine Folgen kann nur spekuliert werden.) Dies war der Grund für ein erbarmungsloses Vorgehen der Armee. Hunderttausende Kommunisten und vermeintliche Kommunisten wurden umgebracht, inhaftiert, interniert. Sukarno gab schrittweise seine Macht an den Nachfolger General *Suharto* ab.

1966 übernimmt *Suharto* endgültig die Macht. Die PKI wird verboten. *"Orde Baru"* (die neue Ordnung) unter *Suharto* beginnt und reicht bis in die heutige Zeit.

1967 werden die diplomatischen Beziehungen zu China abgebrochen.

Am ***27.3.1968*** wird *Suharto* erstmals für 5 Jahre zum Präsident gewählt. 1969 wird der erste 5-Jahres-Plan *(REPELITA 1)* verkündet.

Am ***21.6.1970*** stirbt *Sukarno.*

Im August des Jahres ***1971*** werden in Indonesien die ersten freien Wahlen seit *Sukarnos* Machtübernahme abgehalten.

1973 wird *Suharto* wiedergewählt, ein Jahr später tritt *REPELITA 2* in Kraft.

Am ***17.7.1976*** wird Portugiesisch Timor (also der östliche Teil der Insel) trotz Widerstand der Bewohner als Provinz dem indonesischen Staat einverleibt. 1978 und 1984 wird der Präsident jeweils für die nächsten 5 Jahre bestätigt, im jeweils folgenden Jahr treten *REPELITA 3* und *4* in Kraft.

Am ***29.2.1984*** erstmals Unruhen in Irian Jaya. Im April des gleichen Jahres längere Unruhen auch in Ost-Timor.

Zum ***1. April*** (kein Scherz) ***1985*** führt Indonesien eine 10%ige Mehrwertsteuer ein. Am ***5.7.*** des gleichen Jahres werden die bilateralen Wirtschaftsbeziehungen zu China wieder aufgenommen.

1986 verbünden sich Ost-Timors Freiheitsbewegungen *FRETELIN* und *UDT.*

Bei den Wahlen ***1987*** erringt die Regierungspartei *GOLKAR* erneut die absolute Mehrheit, diesmal mit einem noch höheren Prozentsatz an Stimmen.

Am ***10.8.1987*** fordert die UNO-Menschenrechtskommission die freie Betätigung von internationalen Hilfsgruppen in Ost-Timor. *Pax Christi* bezichtigt die indonesischen Truppen der Menschenrechtsverletzungen (Folter, Massaker) in Ost-Timor, Irian Jaya und auf den Molukken.

1988 werden zwei Gesetze verabschiedet, die die Beteiligung der Streitkräfte an der indonesischen Regierung festschreiben.

Am ***10.3.1988*** wird *Suharto* erneut gewählt, nun zum 5. Mal. *REPELITA 5* folgt 1989 und sieht unter anderem die Schaffung von 2,3 Millionen Arbeitsplätzen bis 1994 vor.

Im ***Januar 1989*** wird die Provinz *Timor Timur* (Ost-Timor) offiziell geöffnet. Am 9.10 besucht der Papst die Provinz, wo es zu Ausschreitungen kommt, als die Forderung nach Unabhängigkeit laut wird.

1991: Die indonesische Armee begeht in Dili, Ost-Timor, ein Massaker.

1993: Portugal protestiert gegen die deutschen Kriegsschifflieferungen an Indonesien. Am 10. 3 wird Präsident *Suharto* erneut bis zum Jahr 1998 in seinem Amt bestätigt. Bei dieser sechsten Amtsperiode soll es sich um seine letzte handeln. Vizepräsident wird General *Try Sutrisno*.

Am ***25.10.*** löst der Informationsminister *Harmoko Suharto* als GOLKAR-Chef ab. Er ist der erste Zivilist in dieser Position.

Im ***Dezember*** wird die Tochter *Sukarnos Megawati,* zur Vorsitzenden der PDI gewählt.

1994: Am ***Jahresanfang*** erhöht die Regierung den täglich gesetzten Mindestlohn für den Großraum Jakarta von 3000 Rp auf 3800 Rp. Daraufhin kommt es zu Unruhen. Zuerst gehen in Jakarta die Arbeiter auf die Straße, weil ihnen die Erhöhung nicht ausreichend erscheint, etwa 2 Monate später demonstrieren Tausende in Medan/Sumatra, weil die Erhöhung dort lediglich auf 3100 Rp erfolgte. Es kommt zu gewalttätigen Auseinandersetzungen mit den Sicherheitskräften, die erst nach mehreren Tagen die Protestwelle unter Kontrolle bringen.

Suharto und *Le Duc Anh,* der Vizepräsident Vietnams, vereinbaren eine "Vertiefung der Zusammenarbeit"

Bei Gesprächen über Ost-Timor zwischen den Innenministern Portugals und Indonesiens stimmt Indonesien erstmals Direktgesprächen mit der *FRETELIN* zu.

Im ***Mai*** werden 24 Studenten, die mit ca. 1000 anderen gegen die Menschenrechtsverletzungen in ihrem Land protestiert haben, zu je 6 Monaten Haft wegen "Diffamierung des Präsidenten" verurteilt.

Im ***Juni*** verbietet der *Islamische Rat für Bildungsfragen* moslemischen Kindern, christliche Schulen zu besuchen.

Indonesien erhält von 18 Geberstaaten Finanzzusagen für 1995 in Höhe von 5,2 Mrd. US-$.

Am ***17. August 1995*** feierte Indonesien seine 50jährige Unabhängigkeit. Die niederländische Königin *Beatrix* hielt sich zu der Zeit zu einem 10tägigen "informellen Besuch" in Indonesien auf. Dies wäre für die Holländer ein guter Zeitpunkt gewesen, sich offiziell für die Militäraktionen von 1946-49 zu entschuldigen. Aber dazu konnten sich die Holländer noch nicht durchringen.

Parade zum Unabhängigkeitstag

Panca Silas

Die fünf Grundsätze des indonesischen Staates

Indonesiens Wappen hält der Garuda. Es stellt die fünf Grundsätze des Staates dar.

1. Der ***Stern*** in der Mitte steht für den Glauben an einen Gott. Die Religion ist gleichgültig, solange es nur eine oberste Gottheit gibt.
2. ***Die Kette aus runden und viereckigen Gliedern*** gilt als Symbol für Humanität in der Gesellschaft.
3. Der ***Banyan-Baum*** ist das Zeichen für die nationale Einheit. Die wiederum basiert auf den traditionellen Werten der Dörfer (Adat).
4. Der ***Büffelkopf*** steht als Symbol für indonesische Demokratie.
5. ***Reis- und Baumwollpflanzen*** stehen für soziale Gerechtigkeit.

Die fünf Grundsätze stehen unter der Devise *BHINNEKA TUNGGAL IKA* (Einheit in der Vielfalt).

Das Datum der Proklamation der Unabhängigkeit am 17.08.1945 versinnbildlichen die 17 Schwanz- und 8 Flugfedern des Garudas.

Sprache

Die Republik Indonesien ist nicht nur reich an Inseln, sondern auch reich an unterschiedlichsten Völkern und Volksgrupppen. Über 250 verschiedene Sprachen (von Dialekten einmal ganz abgesehen) werden heute in Indonesien gesprochen. Die wichtigsten sind Javanisch, Sundanesisch, Maduresisch, Makassar, Balinesisch u.a.

Aber ein moderner Staat braucht eine einheitliche Kommunikationsmöglichkeit. Als man 1945 die Unabhängigkeit ausrief, hätte man Holländisch zur Nationalsprache machen können, aber mit den ehemaligen Kolonialherren wollte man nichts mehr gemein haben. Schon 1928 hatte der zweite Indonesische Jugendkongreß erstmals eine einheitliche Nationalsprache gefordert: *"Satu nusa, satu bangsa, satu bahasa"* (ein Land, ein Volk, eine Sprache). Und daran erinnerte man sich nun: ***Bahasa Indonesia*** wurde zur Nationalsprache erklärt.

Diese "Sprache Indonesiens" ist eine Mischung unterschiedlichster Sprachen, basiert aber größtenteils auf der Handelssprache *Malayu kuno,* die über Jahrhunderte im gesamten Archipel verstanden und gesprochen wurde, von Malaysia bis Sulawesi. Sprachwissenschaftlich gehört *Bahasa Indonesia* (wie auch *Bahasa Malayu,* die Nationalsprache Malaysias) zur Familie der austronesischen Sprachen, wie auch z.B. Maori, Tagalog, Madegassisch oder Hawaiisch. Allerdings ist es nirgends Muttersprache, sondern wird in der heutigen Form überall als Zweitsprache erlernt. In allen indonesischen Schulen ist sie neben der jeweiligen Muttersprache (Lokalsprache) Pflichtfach ab dem 1. Schuljahr. So kann es passieren, daß man in abgelegenen Gegenden, in denen die Leute nicht zur Schule gegangen sind, selbst mit der Nationalsprache Verständigungsschwierigkeiten hast. Allerdings muß zumindest der Bürgermeister *Bahasa Indonesia* sprechen, sonst hätte er sein Amt nicht bekommen.

Ursprünglich benutzte man die holländische Schreibweise des Indonesischen, aber auch dieses letzte Sprachrelikt der Kolonialzeit wurde abgeschafft: 1972 wurde eine Rechtschreibreform durchgeführt, seither werden die Wörter in Malaysia und Indonesien gleichgeschrieben. Die Schrift ist lateinisch.

Auch wer sich nicht besonders für Sprachen begeistert, tut gut daran, sich vor der Reise nach Indonesien einige Grundkenntnisse der Sprache anzueignen.

Die Sprache ist nun einmal das wichtigste Kommunikationsmittel. Fragen stellen, Antworten geben, Informationen erhalten und geben, Scherze machen, handeln, verhandeln und so weiter und so fort. Wer dumm und taub ist, also nichts versteht, erhält keine Antworten und kann auch keine Fragen stellen.

Indonesisch gehört zu den einfachsten Sprachen der Welt und ist schnell und einfach zu erlernen. Das einzige, was man können muß, sind Vokabeln.

Auf dem Schild im Hintergrund steht: *Dua Anak cukup* (Zwei Kinder sind genug)

Es gibt keine Zeiten und keine Fälle. Verben werden nicht dekliniert. Der Plural wird z.B. einfach durch Verdoppelung der Singularform gebildet (z.B. *anak* = Kind, *anak-anak* = Kinder, Kurzform: *anak 2)* usw. Das Hilfsverb "sein" existiert überhaupt nicht:

Ich bin faul:
saya malas
(*saya* = ich, *malas* = faul)

Das Essen ist lecker:
makanan enak
(*makanan* = Essen, *enak* = lecker)

Englisch wird nur in Großstädten und Touristenzentren gesprochen und verstanden. Oft aber auch nur bruchstückhaft und lediglich für den jeweiligen Zweck. (Mit *"good price!", "very cheap", "last price"* und den Zahlen von 1000 bis 10.000 kann ein Balinese z.B. stundenlang Preisverhandlungen führen, ohne die komplizierten Erklärungen der Finanzsituation des Käufers auch nur annähernd zu verstehen.)

Wer in der Lage ist (und wenn auch nur bruchstückhaft) Indonesisch zu sprechen, wird überall mit offenen Armen empfangen werden. Tausend Fragen bekommt man gestellt, erhält Tips oder wird eingeladen.

Wer sich zwei Stunden an einem Warung mit der Kundschaft unterhält, hat drei Tage Vokabelnbüffeln gespart, wer zwei Tage bei einer indonesischen Familie wohnt, drei Wochen. Indonesier lieben es, jemandem ihre Sprache beizubringen. Man sollte immer nach neuen Wörtern fragen, sie sich buchstabieren lassen. Man wundert sich, wieviele Leute sich kranklachen können, wenn man ein neues Wort richtig anwendet!

Wer mehr über die Sprache wissen möchte, der sei auf den Sprachführer "***Indonesisch Wort für Wort***" hingewiesen. Näheres steht in der Literaturliste im Anhang.

Anreise nach Sumbawa, Komodo und Flores

Verschiedene Wege führen nach Komodo

Dem Komodo-Nationalpark-Besuch sollten zwei Überlegungen vorausgehen, nämlich a) wieviel Zeit habe ich und b) wieviel Geld habe ich?

Für Menschen mit wenig Zeit und genügend Geld empfiehlt es sich zu fliegen. Von Denpasar (Bali nach Bima (Sumbawa) oder Labuan Bajo (Flores) gibt es täglich Flüge (wenn nicht das ein oder andere Flugzeug defekt oder abgestürzt ist). Die Strecke zu den Waranen legt man dann von Bima mit Bus und Fähre und von Labuan Bajo mit Fähre oder gechartertem Boot zurück. Dieser Kurz-Trip dauert vier bis fünf Tage.

Die zweite, preisgünstigere und trotzdem schnelle Lösung führt mit Bussen und Fähren von Insel zu Insel. Innerhalb von drei Tagen hat man Komodo erreicht, übernachtet dort einmal, schaut sich kurz die Warane an und ist drei Tage später wieder im "zivilisierten" Bali. Diese Tour nimmt eine gute Woche in Anspruch und ist natürlich deutlich anstrengender.

Die meines Erachtens sinnvollste Lösung ist, sich für die gesamte Tour einen Monat Zeit zu lassen. Den Hinweg zum Beispiel bis Maumere (Ost-Flores) fliegen und dann langsam über Land bis Bali zurückreisen oder umgekehrt.

Da in diesem Buch die Inseln Bali & Lombok nicht beschrieben werden, diese aber meistens die Ausgangspunkte zu den östlichen Inseln sind, habe ich im folgenden Kapitel die wichtigsten Anreisemöglichkeiten beschrieben, inklusive günstiger Verkehrsverbindungen, Übernachtungsmöglichkeiten und empfehlenswerte Restaurants.

Weitere sehr detaillierte Informationen enthält das Reise-Know-How-Buch *Bali & Lombok.*

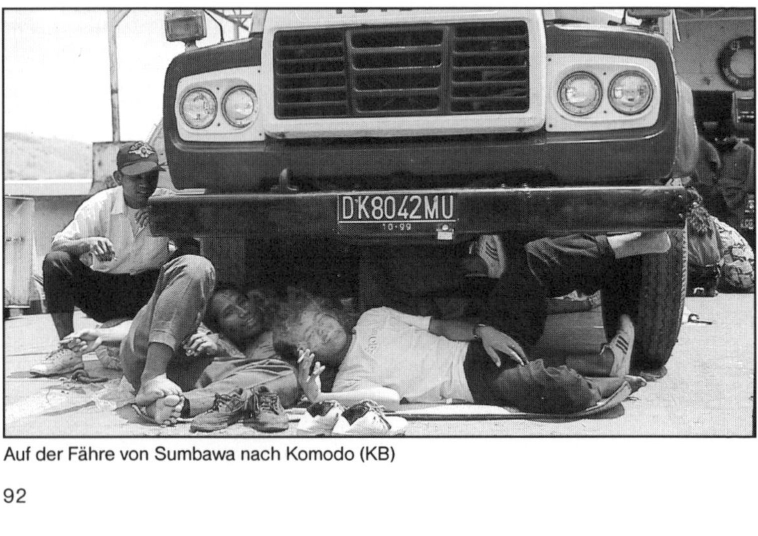

Auf der Fähre von Sumbawa nach Komodo (KB)

Mit Bus und Schiff von Bali

Auf Bali: von Gilimanuk nach Denpasar (Busstation Ubung)

Busse und Colts fahren jeweils, wenn die ***Fähre von Ketapang (Banjuwangi),*** Java, ankommt. Bei Bussen hat man nur selten die Möglichkeit, in Banjuwangi zuzusteigen, da sie in der Regel schon voll besetzt aus Yogya oder Jakarta ankommen. Die Fahrzeit nach Denpasar beträgt ca. zwei bis drei Stunden. Endstation in Denpasar ist der Busbahnhof Ubung.

Busstation Ubung zur Busstation Batubulan

Ubung ist der Terminal für alle westlichen und nordwestlichen Verkehrsverbindungen Balis. Um von hier die anderen Terminals *Kereneng* (sprich Krnäng), *Batubulan* oder *Tegal* zu erreichen, muß man erst mit einem *Bejaj* (das sind kleine dreirädrige, knatternde und stinkende Gefährte) durch halb Denpasar brausen. Es gibt zwar Einheitspreise für diese ***Stadtfahrten*** (500 Rp), allerdings nicht für neuangekommene Touristen, die zahlen mindestens das Doppelte. Für einen Rucksack wird korrekterweise noch ein weiterer voller Fahrpreis verlangt, weil er in der Regel einen Sitzplatz blockiert.

Von *Ubung* erreicht man Terminal *Kereneng.* Von dort wiederum fahren *Bejajs* zur Busstation *Batubulan*.

Batubulan – Padangbai

Es fahren regelmäßig Direktbusse von der Busstation Batubulan nach Padangbai, dem Fährhafen für Schiffe nach Lombok (2000 Rp). Falls man auf diese nicht warten möchte, kann man auch einen Bus in Richtung Amlapura nehmen bis zur Kreuzung nach Padangbai. Dort wartet man auf den nächsten Minibus oder läuft ca. 15 Minuten bis in den Ort.

Übernachten in Padangbai

Am Strand und im Ort gibt es mehrere Homestays und Bungalowanlagen. Zur Hochsaison reicht der Platz oft nicht aus, dann kann man nach Candi Dasa ausweichen. Neue Unterkünfte sind jedoch im Bau.

Padangbai Beach Inn *, Topi Inn *, Jati Wangi Inn*, Dharma *, Tropical Inn *, Moon Inn *.

Essen in Padangbai

Die kleinen ***Restaurants am Strand*** bieten sowohl indonesische als auch westliche Gerichte an. Im Ort gibt es einige Warungs und Rumah Makans mit normalem Essen.

Padangbai – Lb. Lembar (Lombok)

Alle zwei Stunden startet eine ***Fähre*** von Padangbai nach Lb. Lembar (Lombok). Die Fahrzeit beträgt zwischen 4 und 5,5 Stunden je nach Strömung und Wellengang (wenn es ganz schlimm kommt, können es auch schon mal 7 Stunden werden). Zur Regenzeit ist das Meer deutlich unruhiger. Wer seekrank wird, hat dann einige schlechte Stunden.

Hin und wieder fällt auch mal eine Fähre aus, dann gerät der Plan etwas durcheinander. Wer morgens um acht Uhr da ist, kommt auf jeden Fall weg.

Nicht zu verachten: die Bucht von Padangbai

Die ***Tickets*** für den jeweiligen Tag verkauft das Büro direkt am Hafen, im Häuschen rechts, kurz vor dem Landungssteg.

Es gibt verschiedene ***Fährtypen.*** Die, die eine 1. Klasse anbieten, sind die besseren. Es hat durchaus Sinn, auf ein solches Schiff zwei Stunden länger zu warten. Der Preisunterschied zwischen den ***Klassen*** ist gering; daher lohnt es sich, die 1. Klasse zu buchen, in der man deutlich mehr Platz hat. Man kann aber auch ohne Probleme auf dem Schiff nachlösen, wenn einem die 2. Klasse nicht gefällt.

Wer mit einem ***Motorrad*** oder ***Auto*** übersetzen will, benötigt eine Zulassung, die für *ganz* Indonesien gilt, und einen Internationalen Führerschein (der auf Bali gemachte gilt ausschließlich für Bali und nicht für andere indonesische Inseln). Es gibt auch einen Zoll, der sich eventuell den Paß zeigen läßt.

Fährpreise

2. Klasse	4.800 Rp
1. Klasse	8.700 Rp
Kind, 2.Kl.	2.500 Rp
Kind, 1.Kl.	4.700 Rp
Auto	60.000 Rp
Motorrad	5.300 Rp
Fahrrad	800 Rp

Lb. Lembar – Sweta, Cakra/Mataram/Ampenan

Nach etwa 4-6 Stunden Überfahrt erreicht man den Westhafen Lomboks, Labuan Lembar. Im Hafen warten bereits viele Minibusse auf Passagiere. Kaum legt die Fähre an, stürmen Aufreißer auf das Schiff, um sich Kundschaft zu sichern. Es ist kein Problem, Transportmittel zu finden.

Der Preis für die einstündige Fahrt zum Busterminal Sweta bzw. zur Hauptstadt beträgt 2500 Rp. Die meisten Busunternehmer bieten den Service, ihre Gäste direkt zum gewünschten Hotel zu bringen. Bevor man ein Ticket kauft, sollte man sich danach erkundigen, ansonsten wird man auf jeden Fall zum Busbahnhof Sweta gebracht.

Auf einigen Fähren werden schon am Cafeteria-Schalter in der 2. Klasse Minibus-Tickets für die Weiterfahrt zur Hauptstadt angeboten. Wenn man das Schiff verläßt, muß man dieses Ticket hochhalten, damit einen die "richtigen" Leute finden.

Mabua Express

Beim Mabua Express handelt es sich um ein Düsenjet-Boot, das zweimal täglich von ***Benoa Hafen*** (Süd-Bali) ***nach Lb. Lembar*** (Lombok) fährt, wenn das Boot nicht zufälligerweise kaputt ist. Es ist im Gegensatz zur Fähre nur 2,5 Stunden unterwegs, die aber ganz schön lang werden können. Wer an Bord kommt und die große Schale mit Anti-Seekrankheits-Tabletten sieht, die Durchsage hört, daß auf den hinteren Plätzen die Übelkeit nicht so schnell aufkommt, die an jedem Sitz plazierten "Kotztüten" sieht und sich dann zwei Stunden lang irgendeinen Actionstreifen in ziemlicher Lautstärke ansehen muß, wird wissen, was gemeint ist. (Im Volksmund nennt man die Linie auch *Mabuk laut ekspress* = Seekrank Express)

- ***Abfahrtzeiten*** sind täglich
ab Benoa Port: 8.30 Uhr, 14.30 Uhr
ab Lb. Lembar: 11.30 Uhr, 17.00 Uhr
- Der ***Preis*** ist 17,50 US-$ (ca. 35.000 Rp). Wenn man nicht das billigste Ticket kauft, hat man freien Transport vom Hotel zum Abfahrtshafen und vom Ankunftshafen wiederum bis zum Hotel.
- ***Tickets*** kann man bei fast jedem besseren Travel-Agent kaufen. Der organisiert dann auch den Abholtreffpunkt.
- Da dieses Boot ***nicht immer fahrtüchtig*** ist, kann man sich entweder bei den Agenten erkundigen oder telefonisch bei *Mabua Intan Express*: Bali 0631-772370 und in Lombok: 0364-25895 oder 327224.

Übernachten in Cakra

Die Hauptstadt Lomboks, Mataram, ist mit zwei anderen Orten, Cakra und Ampenan, zu einer großen Stadt zusammengewachsen. In Ampenan und Cakra befinden sich die meisten billigen Losmen, die von Travellern bevorzugt werden. Falls man vorhat, am nächsten Morgen gleich nach Sumbawa weiterzufahren, sollte man sich für eine Nacht in Cakra einmieten. Die Hotelleute sind ausgesprochen hilfsbereit beim Besorgen von weiterführenden Bustickets. Es gibt mehrere Übernachtungsmöglichkeiten in verschiedenen Preiskategorien.

- ***Astiti Guesthouse*-****, Jalan Subak III/3, sauber, ruhig, gutes Essen, interessierte und nette Leute, Motorradverleih, empfehlenswert.
- ***Losmen Merpati ****, Jalan Hasanudin 17.
- ***Hotel Pusaka */*****, mit Mandi. Zimmer in 4 Preiskategorien. Jalan Hasanudin 23, Tel. 23119.

Anreise

● ***Losmen Cakra Jaya*** *-***, gute Atmosphäre und nette Leute. Jalan Tenun 1, gegenüber der Weberei.

● ***Hotel Mataram*** **/***, Restaurant, Bar. Hat einen Stern. Jalan Selaparang 81.

● ***Hotel Selaparang*** ***/****, ausgezeichnet mit einem Stern. Jalan Selaparang 40.

Essen in Cakra

Es gibt einige passable *Rumah Makans* links der großen Kreuzung, viele *Warungs* auf dem Gelände des Pasars.

● Gute Hähnchen gibt es im *Rumah Makan Taliwang,* an der großen Kreuzung nach rechts (von Ampenan aus), dann auf der linken Seite.

● ***Sekawan Depot Es,*** Jalan Selaparang, Cakra, eine Eisdiele. Im ersten Stock ist ein chinesisches Restaurant.

Übernachten in Ampenan

Wer einen längeren Aufenthalt in Lombok plant, sollte sich nach Ampenan bringen lassen. Dort ist es einfach gemütlicher. Viele kleine Geschäfte und Restaurants sowie zahlreiche billige und nette Losmen.

● ***Wisma Triguna*** *, Jalan Koperasi 76, Tel. 31705, mit Bad, Frühstückssnack, kostenloser Tee den ganzen Tag, große Zimmer, angenehme, ruhige Atmosphäre, sauber, großzügiger Innenhof und geräumige Zimmer, kleiner Shop mit dem Nötigsten, guter Service. Gute Infos für die Weiterfahrt nach Sumbawa, Komodo und Flores. Auto- und Motorradverleih, Busticketverkauf.

● ***Losmen Horas*** *, Jalan Koperasi 62, Tel. 21695, gehört der gleichen Familie und ist der Vorläufer des Triguna, Zimmer mit Bad, Frühstückssnack inklusive, nette Leute.

● ***Hotel Zahir*** *, Jalan Koperasi 12, Tel. 22403, mit Bad, Frühstück, Moskitonetzen.

● ***Giri Putri*** **/***, Jalan Pancawarga 29, Tel. 23222, mit Bad, schönes Kolonialgebäude. An der linken Straßenseite, wenn man mit dem Stadtbemo aus Mataram kommt.

● ***Nitour Hotel*** **/***, Jl. Langko 80, das Vorzeigehotel Ampenans mit immerhin zwei Sternen.

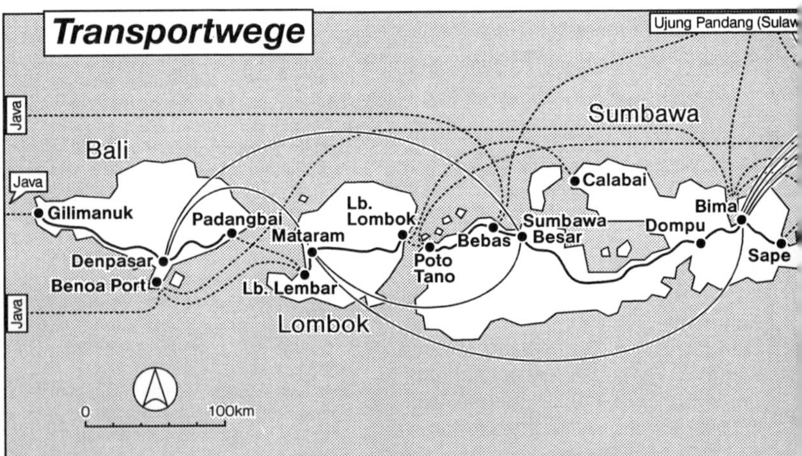

Essen in Ampenan

Es gibt einige ***Restaurants*** in der Stadt. Alle liegen ziemlich zentral. Die indonesischen haben alle etwa das gleiche Angebot, einige bieten *Ziegen-Sate*. Alle sind recht preiswert und stilecht.

●***Cirebon***, Jalan Pabean 113, gutes chinesisches Essen.

●***Pabean***, Jalan Pebean 11, der Nachbar, auch gutes chinesisches Essen.

●***Kiki Restaurant***, im Zentrum Ampenans, im zweiten Stock, vom Balkon hat man den gesamten Straßenverkehr Ampenans "unter Kontrolle", schön zu sitzen, gutes und preiswertes Essen, Sasak-Spezialitäten (z.B. *Kankung Pelecing)*, kein Bier, aber man darf sein eigenes mitbringen.

●***Poppy's Cafe***, Jalan Koperasi, gegenüber vom Losmen Horas. Gutes Essen, molukkische Spezialitäten, da die Besitzerin von den Molukken kommt.

Cakra – Labuan Lombok

Bustickets für die Fahrt nach Labuan Lombok vermitteln die meisten Hotels. Normalerweise wird man dann vom Hotel direkt abgeholt und muß nicht erst noch mit Sack und Pack zum Terminal Sweta.

Wer noch kein Ticket nach Labuan Lombok besitzt, fährt einfach mit einem Stadtbemo (300 Rp) bis Sweta (von Cakra dauert das ca. 15 Minuten). Dort fahren regelmäßig Busse nach Labuan Lombok. Die Fahrt nach Lb. Lombok dauert ca. 1,5 Stunden. Von Lb. Lombok starten die Fähren nach Sumbawa. Es gibt zwei Hotels, beide recht preiswert und heruntergekommen. Eine Übernachtung hier ist aber "organisatorisch" nicht nötig.

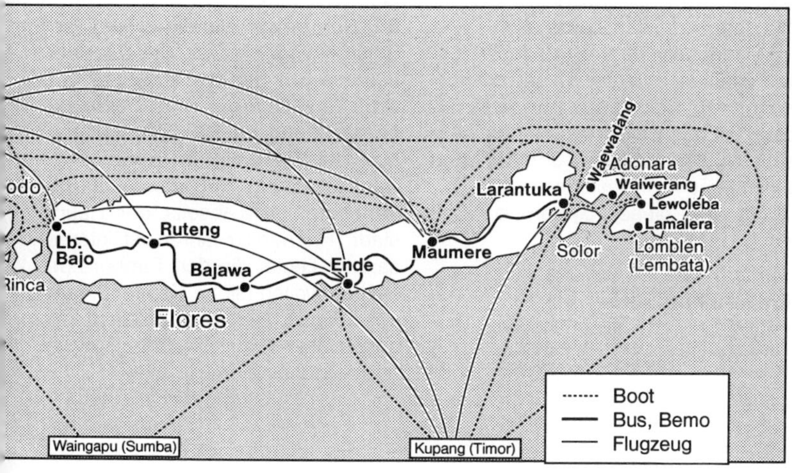

Labuan Lombok – Sumbawa

Busticktes verkaufen zum Beispiel: *Bali Indah,* Jl. Selaparang Nr. 65c, und *Bali Cepat,* Jalan Hasanudin Nr. 22, oder Reisebüros wie *Perama,* Jalan Penjanggik 66, Mataram. Es ist sinnvoll, sich gleich ein Kombinationsticket zum Zielort auf Sumbawa zu kaufen, wenn man unterwegs nichts anschauen will.

Busse nach Sumbawa Besar starten um 5.30 Uhr morgens ab Mataram, nach Bima um 14.00 Uhr. Folgende Preise ab Sweta beziehen sich auf die beste Klasse:

Labuan Lombok	2.000 Rp
Sumb. Besar	28.000 Rp
Dompu	20.000 Rp
Bima	35.000 Rp
Sape	38.000 Rp

Die ***Shuttle-Busunternehmen*** bieten auch Tickets nach ***Bima*** an. Es gibt keine Shuttlebusse auf Sumbawa, sondern das Ticket gilt hier für die ganz normalen Busse.

Shuttlebusse fahren zu festgelegten Preisen und Zeiten auf schnellstem Weg Touristenorte an. Das System ist für Bali und Lombok sehr sinnvoll, aber da es auf den östlichen Inseln kaum Touristenorte gibt, erübrigt sich dieses System zur Zeit noch.

Preise nach Bima:

Kuta	45.000 Rp
Ubud	42.500 Rp
Mataram	27.500 Rp

Die ***Fähren*** nach ***Poto Tano*** fahren fast stündlich von 7.00 Uhr morgens bis 18.00 Uhr. Die Fahrzeit beträgt ungefähr 1,5 bis 2 Stunden. Tickets kauft man rechts am Hafengebäude oder in Ampenan/Mataram/Cakra als Kombinationsticket für Bus (Lombok), Fähre und Bus (Sumbawa). Die Busse aus Ampenan, Mataram, Cakra fahren so, daß man fast nahtlos Anschluß an die Fähre hat.

Der Fährhafen liegt ca. 4 km außerhalb des Ortes Lb. Lombok. Bemos fahren die Strecke für 250 Rp.

Preise

Ekonomi A	3.100 Rp
Ekonomi B	2.000 Rp
Fahrrad	2.500 Rp
Motorrad	3.200 Rp
PKW	32.000 Rp

Vom alten Hafen in Lb. Lombok (der liegt ca. 1 km vor dem neuen auf der linken Seite) fährt einmal wöchentlich samstags die alte Holzfähre *KM Duta Karya* nach ***Calebai auf Sumbawa.*** Allerdings ist dieses Schiff häufiger kaputt. Die Überfahrt dauert 9 Stunden und kostet 10.000 Rp. Von ***Calebai*** nach ***Labuan Lombok*** geht die Fähre am Montag. Der Holzfällerort liegt in der Mitte Sumbawas am Fuß des ***Vulkans Tambora,*** weit abseits der Hauptstadt. Hierher zu fahren ist interessant für Leute, die den Tambora besteigen wollen (siehe Kapitel *Sumbawa, Dompu*). Das ist aber ein 2-Wochen-Unternehmen, das Proviant und Ausrüstung erfordert.

Komodo-Schiffstouren von Lombok bis Flores

Eine recht preisgünstige und ungewöhnliche Möglichkeit, bis Labuan Bajo (Flores) mit längeren Stops auf Komodo und Rinca zu kommen, ist eine Tour mit einem Motorboot ab Lombok. Die Touren dauern insgesamt 5 Tage. Die Gäste schlafen auf einfachen Matratzen an Bord und werden mit indonesischem Essen voll verpflegt. Bei den Booten handelt es sich um einfache größere Motorboote mit überdachtem Raum, als Schutz vor Sonne und/oder Regen. Ausgangsort ist Labuan Lombok. Unterwegs werden Stops gemacht, bei denen geschwommen und geschnorchelt werden kann. Die Gruppengrößen bewegen sich zwischen 12 und 16 Leuten plus Besatzung. Im Februar finden diese Touren nicht statt, da das Meer zu unruhig ist.

Perama Tours & Travel, Jalan Penjanggik 66, Mataram, bietet diese Tour für 120 US-$ an.

Bei ***Reef Explorer*** zahlt man 110 US-$. Reef Explorer scheint mit der korrektere zu sein, da die Schiffe nicht völlig überbucht werden. Man sollte trotzdem nachfragen, wie viele Leute an der Fahrt teilnehmen. Außerdem soll ein Teil der Boote mit Schalldämpfern ausgerüstet sein. Zielort von Reef Explorer ist Waecicu Beach bei Labuan Bajo (Flores). Reef Explorer findet man beim Büro von *Lombok Independent* in Senggigi, bzw. man wird auf den Gili-Inseln angesprochen.

Diese Tour wird auch von Labuan Bajo/Flores aus angeboten, siehe dort.

Die Resonanz auf diese Art Touren ist allerdings nicht besonders positiv. *Klaus Polak* hat mit mehreren Teilnehmern gesprochen (es handelte sich ausschließlich um Individualreisende) und dabei folgende ***Kritikpunkte*** herausgefunden:

- Nach fünf Tagen ***Motorbootgeknatter*** ist man einfach vom Geräusch genervt.
- Die ***Crews*** sind sehr unterschiedlich, einige sprechen überhaupt kein Englisch, manche nur ein bißchen und andere wiederum geben vor, nichts zu verstehen. Niemand kümmert sich um die Reiseteilnehmer.
- In einem Fall war das einzige ***Navigationsgerät,*** ein Kompaß, mitten in der Nacht ausgefallen. Die Crew versuchte daraufhin, mit Lichtzeichen andere Schiffe auf sich aufmerksam zu machen. Nachdem ein betrunkener Däne nachts über Bord gegangen ist und nicht wiedergefunden wurde, wird jetzt nachts geankert und tagsüber gefahren.
- ***Geplante Stops*** werden ohne Ankündigung ausgelassen, oder die Aufenthalte sind nur kurz (ca. 10 Minuten). Einige Teilnehmer zweifelten daran, ob überhaupt alle geplanten Inseln angelaufen wurden.
- Das ***Essen*** besteht sechs Tage lang aus Cap Cay sowie Huhn, Reis und Tee.
- Die ***Angel- und Schnorchelausrüstung*** ist miserabel und sollte vor der Abfahrt geprüft werden. Auch die Anzahl ist nicht ausreichend.
- Obwohl versichert wird, daß für jeden eine ***Schwimmweste*** an Bord ist, soll das nicht der Fall sein bzw. sollen die vorhandenen in sehr schlechtem Zustand sein. Die See, insbesondere vor Komodo, kann sehr gefährlich werden. Am 26.7.95 ertranken vier Menschen vor Komodo, die anderen fünf konnten gerettet werden.

Anreise

Mit dem Flugzeug von Bali

Der nationale ***Flughafen Balis*** liegt direkt neben dem internationalen Airport *Ngurah Rai* bei Kuta.

Die Fluggesellschaft *Merpati*_fliegt *mehrmals täglich* die Strecke Denpasar via Mataram (Lombok) nach ***Bima*** (Sumbawa) und wieder zurück.

Nach ***Sumbawa Besar*** im Westen fliegen viermal wöchentlich Maschinen. Es besteht keine Flugverbindung zwischen Sumbawa Besar und Bima.

Nach ***Labuan Bajo*** (Flores) gibt es täglich Flüge. Die Gesamtflugzeit Denpasar - Labuan Bajo beträgt vier bis fünf Stunden. In Mataram und Bima wird zwischengelandet. In Bima steigt man um in eine kleinere Maschine, etwa eine 16 bis 18 sitzige Fokker.

Flüge nach ***Ruteng*** und ***Ende*** finden täglich statt. Genau wie nach Labuan Bajo hat man einen Stop in Mataram und Bima. In Bima wechselt man in eine kleinere Maschine.

Maumere (Flores) kann man mehrmals täglich via Mataram und Bima erreichen. *Merpati* und *Bouraq* fliegen mit größeren Maschinen (ca. 60 Sitze) dorthin.

Flugtickets bekommt man auf Bali entweder im *Merpati Büro* in *Denpasar* oder bei Agenten in Ubud, Sanur, Candi Dasa oder Kuta/Legian. Die Preise bei Agenten können durchaus 10 bis 15 % höher liegen als der normale Flugpreis.

Das ***Merpati-Hauptoffice*** liegt in Denpasar an der Jalan Melati 57, Tel: 227825. Bis zum Alter von 26 Jahren bekommt man hier 25 % Studentenrabatt wenn man einen gültigen Internationalen Studentenausweis vorweisen kann.

Das ***Bouraq-Büro*** befindet sich in Denpasar an der Jalan Jend. Sudirman 19 A, Tel: 223564.

Die Flüge sollten zwei Tage im voraus gebucht werden. Insbesondere in den Monaten Juli und August kann es zu Engpässen bei den Flügen nach Labuan Bajo, Ruteng und Ende kommen. Die kleinen Maschinen gehen häufiger mal kaputt, sodaß der Flugplan durcheinander gerät.

Fluglisten mit Preisen und Zeiten siehe Anhang.

Komodo für Leute mit mehr Geld, aber wenig Zeit

Leute, die insgesamt nur drei oder vier Wochen Zeit haben, aber unbedingt die Warane sehen möchten, sind normalerweise auf Pauschal-Touren angewiesen. Solche organisierten 4-5-Tagestouren werden in Kuta und Sanur auf Bali zu schwindelerregenden Preisen angeboten. Pro Teilnehmer liegen die Kosten zwischen 450 und 700 US Dollar (Stand 1995)! Die Komodo-Tour kann man aber auch sehr gut allein organisieren. Das ist zum einen viel erlebnisreicher und in den meisten Fällen auch noch erheblich billiger.

Es folgt nun ein Zeit- und Organisationsplan für drei Wochen:

● ***1.-4. Tag:***
Anreise nach Denpasar (Bali), akklimatisieren. Wohnen kann man in ***Kuta*** oder ***Sanur*** (beide Orte liegen nicht weit vom Flughafen entfernt). In Kuta gibt es zahlreiche Hotels und Billig-Unterkünfte. Flüge in jede x-beliebige Richtung zu buchen ist kein Problem. Einen Flug nach Flores kann man bei einem der vielen Agenten buchen und auch gleich ein Taxi zum Flughafen mitbestellen.

● ***5. Tag:***
Anreise von ***Bali nach Labuan Bajo*** auf Flores. Wohnen: entweder im Ort oder am *Waecicu Beach.* Dort werden Bootstouren für Einzelreisende und Gruppen in den Komodo-Nationalpark angeboten.

● ***6.-7. Tag:***
Schwimmen, schnorcheln, erholen und parallel dazu Planung und Organisation der Komodo-Tour. Im Kapitel Lb. Bajo/Flores sind Vorschläge für Bootstouren, inklusive Waraneködern und Wanderungen. Bereits jetzt den Rückflugtag nach Bali festlegen und buchen.

● ***8.-13. Tag:***
Bootstour in den Nationalpark.

● ***14.-17. Tag:***
Erholen, baden, wandern.

● ***18. Tag:***
Rückflug nach Denpasar, Bali.

● ***19.-21. Tag:***
Nicht vergessen, den Rückflug nach Hause frühzeitig rückzubestätigen, ansonsten vielleicht noch den einen oder anderen Tempel besichtigen.

Komodo im Schnelldurchlauf

Wer eigentlich gar keine Zeit hat, aber trotzdem die Warane nicht nur im Berliner Zoo sehen möchte, sondern in ihrer natürlichen Umgebung, dem sei folgende 4-Tages-Tour von Bali aus unter Vorbehalt empfohlen:

● ***1. Tag:***
Flug von Denpasar (Bali) nach Bima (Sumbawa). Am Flughafen Bima sollte man sich ein Taxi chartern bis nach Sape zum weiterführenden Fährhafen. Mit dem Taxifahrer kann man aushandeln, ein paar Sehenswürdigkeiten auf dem Weg nach Sape über Bima anzufahren. In Bima sollte man bei Merpati den Rückflugtag nach Bali bestätigen bzw. ein Rückflugticket kaufen. Man übernachtet in Sape im Losmen *Give* oder

Anreise

Friendship. Die Alternative ist, direkt im Fährhafen zu übernachten.

•***2. Tag:***

Am nächsten Morgen um ca. 7.00 Uhr auf die Fähre gehen und sich einen Sitzplatz sichern; gegen 8.00 Uhr läuft sie dann aus und erreicht Komodo um ca. 15.00 Uhr; Übernachtung im PHPA-Camp.

•***3. Tag:***

Frühmorgens zwischen 7.00 und 8.00 Uhr zum Köderplatz laufen und Warane anschauen. Gegen 10.00 Uhr wieder im Camp sein und um 11.00 Uhr die Fähre besteigen zurück nach Sumbawa. Bei der Ankunft der Fähre in einen der wartenden Busse steigen und bis Bima fahren. Dort zum Beispiel im *Lila Graha* übernachten.

•***4. Tag:***

Am nächsten Vormittag mit dem gebuchten Flugzeug wieder zurück nach Bali.

Diese Tour kann vorzüglich klappen, wenn man bei seiner Planung berücksichtigt, daß die Fähren zwischen Sumbawa und Komodo täglich außer Dienstag und Freitag fahren. Es gibt nur einen Unsicherheitsfaktor, das sind die Fähren. Hin und wieder ist mal eine kaputt oder zur Generalüberholung weg. Dann muß man einen zusätzlichen Tag einplanen, da die noch verbliebene Fähre immer einen Tag über Komodo nach Flores fährt und den nächsten über Komodo wieder zurück nach Sumbawa.

Die *KMP Komodo* vor Komodo

Die Insel Sumbawa

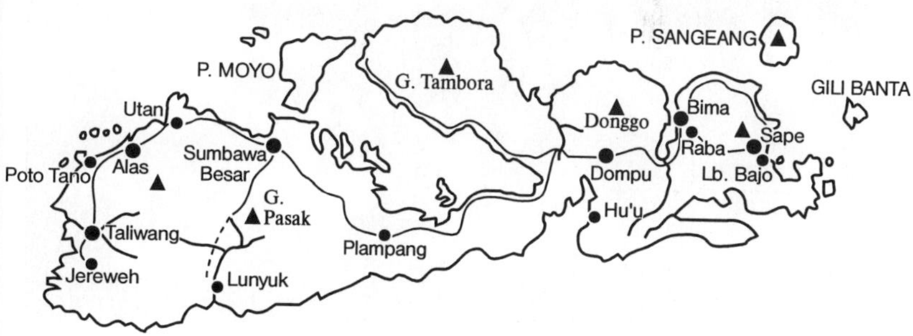

Überblick

Wer auf Java, Bali oder Lombok gereist ist, wird erstaunt sein, wie anders Sumbawa ist. Während der Trockenzeit sind die sich durch ganz Sumbawa ziehenden Hügelketten braun. Im Gegensatz zu den quirligen, überbevölkerten Inseln Bali und Lombok wirkt Sumbawa fast menschenleer. Auf Lombok wohnen ca. 370 Menschen/qkm, auf Sumbawa nur ca. 70 Menschen. Mit 15.260 qkm ist Sumbawa mehr als dreimal so groß wie Lombok.

Touristisch ist Sumbawa nicht erschlossen. Bislang sieht man Touristen hauptsächlich im Fährhafen Poto Tano und Bima mit dem Ziel, auf Komodo die Warane zu sehen. So wird man denn auch ständig gefragt: *Mau ke Komodo?* ("Möchtest Du nach Komodo?"). Verneint man die Frage, folgt ein völlig ungläubiges Lächeln des Gegenübers. Sumbawa blieb vom Tourismus bislang unentdeckt, da das Reisen oft schwierig und zeitraubend ist, wenn man von der Hauptstraße, die von West nach Ost führt, abweicht. Es gibt Dörfer und Gebiete, die nur zu Fuß, mit dem Pferd oder dem Geländemotorrad zu erreichen sind. Die Insel bietet keine Tempel wie Bali oder ein Borobudur wie Java oder sonstige besondere Sehenswürdigkeiten. Die Attraktion, wenn man es denn so nennen will, sind die Menschen. Wer einfaches, alltägliches indonesisches Leben kennenlernen will, wird hier auf seine Kosten kommen. Die Bewohner, insbesondere im Westen der Insel, sind freundlich und hilfsbereit. Gewöhnen muß man sich allerdings daran, immer der Mittelpunkt zu sein. Besonders in Dörfern wird man ständig von einer Traube Menschen begleitet und hat keine Minute mehr für sich alleine. Wichtig ist es, zumindest ein paar Brocken Indonesisch zu lernen, denn auch in den Hauptstädten sprechen nur wenige Menschen Englisch.

Alberne Schulkinder in Sumbawa Besar (KB)

Geographie

Die Insel Sumbawa hat eine Gesamtgröße von 15.260 qkm. Von Ost nach West beträgt die maximale Länge 272 km, die größte Ausdehnung von Nord nach Süd beträgt 95 km. Sumbawa ist bedeckt von Hügelketten. Im Norden des Distrikts Dompu liegt der ***Vulkan Tambora,*** er ist mit 2936 m der höchste Berg der Insel. Vor seinem letzten Ausbruch im April 1815 galt er als der höchste Berg des Archipels. Die damalige Eruption zählt, neben der des Krakataus, zu den gewaltigsten im gesamten indo-australischen Gebiet. Der Knall soll so laut gewesen sein, daß er vergleichsweise aus einer Entfernung vom Nordkap bis zum Vesuv gehört wurde. Die Folgen dieses Ausbruchs reichten bis Bali. Sogar dort gingen noch Gesteinsbrocken nieder. Selbst auf Java regnete es Lavasche. Das seinerzeit bestehende *Sultanat Dompu* wurde völlig zerstört.

Der zweitgrößte ***Vulkan Doro Api*** (2145 m) liegt östlich von Bima auf der ***Insel Sanggeang.*** Er ist immer noch rege tätig. 1985 war sein letzter, allerdings kleinerer Ausbruch - niemand kam zu Schaden.

Die Küste Sumbawas ist stark zerklüftet. Sechs große Buchten greifen tief ins Land (Saleh-, Sangar-, Bima-, Sape-, Waworade- und Jempi-Bucht), neben unzähligen kleinen Sandbuchten, die unterteilt werden durch bis ans Meer reichende Felsen. Ausgedehnte vorgelagerte Korallenbänke gewähren der Küste Schutz.

Klima, Reisezeit

Die Trockenzeit (und beste Reisezeit) herrscht von April bis November. Zur Regenzeit zählen die Monate Dezember bis März. In dieser Zeit grünt und blüht Sumbawa, jedoch nie so üppig wie Bali. Die Temperaturen liegen zwischen 24 und 33 °C.

Der Ausbruch des *Doro Api* auf *Pulau Sangeang* 1985

Verwaltung

Zu den ***Kleinen Sunda-Inseln*** zählt man die Inseln zwischen Bali und Neuguinea (Irian Jaya). Die fünf größten heißen Lombok, Sumbawa, Flores, Sumba und Timor.

Diese Region bezeichnet man als ***Nusa Tenggara.*** Verwaltungstechnisch ist sie unterteilt in

Nusa Tenggara Barat
= NTB (Barat = West) und
Nusa Tenggara Timur
= NTT (Timur = Ost).

Diese Unterteilung existiert seit 1958.

Zu ***NTB*** gehören Lombok und Sumbawa. Mataram (auf Lombok) ist die Hauptstadt dieser Einheit (*Propinsi*). Hier befinden sich alle überregionalen Ämter, der Gouverneurspalast, Polizei- und Militärzentralen und das Immigration-Office.

Sumbawa selbst ist unterteilt in 3 ***Verwaltungsbezirke*** (*Kebupaten*): Sumbawa (der westliche Teil), Dompu (der mittlere Teil) und Bima (der östliche Teil) mit den jeweiligen Hauptstädten Sumbawa Besar, Dompu und Bima.

Geschichte

Sumbawa bestand früher aus ***vier Sultanaten:*** *Sumbawa, Sanggar, Dompu* und *Bima.* Sanggar und Dompu spielten nie eine große Rolle in der Geschichte Sumbawas. 1815 legte der Ausbruch des Vulkans Tambora (Vulkan) beide Reiche in Schutt und Asche. Das Sanggar-Sultanat war damit ausgelöscht. Das Sultanat Dompu gab es zwar weiterhin, es blieb jedoch politisch und wirtschaftlich unbedeutend. Heute ist Dompu wie Sumbawa und Bima ein eigenständiger Verwaltungsbezirk *(Kebupaten).*

Nach Glauben der Bimanesen begann die menschliche Geschichte Bimas mit dem Maharadscha *Pandu Dewesa,* der über ***Kanjangan*** herrschte. Er besaß fünf Kinder: *Daramawag, Sang Bima, Sang Dewa, Sang Lula* (auch *Kula* genannt) und *Sang Radjuna* (wahrscheinlich *Arjuna* aus der alten javanischen Mythologie). Der Älteste übernahm die Herrschaft über Kanjangan, während die anderen nach Java gingen und dieses unterwarfen. Später kamen alle Kinder zurück und übernahmen nacheinander die Herrschaft über Kanjangan.

Die Legende besagt weiter, daß der Stammvater aller späteren Sultane ***Sang Bima*** war. Auf seiner Rückreise von Java besuchte er die Insel *Satonda.* Dort traf er *Naga,* die Schlange. Sang Bima schaute der Schlange tief in die Augen, und das Ergebnis dieses Flirts war die Tochter *Putri Tasi Saring Naga,* die schönste Frau auf der ganzen Welt. Sang Bima heiratete die Schöne und sie gebar ihm die Söhne *Indra Kumala* und *Indra Djainarut.*

Diese beiden Söhne gründeten die Reiche *Dompu* und *Bima,* eroberten Timor, Sumba und Manggarai. *Indra Djainarut* wurde sehr alt, verwandelte sich aber im Laufe der Zeit in einen Drachen. Aus Scham beging er Selbstmord, indem er sich im Meer ertränkte.

Bei den nachfolgenden Fürsten passierte nichts Bemerkenswertes, außer bei *Maharadja Bima Indra:* Der hatte immerhin 30 Kinder.

Die bimanesische Chronik besagt, daß die ***ersten Kontakte mit Europäern*** (wahrscheinlich Portugiesen) im Jahre 1545 stattfanden.

Der Herrscher *Sawo* gilt als der letzte heidnische Herrscher. Dann hielt der ***Islam*** Einzug.

1616 wurden die Reiche Bima und Sumbawa von den ***Gowanesen*** (aus Sulawesi) unterjocht. Bima lehnte sich zwar 1632 gegen die *Gowanesen* auf, jedoch ohne Erfolg. Die Streitigkeiten wurden dann endgültig mit der Heirat des *Abdul Chair Sira-Djudin* und der makassarischen Tochter des *Fürsten von Gowa* beigelegt.

Abdul Chair Sira-Djudin unterstützte den Schwiegervater im Kampf gegen die *Boni*. Die Sage berichtet, daß das ***Pferd des Königs*** *Abdul Chair Sira-Djudin* so hervorragend war, daß nur durch seine Hilfe der Krieg entschieden werden konnte. Zur Ehrung wurde das Pferd zum "Reichspferd" erhoben mit dem Titel *Djara Manggila*. Die Nachkommen dieses Pferdes wurden reinrassig gehalten, sie waren ebenmäßig braun. Noch Anfang des 20. Jahrhunderts wurde ein Pferde-Urenkel *Djara Manggilas* mit fünf Salutschüssen zu feierlichen Anlässen begrüßt. Nur der Sultan durfte es reiten.

Im Jahr 1624 erschienen in der bimanesischen Chronik das erste Mal die Holländer auf der Bildfläche. Bima kämpfte zu dieser Zeit mit den Gowanesen gegen die ***Niederländisch Ostindische Kompanie.*** Im gleichen Jahr wurde Bima dann unter dem Kommandanten *Roos* besetzt, aber erst 1701 stationierten die Holländer einen ständigen Vertreter. Zuerst einen Kaufmann, später dann einen Residenten und zuletzt einen Kontrolleur.

1665 bis 1666 nahm Bima erneut an einem Krieg gegen die N.O.I. Kompanie teil, diesmal hatte Bima sich mit *Buton* verbündet. Jetzt reichte es den Holländern endgültig; sie zwangen die Bimanesen in die Knie. Bima mußte die Souveränität der Holländer anerkennen. 1669 verbündeten sich Bima und N.O.I. Kompanie endgültig. Gemeinsam gingen sie auch gegen andere sumbawanische Fürsten vor. Die Sumbawa-Bewohner weigerten sich aber immer wieder, mit den Holländern zusammenzuarbeiten.

1727 ehelichte der bimanesische König eine Makassar-Prinzessin. Die Mitgift war die ***Manggarai*** (West- Flores). 1759 brach erneut ein Krieg aus: Die Makassaren wollten die Manggarai zurück haben. Mit Hilfe der Holländer blieb die Manggarai aber im Besitz der Bimanesen. Um den Streitigkeiten ein Ende zu machen, sprach die Regierung nun offiziell die Manggarai den Bima-

Gruppenbild mit Sultan: *Sultan Jallaludin von Sumbawa* (3. Reihe, 3. von rechts), sein Sohn und Thronfolger *Kaharuddin* (2. Reihe, 3. von links) mit Hofstaat und holländischen "Freunden" (die Weißen), ca 1910

nesen zu. 1819 gab es erneut einen Aufstand in der Manggarai gegen die "Unterdrücker", wieder blieben die Bimanesen Sieger.

Da Bima nun so wunderbar treu zu den Holländern hielt, erließ man ihnen alle finanziellen Verpflichtungen. Bima galt als ordentlicher Vertragspartner, während die Sumbawa-Leute ständig die Verträge brachen.

1929 "heirateten" die beiden führenden Sultanate Bima und Sumbawa. Die Braut und der Bräutigam mußten sich auf holländisch verständigen, da keiner von beiden die lokale Sprache des anderen beherrschte.

1941 begannen die ***Japaner*** ihr Gastspiel. Anfangs als Befreier von den Holländern willkommen geheißen, stellten die Japaner sich jedoch bald noch grausamer als die vorherigen Kolonialherren heraus. An der Tagesordnung waren Plünderungen, Morde und Vergewaltigungen. Reste aus der kurzen japanischen Periode sieht man noch heute, z.B. einen riesigen ausgehöhlten Felsen dicht am Meer bei Lunyuk.

Am 17. August 1945 wird die Unabhängige ***Indonesische Republik*** ausgerufen, aber die Holländer wollten nicht sofort aufgeben. Erst 1948 gaben sie widerwillig die Souveränitätsrechte an die indonesische Regierung. Für die sumbawanischen Sultane bedeutete dies das Ende. 1951 wurden sie ersetzt durch Regierungsangestellte, die ***Bupatis*** (Distriktchef).

Die Bevölkerung hielt aber anfangs ihren ***Sultanen*** die Treue. In Bima wurde der Sultan sogar zwangsweise nach Jakarta versetzt, als sich die Bimanesen mit dem Slogan "Wir wollen unseren alten Sultan wiederhaben" erhoben. Die Sultane sind heute entmachtet, werden aber immer noch von der Bevölkerung geehrt und respektiert. In Sumbawa Besar fand 1982 eine riesige Sultanshochzeit im alten Stil statt. Es heirateten der Sohn des derzeitigen Bupatis und eine Tochter des ehemaligen Sultans.

Die Organisation "Sultanat"

In dem Sultanaten Sumbawa wie auch Bima war die Bevölkerung in Klassen unterteilt.

In ***Sumbawa*** gab es den Adel, das Volk, den Mittelstand, Fremde und Sklaven.

In Bima gab es 26 Klassen bestimmter Bevölkerungsgruppen, die *Daris.* Es gab z.B. *Dari Ngotjo,* die Waffenträger des Sultans, *Dari Djara,* die Pferdewächter und Kontrolleure der Pferdehöfe in den verschiedenen Dörfern. *Dari Besi Mbodjo* und *Besi Bolo* waren die Eisenschmiede für Lanzenspitzen, Dolche und Schwerter. *Dari Pakoro* sorgten für Einrichtung und Verschönerungsarbeiten des Palastes. Bei *Dari Kolos* handelte es sich um die Leute aus Kolo, die bei Geburten halfen sowie die Prinzen und Prinzessinnen beaufsichtigten. *Dari Rato,* die Adeligen, mußten ihre Kinder zum Sultanshof schicken, dort mußten sie tanzen und bedienen.

Alle Daris hatten genau festgelegte Dienste zu verrichten. Unterstellt waren sie zwei *Bumis*, die wiederum dem *Rume Bitjara* verantwortlich waren. Der Rume Bitjara war der Reichskanzler, zuständig für die oberste Rechtsprechung und Oberhaupt der Beamtenklasse.

Die Regierung des Landes ruhte in den Händen des Sultans und Reichsrates. Der Reichsrat setzte sich zusammen aus 24 Mitgliedern und dem *Rume Bitjara* als Reichskanzler und Vorsitzendem. Die 24 Reichsmitglieder wurden in verschiedenen Dörfern gewählt und als Minister eingesetzt. Der Rat war relativ mächtig, denn ihm oblag z.B. die Entscheidung, ob ein Krieg erklärt wurde oder nicht. Auch wachte er über die Handlungen des Sultans. Notfalls durfte er den Sultan sogar absetzen.

Zum Sultan wurde man früher vom Reichsrat und vom Adel ernannt, der Titel war also nicht erblich. Frauen durften kein Sultanat regieren. Mußte ein neuer Sultan eingesetzt werden, fand folgende Zeremonie statt:

"Nachdem sich alles Volk auf dem Marktplatz versammelt hat, wird der Nachfolger, der in der Mitte auf einer Rasenbank sitzt, in unehrerbietiger Weise zuerst von den Häuptern der Dörfer (den Galarang), ausgescholten, dann vom Rume Bitjara (dem Reichskanzler) und zuletzt von allen Mitgliedern des Reichsrates. Darauf verspricht der Kandidat, ein guter Mensch zu werden und das Land stets im Interesse des Volkes zu regieren. Nun werfen sich alle Anwesenden auf die Erde und bitten demütigst für die Beleidigung um Verzeihung. Der neue Sultan nimmt sie einen nach dem anderen wieder in Gnaden an und läßt sich die Treue versprechen. Unter Salutschüssen wird er schließlich zum Kraton (Palast) geleitet, in welchem man an jedermann Speise und Trank verabreicht." (Johannes Elbert: Die Sunda-Expedition, Frankfurt a. Main 1911)

Bei Gesetzesänderungen oder Neuerungen mußten beide Seiten, der Sultan und der Reichsrat, einverstanden sein. Der Reichsrat durfte allerdings nicht handeln ohne das Einverständnis des Sultans.

Der Sultan lebte von folgenden Geldern: Steuern (Reissteuer, Distriktsteuer, Ein- und Ausfuhrsteuer), Erträge aus eigenen Ländereien, erzwungenen Büffellieferungen von 50 bis 60 Stück alle drei Jahre, Erlös aus Pferdezucht, Verkauf von eßbaren Schwalbennestern und (man höre und staune) aus der Verpachtung des Opium-Handels. Den Sultanen ging es recht gut.

Die einfache Rechtsprechung fand in den Dörfern statt. Falls das Dorfoberhaupt zu keinem Urteil kommen konnte, rief man den Vertreter des Rume Bitjara. Folgende Strafen konnten verhängt werden: Todesstrafe (bei Mord, Mordversuch, Diebstahl im Wohnbereich des Sultans, Vergewaltigung im Kraton, Blutschande und Widerstand gegen die Staatsgewalt), Verbannung nach Komodo oder Sanggeang (z.B. Geschwister, die Blutschande begangen hatten), Geldstrafen (für Schlägereien und leichte Diebstähle).

Hochzeit 1982: Der Sohn des Bupatis heiratet die Tochter des Sultans von Sumbawa

Bevölkerung

Sumbawa ist mit ca. 850.000 Einwohnern nur sehr dünn besiedelt. Fast 98% der Bevölkerung sind ***Moslems***.

Der westliche Teil Sumbawas wirkt sehr viel offener und moderner als der östliche. Hier brechen die moslemischen Strukturen u.a. durch Einwanderer (*Transmigrasi*) von anderen Inseln (Bali, Lombok, Flores) auf. Südlich von Sumbawa Besar, in Lunyuk, leben Sumbawaner mit Hinduisten aus Bali und Lombok mit Wetu-Telu-Anhängern aus Lombok friedlich nebeneinander. Jede Religion bildet hier ein ein eigenes kleines Dorf.

Taliwang, im Westen, gilt als fanatische islamische Hochburg. Von hier ging 1980 ein blutiger Aufstand gegen die hinduistische Minderheit in Sumbawa Besar (siehe *Taliwang-Zwischenfall*) aus. Weiterhin existiert in Sumbawa-Besar eine kleine christliche Gemeinde. Das Pfarramt, die Schule und eine ambulante Krankenhilfe unterstehen einem deutschen Pater.

Wie fast überall in Indonesien wickeln auch auf Sumbawa Chinesen den Handel ab. Viele *Tokos* (Geschäfte), Bäckereien und Transportunternehmen befinden sich in chinesischem Besitz, das gilt für Sumbawa Besar wie auch für Bima. Auf diese beiden Städte konzentriert sich der Handel mit anderen indonesischen Inseln.

Während in Sumbawa Besar die Kleidung der Menschen modern ist

Sumbawa Besar: Büroangestellte

Sape: Marktbesucherin

(Rock, Blusen, Hosen, T-Shirts) und eher der unsrigen gleicht, wirkt ***der Osten*** konservativer und "verschlossener". Die Alltagsbekleidung für Männer und Frauen sind hier *Sarongs* in den buntesten Farben, anstelle von Röcken und Hosen. Fast jeder Haushalt webt *Sarongs* für den Eigenbedarf.

In Bima und Umgebung trägt ein Großteil der Frauen Kopfschleier, die das Gesicht allerdings freilassen. In der Nähe von Sape liegt sogar ein Dorf, in dem die Frauen (bis auf einen Sehschlitz) von Kopf bis Fuß verschleiert herumlaufen. In Bima befinden sich viele Religionsschulen. Zum alltäglichen Straßenbild gehören Gruppen verschleierter Schulmädchen.

Mbawa: Donggo-Frau

Es leben noch zwei ethnische Gruppen auf der Insel, die zumindest zum Teil ihren ursprünglichen Glauben praktizieren. Die ***Tau Sumbawa*** (Sumbawa-Menschen) leben im Westen der Insel in den Regionen von *Tepal* und *Ropang*. Die ***Dou Donggo*** leben im Gebirge auf der westlichen Seite der Bima-Bucht noch sehr zurückgezogen. *Kala, Mbawa* und *Padende* sind die ältesten und traditionellsten Donggo-Dörfer. Die mehr islamisch orientierten Donggos leben im Wawo-Bezirk. Die früheren Animisten sind nach langem Widerstand mittlerweile entweder zum christlichen oder islamischen Glauben übergetreten. "Normale" Bimanesen beäugen die Donggos aber noch heute mißtrauisch.

Beim Bereisen der Insel Sumbawa stößt man überall auf großes ***Interesse an der europäischen Kultur.*** Immer wieder wird man mit Fragen gelöchert, wie es denn bei uns aussieht, wie man bei uns wohnt, wie hoch das Einkommen ist, wie man schläft u.ä. 1982 gab es eine Fernsehserie über Gewohnheiten, Verhalten, Essen und Wohnen in westlichen Ländern. Sogar Details, wie zum Beispiel daß Weiße den Zucker zum Kaffee getrennt reichen, wurden erläutert. Es ist klar, daß diese Sendung nur die gehobene Klasse erreichte. Die "normale" Bevölkerung wundert sich weiterhin darüber, warum reiche Weiße mit öffentlichen Verkehrsmitteln reisen. Jeder etwas wohlhabendere Indonesier fährt zumindest Motorrad und ist ständig bemüht, sich von der ärmeren Bevölkerung abzusetzen. Der reiche

Weiße, der sogar einen Flug bezahlen konnte, benutzt die "Arme-Leute-Transporter", sitzt an einem billigen Warung und trinkt 500-Rupie-Kaffee. Widersprüche solcher Art lassen sich auch im Gespräch nur in den seltensten Fällen klären.

Wirtschaft

Sumbawa ist eine reine Agrarinsel, auf der aber leider nicht besonders viel wächst. Man kann, wenn man von Wirtschaft spricht, eigentlich nur von Landwirtschaft sprechen. In den ländlichen Gebieten leben die Bewohner recht ärmlich. Naßreisanbau ist nur selten möglich. Da Sumbawa wenig Regenfälle hat, baut man ***Trockenreis*** an, aber selbst damit ist nur eine Ernte pro Jahr möglich. Auf Bali erntet man hingegen dreimal im Jahr.

Einkommen können erzielt werden aus ***Viehzucht:*** Kühe, Büffel, Pferde, Ziegen. Die landwirtschaftlichen Produkte beschränken sich auf Erdnüsse, Zwiebeln, Knoblauch, Kokosnüsse und Mais. Auch die ***Fischerei*** ist eine wichtige Einkommensquelle.

Zu den wichtigsten ***Exportgütern*** Sumbawas gehören Kühe, Büffel, Pferde, Tintenfisch und Haifisch. Bevor die Hirschjagd eingeschränkt wurde, gehörten auch Felle und Hirschgeweihe zu wichtigen Ausfuhrartikeln.

Am Webstuhl in Maria, Wawo: Jede hat ihre speziellen Webmuster

Sprache

In den Distrikten Sumbawa, Dompu und Bima werden jeweils ***eigenständige Lokalsprachen*** gesprochen. Sumbawa-Leute können sich mit Bima-Menschen überhaupt nicht verständigen, während die Sprachen Dompus und Bimas relativ ähnlich sind. Die *Donggos* haben ebenfalls ihre eigene Sprache; Taliwang-Bewohner (im Westen) sprechen einen Dialekt, der anderen Sumbawa-Bewohnern Kopfschmerzen bereitet.

Man verständigt sich bei dieser Sprachenvielfalt besser mit ***Bahasa Indonesia,*** wie überall in Indonesien. Bahasa Indonesia wird überall in den Schulen gelehrt. Viele ältere Menschen, die keine Schulausbildung hatten, sprechen aber ausschließlich ihre Lokalsprache. In abgelegeneren Orten passiert es einem häufig, daß nur der Bürgermeister, der Lehrer oder Schulkinder Indonesisch sprechen.

Englisch sprechende Menschen sind auch in den Hauptstädten, außer in Hotels, sehr rar. Zwar wird in den höheren Schulen Englisch gelehrt, aber das Ergebnis ist eher mager und beschränkt sich in der Regel auf Floskeln wie "Hello Mister, may I introduce myself", "Where are you from?" oder "What's your name?" Die Antworten versteht das Gegenüber meistens schon nicht mehr. Wer also nicht ausschließlich mit Händen und Füßen kommunizieren möchte, sollte versuchen, wenigstens ein paar Brocken Indonesisch zu lernen. Die Sprache ist wirklich sehr einfach.

Feiertage

Munit Maulud Nabi Muhamad (Mohammeds Geburtstag) ist ein arabischer Feiertag (Moslemkalender), der im Kebupaten Sumbawa große Bedeutung hat.

Folgendes passiert: Alle Dorfgemeinden der größeren Bezirke, besitzende Privatleute und Familien erstellen eine Art "Opfer". Aus Papier, Karton und Holz baut man Häuser, Tiere, Boote oder Pflanzen. Diese Kreationen, genannt ***Sandera,*** werden gefüllt mit Lebensmitteln und Süßigkeiten. Verziert sind die "Schöpfungen" mit Scherenschnitten aus buntem Papier. Außerdem werden Eiersträuße *(Male)* erstellt: Bunte hartgekochte Eier werden auf Äste gesteckt. Die Ähnlichkeit mit unseren Ostersträußen kann man nicht leugnen.

Um ca. 10.00 Uhr morgends bringt man die *Sandera* und *Male* zur größten Moschee des Ortes und baut sie dort auf. Während die Namen der Hersteller vorgelesen werden, kann man diese Wunderwerke besichtigen. Die ***Ausstellung*** begleitet eine *Rebana-Kapelle*. Danach ziehen sich die Männer für ein 2stündiges Gebet zurück.

Nachmittags beginnt die große "Schlacht". Jeder darf sich sein Lieblings-*Sandera* heraussuchen, nur schnell genug muß man sein. Das Resultat ist eine ***gewaltige Rauferei.*** Insbesondere die Kinder prügeln sich um Eier und Süßigkeiten.

Früher hieß das Fest anläßlich Mohammeds Geburtstag in Bima ***Ua Pua.*** Bis 1950 wurde *Ua Pua* mit einem mehrtägigen Fest gefeiert. Alle Orte führten traditionelle Tänze und Kampfspiele auf. Zum Abschluß fand ein riesiger Pferdeaufmarsch statt, mit geschmückten Pferden, alle Reiter in traditioneller Kleidung. Dieses Festival wurde früher zu Ehren des Sultans abgehalten, nach der Befreiung aber verboten.

1981 wurde das Fest noch einmal im alten Stil gefeiert. Die Planung, es wieder jährlich stattfinden zu lassen, konnte nicht eingehalten werden, es ist einfach zu teuer.

17. August

Alljährlich wird überall in Indonesien der ***Nationalfeiertag*** mit Paraden, Umzügen, Tänzen und Kampfspielen begangen. In Sumbawa Besar und Bima läutet man den Nationalfeiertag bereits in der Nacht vorher ein. Von Schulen organisiert, finden bei Dunkelheit (ab ca. 21.00 Uhr) große Fackelumzüge statt. Ein Riesenspektakel, jedermann ist auf der Straße. Am 17. August macht man "Karnevalumzüge" *(Korso),* an denen Schulen, Firmen, Büroorganisationen teilnehmen. Buntgeschmückte Wagen rollen durch die Stadt, und verkleidete Gruppen marschieren auf. Außerdem finden auf dem jeweils größten Dorf- bzw. Stadtplatz Kämpfe, Tänze und Musikveranstaltungen statt. Eine gute Gelegenheit, besondere Tänze oder Gebräuche der jeweiligen Region zu erleben.

Familienfeste

Hitan

Die ***Beschneidung*** nimmt man bei Jungen bis zum 6. Lebensjahr vor. Wohlhabende gehen mit dem Jungen ins nächste Krankenhaus und machen anschließend eine kleine intime Feier zu Hause.

Hochzeit

Hochzeiten werden in allen islamischen Gegenden Indonesiens gleich gefeiert. Alle Bekannten und Freunde werden eingeladen. Der Festraum bzw. Platz ist hergerichtet wie ein Kino oder Theater. Auf der Bühne sitzt das Brautpaar regungslos und toll herausgeputzt (sehr oft in traditioneller Kleidung). Das "Publikum" sitzt

Totalverschleierte sieht man selten:

davor, Männer und Frauen getrennt. Man schaut und hört sich gemeinsam eine Darbietung an (Tanz, Musik) und ißt dazu Süßigkeiten, die in einer kleinen Schachtel verteilt werden. Jeder Besucher gibt bei Betreten des Festplatzes sein Geschenk am Eingang ab. Im engen Freundes- und Familienkreis des Brautpaares findet vor dieser *Resepsi* die eigentliche Trauzeremonie statt.

Beguntung, das "zeremonielle Reisstampfen", findet am Vorabend einer Hochzeit (oder bei Sonnenfinsternissen) statt. Alle Frauen eines Dorfes stampfen gemeinsam rhythmisch und mit großer Lautstärke Reis. So weiß jeder im Dorf, daß eines der o.g. Ereignisse ansteht. Der Trog heißt *Rantok,* der Stampfer *Deneng.*

Fischerfrauen aus Sape

Traditionelle Kleidung

Viele ***Frauen*** in Bima tragen eine Art Kopfschleier. Während man früher bis auf die Augen ganz verschleiert herumlief, zeigt man heute das Gesicht. Hals, Ohren und Haare sind verdeckt. Ein Kopfschleier wird aus einem *Songket Sarong* gebunden, der je nach Anlaß bzw. gesellschaftlicher Stellung kariert oder mit Gold- und Silberfäden durchwirkt ist. Diesen "Schleier" *(Rimpu)* tragen Frauen ab ihrer ersten Periode.

Mädchen, die eine islamische Schule besuchen, tragen ebenfalls Kopfbedeckungen. Ihre "Schuluniform" besteht aus einem langen weißen oder braunen Kleid mit einem Kopftuch, das einer Schwesternhaube ähnelt *(Tudung).* Zum Beten tragen Frauen ein einteiliges weißes Kleid mit entsprechender Haube *(Makena),* wie es auch für *Haja* (Mekkapilgerinnen) üblich ist.

Die traditionelle Festtagskleidung für Frauen ist in Bima und Sumbawa gleich. Das Oberteil der Tracht besteht aus einer durchsichtigen Bluse, oft mit Goldstickereien verziert, das Unterteil ist ein *Sarong.*

Für ***Männer*** besteht die traditionelle Tracht (noch aus der Sultanszeit) aus einer langen weißen Hose, darüber wird ein *Sarong* mit Silberwebereien *(Salunka)* getragen, gehalten von einem Schal *(Selampe).* Im Schal steckt ein Messer *(Kris, Sampari).* Im Sarong steckt vorne locker drapiert ein Tuch *(Sapu tangan).* Das Oberteil ist ein weißes langärmeliges Hemd, und auf dem Kopf trägt man ein Hütchen *(Songko Masa).*

Sitten und Gebräuche

Die Sitten und Gebräuche einer Insel hängen natürlich von der vorherrschenden Religion ab. Da auf Sumbawa fast ausschließlich Mohammedaner wohnen, sind die großen Feste islamische. Die traditionellen Tänze und Kampfsportarten sind von der jeweiligen Region abhängig und werden nur zu offiziellen Festen und Anlässen (Sultanshochzeiten, 17. August, Erntezeiten usw.) aufgeführt.

Musik, Tänze, Kampfspiele

Sekeco

Zwei Männer tragen eine Art Sprechgesang vor. Der Inhalt der Texte handelt von Liebe, gemixt mit aktuellen Bezügen und oft lustigen Pointen. Die beiden begleiten sich selbst mit Tambourins *(Rebana Ode)*. Aufgeführt wird dieser beliebte Sprechgesang zu Hochzeiten und anderem.

• Wo: Kebubaten Sumbawa

Rebena Hadera

Fünf, sieben oder neun Männer hocken auf dem Boden. Drei davon schlagen ein Tambourin, zwei singen und zwei machen Verrenkungen. Hat Ähnlichkeit mit dem *Ratip* aus Sumbawa.

• Wo: Bima

Joge

Vier Frauen tanzen schlafwandlerisch im Zeitlupentempo zur Musik von zwei Trommeln, einem Gong und einer Tröte (*Suranai*). Die vier versuchen sich synchron zu bewegen, das gelingt aber nur selten. Der Sound der Kapelle ist eher jämmerlich. Die Frauen sind in *Sarongs* gekleidet und wedeln mit Tüchern in der Hand.

• Wo: West-Sumbawa

Ratip

Neun Männer hocken auf dem Boden, vier davon trommeln auf der *Rebana Ode* (Tambourin), während die anderen singen. Zwei führen sitzenderweise Tanzbewegungen aus, soweit das möglich ist und verrenken sich die Arme.

• Wo: West-Sumbawa

Karaci

Was für die Sasaks auf Lombok *Peresean* bedeutet, ist für die Sumbawa-Leute das *Karaci*. Diese Kampfsportart ist jedoch stärker ritualisiert.

Rebana Hadera

Ausrüstung: Zwei Männer kämpfen mit langen Holzkeulen gegeneinander. Zum Schutz gegen Hiebe benutzen sie fast mannshohe Büffelhautschilder mit zwei Löchern zum Durchschauen. Kopf und Oberkörper sind dick mit Stoff- und Handtüchern umwickelt. Die Keule wird fest an die Hand gebunden.

Die Kämpfer: Es sind ältere, erfahrene Männer zwischen 40 und 50 Jahren, die vom Dorf ausgesucht werden. Es kämpfen stets Vertreter verschiedener Dörfer gegeneinander. Früher wurden so Streitigkeiten der *Kampungs* ausgekämpft.

Der Platz: Der Kampfplatz ist irgendein Dorfplatz oder eine Wiese. Jeweils gegenüber finden sich die beiden Parteien ein. Jedes Dorf bringt seine erwählten Kämpfer mit. Die Kämpfe finden meistens abends statt. Die Zuschauer drängen, johlen und feuern ihren Favoriten durch einen eigenartigen Singsang an.

Ablauf: Jeweils ein Kämpfer tanzt im Kreis mit marionettenartigen Bewegungen. In den Händen hält er ein Miniaturschild und ein Fähnchen. Der angehende Kämpfer produziert sich vor seinen potentiellen Gegnern und stellt so fest, wer mit ihm zusammen kämpfen will. Es kann da mehrere Versuche geben, bis eine Entscheidung getroffen ist. Ist der Partner gefunden, johlt die Menge. Die beiden Kämpfer gehen nun in ihre "Ecken". Dort werden die Kämpfer von ihren Helfern angezogen, die Keule wird an den rechten Arm gebunden. Das dauert alles recht lange, aber wenn es dann geschafft ist, tanzen die beiden noch einmal, sich gegenseitig provozierend.

Vor Beginn des wirklichen Kampfes verbeugen sich die Gegner voreinander, und dann geht es richtig los. Der erste Schlag trifft das Schild. Man nennt ihn den "Befreiungsschlag". Erst danach dreschen die beiden wirklich aufeinander los. Es werden ausschließlich die Schläge gezählt, die den Gegner treffen. Da das Schild aber so groß ist, treffen nur die wenigsten Schläge den Kampfpartner. Die Kampfrunden dauern ca. 3 bis 4 Minuten, gekämpft wird zwei/drei Runden. Getrennt werden die Kämpfer durch Schiedsrichter mit langen Bambusstangen. (Größe des Schildes: ca. 1,50 m x 0,50 m, Keule: ca. 0,75 m lang), Abb. siehe Farbteil.

- Wo, Wann: Lunyuk, Moyo Hilir, Sumbawa Besar; 17. August

Spektakel zu Beginn der Regenzeit: Wasserbüffelrennen

Wasserbüffelrennen (Berapan Kerbau)

Wenn der erste Regen gefallen ist und die Reisfelder soweit unter Wasser stehen, daß sie gepflügt werden können, veranstalten die meisten Dörfer West-Sumbawas Wasserbüffelrennen, also in der Zeit von Dezember bis Februar, je nach Einsetzen der Regenfälle.

•***Platz:*** In den überfluteten Reisfeldern wird eine Bahn abgesteckt, ca. 150 m lang und 15 m breit. Am Ziel steht eine Marke *("Saka")*, bestehend aus drei Stöcken, die voreinander stehen. Der letzte wird *Kepala Saka* genannt. Dahinter ist eine Tribüne aufgebaut, auf der die Dorfschönen sitzen. Um den *Saka* ist das Gelände tiefer. Die "normalen" Zuschauer sitzen oder stehen auf Gerüsten links und rechts der Bahn.

Das Gefährt: Zwischen zwei Büffeln, verbunden durch ein Bambusjoch, ist ein Bambusgestell, das einem umgekehrten Ypsilon ähnelt, eingespannt: Darauf steht der "Jockey". Er lenkt das Gefährt, indem er z.B. den linken Büffel mehr antreibt, wenn er weiter nach rechts will.

Ablauf: Hinter dem *Saka* nehmen *"sanro"* (Medizinmänner) der Konkurrenten Aufstellung, um mit Magie die Büffel des Gegners davon abzuhalten, das Ziel zu erreichen. Man startet nämlich nicht zusammen, sondern nacheinander. Die Schiedsrichter sind links und rechts der Bahn postiert und bewerten nach folgen-

... und zum Schluß ein Gedicht

Ohne Sattel: traditionelles Pferderennen

den Kriterien: Gangart des Büffels, Höhe des Wasserspritzens, Geradlinigkeit des Fortkommens. Oft brechen Wasserbüffel aus der Bahn aus und natürlich besonders gerne vorm Ziel, denn da ist das Wasser ja am tiefsten. Das heißt dann, der Zauber der Medizinmänner hat gewirkt.

Hat ein Gefährt das Ziel endlich erreicht, muß der Jockey zur Ehrentribühne und vor den Schönen des Dorfes die Schönheit der Frauen und die Schnelligkeit des Büffels in einer Art Gedicht preisen. Während des Vortrags hält er eine Rute mit Pferdehaaren in der Hand. Der Gedichtvortrag gehört mit in die Gesamtwertung.

An einem Rennen nehmen oft bis zu 30 Gespanne teil. Die einzelnen Läufe finden nacheinander statt. Die Zuschauer bleiben auf keinen Fall sauber.

- Wo: ***West-Sumbawa***
- Wann: Dezember - Februar

Sumbawa-Boxen (Berempuk)

Nach der Reisernte finden auf den abgeernteten Reisfeldern Boxkämpfe statt. Früher hielten die beiden Boxgegner dicke Büschel Reis in den Fäusten. Im Laufe der Jahre wurden die Reisbüschel immer dünner und der Boxkampf somit immer härter. 1980 verbot man diesen harten Sport. Nun soll er nur noch in der traditionellen Variante zu sehen sein. 1982 wurde erstmalig wieder ein Original-Boxkampf zum 17. August aufgeführt. In den kleinen Dörfern soll man aber immer noch die harte Ausführung zu sehen bekommen. (Natürlich mit Magie, denn sonst würde es ja schmerzen).

- Wo: West-Sumbawa
- Wann: März/April, in Sumbawa Besar auch zum 17. August.

Pferderennen (Main Kuda)

Pferderennen sind wie bei uns ein ganz normales Sportvergnügen. Das schnellste Pferd gewinnt. Geritten werden die Pferde von 7- bis 11jährigen Jockeys, allerdings ohne Sattel.

- Wo: überall in Sumbawa
- Wann: am 17. 8. und in den Monaten August und September

Perisai

Perisai ist ein Kampfspiel, an dem Männer (jeweils zwei gegeneinander) teilnehmen. Die Bewaffnung besteht aus einem Schild und einer Art Bogen bzw. Peitsche (aus mehreren, ca. 2,00 m langen, zusammengebundenen Rattanrohren). Mit diesem Gerät schlägt man aufeinander ein. Ursprünglich stammt *Perisai* aus West- Flores.

- Wo: Buncu (Sape)
- Wann: zum Nationalfeiertag

Adu Kepala (Ntumbu)

Der Name dieses Kampfes beschreibt eigentlich schon den Ablauf: *Adu* = huch, oh; *Kepala* = Kopf. Beteiligt sind zwei Männer, die sich gegenseitig die Köpfe einschlagen. Das ganze Drama läuft folgendermaßen ab: Zwei Männer tanzen zur Musik auf und ab. Dann bleibt einer stehen, bückt sich und hält seinen Kopf nach vorn. Der andere nimmt Anlauf (ca. 10 bis 15 m), rennt auf den Gebückten zu, stoppt kurz vorher, läuft zurück, tanzt wieder ein bißchen, rast auf den anderen zu. Das wiederholt sich einige Male, bis er dann endgültig auf den anderen zuläuft und die beiden Köpfe aufeinanderkrachen. Jetzt darf derjenige, der stillgehalten hat, dem anderen den Kopf einrennen. Das Spiel geht im Wechsel, bis einer umfällt.

Ein *Guru* betreut seine beiden Schüler bei diesem m. E. schmerzhaften Kampf. Er spricht immer zwischendurch mit seinen Kämpfern und schützt sie durch Magie vor Schmerzen. Ich kann mir einfach nicht vorstellen, daß es nicht weh tut. Sieger soll derjenige sein, der nicht umfällt. Ein etwas eigenartiges Kampfspiel. Die Spielpartner sind gekleidet in gelbe Hosen, gelbe Hemden und tragen rote Stirnbänder.

- Wo: Buncu (Sape) zum Nationalfeiertag und anderen großen Ereignissen. *Adu Kepala* wird auch in Maria (Wawo) praktiziert. Hier beteiligen sich aber vier Männer an dem Kampf, die Tanzschritte sind etwas anders. In Maria, behauptet man, sei der *Adu Kepala* zu Hause, während Buncu ihn nur importiert hätte. Aufgeführt wird er zu Hochzeiten, *Maulud Nabi,* zum Nationalfeiertag u.ä. großen Festen. ***Abb. im Farbteil.***

Adu Kaki

Der *Adu Kaki (kaki* = Bein) hat Ähnlichkeit mit dem *Adu Kepala.* Ein Freiwilliger läßt sich ein Bein an einen Stock binden, und dann darf jedermann auf dieses Bein eintreten. Auch das soll nur mit Magie zu ertragen sein.

- Wo: *Tente* (Bima), an großen Feiertagen

Silat

Zwei Männer führen einen stilisierten Kampf mit Schwertern *(Parangs)* oder Stöcken *(Mancar).* Dieser zeremonielle Kampf beginnt langsam und wird dann immer schneller im sich steigernden Rhythmus der Musik (2 Trommeln und ein Gong). Die beiden Tänzer schlagen ihre Schwerter zweimal gegeneinander, dann einmal auf den Boden, wieder zweimal gegeneinander, einmal auf den Boden usw.

- Wo: Soro und Buncu (Sape)
- Wann: zum Nationalfeiertag

Buja Ketanda

Zwei Männer tanzen mit Schwert und Lanze. Die ansonsten einfache Lanze ist geschmückt mit Pferdehaaren. Die Bewegungen in diesem sehr ritualisierten Kampf und Tanz sind stark stilisiert, fast marionettenhaft, begleitet von sehr rhythmischer Musik.

- Wo: Wawo und Buncu (Sape)
- Wann: zum Nationalfeiertag

Handwerk

Mit ***antiken Souvenirs*** sieht es ganz schlecht aus auf Sumbawa. Keine Antikhändler, Holzschnitzereien oder ähnliches. Antiquitäten, wie alte Messer oder Stoffe, gibt es natürlich auch hier, aber diese Sachen werden von professionellen Antikhändlern aus Lombok oder Bali aufgekauft und *dort* an den "Endverbraucher" gebracht. Wer nun trotzdem gerne ein Souvenir haben möchte, muß sich mit den alltäglichen Gebrauchsgegenständen (Sarongs, Buschmesser, Flechtwaren) zufriedengeben.

Wie in ganz Indonesien werden die verschiedenen Handwerke nur in ganz bestimmten Regionen ausgeführt. Gewebt wird im Osten Sumbawas fast in jedem Haushalt. Die Farben und Muster hängen von der Region ab. Messerschmiede oder Rattanmöbelhersteller findet man hingegen nur in wenigen Dörfern. Hier wird das entsprechende Handwerk seit ewigen Zeiten ausgeübt und von Generation zu Generation weitergegeben.

Messerschmieden

Messerschmieden befinden sich u.a. in folgenden Dörfern: *Taliwang, Batu Alang, Kendo, Nggarolo, Kumbe.*

Hergestellt werden verschiedene Modelle: Das ***Parang,*** ein langes Buschmesser (50 bis 60 cm lang) mit kurzem Holzgriff, je nach Ausführung beschnitzt, kostet 6000 bis 8000 Rp. Genutzt wird das Messer zum Holzhacken bzw. um Wege freizuschlagen. Man trägt dieses Messer in einer Holzscheide locker an der Hüfte. Kaufen kann man diese Messer entweder auf den Märkten oder direkt bei den Schmieden in den oben genannten Dörfern.

Das ***Cila*** ist ein ca. 50 cm langes Arbeitsmesser, sehr einfach und grob mit einer Hakenklinge (zum Aufheben von Holz o.ä.). Man findet es auf dem Markt; hergestellt wird es in *Nggarolo* oder *Kumbe.*

Golos sind kleine Messer, oft mit sehr schönen Griffen aus Elfenbein oder Horn (ca. 15 cm lang) und Scheiden aus beschnitztem Holz oder Silber. Diese Messerart findet man selten, da sie zur Festtagskleidung gehört und sich normalerweise im Familienbesitz befindet. Nur in finanzieller Not bietet man diese Messer zum Verkauf an. In *Nggarolo* gibt es noch Golo-Hersteller.

Pisau mone sind in der Regel sehr wertvolle Messer. Der Griff ist entweder aus Holz, Horn, Elfenbein oder Seekuhzahn geschnitzt. Das Messer steckt meistens in einer einfachen Holzscheide und ähnelt dem Golo. Dieses Messer wird versteckt im Hüfttuch getragen. Auch *Pisau Mones* gibt man innerhalb der Familie weiter.

Blechschmieden

Um Wasserbehälter herzustellen, gibt es eine eigene Kleinindustrie im Kecamatan Sarae (Bima). Man benutzt diese *"Gembur"* (indonesisch) oder *"Boro"* (Bahasa Bima) zur Feldbewässerung. Früher wurden die Behälter aus Lontarblättern gefaltet. In den Feldern bei Sape sieht man diese Wasserbehälter im Einsatz. Sie hängen rechts und links an einer Stange (wie eine Waage) und werden auf der Schulter vom Bach zur Bewässerungsstelle getragen.

Flechtwaren

Flechtwaren aus Lontarblättern werden insbesondere im Osten Sumbawas um Sape und Wawo hergestellt.

Matten: ca. 1,20 x 2,00 m groß, doppelt geflochten, zwei- oder dreifarbig kariert, kann man entweder auf dem Bima-Markt erstehen oder direkt in den Herstellungsdörfern kaufen. Im Kecamaten (Distrikt) Sape: Kampung Simpasai, Sari, Boke, Jia, Buncu. Im Kecamaten Wawo: Desa Maria. ***Fächer, Behälter, Hüte und Taschen*** stellt man in Simpasai und Maria her.

Möbel aus Rattan

Stühle, Schränke, Sessel, Tische und Betten bauen die Bewohner des Dorfes Lasi (Nordküste, im Distrikt Dompu).

Tonwaren

Dachpfannen und Tontöpfe (alles nichts Aufregendes) werden in den Orten Rabadompu (bei Bima, Richtung Sape), Rada und Rai-Oi (Sape) hergestellt.

Webereien (indon: tenunan)

Sehr auffällig im gesamten Kebupaten Bima (im Gegensatz zum Distrikt Sumbawa) sind die handgewebten *Sarongs.* Fast jedermann trägt diese Tücher als Hüfttuch, und Frauen benutzen sie auch als Kopfschleier. *Rimpu* werden die Sarongs genannt, wenn sie so getragen werden.

In fast allen Haushalten im Distrikt Bima wird gewebt. Unter den Stelzenhäusern sitzen die Frauen und jungen Mädchen, um Tücher für die Familie oder zum Verkauf herzustellen.

Schon kleine Mädchen lernen das Weben. In manchen Gegenden ist es Sitte, daß Mädchen erst nach der ersten Periode in der Öffentlichkeit weben dürfen. Das heißt auf gut deutsch, wenn sie im heiratsfähigen Alter sind, präsentiert man sie unter den Stelzenhäusern den potentiellen Freiern.

An der von *Elbert* beschriebenen Webtechnik (siehe Exkurs) hat sich bis heute nichts geändert.

Qualitäten und Muster unterscheiden sich je nach Region. Die Farben und Muster wiederum sind abhängig von der Mode. In einem Jahr sieht man sehr viel blaue *Sarongs,* im nächsten mehr rote usw. Zu Wahlkampfzeiten werden sogar welche mit dem Golkar-Baum (Emblem der Regierungspartei) erstellt.

Die Herstellungsdauer für einen Sarong beträgt zwischen drei Tagen und einem Monat, je nach Art des Webmusters und der Fadenstärke.

Auf den folgenden Seiten stelle ich die wichtigsten Webereien kurz vor.

Johannes Elbert machte 1909 folgende Beobachtungen:

Die Bimanesen weben mit großer Sorgfalt. Das vom Wickler (*lengiri)* kommende Garn wird auf einem schweren Holzgestell (*nane)* mit mehreren Zapfen zur Abteilung in die notwendigen Längen gebracht und alle Fäden beim Aufziehen der Kette auf den Webstuhl sorgfältig vermittels einer Leiter bzw. Kamm (*ntau* = zusammenfassen) sortiert. Die Gewebe tragen wie das Umschlagtuch, der *Slendang* für Frauen (*salamba,* auch *salampe),* das Hüfttuch der Frauen (*"temba kala", kala* = rot) und Männer (*"tembe seri-keta", keta* = rot und blau), die Kopftücher für Männer (*simbolo, kale)* hell- und dunkel- bis braunrote Farben, während das Gürteltuch der Männer (*salampe lenta)* und die Hosen (*deko)* beider Geschlechter ungefärbt bleiben. Sie alle werden auch wohl für Feste der Vornehmen mit Silber- und Golddraht durchwirkt, in ähnlicher Weise wie bei Bugi und Makassaren, meist in quadratischen Feldern, mit vierteiligen Sternen, selbst mit gefiederten Strahlen, Zacken und anderen Mustern. Ferner erhalten die Kopftücher noch eine Bestickung mit Silberfäden in Sternen, Blumen und Ranken, die letzten ähnlich dem Naga-Ornament. Sultan und Fürsten tragen bei Hofe eine Menge der schönsten Gewänder und die Frauen eine interessante, in gleicher Weise bestickte, dünne gazeartige und daher durchsichtige Jacke und Slendang, wie es scheint aus importierten Stoffen.

Besonderen Wert legen die Bimanesen auf die schöne und dauerhafte Ausführung aller zur Weberei nötigen Gegenstände, wie des Webstuhles (*muna),* Rückenstützholzes (*dapu)* für die Weberin, vor allem kräftiger hölzerner Pfeiler (*tandii muna),* die auf Java meist aus Bambus bestehen, des oberhalb befindlichen Wickelholzes (*dapu,* auch Rahmen) für den Stoff und des unteren (*tampe,* auch *tambe* = aufnehmen) für Garn, des Spanners (*sadike),* an dem das Tuch durch Nadeln festgesteckt und glatt gehalten wird. Die langen Lagenteiler (*koro)* aus Bambus zum Auseinanderhalten der beiden Fäden und die Webschiffchen (*tropo)* tragen wie auf Lombok und West-Sumatra schöne Ornamente, wie Kokospalmen, Zacken- und Rankenmuster. Das lange, glattpolierte Webholz (*lira,* jav.: *walira,* die Weberspule) zum Festklopfen des Fadens legt man gern auf ein Ruhegestell (*njanta* oder *"sadanta lira"),* das nicht selten die Gestalt eines Vogels hat.

Dr. Johannes Elbert, "Die Sunda-Expedition", Frankfurt am Main, 1911.

Tembe Mee: Bei den Donggos webt man unter dem Haus

Selampe oder Weri

Gewebt werden *Selampe* ca. 5 km von Bima entfernt im Kampong Ntobo. Der Ort liegt links an der Straße nach Sape, mit dem Stadtbemo bis zur Busstation in Raba fahren, dann fragen.

Die Grundfarbe des *Selampe* ist rot, grün, gelb, blau oder schwarz, in der Mitte ist eine große Raute eingewebt, an den Längsseiten feingemusterte Streifen. Eigentlich handelt es sich um ein Umschlagtuch für Frauen, heute benutzen Indonesier diese Tücher gerne als Tischdecken.

Salunka

Diese Hüfttücher werden in fast allen Dörfern der Kreise Rasanae (Rabadompu, Kumbe, siehe Bima), Wawo (Maria, siehe dort), Sape (Simpasai, Sangia, Parangina, siehe Sape) hergestellt. Die besten sollen aus Rabadompu (Bima) stammen.

Sie sind einfarbig (rot, blau, grün, schwarz) mit eingewebten, stark stilisierten, rapportartigen Mustern. Oft mit schönen, geometrischen Borten. Die Größe eines gewebten Tuches beträgt 65 x 450 cm, wird dann quer durchgeschnitten und so zusammengenäht, daß ein Schlauch von ca. 1,30 x 2,00 m entsteht. Getragen werden die *Salunka* als Kopfschleier oder Sarong.

Nggoli

Die *Nggoli-Sarongs* stammen meist aus Bima und Umgebung, sowie Kumbe. Kariert, in den verrücktesten Farbzusammenstellungen, sieht man sie besonders oft in *Bima*. Das Material ist leicht, glatt, sehr fein gewebt und angenehm zu tragen. Benutzt werden sie als Sarongs oder Kopfschleier.

Tembe Mee (gesprochen: tembe mä-ä, *tembe* = Tuch, *mee* = schwarz)
Tembe Mees werden in Dörfern der *Donggos* (bei Bima) hergestellt.

Es handelt sich um schwarze, schwere Baumwolle, die oft von feinen, hellblauen oder weißen Streifen durchbrochen ist. Das Material wird vor dem Weben mit Indigo eingefärbt. Je öfter ein Sarong gewaschen wird, desto heller wird er (wie bei einer Jeans). Den Donggo-Sarongs ähnliche Produkte werden auf dem Markt von Bima angeboten, jedoch sind sie schwarz mit breiten mittelblauen Streifen und aus einer Mischfaser gewebt, außerdem nicht indigo-gefärbt.

Kaufen kann man die echten Sarongs in traditionellen Donggodörfern wie: Oo, Manggekompo, Mbawa, aber auch im Kreis Wawo (Ost-Donggo) in den Dörfern: Teta, Kuta, Samberi, Tarlawi und Kawuwu. Manchmal findet man auch in Bima "echte" Stücke.

Tembi Songket

Diese Sarongs werden fast ausschließlich zu Festtagen getragen. Die feinen mit Gold- oder Silberfäden gewebten geometrischen Muster sind vollflächig gearbeitet. Sind Tiere, Menschen oder Blumen abgebildet, gelten sie als besonders wertvoll. Neue werden nur auf Bestellung gearbeitet.

Aus Rabadompu (siehe Bima) sollen die besten Stücke kommen.

Keri Alang

Die Tücher gleichen dem Tembi Songket.

Traditionelle Festtagskleidung für Frauen:

Kain (Stoff) oder *Sarong* aus karierter Seide in dunklen Farben; bestickt mit kleinen Silber- oder Gold-Blümchen, Metall-Gürtel mit großer Spange, kurze, einfarbige Bluse mit goldenen Verzierungen, viel goldener Schmuck, Halsketten, Armreifen, Ringe, lange Ohrringe, verzierte Haarnadeln für den Haarknoten.

Nggoli-Sarong als Kopfbedeckung

Sumbawanischer Chic

Für jene, die immer schon so eine sumbawanische Festtagskleidung haben wollten, folgt jetzt eine Bekleidungsanweisung und das Schnittmuster* für eine Bluse.

Die Bluse

Man benötigt ein rechteckiges Stück Stoff. Die Maße des Stoffes errechnen sich für die Länge aus dem Abstand von der Schulter zur Taille mal zwei, und für die Breite nimmt man das Maß von Mitte Oberarm links zu Mitte Oberarm rechts. Man faltet den Stoff einmal längs und schneidet einen länglichen Schlitz als Halsöffnung in die Stoffmitte. Den Halsausschnitt säumen und die Seitennähte bis auf Unterarmhöhe zusammennähen. Dann die "Ärmellöcher" versäumen und die unteren Kanten auch. Schon ist die Bluse fertig.

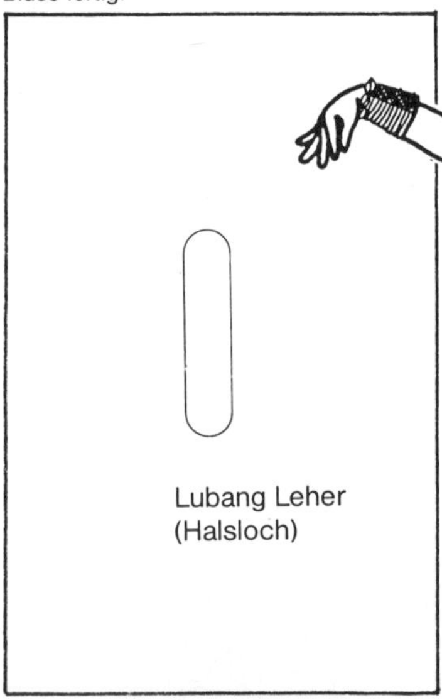

Schnittmuster aus: Pakaian. Daerah Wanita Indonesia von Judi Achjadi, Penerbit Djambatan, 1981

Der Sarong

Den Sarong oder das Stück Stoff wickelt man um die Hüften und sichert die ganze Angelegenheit mit einem Gürtel. Die oben beschriebene Bluse wird locker über dem Sarong getragen. Nun lege man all seinen Schmuck und die Juwelen an. Das Haar locker zu einem Knoten zusammenbinden und mit silbernen/goldenen Nadeln sowie Blumen schmücken.

So bekleidet ist man auf jeder Sultanshochzeit ein gern gesehener Gast.

Stelzenhäuser

Auf Sumbawa sieht man viele Stelzenhäuser *(Rumah Pangun)*. Auf den ersten Blick sehen alle gleich aus, unterscheiden sich höchstens durch die Farbe. Bei genauerem Hinschauen wird man Unterschiede von Region zu Region feststellen.

Die Häuser stehen auf ca. 1,50 m hohen Stelzen, diese wiederum auf einem flachen Stein. Wenn man die Holzpfosten direkt in den Boden gräbt, verwittert bzw. verfault das Holz zu schnell. Der offene ***Raum unter den Häusern*** wird als Abstellraum, Webraum oder Viehstall genutzt. In manchen Orten ist er durch ein Bambusgeflecht geschlossen.

Die Form der ***Stelzen*** ist von der Region abhängig. Heute werden in Sumbawa fast ausschließlich Vierkanthölzer verwendet, früher jedoch benutzte man runde, wie beim *Dalam Loka* (Sumbawa Besars Sultanspalast). Je mehr Geld eine Familie besitzt bzw. je größer sie ist, desto länger ist das Haus. Es kommt vor, das Häuser 9, 12 oder 15 Stelzen haben, Minimum sind 6 Pfosten. Der alte Sultanspalast Sumbawa Besars ruht auf 77 Stelzen. Um auf diese heilige (Koran) Zahl zu kommen, wurden einfach ein paar Säulen doppelt gesetzt.

Das gesamte ***Hausgerüst*** wird ohne Nägel gebaut - nur zusammengesteckt. So kann man ein Haus einfach auseinandernehmen und wieder zusammensetzen. Die Häuser sind immer einstöckig mit Wänden aus Bambusgeflecht und einem Dach im Winkel von 45°.

Verschiedene Giebelverzierungen und ein Fenster

Klungkung: ein traditionelles Dorf in der Nähe von Sumbawa Besar

Die ***Giebelgestaltung*** variiert. Es macht Spaß, die Unterschiede von Dorf zu Dorf herauszufinden. Da gibt es vorangesetzte Dächer (Sumbawa Besar), herausgehobene Giebel (Lb. Jambu), buntbemalte (Bima-Bucht), mit Fenstern oder Balkonen, einfach alle erdenklichen Variationen.

Die Giebelspitze wird von unterschiedlichen Symbolen geziert. Im Kebupaten Sumbawa hauptsächlich durch ein senkrecht angebrachtes Stück Holz, in Bima sind es verlängerte und hochgezogene Giebelbalken. Ursprünglich symbolisierte das einen Büffelschädel. Setzt man beide Giebelspitzen zusammen, kann man deutlich einen Büffelkopf erkennen. Der alte Sultanspalast besitzt zum Beispiel noch die stilisierten halbrunden Hörner.

Die Häuser und Giebelformen Lb. Jambus (Zentral-Sumbawa) fallen völlig aus dem Rahmen. Rechts und links hat man an den Dachenden nach oben zeigende Spitzen angebracht. Die Giebelspitzen werden durch eine haubenartige Holzschnitzerei verziert. Auch in Lb. Bajo auf Flores findet man solche Schnitzereien sehr häufig und perfekt gemacht. Der nach vorn gezogene Giebel bildet ein Dach über der darunter angebrachten Veranda.

Die ***Tür*** ist stets an der Giebelseite zur Straße. An der Rückseite befindet sich eine zweite Tür, die direkt in die Küche führt. Früher durften Frauen nur durch die Hintertür das Haus betreten, während Männer und Gäste die vordere Tür benutzten. Neben der Treppe am Eingang steht

Vor der Haustür: Tröge zum Reis-Stampfen

häufig ein Wassertopf in einer Astgabel: Hier kann man sich die Füße waschen, bevor man eintritt. Die Schuhe bleiben draußen.

Das Haus betritt man über eine Leiter oder ***Treppe.*** Im Distrikt Sumbawa ist die Treppe besonders verziert und ähnelt fast einem Schlitten. Im Distrikt Bima werden einfache Leitern benutzt, teilweise gebogen wie eine Brücke. Wer Geld hat, baut sich eine Steintreppe, je nach Geschmack gekachelt oder verputzt. Die Türen sind für unsere Verhältnisse sehr klein und nur selten verziert.

Die ***Fenster,*** die durch Läden verschließbar sind, haben oft oben und unten scherenschnittartige Holzschnitzereien, zumeist geometrische Formen.

Betritt man ein Haus, kommt man zuerst in das große ***Gästezimmer,*** hier stehen das Bett und die Möbel der Familie. Dies ist der Raum, mit dem repräsentiert wird. An den Wänden aufgereiht stehen Stühle für Gäste, falls die Familie reich genug ist, um welche zu kaufen.

In der Regel trennt eine leichte Bambus- oder Holzwand die dahinterliegende ***Küche*** ab. Der Küchenfußboden ist ein durchlässiges Bambuslattenrost. In einer Ecke steht die Feuerstelle, meist eine aus Ton oder Zement geformte offene Feuerstelle. Hier befindet sich der gesamte Hausrat, und dies ist der Aufenthaltsraum der Frau und der Kinder.

Abfälle schmeißt man durch das Lattenrost nach draußen. Unten warten Ziegen, Hühner und Hunde.

Ein Haus auf zwanzig Stelzen

Toiletten gibt es in diesen Häusern nicht.

Der ***Dachbodenraum*** ist durch eine leichte Bambusdecke abgetrennt, kommt als Lagerraum jedoch nicht in Frage.

Das ***Dach*** deckt man mit Dachpfannen, Alang-Alang-Gras, Wellblech, Bambus- oder Holzschindeln. Die Wände bestehen aus Brettern, Bambusgeflecht oder Rinde der Sirihpalme. Das fachwerkartige Gerüst besteht aus Holz.

Die ***Bauzeit*** für ein normales Haus (sechs Stelzen) beträgt ca. drei Monate, wenn genügend Geld da ist. Der Preis differiert je nach Material und Größe zwischen ca. zwei und neun Millionen Rupien.

Zum ***Hausrat*** gehören weiterhin ein Reistrog zum Dreschen und ein Mörser zum Herstellen von Reismehl. Vorräte werden in einem Extrahaus gelagert, dem *Lambung* (Reisspeicher, 4-Pfosten-Haus).

Das ***Privatgelände*** grenzt ein Zaun ab. Die Dörfer sind strikt rechtwinklig angelegt; um die zweite oder dritte Hausreihe zu erreichen, muß man oft über das Gelände der Nachbarn.

Reisen durch Sumbawa

Überblick

Das Reisen auf der Insel unterscheidet sich von dem auf Lombok oder Bali. Weder Hotels noch Losmen lassen sich abseits der Hauptstraße, die von West nach Ost führt, finden. Die wenigen Straßen, abgesehen von der Hauptroute, sind schlecht. Zu vielen Orten führen nur Trampelpfade. So sind viele Dörfer gar nicht mit öffentlichen Verkehrsmitteln (LKW, Bemo, Dokar) zu erreichen, sondern ausschließlich zu Fuß oder mit Pferd.

Auch wenn sich das sehr kompliziert und schwierig anhört, kann ich versichern, daß es ganz gut geht, vor allen Dingen abenteuerlich ist und Spaß macht. Man muß nur einiges Grundsätzliches berücksichtigen:

Man sollte sich einen ***Stützpunkt*** suchen. Die Städte Sumbawa Besar (im Westen), Dompu (Mittel-Sumbawa), Bima bzw. Sape (im Osten) eignen sich dazu. In diesen Städten gibt es Losmen bzw. Hotels.

Von diesen Hauptstädten aus kann man dann ein- oder mehrtägige ***Touren*** unternehmen. Das große Gepäck bleibt im Hotel und belastet so nicht mehr. Für ein paar Tage benötigt man nicht mehr als eine Zahnbürste, Seife, ein Handtuch, ein T-Shirt zum Wechseln und einen Sarong zum Zudecken, etwas zu essen und Trinkwasser. Das alles läßt sich bequem in einen Tagesrucksack packen. So ist man für jede Situation gerüstet. Wenn es kein Transportmittel gibt, kann man wandern. Zu Fuß erlebt man sowieso mehr. Jedesmal, wenn ich eine weite Tour machen wollte (wie zum Beispiel nach

Lunyuk), ergab sich auch eine Transportmöglichkeit. Einen Teil der Strecke legte ich mit Pferden zurück, die mit ihrem Besitzer vom Markt in Sumbawa Besar nach Lunyuk heimkehrten. Einen anderen Teil der Strecke fuhr ich mit einem Jeep, der zur Flughafen-Inspektion nach Lunyuk mußte. Das war nicht unbedingt erquicklich, mit acht Personen in einem kleinen Jeep Geländestrecke zu fahren, aber witzig und abenteuerlich war es allemal.

Die bequemste Art, in Sumbawa zu reisen, ist sicherlich mit dem ***Motorrad,*** so kann man auch abgelegene Dörfer erreichen. Da es keine offiziellen Motorradverleiher gibt, fragt man bei seinem Losmenbesitzer. Meistens kennt der jemanden, der sein Motorrad zur Verfügung stellt, gegen ein entsprechendes Entgelt. Bei den folgenden Ausflugsbeschreibungen sind die Transportmöglichkeiten immer mit angegeben, man muß aber immer damit rechnen, daß es mal nicht weiter geht.

Losmen und Hotels findet man nur in den größeren Städten entlang der Hauptstraße (Taliwang, Alas, Sumbawa Besar, Dompu, Bima, Maria und Sape). Das heißt, man wird immer auf die Gastfreundschaft der *Kepala Kampungs* zurückgreifen müssen. Das ist sehr angenehm, solange man sich an die Verhaltensregeln hält (siehe weiter unten: Wohnen).

Man hat auf Sumbawa sehr viel einfacher die Möglichkeit, alltägliches indonesisches Leben kennenzulernen als zum Beispiel auf Java, Bali oder Lombok. Voraussetzung ist allerdings, daß man sich auch auf dieses Leben einläßt.

Den Fremden im Blick: Skepsis und Interesse

Umgang mit den Menschen

"Der europäische Einfluß war leider schon überall sichtbar: Schaukelstühle, Marmortische, Spiegel in Goldrahmen und das Schlafgemach des jungen Sultans zeigte eine Einrichtung, die unseren Ansprüchen genügen würde.

Der Kronprinz soll aber dennoch seine inländische Schlafmatratze, die im Nebenzimmer auf der Erde lag, überdacht mit einem Moskitovorhang aus vielen bunten Seidenläppchen, dem europäischen Bett vorziehen."

Aus: "Die Sunda-Expedition", Johannes Elbert, 1911)

Natürlich ist der ***westliche Einfluß*** seither größer geworden. Touristen haben diese Verwestlichung jedoch nicht verursacht. Sumbawa ist für Touristen nach wie vor eine Durchgangsinsel auf dem Weg nach Komodo oder Flores. Es sind ein paar Hotels mehr gebaut worden, wie zum Beispiel das Luxusklassehotel *Amanwana* auf der Insel Moyo oder *Hu'u,* eine kleine Surferkolonie in Ost-Sumbawa. Große Touristenströme wie etwa auf Bali oder Lombok bleiben nach wie vor aus.

Einige Reisende, die ich traf, sagten über Sumbawa, es sei uninteressant, die Menschen unfreundlich und verschlossen. Meine Erfahrungen waren andere: Ich wurde dort als Gast hilfsbereit und freundlich behandelt. Wer aber glaubt, auf Sumbawa die gleichen Bedingungen vorzufinden wie auf Java, Bali oder Lombok, wird enttäuscht sein. Es gibt auf Sumbawa kaum eine touristische Infrastruktur, nur wenige Touristenhotels oder Touristenrestaurants.

1982 hielt ich mich das erste Mal für drei Monate auf Sumbawa auf. In der ganzen Zeit traf ich nur zwei weitere Touristen. Das hat sich natürlich geändert. Seitdem Komodo ein beliebtes Reiseziel geworden ist, trifft man insbesondere in den Monaten Juli und August viele Touristen im Osten der Insel.

Seit 1986 die Fluglinie Darwin - Kupang eröffnet wurde, kommen immer mehr Australier auf dem preiswerten Weg von Australien über Timor, Flores und Sumbawa nach Bali. Bislang hält sich der "Touristenstrom" aber in Grenzen und beschränkt sich vor allem auf Bima und Sumbawa Besar.

Die Bewohner Sumbawas sind den Umgang mit Fremden nicht gewohnt. In manchen Orten war noch nie ein Weißer oder vor 50 Jahren der letzte. Natürlich ist man dann der Verursacher eines Menschenauflaufes, zu solchen Anlässen gibt es spontan schulfrei. Jeder möchte diesen "Exoten" sehen. Man versucht, mit dem Besucher zu reden, möchte wissen, wo er herkommt, was er macht und ob die weiße Hautfarbe wirklich echt ist.

In den Städten ist man etwas reservierter, aber nicht unfreundlich. Überall wird man von einem ständigen "Hello-Mister"-Kinderchor begleitet, auch wenn man das 20. Mal an ihnen vorbeigeht. Nur nicht aufregen - ist man erst wieder in Deutschland, fehlt es einem vielleicht.

Die Bewohner Sumbawas sind zu 98% Moslems. Viele Reisende glauben, daß das ***Reisen in moslemischen Gebieten*** schwierig und unerquicklich sei. Natürlich beinhaltet eine andere Religion auch andere Benimmregeln. Die Bewohner gehen davon aus, daß sich der Gast daran hält. Man wird fast immer höflich und als Gast behandelt, aber natürlich nur, wenn man nicht alle Moralvorstellungen des Islams mit Füßen tritt. Im Kapitel "Wichtige Verhaltensregeln" kann man nachlesen, an welche Regeln man sich halten sollte.

Alleinreisende Frauen sollten sich immer an indonesische Frauen wenden, z.B. bei längeren Busfahrten sich zu anderen Frauen setzen. Das schließt einfach viele "Mißverständnisse" aus. Indonesische Frauen sind oft schüchtern. Spricht man sie an, drehen sie sich manchmal weg, oder geben vor kein Indonesisch zu sprechen. In ganz kleinen Dörfern trifft das auch oft zu, aber die Frauen in den Städten haben alle Indonesisch gelernt. Nur nicht verzagen und sich einfach an die nächste wenden. Die meisten Frauen sind sehr interessiert und fragen einem Löcher in den Bauch, wie zum Beispiel BH's in Deutschland aussehen.

Wer als Frau alleine reist, sollte auf jeden Fall verheiratet sein. Ein Foto sollte man mit sich führen. Der Ehemann muß vielleicht noch arbeiten, kommt aber später noch. So oder ähnlich kann die Geschichte lauten.

Tätliche Angriffe (einen Klaps auf den Po oder sonstige Anmache) habe ich als Frau auf Sumbawa noch nicht erlebt. Allerdings habe ich von anderen Frauen gehört, die in Bima belästigt wurden.

... immer in Gesellschaft (KB)

Alkohol wird nicht an jeder Straßenecke verkauft, sondern nur in von Chinesen geführten Geschäften und Restaurants. Manchmal schlagen auch Moslems über die Stränge. Sie sitzen in chinesischen Rumah Makans, versteckt hinter Paravents, und bestellen einen "schwarzen Kaffee". Serviert bekommen sie "schwarzes" Bier (= Guinness).

Es gibt noch eine ganze Reihe von Verhaltensregeln, die sich speziell aus dem Islam ergeben. Siehe dazu das Kapitel " Religion: Der Islam".

Abseits der Städte

Wer sich in kleine Dörfer wagt, sollte folgende Regeln berücksichtigen. Man sollte sich als erstes beim ***Kepala Kampung*** (Bürgermeister) anmelden, es sei denn, man durchreist das Dorf nur. Beim Dorfchef trägt man das Ziel und den Zweck seines Besuches vor, etwa ob man eine Höhle besichtigen will, etwas zu Essen sucht oder im Dorf wohnen möchte. Dieser Besuch gehört zum guten Ton, außerdem hilft der *Kepala Kampung,* soweit es ihm möglich ist (Pferde, Führer, Essen, Schlafen). Zudem ist man dann "offizieller" Besuch, jeder im Dorf weiß Bescheid und wird sich entsprechend verhalten. Zum guten Ton gehört auch, Übernachtung und Essen mit Geld oder Geschenken zu vergüten.

In abgelegeneren Gebieten sind Kaffee, Zucker, Zigaretten, T-Shirts oder Bonbons, Luftballons und Kugelschreiber für Kinder passende Mitbringsel.

Ein anderes Problem in kleinen Dörfern ist das Regeln von ***Toiletten- und Waschangelegenheiten.*** Meistens sind keine Toilettenhäuschen oder Duschkabinen vorhanden. Das gesamte Dorf wäscht sich in dem nächstgelegenen Fluß, und oft ist das auch die Toilette. Wobei die "Toilette" immer etwas weiter vom Waschplatz entfernt stromabwärts liegt. Frauen und Männer waschen sich zu unterschiedlichen Zeiten. Als Frau wendet man sich am besten an die Gastgeberin, sie weiß die richtige Stelle und die passende Zeit. Man sollte nun aber kein einsames Bad erwarten: Jeder wird mitkommen (zum Gucken). Als Frau wäscht man sich mit dem Sarong bekleidet. Männer dürfen ohne alles. Man sollte sich einfach so verhalten wie die anderen, dann kann man nichts falsch machen.

Wer dringend mal, ohne das gesamte Dorf, zur Toilette möchte, sage dies seinem Gastgeber. Er verscheucht dann die Neugierigen. Das Zauberwort heißt "*mau buang air*" (will wegwerfen Wasser), auf gut deutsch "pinkeln".

Das einzige echte Problem sind aber die ***Verständigungsschwierigkeiten.*** Es ist außerhalb großer Städte recht schwierig, jemanden zu finden, der auch nur ansatzweise Englisch versteht. Ich empfehle noch einmal dringend jedem, der östlich von Bali herumreisen will, vorher die Grundbegriffe der indonesischen Sprache zu lernen. Viele Touren werden ohne Sprachkenntnisse gar nicht durchführbar sein, zumindest aber recht schwierig werden.

Essen

Auf Sumbawa werden bisher keine ausschließlichen "Touristenrestaurants" betrieben. Auch in den teureren Hotels werden die Speisen meistens nicht dem westlichen Geschmack zuliebe "kastriert". Auf dieser Insel gibt es in der Hauptsache normales indonesisches und chinesisches Essen. Da die Bevölkerung zu 90% moslemisch ist, wird kaum Schweinefleisch verkauft, dafür Ziege und Büffel.

In den Hauptstädten sind immer zwei bis drei chinesische Restaurants zu finden, dort kann man dann auch mal ein Bier trinken.

In den Dörfern wird die Versorgung schwieriger - *Warungs* oder *Rumah Makan* gibt es dort nicht. Falls man in einem Dorf übernachten möchte, ist der *Kepala Kampung* (Dorfchef) die Person, die für das Wohl des Gastes zuständig ist. Er wird also auch für das Essen sorgen. Große Ansprüche darf man natürlich nicht anstellen. Es wird das serviert, was Region und Jahreszeit zu bieten haben: dreimal am Tag Reis mit Fleischbrühe oder etwas Gemüse. Auf Sumbawa wächst kaum Gemüse und Obst, entsprechend mager ist das Angebot gegen Ende der Trockenzeit. Auf jeden Fall Vitamintabletten mitnehmen, hier machen sie sich bezahlt. Bei Ausflügen immer Notproviant mitnehmen (Kekse o.ä.).

Alles in allem betrachtet, kann man auf Sumbawa billig und trotzdem gut leben, sofern man indonesische Küche mag.

Wohnen

Mehr Losmen, Hotels oder sonstige Unterkünfte als die hier im Buch aufgeführten existieren meines Wissens nicht auf Sumbawa. Es gibt also nicht besonders viele. Das macht aber gar nichts, denn es gibt ein anderes Übernachtungssystem, das entschieden besser (da kontaktfördernd) ist: Zuständig für die Unterbringung in Dörfern, Orten oder Ansiedelungen ***außerhalb der Haupt-***

Blick aus der Losmentür

städte ist der *Kepala Kampung* bzw. *Kepala Desa.* Das ist der Bürgermeister bzw. Dorfchef, er wohnt in der Regel im größten Haus des Dorfes, das verpflichtet. Auch einheimische Fremde sind auf seine Gastfreundschaft angewiesen, über ausländischen Besuch freut er sich meistens besonders. Es ist üblich, eine "Gebühr" zu bezahlen, über die man aber durchaus verhandeln kann. Der Betrag für eine Übernachtung sollte mindestens dem Preis für ein einfaches Losmenzimmer entsprechen. Ansprüche auf ein eigenes Bett oder Zimmer hat man natürlich nicht, aber jeder wird sich Mühe geben, es dem Gast bequem zu machen.

Auch für die Verpflegung wird gesorgt. Man wohnt sozusagen Vollpension. Wieviele Mahlzeiten pro Tag und was man zu essen bekommt, muß ausgehandelt werden. Nicht zuletzt hängt das von der ausgehandelten "Gebühr", der Jahreszeit, den Vorräten und den Mitbringseln (z.B. Kaffee) ab. In manchen Gegenden Sumbawas wird für Vollpension sogar noch das alte holländische Wort benutzt: *Indekos* (in Kost sein). Wer bei Bürgermeistern übernachten will, sollte etwas Indonesisch sprechen, sonst ist die ganze Sache für beide Seiten recht unerquicklich.

Losmen und Hotels sind in der Regel teurer als Vergleichbares auf Bali, da es hier keinen Konkurrenzdruck gibt. Der "Service" ist bedeutend schlechter. Für ein Losmenzimmer bezahlt man 5000 bis 10.000 Rp/DZ. Hotels nach westlichem Standard gibt es nur auf Pulau Moyo und in Bima.

Ärztliche Versorgung

In den großen Städten ist die ärztliche Versorgung kein Problem, d.h. es gibt Ärzte, *Puskesmas* (ambulante Behandlungsstellen) bzw. ein Krankenhaus. Im Losmen erfragen. Eine Konsultation kostet ab 5000 Rp aufwärts, plus Medikamente, Spritzen o.ä. Wenn man nicht selber ein wenig Indonesisch spricht, sollte man einen Dolmetscher mitnehmen.

Das ***Krankenhaus*** *(Rumah Sakit)* in ***Sumbawa Besar*** befindet sich an der Jalan Garuda.

In ***Bima*** ist es an der Jalan Langsat in Bima-Raba zu finden.

In den ländlichen Gegenden findet man keine niedergelassenen Ärzte. Versorgt werden aber auch die kleinen Dörfer. Cirka einmal im Monat bereist ein Arzt per Motorrad bzw. Boot die kleinen Orte.

Mit ***Zahnbehandlungen*** sieht es ganz böse aus. Einmal im Jahr bereist ein "Zahnarzt" auch die kleinsten und abgelegensten Dörfer Sumbawas. Die Ausrüstung besteht aus einer kleinen Werkzeugtasche mit verschiedenen Zangen. Das ganze hat Ähnlichkeit mit einer Autoreparaturtasche. Die Behandlung ist immer gleich, man muß das Übel an der Wurzel packen, d.h. der schmerzende Zahn wird gezogen.

In ***Notfällen*** empfehle ich dringend, den nächsten Flug nach Bali zu buchen. Siehe auch Kapitel Reisetips, Gesundheit.

Orte auf Sumbawa

Pulau Moyo
Tanjung Pasir
Limung
Air Bari
Prajak
Penyaring
Sewebe
Labuan Ijuk
Pulau Liang
Rabras
Poto
Labuan Bebas
Labuan Sumbawa
Sumbawa Besar
Labuan Banga
Moyo
Panumong Utan
Penyangar
Luk
Klungkung
Semongkat
Boak
Batu Alang
Labuan Kuris
Ngali
Punik
Batudulang
Lebeng
Lopak
Mokang
Pelita
Bima
Lape
Semamung
Sebasung
Batu Pasak
1850m
Berang Rea
Batu Tering
Pemangong
Lenangguar
Tangkelak
Rate
Sabek
Ledang
Mungkin
Kelawis
Gunung
Gunungsetia
Sonawang
Jamu
Kaliree
Krida
Lunyuk Rea
Emang
Sumber Sari
0
15km

Taliwang

Fischerort (ca. 37.000 Einwohner) - nichts Aufregendes, außer daß hier wirklich fanatische Moslems wohnen (siehe Taliwang-Zwischenfall). Das bedeutet übrigens nicht, daß die Menschen unfreundlich wären, ganz im Gegenteil. In Taliwang befinden sich die letzten Losmen. Wer weiter nach Süden fährt, muß bei *Kepala Kampungs* oder am Strand übernachten.

Die Bewohner sprechen einen eigenen ***Dialekt,*** der im restlichen Sumbawa kaum verstanden wird.

In Taliwang werden ***Rattan-Möbel*** hergestellt.

Sehenswerte Orte

Mit dem Bus von Alas kommend, sieht man kurz vor Taliwang einen ***riesigen See,*** bedeckt mit Seerosen (zumindest in der Regenzeit). Man kann hier toll spazierengehen.

Poto Batu, 6 km südlich von Taliwang, ist das Wochenendausflugsziel vieler Taliwang-Bewohner. Es handelt sich um einen Sandstrand mit ein paar Sonnenschutzunter-

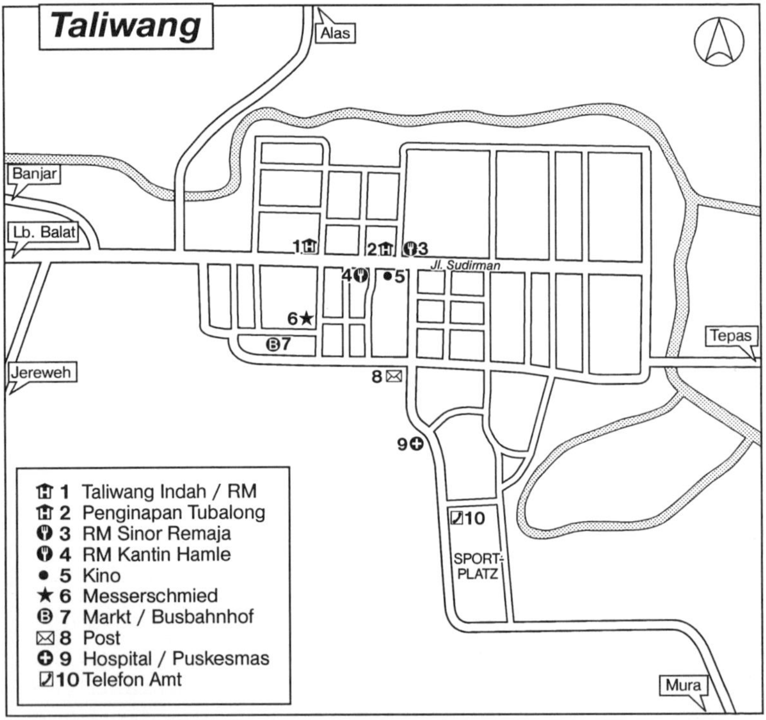

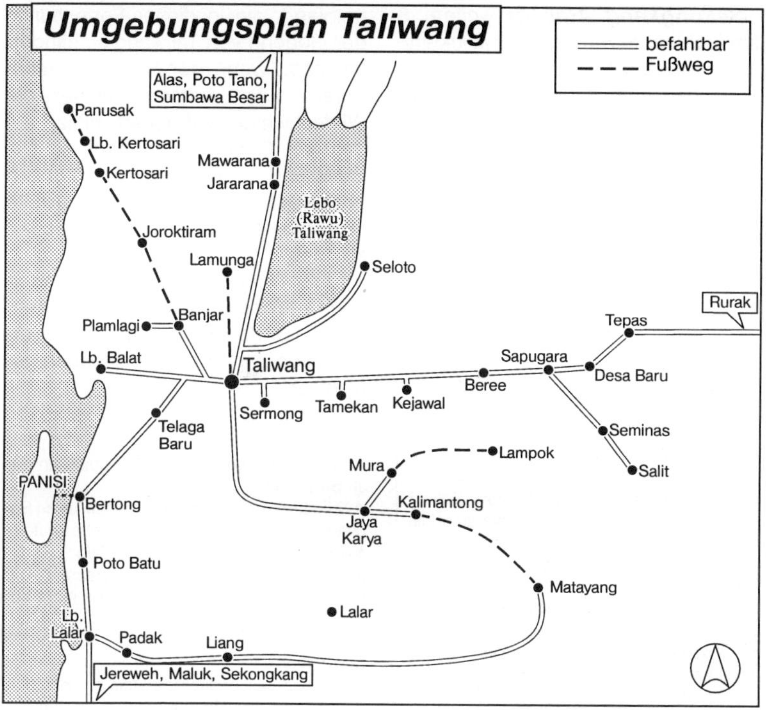

ständen. Die Straße führt weiter nach Labuan Balat.

Am Poto Batu Beach steht ein ***Felsen*** mit einem Loch, so daß er einem Torbogen ähnelt. Netter Spaziergang.

Labuan Balat liegt 8 km südlich von Taliwang. Es ist eine große, von Klippen gerahmte Bucht mit ein paar Fischerhäuschen. Das alte Hafengebäude erinnert an längst vergangenes geschäftiges Treiben. Labuan Balat war während der holländischen Kolonialherrschaft der Handelshafen für den Süd-Westen Sumbawas.

Früher gab es eine regelmäßige Schiffsverbindung nach Labuan Haji auf Lombok. Labuan Balat erreicht man mit dem Truck, der morgens von Taliwang startet. Transport: 800 Rp.

Bis ***Jereweh*** (15 km südlich von Taliwang) ist die Straße einigermaßen in Ordnung, ab dann wird sie recht schlecht. Jereweh ist auf dieser Strecke die letzte Einkaufsmöglichkeit. Transport: 1000 Rp.

Maluk, ca. 17 km südwestlich von Jereweh am Meer gelegen. Einige leidenschaftliche Surfer verschlägt es hin und wieder in diesen Ort.

Sekongkang Atas ist weitere 8 km (schlechte Straße) von Maluk entfernt. Ab dann wird die Straße so übel, daß man nur noch mit Trucks oder Jeeps durchkommt.

Ereignisse

Main Bai *(main,* indon.: Spiel; *bai,* Bahasa Taliwang: Schwein). Eine spektakuläre und blutige Schweinetreibjagd, die in dieser Form nur in der Gegend von Taliwang stattfindet. Im März, wenn der Reis die ersten Ähren bildet, treiben Männer die Wildschweine auf einen Platz, auf dem ein Gehege aufgebaut ist. Die Schweine werden dort mit Lanzen abgestochen. Gegen das größte Schwein kämpft ein Mann mit bloßen Händen.

In der Umgebung Taliwangs finden auch ***Wasserbüffelrennen*** statt. Falls man da ist, sollte man sich erkundigen, ob gerade ein Rennen geplant ist.

Der Taliwang-Zwischenfall

Im November 1980 machten hauptsächlich die Bewohner Taliwangs einen Aufstand gegen die balinesische Minderheit in West-Sumbawa. Der offizielle Anlaß war die "Entführung" eines moslemischen Mädchens aus Taliwang durch einen balinesischen Polizisten (auf Bali ist die "Entführung" mit dem Einverständnis des Mädchens eine geduldete Form, das Heiratseinverständnis der Eltern zu erzwingen).

Allein in Sumbawa Besar herrschte drei Tage lang Mord und Totschlag. Der Tempel nahe Labuan Bebas wurde zerstört, viele balinesische Häuser wurden niedergebrannt.

Am dritten Tag des Aufstandes schickte der *Pang lima* (General) von Denpasar eine Sondereinheit, die Sumbawa Besar besetzte. Der Ausnahmezustand wurde verhängt. In der Zwischenzeit hatte es 12 Tote gegeben. Der Aufstand wurde endgültig niedergeschlagen, als man versuchte, die Polizeistation zu stürmen, in der viele Balinesen Zuflucht gefunden hatten. Einige Rädelsführer wurden verhaftet und verurteilt. Viele Balinesen, darunter hohe Beamte (vier Richter, der Polizeichef, der Bankdirektor) siedelten wieder zurück nach Bali.

Über diesen Aufstand ist es schwierig, Informationen zu bekommen. In keiner Zeitung wurde darüber berichtet. Die Bewohner Sumbawas scheinen den Vorfall "vergessen" zu haben.

Übernachten

Es gibt zwei Losmen im Ort, beide an der Jl. Sudirman.

- ***Taliwang Indah**,*** mit Restaurant, Jalan Sudirman 91, neu und sauber, sehr nette Leute.
- ***Penginapan Tubalong**,*** Jalan Sudirman, mit sehr gemütlichem Restaurant. Die Auswahl der Speisen ist allerdings nicht besonders groß.

Essen

- Essensmöglichkeiten hat man an verschiedenen Warungs, Rumah Makans, in den Restaurants der Hotels oder auf dem Nachtmarkt.

Anreise/Abreise

- ***Nach Alas, Poto Tano, Sumbawa Besar:*** Mehrere Kleinbusse, Bemos, Trucks pro Tag.
- Taliwang - Alas (1,5-2 Std.) 1000 Rp
- Taliwang - Poto Tano (1 Std.) 1.500 Rp
- Taliwang - S. Besar (2,5-3 Std.) 2.400 Rp

Poto Tano

1988 wurde der ***Fährhafen*** von Alas nach Poto Tano verlegt. Da Poto Tano deutlich näher an Lombok liegt,

Pulau Bungin

hat sich die Überfahrtszeit von 4 auf ca. 1,5 Stunden reduziert. Der kleine Fischerort liegt ca. 10 km von der Hauptstraße Taliwang - Sumbawa Besar entfernt.

Ca. alle zwei Stunden geht eine Fähre nach Labuan Lombok. Die erste Fähre verläßt um ca. 6.00 Uhr Poto Tano, die letzte Fähre um ca. 18.00 Uhr.

Die Überfahrt verläuft normalerweise sehr ruhig, nur in der Mitte der Meeresstraße schaukelt es manchmal ein wenig.

Fährpreise

Poto Tano - Labuan Lombok:

- Ekonomi A 3.100 Rp
- Ekonomi B 2.000 Rp
- Fahrrad 2.500 Rp
- Motorrad 3.200 Rp
- PKW 32.000 Rp

Anreise/Abreise

Solange die Fähren arbeiten, gibt es Busse bzw. Bemos in folgende Richtungen:

- Poto Tano - S. Besar (2 Std.) 2.300 Rp
- Poto Tano - Taliwang (1Std.) 1.500 Rp
- Poto Tano - Alas (0,5 Std.) 1.000 Rp

Alas

Alas ist der ehemalige Fährhafen von und nach Lombok. Seitdem die Fähre von Poto Tano abfährt, ist hier gar nichts mehr los. Die Bewohner ernähren sich größtenteils vom ***Fischfang.***

Sehenswertes

Sehenswert sind die beiden in der Alas-Bucht gelegenen Inseln ***Pulau Bungin*** und ***Pulau Kaung.*** Die beiden Inseln sind so dicht mit Häusern bebaut, daß man überhaupt keinen Grund mehr sehen kann. Wer hier heiraten möchte, muß neben dem Brautpreis so viele Korallenblöcke herbeischaffen, bis ein Fundament im Meer für das neue Haus angebaut ist. Mittlerweile soll es auf den Inseln Elektrizität und Wasser geben. Die Festlandbewohner halten die Inselleute für verrückt.

Jede Insel hat übrigens ihren eigenen *Kepala Kampung* (Dorfchef). Die Bewohner sind *Bugis* (Auswanderer aus Sulawesi), die sich hauptsächlich vom Fischfang ernähren.

● ***Transport:*** Ca. 15 Minuten mit einem Fischerboot vom alten Fährhafen in Alas. Die Boote fahren, wenn sie voll sind. Preis ca. 500 Rp.

Übernachten

Es gibt drei Losmen, die noch alle aus der Zeit stammen, als Alas Fährhafen war.

● ***Losmen Telaga***** , sauber, nett und ruhig.
● ***Losmen Anda**** , sauber, ruhig und freundlich, wird von sehr netten Leuten geführt.
● ***Losmen Selamat**** , Zimmer mit Mandi, zentral gelegen, schmuddelig und laut.

Essen

In der Nähe des Busbahnhofs befinden sich zwei Restaurants.

Anreise/Abreise

Es fahren mehrmals täglich Bemos nach Sumbawa Besar bzw. Taliwang.

● Alas - Taliwang (1,5-2 Std.) 1.000 Rp
● Alas - Poto Tano (0,5 Std.) 1.000 Rp
● Alas - S. Besar (1,5 Std.) 1.500 Rp

Sumbawa Besar

Wir stoppen an der großen Insel Sumbawa, vor dem Hafen der gleichnamigen Hauptstadt. Nicht eine der kleinen Sundainseln hat einen rechtschaffenen Pier. Nur hölzerne Landungsstege, zu brüchig selbst für Leichter. Beim Entladen müssen die Stauer bis zum Gürtel ins Wasser. Dabei ist der Hafen voller Haie. Ihre dreckigen rothäutigen Rückenflossen kreisen zu dritt und viert ums Schiff.

Aus: *"Heitere Tage mit braunen Menschen"* von *Richard Katz, Ullstein 1930*

Sumbawa Besar ist die ***Distrikt-Hauptstadt*** des westlichen Sumbawa. Der Verwaltungshauptstadt sind 14 *Kecamatan* (Kreise) und 120 *Desa* (Gemeinden) untergeordnet.

Sumbawa Besar ist eine großzügig angelegte, moderne Stadt, ruhig, da nicht viel Verkehr herrscht. An der Jalan Kartini reihen sich die *Tokos* (Geschäfte), die hauptsächlich im Besitz von Chinesen sind. Sehenswert ist der alte Sultanspalast, in dem ein Museum entsteht (*Dalam Loka).* Weitere großartige Sehenswürdigkeiten gibt es hier nicht, aber jeder Ausflug ist ein Abenteuer. Unterwegs lernt man mit Sicherheit viele Indonesier kennen. Touristen sind hier etwas Besonderes, vor allem, wenn sie länger als zwei Tage in der Stadt bleiben. Wer vorhat, die Umgebung zu erforschen, sollte Sumbawa Besar als Stützpunkt wählen. Einige Tourenvorschläge werden auf den nächsten Seiten gemacht, aber natürlich kann man auch aufs Geratewohl die Region erkunden.

In Sumbawa Besar lebt eine verhältnismäßig große Gruppe von ***Christen,*** sowohl Protestanten als auch Katholiken. In der Jalan Diponegoro ist der Hauptstützpunkt mit Kirche, Schule und Schwesternheim. Der Hirte der 1.700 Mitglieder umfassenden katholischen Gemeinde ist *Pater Lukas.* 1911 geboren, entschloß er sich 1957, in Sumba zu missionieren. Nach 25 Jahren, im März 1980, wurde er nach Sumbawa versetzt, da sein Vorgänger *Pater Pol* (Paul) nach Deutschland zurückkehrte. *Pater Pol* ist ein Mythos in Sumbawa Besar, jeder kennt ihn und hat irgendeine Geschichte über ihn zu erzählen.

Sehenswertes

Dalam Loka

Erbaut wurde der alte Sultanspalast um 1885, bewohnt war er nur bis 1935, da dann der neue Sultanspalast *(Istana),* heute auch *Gedung Daerah* genannt, fertiggestellt war. Heute ist der *Istana* das Regierungshotel und das Veranstaltungsgebäude bei offiziellen Anlässen. Seit 1980 läuft nun schon das Regierungsprojekt zur Restaurierung des *Dalam Loka.* Das Gebäude ist fast renoviert. Teilweise verwertete man alte Materialien, aber viel wurde auch neu gebaut, zum Beispiel die Giebelstücke und ein Teil der 77 Säulen, die das Gebäude tragen. Die Pfähle stehen frei auf Steinsockeln. Zu Beginn der Restaurierung hatte man aus Unwissenheit die Pfähle einbetoniert, wodurch sie anfingen zu verrotten. Das Dach hat man original nachgebaut mit Schindeln aus *Kayu Olin,* einem speziellen Holz aus Kalimantan.

Die Sultansfamilie residierte im *Dalam Loka* mit ihrem Hofstaat, insgesamt ca. 200 (!) Personen. Im Dach-

Als Dalam Loka noch bewohnt wurde: Sultan Kahruddin (der Kleine, ganz oben in der Mitte) und der Holländische Kontrolleur (links daneben) vor dem Palast. Links unten: holländische Truppen, rechts unten: die Garde des Sultans (1931)

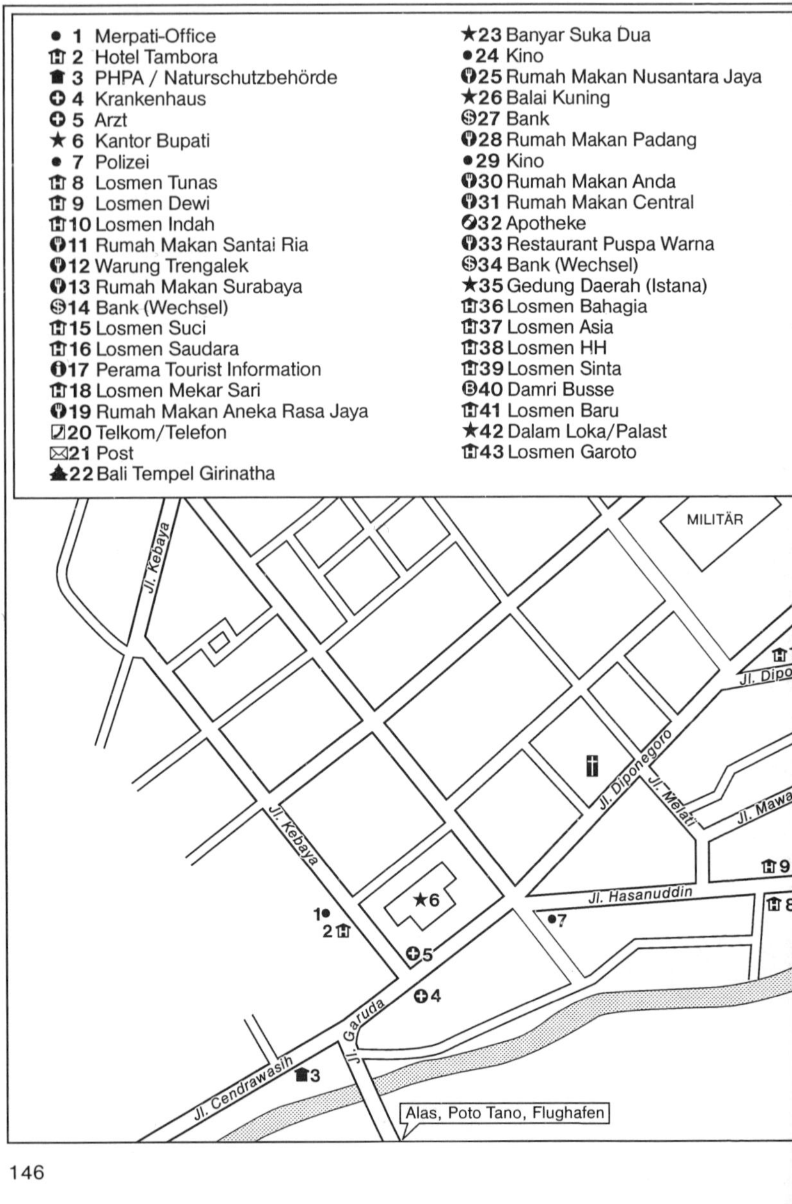
1 Merpati-Office
2 Hotel Tambora
3 PHPA / Naturschutzbehörde
4 Krankenhaus
5 Arzt
6 Kantor Bupati
7 Polizei
8 Losmen Tunas
9 Losmen Dewi
10 Losmen Indah
11 Rumah Makan Santai Ria
12 Warung Trengalek
13 Rumah Makan Surabaya
14 Bank (Wechsel)
15 Losmen Suci
16 Losmen Saudara
17 Perama Tourist Information
18 Losmen Mekar Sari
19 Rumah Makan Aneka Rasa Jaya
20 Telkom/Telefon
21 Post
22 Bali Tempel Girinatha
23 Banyar Suka Dua
24 Kino
25 Rumah Makan Nusantara Jaya
26 Balai Kuning
27 Bank
28 Rumah Makan Padang
29 Kino
30 Rumah Makan Anda
31 Rumah Makan Central
32 Apotheke
33 Restaurant Puspa Warna
34 Bank (Wechsel)
35 Gedung Daerah (Istana)
36 Losmen Bahagia
37 Losmen Asia
38 Losmen HH
39 Losmen Sinta
40 Damri Busse
41 Losmen Baru
42 Dalam Loka/Palast
43 Losmen Garoto
MILITÄR
Jl. Kebaya
Jl. Diponegoro
Jl. Melati
Jl. Kebaya
Jl. Hasanuddin
Jl. Garuda
Jl. Cendrawasih
Alas, Poto Tano, Flughafen

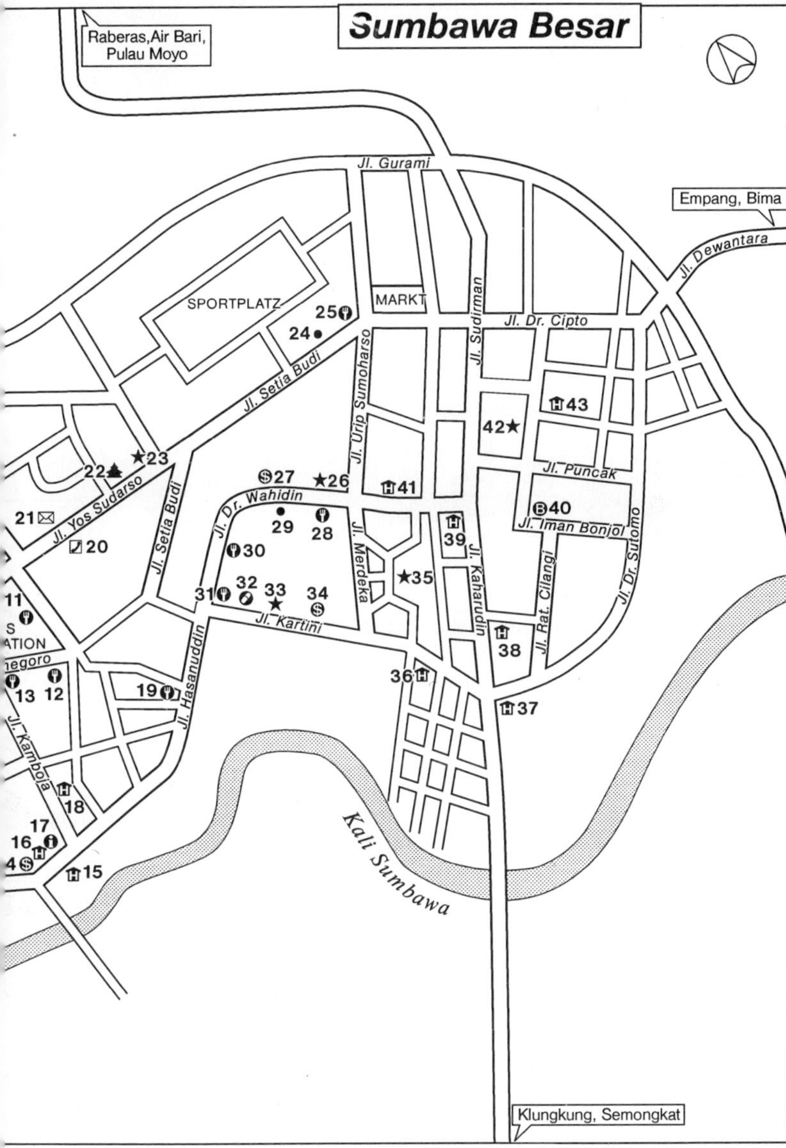

Sumbawa Besar
Raberas,Air Bari, Pulau Moyo
Empang, Bima
Klungkung, Semongkat
Jl. Gurami
Jl. Dewantara
SPORTPLATZ
MARKT
Jl. Dr. Cipto
Jl. Sudirman
Jl. Urip Sumoharso
Jl. Setia Budi
Jl. Yos Sudarso
Jl. Dr. Wahidin
Jl. Puncak
Jl. Iman Bonjol
Jl. Merdeka
Jl. Kaharudin
Jl. Rat. Cilangi
Jl. Dr. Sutomo
Jl. Kartini
Jl. Hasanuddin
Jl. Kamboja
Kali Sumbawa
11
12
13
15
16
17
18
19
20
21
22
23
24
25
26
27
28
29
30
31
32
33
34
35
36
37
38
39
40
41
42
43

Sumbawa

Dalam Loka, der alte Sultanspalast (KB)

geschoß wohnte auf der einen Seite der *Raja,* auf der anderen seine Lieblings- und Erstfrau mit ihren Zofen. Im restlichen Gebäude verteilt gab es Kammern für die Kinder (Mädchen und Jungen getrennt), Küche und Räume für den Rest der Mannschaft.

Balai Duranga

war ein weiteres Haus für die höheren Familienmitglieder des letzten regierenden Sultans. Das ziemlich große Haus zerfällt langsam, aber sicher, hat allerdings gewisse Ähnlichkeit mit dem *Dalam Loka.* Balai Duranga soll demnächst auch restauriert werden, falls dann noch irgendetwas von dem Gebäude übriggeblieben ist.

Balai Kuning

(Gelbes Haus), Jalan Wahidin 21. Hier wohnen die Witwe und die Tochter des letzten Sultans. Sie besitzen noch viele alte Bilder der alten Sultane sowie Schilder, Kris, Porzellan und Kleidungsstücke. Besuche sind nur mit offiziellen Empfehlungsschreiben erwünscht. Die alten Erinnerungsstücke, zumindest aber Duplikate, werden im *Dalam Loka Museum* irgendwann zu sehen sein.

Pasar

Zu sehen und zu kaufen gibt es auf dem Markt Körbe und Matten (aus Lombok), Parangs (aus Taloa, siehe Batu Tering), Goldschmuck (gar nicht so schlecht), Sarongs, Obst und Gemüse (frühmorgens). Täglich.

Webereien

In den Dörfern Poto, Malili und Pamulung kann man sich Webereien bei der Herstellung anschauen. Die Dörfer sind mit dem Bemo erreichbar. Preis 200 Rp.

Übernachten

Es gibt ein ziemlich großes Hotelangebot, die einzelnen Etablissements unterscheiden sich aber kaum. Das Hotel Tambora gehört allerdings in die Kategorie der besseren Hotels.

•***Hotel Tambora,*** Jalan Kebaya 2, Tel. 21555, 22111, 22444, Fax 21624. Etwas außerhalb, 5 Minuten vom Flughafen gelegen. Mit Restaurant. Große, saubere Zimmer mit Ventilator und Bad. Sehr schöner, gepflegter Garten. Das Hotel wird von sehr netten Balinesen geführt. Nebenan befindet sich ein kleiner Supermarkt. Autoverleih mit Fahrer. Die einfachsten Zimmer kosten 11.000 Rp, die teuersten 93.500 Rp

•***Losmen Dewi**-*****, Jalan Hasanudin 60, ganz neu gebaut, sehr sauber, ruhig und nett, mit Restaurant, alle Zimmer mit Bad und Frühstück.

•***Losmen Suci*-******, Jalan Hasanudin 57, Tel. 21589, alle Zimmer mit Bad, Van und Frühstück. Mit Restaurant, das Essen ist allerdings etwas zu teuer für das Gebotene. Das beste von den preiswerten Losmen.

•***Losmen Mekar Sari****, Desa Bugis, in einer Seitenstraße gelegen, sehr ruhig, viele Blumen, nette Leute.

•***Losmen Saudara*,*** Jalan Hasanudin 51, ganz in Ordnung , aber nichts Besonderes.

•***Losmen Tunas****, Jalan Hasanudin 71, Nichts Besonderes, etwas schmuddelig.

•***Losmen Garoto****, beim alten Sultanspalast, einfach, ein bißchen schmuddelig, mit Mandi.

•***Losmen Indah****, Jalan Diponegoro 48 A, etwas laut, oft voll.

•***Losmen Asia****, Jalan Dr. Sutomo, unfreundliche Leute, oft voll.

•***Losmen Sinta*,*** Jalan Sudiman 25, dunkle Räume, schmuddelig.

•***Tirtasari**-*******, ca. 6 km außerhalb in Richtung Alas gelegen, mit Swimming Pool und Restaurant, am Wochenende sehr belebt mit Wochenendausflüglern.

•***Kencana Beach Inn***, Jalan Raya Tano, 11 km außerhalb von Sumbawa Besar am Pantai Kencana (Strand) gelegen. Man kann entweder in dem großen Stelzenhaus wohnen (15.000 Rp/DZ) oder in Bungalows (je nach Ausstattung 40.000-80.000 Rp/DZ). Mit nettem Restaurant. Man kann dort Pferde mieten, aber auch ein Speedboot oder Sampan für Ausflüge, zum Beispiel nach Tanjung Menangis oder Pulau Moyo.

Essen

Sumbawa Besar bietet eine recht große Auswahl an Restaurants und Rumah Makans. Es handelt sich zwar nicht um Feinschmeckerlokale, aber das Essen ist durchgängig gut und nicht zu teuer. Die Alternative zu den Rumah Makans ist, auf den Märkten an Warungs oder am Abend auf dem *Pasar Malam* (Nachtmarkt) nahe dem *Istana* (neuer Sultanspalast) zu essen.

Für den kleinen Hunger zwischendurch gibt es die *Donats-Verkaufswägelchen. Donats* sind kleine runde Kuchen, bestrichen mit einer Art Buttercreme und Schokoladenstreuseln.

•***Puspa Warna,*** eine 10seitige Menükarte bietet die feinsten Speisen an, wie wäre es zum Beispiel mit gebratener Seegurke? Die Hot Plates sind ausgesprochen lecker (Fleisch oder Meerestiere).

•***Aneka Rasa Jaya,*** Jalan Hasanudin 10, gute chinesische Küche und Fischgerichte.

•***Cirebon I und Cirebon II*** neben dem Tambora Hotel mit guter javanischer und sundanesicher Küche.

•***Selera Taliwang*** an der Jalan Gurami, hier gibt es die berühmten, leckeren Grill-Hühnchen mit scharfer Soße.

•***Tambora Hotel,*** Jalan Kebayan 2, die Speisekarte umfaßt indonesische, chinesische und europäische Gerichte.

•***Muchsin,*** Jalan Wahidin bietet Sasak-Küche (aus Lombok).

Adressen:

•***Kantor P.H.P.A.-Sumbawa,*** Jl. Garuda 2.

•***Merpati,*** Jalan Kebaya,
Tel. 21206, 21991

●***Kantor Pos,*** Jalan Jos Sudarso 26, Mo-Do 8.00 bis 14.00 Uhr, Fr 8.00 bis 11.00 Uhr, Sa 8.00 bis 12.30 Uhr.

●***Telefonieren:*** das ***Kantor Telkom*** befindet sich schräg gegenüber der Post.

●***Krankenhaus*** (Rumah Sakit), Jalan Garuda. Hier hängt eine Sumbawa-Landkarte von 1916 an der Wand, von den Holländern zurückgelassen.

●***Bank Rakyat Indonesia,*** Jalan Wahidin, oder die ***Bank*** an der Jalan Hasanudin, gegenüber vom Losmen Suci, es werden Traveller-Schecks getauscht, aber nur gegen Vorlage der Kaufquittung.

●***Motorradverleih:*** Offizielle Motorrad-Verleiher gibt es noch nicht. Die einfachste Möglichkeit, ein Motorrad zu mieten, ist, den Losmenbesitzer zu fragen. Irgendeiner seiner Bekannten hat bestimmt eines zu verleihen. Preise sind Verhandlungssache. Auf keinen Fall so billig wie auf Bali zu bekommen.

●***Autoverleih:*** Wer ein Auto (allerdings nur mit Fahrer) leihen möchte, sollte sich an das Hotel Tambora wenden. Ein Minibus kostet pro Tag ca. 80.000 Rp.

●***Perama Tourist Information,*** Jalan Hasanudin und Hotel Tirtasari.

Transport

Stadtbemos, Pferdewagen (Dokar)

●Innerhalb Sumbawas fahren die Stadtbemos ständig bis ca. 8.00 Uhr abends. Sie lassen sich an jeder beliebigen Stelle anhalten. Die kleinen Pferdewagen, *Dokar* genannt, werden nach Entfernung bezahlt. Für die Stadtbemos gibt es einen Einheitspreis, egal welche Entfernung zurückgelegt wird. Stadtbemo: 200 Rp.

PELNI-Schiff

●Das PELNI-Büro befindet sich am Hafen. Mit dem Stadtbemo für 250 Rp zu erreichen. Jeden 2. Samstag hält die *Tatamailau* und fährt dann folgende Strecke: Sumbawa, Labuan Bajo (Flores), Larantuka (Flores), Dilli (Timor) und mit vielen Stops weiter nach Irian Jaya. Auch jeden 2. Samstag stoppt die *Awu*, die dann weiter nach Benoa (Bali) und Banyuwangi (Java) fährt. Vergl. auch Kapitel ***Transportmittel.***

Prahu Layar

●Das sind große Holzboote mit starkem Motor, die von Lb. Bebas Richtung Surabaya (Java) starten. Ca. 2 Tage und 2 Nächte dauert die Überfahrt, je nach Wetterbedingungen. Die Schiffe fahren los, wenn sie voll sind, genaue Abfahrtzeiten kann man also nie bekommen. Diese Schiffe befördern eigentlich keine Passagiere, es handelt sich um Frachtschiffe. Das heißt, man muß sich seine Verpflegung selbst mitbringen. Preise müssen ausgehandelt werden. Nichts für Leute, die seekrank werden. Wer weiterreisen möchte, kann es bei folgenden Eignern versuchen: *P. D. "Djuwita"* (mit drei Schiffen), Jalan Kartini 31 oder *U. D. "Bima Sakti"*, Jalan Kartini 10 A.

Durchfahrt für Dokars verboten

Busse/Bemos/Trucks

• Busse nach Westen

Poto Tano	2.000 Rp/Bus
Alas	1.000 Rp/Bus
Taliwang	2.000 Rp/Bus

• Bemos und Trucks in die nähere Umgebung

Lb. Sumbawa	250 Rp/Bemo
Lb. Bebas	250 Rp/Bemo
Semongkat	600 Rp/Bemo
Sebasang	500 Rp
Lenangguar	1.000 Rp/Bus
Plampang	1.000 Rp/Bus
Empang	2.000 Rp/Bus
Moyo Hilir	600 Rp/Bemo
Lb. Ijuk	1.200 Rp/Bemo
Penyaring	600 Rp/Bemo

• Nach Bima

Die Busse fahren vom Busbahnhof beim Hafen ab und erreichen Bima nach 8 Stunden Fahrzeit.

Sumbawa Besar - Bima 9.000 Rp

• Nach Mataram

Kombiticket: Bus/Schiff/Bus Sumbawa - Mataram 10.000 Rp

Fliegen

• Von Sumbawa Besar kann man nach ***Ampenan*** (40 Min.) und ***Denpasar*** (1 Std.) fliegen. Die Flüge gehen Montag, Mittwoch, Freitag und Sonntag um 11.45 Uhr.

Mataram	58.500 Rp
Denpasar	92.900 Rp

• Den ***Flughafen*** erreicht man am besten mit einem Dokar oder Bemo (ca. 3 km) Richtung Alas.

Ausflüge und Touren

Die nun folgenden Zielorte bieten alle keine großartigen Sehenswürdigkeiten, wie man sie von Bali oder Java gewöhnt ist. Der Spaß an den Ausflügen sind die Ungewißheiten und Zufälligkeiten, die sich unterwegs ergeben. Es ist z.B. sehr viel einfacher, Menschen kennenzulernen, wenn es keine Losmen gibt. Man ist auf die Gastfreundschaft in den Dörfern angewiesen und wird zwangsläufig sehr engen Kontakt mit seinen Gastgebern haben, in deren Haus bzw. Bett schlafen. Es ist selbstverständlich, daß man für eine Übernachtung eine Gebühr in Höhe eines einfachen Losmenzimmers und/oder Gastgeschenke im entsprechenden Gegenwert "bezahlt".

Wer solche Touren unternehmen will, sollte folgendes bedenken. Auf Grund der schlechten Infrastruktur kann man keine Rundreisen unternehmen, man kehrt also immer wieder zum Ausgangspunkt zurück.

In viele Orte fahren nie oder nur unregelmäßig öffentliche Verkehrsmittel. Entweder stellt man sich darauf ein, Wegstrecken zu Fuß zu laufen, oder entscheidet sich für die bequemere Möglichkeit: das Motorrad (wenn man eines bekommt).

Ob nun mit Motorrad oder zu Fuß, das große Gepäck ist immer hinderlich. Die beste Lösung ist, sich ein Losmenzimmer in Sumbawa Besar als Stützpunkt zu mieten und dort das Gepäck zu deponieren. Mit einem Tagesrucksack kann man dann ein- oder mehrtägige Ausflüge unternehmen. Neben den persönlichen Dingen sollte man immer eine gefüllte Wasserflasche und Notproviant (Kekse) mitnehmen.

Labuan Sumbawa

Der kleine Sampanhafen und Sumbawa Besar wachsen langsam zu einer Stadt zusammen. Momentan beträgt die Entfernung zwischen den

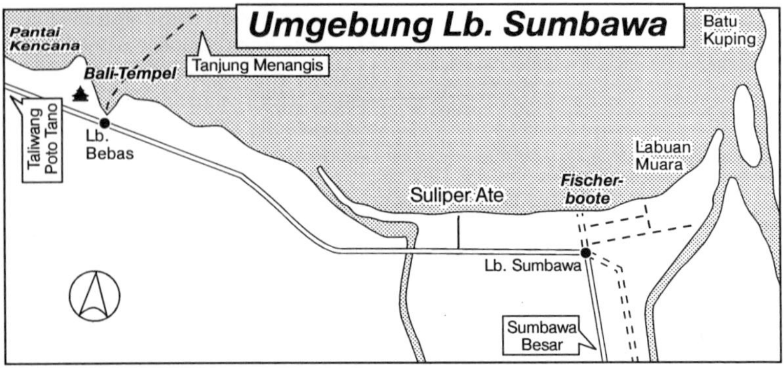

beiden Orten noch ca. 3 km, mit dem Stadtbemo erreichbar.

Boote von und zu den umliegenden kleinen Inseln liegen hier im Hafen. Auch Boote nach *Pulau Moyo* starten hier. Neben dem Hafen gibt es in diesem Ort noch ein Kino, den Markt, einige Warungs und den Strand. Es lohnt sich, von hier mit einem Boot die Küste zu erkunden. Wie immer erfordern die Verhandlungen mit den "Kapitänen" aber einiges Geschick.

Suliper Ate

Ca. 5 km von Sumbawa Besar entfernt, mit Bemos erreichbar. Ein Bade- und Erholungsort der Bewohner. Sonn- und feiertags viele Leute, es ist ein guter Ort, um Indonesier kennenzulernen.

Lb. Bebas

Zehn km von Sumbawa Besar entfernt. Lb. Bebas ist der "große" Hafen mit Schiffen zu anderen großen Inseln, z.B. nach Surabaya (Java) usw. Es sind aber kaum Schiffe da, denn die meisten fahren nach Bima.

Pura Prama Gangga

Der Bali-Tempel wurde 1972 erbaut. 1982 haben fanatische Moslems Teile des Tempels zerstört (siehe Taliwang-Zwischenfall).

Pantai Kencana

Ca. 11 km von Sumbawa Besar entfernt. Mit einem Stadtbemo nach Lb. Bebas fahren, zu Fuß ca. 1 km der Hauptstraße folgen bis zum balinesischen Tempel auf der rechten Seite. Dort führt eine Treppe hinunter zum Meer. Mittelmäßiger Strand, aber schöne Korallen. Dort befindet sich auch das Hotel *Kencana Beach Inn*.

Tanjung Menangis

(*tanjung* = Kap, *menangis* = weinen) Es gibt eine Sage, nach der eine Prinzessin gelebt haben soll, die einem Prinzen zur Frau gegeben werden sollte, den sie aber nicht mochte. Sie liebte einen ganz anderen Mann. Um nicht gegen ihr Gefühl heiraten zu müssen, wünschte sie sich, zu Stein zu werden. Sie ging also an den Strand und weinte dort so herzzerreißend, daß Gott sie zu Stein werden ließ, nämlich zum Tanjung Menangis.

Mit einem gecharterten Boot kann man zu dieser ca. 30 m hohen Steilküste fahren (ca. 1 Stunde). Viele Korallen auf dem Weg dorthin, glasklares Wasser. Leider kein Strand, aber toll zum Tauchen und Schnorcheln. Im *Kencana Beach Inn* werden Bootstouren nach Tanjung Menangis angeboten.

Semongkat

Erholungsort in den Bergen mit Swimming Pool. Samstag und Sonntag total überfüllt, ein guter Ort, um Leute kennenzulernen. Zum Baden lohnt es sich nicht. Mit dem Bemo (bis auf ca. 2 km) erreichbar.

Klungkung

Richtung Semongkat steht ca. 3 km vor Semongkat rechts an der Straße ein blaues Schild. Folgt man dieser (schlechten) Straße, erreicht man nach ca. 2 bis 3 km Klungkung. Das Dorf besteht nur aus *Rumah Pangun* (Stelzenhäuser), alle rechtwinklig ausgerichtet - ein traditionelles Sumbawa-Dorf mit großem Fußballplatz. Fast alle Häuser haben schön geschnitzte Treppen, die wie Schlittenkufen aussehen.

Außer den hübschen Stelzenhäusern hat das Dorf einen Fernsehsender mit einem 93 m hohen Antennenturm zu bieten. Dieser Turm wiederum hat eine Aussichtsplattform auf 65 m Höhe. Im Sendehaus kann man um Erlaubnis bitten, diesen Turm einmal besteigen zu dürfen. Von dort oben hat man eine traumhafte Aussicht zur Tambora-Halbinsel, zum Gunung Pasak, sogar bis Tanjung Menangis. Bei Sonnenuntergang besonders toll.

Kali Sumbawa

Der durch Sumbawa Besar fließende *Kali* (=Fluß) Sumbawa durchläuft, bevor er die Stadt erreicht, ein herrliches, fruchtbares Tal. Besonders während der Trockenzeit steht dieses Tal in starkem Kontrast zur restlichen Landschaft: grüne Reisfelder,

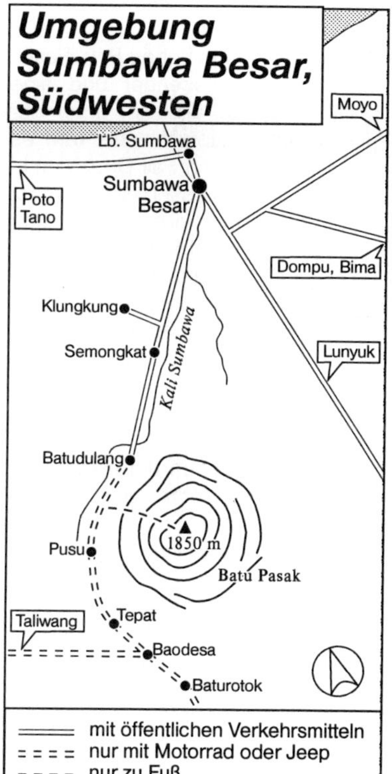

Gemüse und Palmen. Der Fluß entspringt am Berg Batu Pasak. Für viele am Fluß gelegene Dörfer ist er der Wasch- und Badeplatz.

Die Straße nach Semongkat führt an diesem Tal entlang, leider kann man nur selten ins Tal schauen, da immer Büsche und Zäune die Aussicht versperren. Zu Fuß kann man das Tal durchwandern, bis auf die Höhe von Semongkat. Dort führen Pfade nach oben auf die Straße. Zurück kommt man dann mit einem Truck oder Bus

Zum Batu Pasak

Auf dem 1850 m hohen Batu Pasak stehen ein Radiosender und eine kleine Hütte auf Stelzen, unter der man schlafen kann. Nachts wird es kalt, also auf jeden Fall Decken mitnehmen und das Essen nicht vergessen. Klettert man auf einen Baum, hat man bei gutem Wetter eine Aussicht über fast ganz Sumbawa und bis Lombok. Der Berg ist dicht bewachsen. Im Dschungel leben viele Tiere: Schwarze Affen, Wildschweine, Rotwild usw.

Der Aufstieg beginnt bei ***Batudulang.*** Insgesamt dauert er etwa vier Stunden, von denen die ersten drei angenehm wandernd zurückgelegt werden. Die letzte Stunde muß kletternderweise bewältigt werden, ein *Parang* (Buschmesser) ist sehr hilfreich. Wasser mitnehmen.

In Batudulang geht man zum *Kepala Desa.* Hier kann man das Motorrad unterstellen, übernachten und einen Führer anheuern.

Anreise: Sumbawa Besar - Semongkat (Bemo); Semongkat - Batudulang (1 Std. mit einem Motorrad, 20 km). Wer kein Motorrad hat, muß ab Semongkat zu Fuß gehen. Falls ein Gefährt vorbeikommt, wird man auf jeden Fall mitgenommen.

Nach Lunyuk

Wenn in Sumbawa erzählt wird, in Lunyuk gäbe es armlange und armdicke Bananen, dann stimmt das so nicht. Zumindest habe ich solche Monster-Bananen dort nicht gesehen. In Sumbawa Besar wird diese Geschichte trotzdem gerne verbreitet. Sehenswert sind allerdings die Schildkröten, die von September bis März nachts am Strand ihre Eier legen. Und abenteuerlich ist die Anreise über Land.

Lunyuk liegt an der ***Südküste Sumbawas,*** ca. 100 km Luftlinie von Sumbawa Besar. Bevor man die Hälfte der Strecke asphaltiert hatte, war dieses Gebiet nur zu Fuß oder Pferd erreichbar. Auch heute noch sind 40 km des Weges ungewiß und abenteuerlich. Mit ein bißchen Glück erwischt man einen LKW, ansonsten muß man reiten bzw. wandern.

Lunyuk liegt in einem Dreieck, an zwei Seiten begrenzt durch 1000 m hohe Berge und an einer Seite vom Meer. Das Tal teilt der Fluß Ree, groß genug, auch während der Trockenzeit Wasser zu führen. In der Trockenzeit ist die Gegend trotzdem sehr dürr, da der Wasserspiegel des Flußes dann ca. 8 bis 10 m tiefer liegt als zur Regenzeit.

Seit vielen Jahren ist das Lunyuk-Dreieck ***Transmigrasi-Gebiet.*** Seither sind hier einige neue Dörfer entstanden. Insgesamt gibt es 11 Dörfer, in denen (getrennt nach Herkunft und Religion) Menschen aus Lom-

Von Sumbawa Besar nach Lunyuk und Liang Petang
(Transport-Schema)

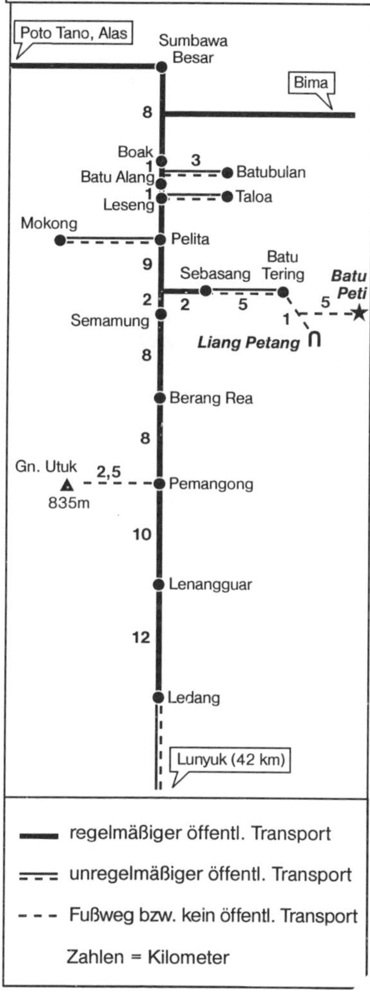

bok, Sumbawa und Bali leben. Die unterschiedlichen Religionen werden gegenseitig toleriert. Zwar halten die Balinesen aus Rücksicht gegenüber den Moslems keine Schweine, Reiswein (*Brem*) stellen sie jedoch her.

Lunyuk ist bekannt für den Reichtum an ***Früchten,*** Bananen wachsen hier in Hülle und Fülle. Reis und Ananas erntet man im Mai und April, Mangos, Papaya und *Jeruk* (Riesenpampelmusen) im September.

Die nun folgende Beschreibung der ***Anreise*** beginnt in Sumbawa Besar und führt die Orte auf, die man nacheinander durchfährt.

Vom Markt in Sumbawa Besar fahren allmorgendlich Bemos (zwischen 7.30 und 9.00 Uhr) nach Ledang. Ab Ledang ist die Straße für normale Bemos nicht mehr befahrbar. Von dort geht es zu Fuß, zu Pferd oder mit einem Truck weiter. Folgende Orte durchfährt man bis Ledang:

Semamung liegt 21 km von Sumbawa Besar entfernt. Es ist ein relativ großer Ort mit mehreren Schulen, einer Moschee, einem Puskesmas und mehreren Warungs. Ab hier führt die Straße in Serpentinen weiter durch Busch und unbewohnte Wildnis, links der Straße liegt ein Flußbett.

Berang Rea heißt der nächste Ort, 8 km von Semamung entfernt. Das Dorf besteht aus traditionellen Stelzenhäusern, schön gelegen an einem Fluß mit Reisfeldern. Hier soll es eine besondere Wasserstelle geben mit folgender Eigenart: *"The water that changes into solid matter, if we stuck a stick into it."* Diese Wasserstelle heißt *"Aik Kawat"* bzw. *"Aik Tawar"*. Ich habe dieses verrückte Teil noch nicht gesehen und kann mir absolut nicht vorstellen, wie das funktioniert bzw. was gemeint ist.

Der Wegabschnitt zum nächsten Ort, ***Pemangong,*** beträgt 8 km. Man fährt durch einen Wald, hin und wieder lassen sich Affen blicken. Kurz vor Pemangong taucht auf der rechten Seite ein nadelspitzer Berg auf, *Gunung Setok,* auch *Gunung Utuk* genannt (835 m hoch). Pemangong liegt am Fuß dieses Berges. Vom Dorf aus kann man ihn besteigen (ab Straße ca. 2,5 km Wegstrecke). Die Aussicht soll bis nach Sumbawa Besar reichen.

Den nächsten Ort erreicht man nach weiteren zehn Kilometern:

Die Autorin in Emang

Lenangguar hat 2.500 Einwohner und liegt an einem Fluß. Ein Wasserfall mit Bademöglichkeit *(Tebaburin)* liegt 2 km vom Dorf entfernt. In Lenangguar sollte man sich bereits erkundigen, ob es noch einen Truck oder anderen Transport nach Lunyuk gibt. Falls ein Truck hier bereits startklar steht, sollte man auf jeden Fall direkt umsteigen.

Ansonsten mit dem Bemo die nächsten 12 km bis ***Ledang*** fahren, dem Ende der ausgebauten Strecke. Ledang ist ein schöner, traditioneller *Kampung.* Die Hausdächer sind mit Bambusschindeln gedeckt, die Giebel verziert mit Holzschnitzereien.

Ab hier ist das weitere Fortkommen ungewiß. Es fährt zwar täglich ein Truck nach Lunyuk und zurück, nur gibt es keine festgelegten Abfahrtzeiten. Ob nun morgens oder mittags läßt sich nicht genau sagen. Beim *Kepala Desa* kann man aber alle Transportinformationen bekommen. Falls der tägliche Truck bereits weg ist, übernachtet man entweder beim *Kepala Desa,* macht sich zu Fuß auf den Weg oder mietet sich Pferde.

Von ***Ledang bis Lunyuk*** sind es noch weitere 42 km. Die Laufzeit beträgt 12 bis 15 Stunden, zu Pferd beträgt die Reisedauer ca. 10 Stunden, ein Truck benötigt 5 Stunden, mit einem Jeep oder Geländemotorrad schafft man die Strecke in 4 bis 5 Stunden (das hängt natürlich vom Fahrer ab). Während der Regenzeit verlängert sich die Reisezeit.

Unterwegs gibt es weder Losmen noch Dörfer. Man kann aber ohne Probleme am Wegrand schlafen. Entlang der zweiten Hälfte des Weges befinden sich Straßenarbeiter-Camps, notfalls kann man dort Unterkunft und Verpflegung erhalten (falls die Camps noch da sind).

Mit dem Bau der Lenangguar-Ledang-Lunyuk-Straße wurde bereits 1981 begonnen, 1985 sollte das Projekt beendet sein - das hat aber ganz offensichtlich nicht geklappt. Sowohl die Holländer als auch die Japaner hatten jeweils zu ihrer Zeit den gleichen Versuch gestartet. Die "Straße" sieht wohl immer noch so aus, als hätte sich lediglich eine Walze quer durch das Gebüsch geschoben. Jede Regenzeit macht die in der Trockenzeit verrichtete Arbeit zum großen Teil zunichte.

Der ***Kali Ree*** entspringt in der Nähe von Lenangguar und fließt bei Lunyuk ins Meer. Zur Regenzeit soll dieser Fluß gewaltige Wassermassen zum Meer tragen. Teilweise ist die "Straße" 100 m steil oberhalb des Flusses gebaut - entsprechend aufregend ist auch die LKW-Fahrt, am Rande des Abgrunds entlang. Der hügelige Weg führt die meiste Zeit durch Bambusgebüsch und Wald. Die letzte Möglichkeit, das Flußbett ohne großartige Kletterei zu erreichen, hat man etwa 12 km nach Ledang.

Traditioneller Reisspeicher in Emang

Im ***Lunyuk-Dreieck*** existieren 11 Dörfer.

Emang ist das älteste und schönste Dorf mit vielen alten Häusern und Reisspeichern, oft noch mit Bambusschindeln gedeckt.

Von Emang zum Strand sind es ca. 2 Kilometer. Dort steht sehr auffällig ein 30 m hoher, völlig vereinzelter ***Felsen.*** Zur Zeit der japanischen Besetzung war dies ein Verteidigungs- und Unterstand, man hat ihn zu diesem Zweck weiträumig ausgehöhlt. Mit einer Leiter kann man in den Innenraum gelangen, oben sind die Einstiegslöcher zu sehen.

Während einer Flutkatastrophe 1977 konnten sich ca. 200 Bewohner auf den Felsen retten und somit überleben.

Von September bis März herrscht hier Schildkrötenhochsaison. Nachts kommen die riesigen ***Wasserschildkröten*** an Land und legen Eier. Um die Tiere zu sehen, schläft man am besten am Strand. Das Jagen und Töten dieser Tiere sowie das Sammeln von Schildkröteneiern ist heute untersagt. Aber solange Schiffe von Bali kommen, um Schildkrötenfleisch

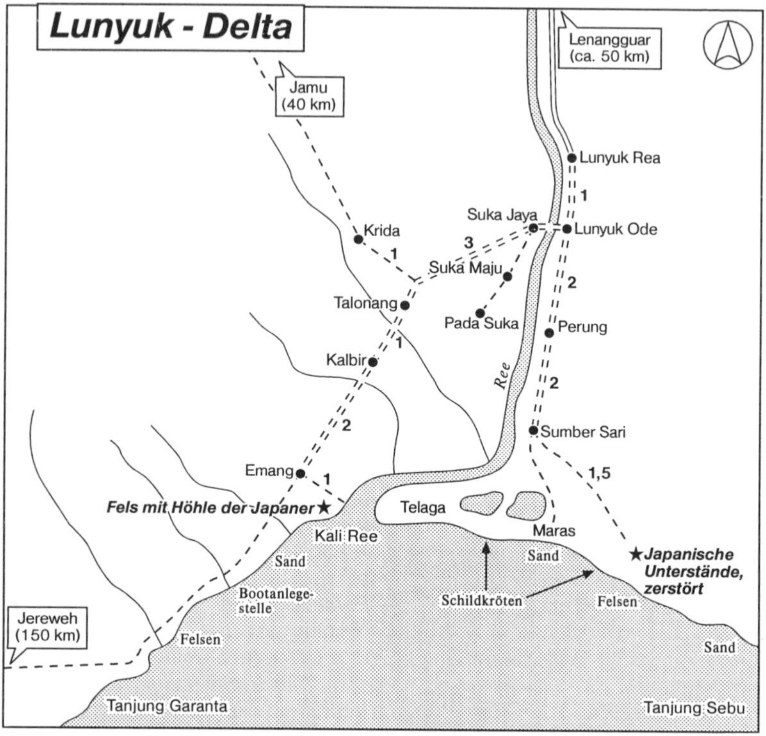

und Panzer für Touristen einzukaufen, wird wohl niemand aufhören, diese Tiere zu töten.

Übernachten und Essen kann man im Haus des *Kepala Kampung* von Emang.

In *Lunyuk Rea,* dem ersten Ort, wenn man von Sumbawa Besar kommt, ist der Sitz des *Camat* (Kreisvorstand). Auch hier kann man um einen Schlafplatz und Essen bitten. Wer hier ein Motorrad mieten möchte, erkundige sich bei seinem Gastgeber. Er weiß auch, bei wem man Benzin kaufen kann. Der Benzinpreis liegt um einiges über dem Normal-Preis, das ist aber kein Wunder bei dem langen Transportweg.

Rumah Makans gibt es hier keine. Nur winzige Warungs, an denen man Kaffee oder Tee trinken bzw. Bananen und anderes Obst essen kann. Eine einzelne Banane kann man gar nicht kaufen, so gering ist der Preis, es gibt gleich immer ein ganzes Bündel.

Das größte Dorf ist ***Suka Maju*** ("Den Erfolg lieben"). Hier wohnen ausschließlich transmigrierte Hindus von Nusa Penida (Bali).

In ***Pada Suka*** leben Sassaks aus Lombok, in ***Kalbir*** Moslems aus Bali und Lombok.

Nach Batu Tering

Wer Lust hat, eine ***Höhle*** zu erforschen, kann in das knapp 30 km von Sumbawa Besar entfernte Batu Tering fahren. Für diese Tour muß fast ein ganzer Tag veranschlagt werden. Frühmorgens starten mit einem Bemo/Truck von der Busstation/Pasar (siehe Stadtplan Richtung *Sebasang*). Die beste Sicht hat man vorne neben dem Fahrer, denn hinten wird die Aussicht durch Marktkörbe, Säcke u.ä. versperrt sein.

Auf der Strecke nach Batu Tering kann man gut *Parang-Schmieden* besichtigen (*Parang* = Buschmesser). In ***Batu Alang*** befindet sich an der Straße eine solche urtümliche Schmiede mit Blasebalgvorrichtung. Natürlich kann man so ein Buschmesser auch hier kaufen, 50 % billiger als in Sumbawa Besar auf dem Markt. Übrigens wartet das Bemo, wenn man die Schmiedebesichtigung nicht zu lange ausdehnt.

Ca. 1 km hinter Batu Alang führt links eine Straße nach ***Taloa,*** einem Dorf, das ausschließlich aus Messer- und Parangschmieden besteht. Kurz hinter dieser Abzweigung liegt das Dorf ***Pelita.*** Rechts und links der Straße befinden sich Minikalkbrennereien, die Ähnlichkeit mit umgestürzten Blumentöpfen haben. Die Schmiedenbesichtigung ist auch ein guter Tagesausflug

Die Busse, Bemos und Trucks haben ihre Endstation alle in ***Sebasang,*** einem großen Dorf. Ca. 5 bis 7 Bemos fahren die Strecke Sumbawa Besar - Sebasang täglich. Nach 17.00 Uhr wird es schwierig, hier wieder wegzukommen.

Um nach ***Batu Tering*** zu kommen, muß man jetzt noch ca. 5 km der Straße folgen. Ungefähr eine Stunde angenehmes Laufen, ohne Steigungen. Wer Glück hat, kann auf einen der recht selten fahrenden Trucks aufsteigen. Batu Tering ist ein rechtwinklig angelegtes Dorf, das nur aus Stelzenhäusern besteht.

Um zur ***Höhle Liang Petang*** zu gelangen, sollte man sich beim *Kepala Kampung* melden. Der Dorfchef wird dann einen Führer, eine Lampe und, falls man länger bleiben will, auch eine Unterkunft besorgen.

Für Selbstfinder: Bis zur Höhle ist es ungefähr 1 km. Immer dem Flußbett links hinter der Schule folgen, bis zu einem Damm. Dann noch ca. 100 m weiter, bis sich der Fluß in eine Felsspalte gräbt. Jetzt links den Berg hochklettern und suchen. Der Höhleneingang ist etwas schwierig zu finden.

Liang Petang (*liang* = Höhle, *petang* = dunkel), ist ein ca. 200 m langes Höhlenlabyrinth. Die Felsen wirken teilweise wie Knochen, weiße glitzernde Tropfsteingebilde. Der Haupteingang endet an einem Tümpel. Mehrere Gänge verzweigen sich und sollen alle aus dem Felsen herausführen. Fledermäuse und Grillen leben in dieser Höhle. Ein Tropfstein, der wie ein schlafender Mann aussieht, wird *"Orang Santai"* genannt.

5 km von Batu Tering entfernt ist ***Batu Peti,*** ein ca. 5000 Jahre alter Steinsarkophag, zu besichtigen. Die-

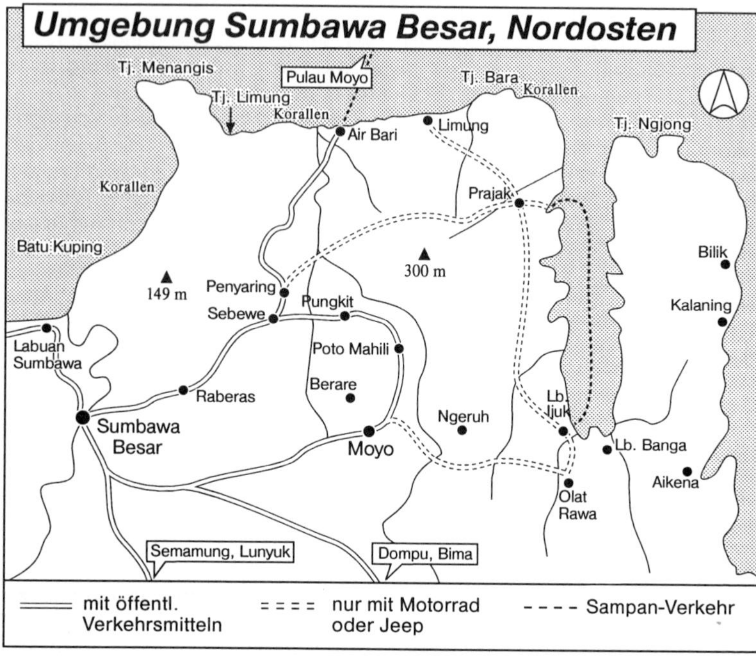

ser Sarkophag soll Ähnlichkeit mit den Steinsarkophagen der *Dayaks* auf Kalimantan haben. Keiner weiß so recht, wer ihn gemacht hat. Rundherum liegen Felsbrocken mit rechteckig ausgeschlagenen Fächern sowie Steinmetzarbeiten: Krokodile, Köpfe, Menschen. Man geht von Batu Tering ca. 5 km bergauf. Führer beim ***Kepala Kampung*** erbitten.

In Richtung Nordosten

Penyaring ist ein Viehzüchterort, ca. 6 km nordöstlich von Sumbawa Besar entfernt, gelegen inmitten von herrlicher, prärieartiger Gegend mit großen (ausgesprochen hübschen) weißen Buckelrindern und Pferden. Diese Tour macht man am besten mit dem Motorrad. Von Penyaring kann man weiterfahren Richtung Norden ans Meer durch Mangrovenhaine, Wälder und Wiesen.

Unterwegs begegnet man Herden von ***weißen Rindern.*** Sie wurden von den Holländern aus Java hergebracht.

Richard Katz schreibt in "Heitere Tage mit braunen Menschen", Berlin 1930, dazu : *Die holländische Kolonialregierung wollte die Büffelrasse auf Sumbawa noch höher züchten und schickte deshalb einen Tierarzt hin, der die schwächeren Tiere kastrieren sollte. Die Heiden von Sumbawa kastrieren kein Tier. Dazu ist ihr Herz zu milde.*

Sie erschlugen lieber den Tierarzt. Wie gesagt, guter Wille allein reicht nicht aus zum Kolonisieren. Einfühlung! Einfühlung! ...

Auf Sumbawa gibt es nur in dieser Gegend *Sapi putih (Sapi* = Kuh, *putih* = Weiß). Zum Pflügen sollen Sapi putih nicht so geeignet sein, aber als Zug- und Reittiere lassen sie sich nutzen. Und vor allen Dingen geben sie etwas Milch. Das Fleisch der weißen Rinder ist teurer als das des gemeinen Wasserbüffels. In Penyaring leben etwa 500 Menschen, ca. 3000 Wasserbüffel und 350 *Sapi putih.* Im Dezember und Januar finden hier große ***Wasserbüffelrennen*** statt.

Wenn man von Penyaring weiter nach Norden, Richtung Meer, fährt, trifft man auf zwei winzige Dörfer. Eines davon heißt Poto Tano, hat aber mit dem neuen Fährhafen im Westen Sumbawas nichts zu tun. Pro Kampung lebt nur eine Familie. Die Bewohner stammen aus Sulawesi. Sie leben von Kokosnüssen und Fischzucht. Noch weiter Richtung Norden passiert man ihre Fischteiche und gelangt dann ans Meer. Am Strand stehen Hütten, die jedoch nur von Oktober bis Dezember bewohnt werden. Das ist die Zeit, in der Tausende junge Fische an den Strand schwimmen. Dort werden sie zur Aufzucht gefangen und in die Teiche gesetzt.

Zur Insel Pulau Moyo

Pulau Moyo ist ca. 15 km von der Nordküste West-Sumbawas entfernt. Zwei Drittel dieser Insel sind Natur-

"Einfamiliendorf" nördlich von Penyaring

Sapi Putih bei Penyaring

schutzgebiet. Wer Wildnis, freilebende Büffel, Hirsche, Wildschweine, Vögel und schöne Korallen sucht, findet das hier. Die Insel ist größtenteils bewaldet. Im Norden befinden sich zwei Orte, Kampong Sebolok und Orong Santek.

Es gibt keinen regelmäßigen Fährverkehr zur Insel. Entweder chartert man ein Boot in Sumbawa Besar im *Tambora Hotel* oder bei der *P. T. Moyo Safari Abadi*, Jalan Garuda, Sumbawa Besar, Tel. 21838. Oder man fährt mit einem Bemo zum 30 km entfernten ***Air Bari***, einem kleinen Örtchen direkt an der Nordküste. Von dort lassen sich Ein- und Mehrtagesausflüge organisieren. Eine Tagestour mit Transport und Eintritt, aber ohne Essen kostet 35.000 Rp.

Am Südzipfel Pulau Moyos, ***Tanjung Pasir***, gibt es die Möglichkeit, in Zelten zu übernachten. Ein sehr einfaches Restaurant ist vorhanden. Von diesem Stützpunkt aus kann man in Begleitung von einem Guide Wanderungen unternehmen bzw. die Unterwasserwelt erforschen. Man sollte nicht zu weit hinausschwimmen, da es zum Teil starke Strömungen und Strudel gibt.

Ein ***Nobelcampingplatz,*** das *Amanwana* Resort, hat hier seine im wahrsten Sinne des Wortes ausgesprochen luxuriösen Zelte aufgeschlagen. Es geht das Gerücht um, daß 1994 *Lady Di* in einem der mit Klimaanlagen versehenen Zelte im Luxusbett "campte". Die Betten und das Personal müssen sehr gut sein, denn es gibt keine Kunde von einer schlechten Nacht aufgrund einer Erbse. (Das mag aber auch daran liegen, daß Sumbawa keine Erbsenanbaugebiete hat.) Der Preis von 200–400 US-$ pro Nacht schließt unangenehme nächtliche Grill-Partys des gemeinen Pöbels aus und ein luxuriöses, sand-und mückenfreies Zelt mit entsprechenden Waschgelegenheiten ein. Duschen, Essen und Getränke sind im Preis inbegriffen. Ansonsten gibt es natürlich einen kleinen Supermakt (wie auf jedem Campingplatz), Bar, Bibliothek und Wassersportangebote, wie tauchen schnorcheln, windsurfen, segeln usw. Einfach hinfahren und sein Zelt aufschlagen ist bei diesem Campingplatz nicht möglich. Anmeldungen nimmt das *Aman International Office,* Nusa Dua, Tel. 361-71267, Fax 361-71266, in Bali entgegen.

Von Sumbawa Besar über Dompu nach Bima

Die Fahrt von Sumbawa Besar bis Bima (ca. 250 km) führt durch herrliche Landschaft: Steppen, Wiesen, Berge mit Aussichten in die Täler. Am Horizont ragen hohe Berge auf.

Der erste größere Ort ist ***Plampang*** (nach ca. 60 km), ein Städtchen mit ca. 7000 Einwohnern. Zum größten Teil leben hier Moslems (ca. 6500), der Rest sind Hinduisten (ca. 300) und Buddhisten (ca. 15).

Der kleine Hafen von Plampang heißt ***Labuan Alla.*** Dort wächst im Meer eine bestimmte Pflanze, aus deren Wurzeln Armreifen hergestellt werden, die vor Rheuma schützen sollen: *Akar bahar.* Auf fast allen Märkten Sumbawas sieht man fliegende Händler diese Armreifen zum Verkauf anbieten. Die Luxusausführung dieser Reifen hat Steine an den Enden. Dem Hafen *Alla* vorgelagert sind schöne Korallengärten.

In ***Teluk Santong*** kommt man zum ersten Mal wieder ans Meer. Eine knallblaue Bucht mit dem Fischerörtchen Teluk Santong. Die Straße wurde durch das Watt gebaut. Bei Flut glaubt man, mitten durch's Meer zu fahren.

Direkt nach dem Örtchen ***Empang*** durchquert man die malerischen Fischerdörfchen ***Labuan Liang*** und ***Labuan Jambu,*** bestehend aus bunten, traditionellen Häusern mit schönen Giebelverzierungen. Ca. 1 km hinter Labuan Jambu folgt eine einsame Sandbucht mit Palmen. Auf dem Meer liegen unzählige *Bagans* (Fischerboote, die aussehen wie Katamarane), die nachts das Meer in ein Lichtermeer verwandeln.

Etwa 2 km weiter hat man dann Aussicht auf den ***Tambora*** und die davorliegende Bucht. Die Gegend wird merklich trockener.

Ca. 120 km von Sumbawa Besar entfernt beginnt der ***Distrikt Dompu.*** Die Distriktgrenze markiert auf einem Rastplatz ein ziemlich häßliches Monument.

Bei ***Naga*** hat man dann den vorläufig letzten Ausblick auf's Meer, von nun an geht es ständig bergauf und bergab bis nach Dompu. Ab Distriktgrenze Dompu ist auffallend, daß alle Häuser mit einem ca. 1,5 m hohen Zaun umgeben sind. Steinhäuser werden immer seltener (Dompu siehe folgendes Kapitel).

An der Straße von Dompu nach Bima bilden alte knorrige Bäume (*Kayu Java)* eine Allee. Unter dem letzten regierenden *Raja* sollen Gefangene diese Bäume gepflanzt haben.

Etwa 20 km vor Bima liegt links der Flughafen, dann erreicht man die ***Bima-Bucht.*** Hier wird Salzgewinnung

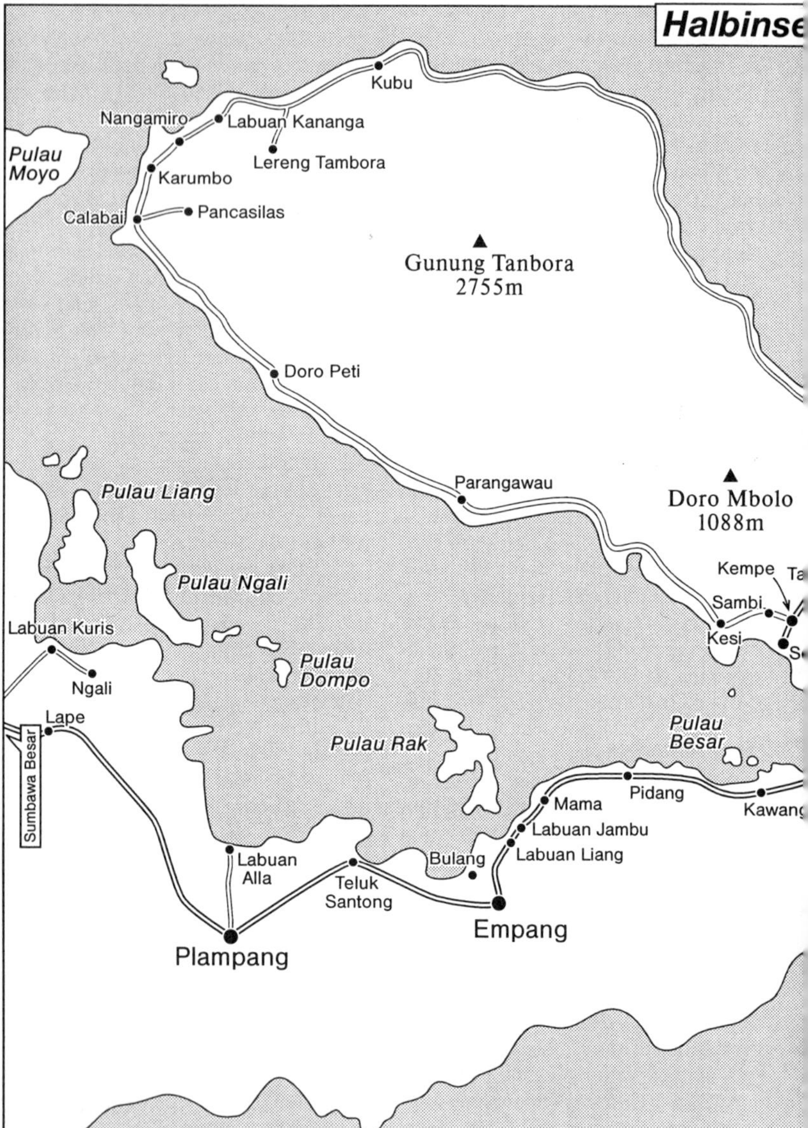

Halbinse
Kubu
Nangamiro
Labuan Kananga
Lereng Tambora
Pulau Moyo
Karumbo
Calabai
Pancasilas
Gunung Tanbora
2755m
Doro Peti
Pulau Liang
Parangawau
Doro Mbolo
1088m
Pulau Ngali
Kempe
Sambi
Kesi
Labuan Kuris
Ngali
Pulau Dompo
Lape
Sumbawa Besar
Pulau Rak
Pulau Besar
Pidang
Mama
Labuan Jambu
Labuan Liang
Bulang
Labuan Alla
Teluk Santong
Empang
Plampang

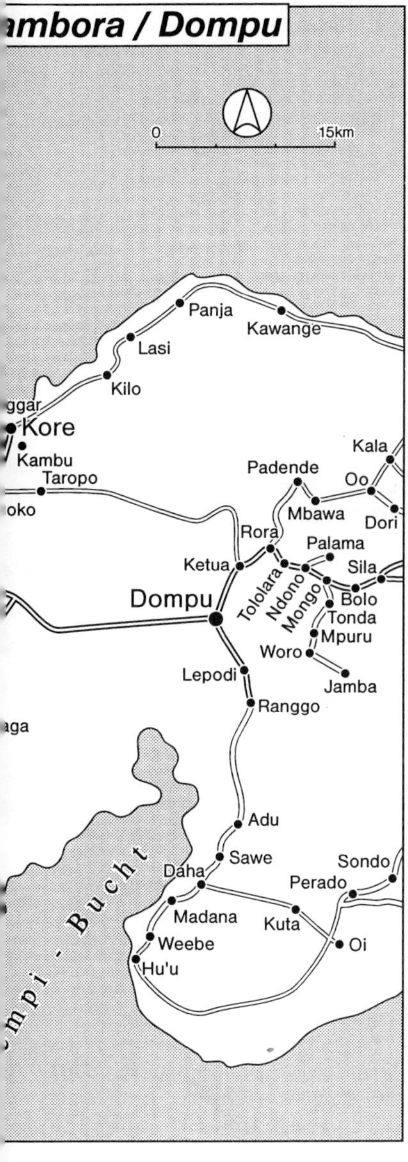

betrieben. Stadt und Hafen Bima liegen östlich an der Bucht, westlich davon erheben sich die Donggo-Berge.

Dompu

Das ***Kebubaten Dompu*** mit der Verwaltungshauptstadt gleichen Namens war (auch zu Sultanatszeiten) und ist das unbedeutendste Gebiet der drei Distrikte Sumbawas.

Der ***Ort Dompu*** eignet sich nicht besonders gut als Stützpunkt, lediglich wenn man den *Tambora* besteigen will oder nach Hu'u zum Surfen möchte. Dompu ist sehr weitläufig angelegt. Obwohl die Stadt flächenmäßig größer als Sumbawa Besar oder Bima ist, hat sie weniger Einwohner. Zentral gelegen ist der Marktplatz mit Busstation. In Dompu kann man nichts Großartiges unternehmen oder anschauen. Selbst der alte Sultanspalast wurde mittlerweile abgerissen. Die Lokalsprache ist Bahasa Bima.

Unterkunft

- ***Wisma Kari Jawa*,*** Jalan Pang Sudirman 5.
- ***Wisma Praja *+**,*** Jalan A. Yani Nr. 9, gelegen an der Hauptstraße nach Bima, modern, ruhig, sauber. Restaurant mit normalen Preisen gleich nebenan, insges. 10 Zimmer, Doppelzimmer, Dreier- und Einzelzimmer, teilweise mit Bad.

Transportpreise

• Stadtbemo	200 Rp
• Hu'u	1.000 Rp
• Sumbawa Besar	5.000 Rp
• Bima (Bus)	1.500 Rp
• Bima (Expreßbus)	4.000 Rp

Hu'u

Hu'u entwickelt sich seit 1988 zum ***Surfer-Paradies.*** Vorwiegend australische Surf-Boys verbringen hier ihren Urlaub auf den drei Superwellen, die sich draußen im Meer brechen. Normalsterbliche, also Nicht-Surfer, gehören zu den Außenseitern. Neuankömmlinge werden mit der Frage begrüßt, ob sie Surfer seien. Antwortet man mit "nein", folgt ein enttäuschtes "Ach so", und die Kommunikation ist beendet. Wenn es einen also nicht stört, Außenseiter zu sein, kann man hier geruhsame Tage mit Schwimmen, Sonnenbaden und Muschelsuche verbringen.

Besonders voll ist es in den Monaten Juni, Juli und August. Da können schon mal alle Betten belegt sein, und man muß am Strand übernachten.

Unterkunft

An einer langen Bucht mit weißem Sand befinden sich derzeit fünf Beach Resorts, zwei waren noch nicht ganz fertiggestellt.

- ***Mona Lisa*+**,*** große Bungalows mit Terassen, je nach Preiskategorie mit Mandi und/oder Meerblick, Schaumstoffmatratzen, inklusive Frühstück, mit Restaurant, Billardtische.
- ***Prima Donna****** , ganz rechts am Strand gelegen, sauber, ruhig und nett, mit Mandi.
- ***Intan Lestari**** , ohne Mandi, mit Restaurant.
- ***Balumba*+***** , recht einfach, das Mandi befindet sich außerhalb mit Restaurant.
- ***Lakey Peak***** , fünf Doppel-Bungalows, mit Restaurant.

Anreise

Die Anreise ab Bima ist relativ mühsam, wenn man den 10-Uhr-Direkt-Bus verpaßt hat. Bei den verlangten Fahrpreisen muß man sehr aufpassen, denn gerade auf dieser Strecke ist es üblich, deutlich höhere Fahrpreise zu verlangen.

Bima - Dompu	1.500 Rp
Dompu Busterminal - Busterminal Hu'u (Bemo)	250 Rp
mit Bus bis Hu'u	1.000 Rp
Hu'u Busterminal - Strand (ca. 8 km)	500 Rp

Tambora

Im April 1815 zerstörte der ***Ausbruch des Vulkans Tambora*** (2936 m hoch) das gesamte Sultanat Dompu und das von Dompu westlich gelegene Sultanat Sanggar. Das Sultanat Sanggar wurde durch diesen Ausbruch ausgelöscht. Diese Eruption zählt, neben der des *Krakataus,* zu den gewaltigsten und gewaltsamsten der jüngeren Erdgeschichte. Der Gipfel des Tambora stürzte in sich zusammen, gewaltige Lavaströme ergossen sich ins Meer. Man schätzt die ausgestoßene Gesamtmenge auf 152 Kubikkilometer! Zugleich setzte ein verheerender Auswurf an Gesteinsblöcken ein, und ein dichter Ascheregen verdunkelte tagelang den Himmel. Ein Wirbelwind, der anscheinend durch den Einbruch des Gipfels entstand, entwurzelte Tausende von Bäumen, der Meeresspiegel stieg um 4 m und überflutete das Küstenland. Vom 5. bis 7. April 1815 wütete der Tambora. Die direkten Verwüstungen dauerten acht Tage; während der letzten drei war der Ascheregen so dicht, daß totale Finsternis herrschte. Ganz Sumbawa wurde von einer über 1 m hohen Ascheschicht bedeckt, die Vulkanhöhe verringerte sich um 1250 m. Der Krater, der sich durch die Explosion bildete, hat einen Durchmesser von 11 km. Man

Die Bezwingung des Tambora

Ich rüstete mich nun zur Reise nach dem Innern und hatte dabei vorzüglich den Berg Tambora im Auge, der seit seiner Erupzion im Jahr 1915 nicht bestiegen war. (...) Die Eingeborenen erzählten schauerliche Dinge von dem Berg. Da sei kein Wasser. Wo man hintrete, da breche Feuer aus dem Boden hervor. Der Berg sei bewohnt von bösen Geistern, und Sturm, Gewitter, sicheres Verderben sei das Loos desjenigen, der in jene Region höllischer Geister muthwillig sich versteige. Leute seien hingegangen um zu jagen oder Bienenwachs zu suchen, aber nicht mehr zum Vorschein gekommen, und was dergl. Dinge mehr sind.

Der Forscher *Heinrich Zollinger* bereiste 1847 Sumbawa, um, wie er schrieb, *"allgemeine Kenntniss vom Zustand der Insel zu erwerben, speziell aber ihre natürlichen Erzeugnisse und Hilfsmittel näher zu erforschen"*. Besonders interessierte ihn der Gunung Tambora, der seit seinem Ausbruch nicht mehr bestiegen worden war. Warum es überhaupt zu diesem gewaltigen Ausbruch kam, wußte niemand besser als die Bewohner Dompus. Der König des Tamboras hatte durch eine ruchlose Tat die Strafe des Himmels geradezu herausgefordert. Folgende Erzählung schildert den Tathergang:

"Dies dient um die Geschichte mitzutheilen des Königreiches Tambora, auf welches Gottes, der ewig zu preisen und der Allerhöchste ist, erzürnt wurde, so dass es nunmehr vertilgt ist. Aber in denselbigen Tagen lebte Seid (Ein Vornehmer, der von Mohammedaner abstammen soll.) Idrus, gebürtig von Bangkala, der mit den Buginesen auf dem Schiffe fuhr um Handel zu treiben, und er landete in der Stadt Tambora. Eines Tages begab sich der Herr Seid Idrus an das Land und wandelte hin und wieder in der Hauptstadt, bis es Nachmittags und trat alsdann in die Moschee um Gott anzurufen. Und als er fand, dass in der Moschee ein Hund war, befahl er denselben durch Schläge hinauszutreiben. Da ward der Mann, der den Hund besorgte, zornig und sagte: "Der König ist der Eigenthümer dieses Hundes". Und Herr Seid sagte: "Das ist gleichviel, wem der Hund gehöre. Wir sind in dem Tempel des Herrn, der ewig zu preisen und der Allerhöchste ist, und dem dies Haus geweiht ist. Ein Jeglicher, der einen Hund in den Tempel bringt, der ist des Teufels". Und der Mann, der den Hund besorgte, ging hin und sagte zu dem König: "Es ist ein Araber, der da sagt, dass ich, ein Mann von Tambora, des Teufels bin, weil er einen Hund gefunden hat im Tempel". Als der König dies hörte, ward er zornig und befahl einen Hund und eine Ziege zu schlachten und den Araber zu rufen. Der Herr Seid Idrus kam zum Hause des Königs mit allen Grossen des Reiches Tambora. Und als nun Alle sich gesetzt hatten, wurde der Reis aufgetischt vor der Menge und ein Gericht Hundefleisch vor den Seid, ein Gericht Ziegenfleisch vor die Männer aus Tambora. Und Alle as-

sen. Nach der Mahlzeit fragte der König von Tambora den Seid: "Ho, Araber! wie kannst du das Hundefleisch unrein nennen?" Und der Seid antwortete auf die Rede das Königs: "Ja, es ist unrein!" Der König aber sprach: "Und wenn du es unrein nennst, warum hast du denn diesen Hund gegessen?" Und der Seid erwiderte: "Ich habe keineswegs Hundefleisch gegessen, sondern Ziegenfleisch". Und als sie nun so sprachen, entstand ein Wortstreit zwischen dem König von Tambora und demselbigen Seid, also dass der König seinem Volke befahl: "Tödtet mir diesen Mann". Und sie hielten den Herrn Seid fest an seinen Händen und schleppten ihn zwischen vielen Menschen nach dem Berge Tambora. Allda angekommen stachen, die ihn gebracht hatten, mit Speeren und Dolchen nach ihm, aber er konnte mit diesen Waffen nicht getödtet werden. Darauf holten die Leute Holz, und es waren solche, die Steine holten, solche, die ihn steinigten, solche, die ihn schlugen. Da fiel er bewusstlos nieder mit zerschmettertem Haupte aus welchem das Blut strömte. Und sie sagten: "Der Herr Seid ist todt". Sie warfen ihn in ein Loch und kehrten nach Hause, um dem König die Botschaft zu bringen. Als nun die Menschen, welche den Seid getödtet hatten, zwischen der Stadt und Berge Tambora waren, brach Feuer aus dem Berge, da wo der Mord begangen worden war. Das Feuer flammte gewaltiglich, und Holz und Steine und Erde, Alles war in Flammen. Und das Feuer verfolgte die Mörder. Und sie flüchteten sich Alle nach der Hauptstadt. Das Feuer aber folgte nach der Stadt und ganz Tambora entsetzte sich. Ein Jeglicher suchte sein Leben zu retten. Durch die Macht Gottes, der ewig zu preisen und der Allerhöchste ist, folgte das Feuer, wohin die Menschen sich flüchteten, selbst nach dem Meere folgte es, also dass das Meer von Tambora flammte. Verschiedene Tage lang brannte das Feuer auf dem Gebirge, in den Dörfern, auf dem Meere wie auf dem Lande. Und es ward Finsterniss und Aschenregen. Nichts rettete die Einwohner von Tambora; viele Tausende starben verbrannt. Die Stadt Tambora versank und wurde Meer, bis auf den heutigen Tag können die Schiffe ankern, wo die Stelle der Stadt Tambora ist.

Jetzt erzählt das Volk, dass der König diesen Seid nicht tödten konnte, sondern dass dieser jedes mal wieder lebendig geworden worden sei. Er solle sich noch jetzt auf dem Berge aufhalten (am 6. April = Feuerberg), wo er ein einsiedlerisches Leben führe. Ferner berichtet die Sage, der König von Tambora sei nicht nur übermütig, sondern auch sehr reich gewesen. Als das Unglück gekommen, habe er alle seine Reichthümer, viele Zentner in einen Brunnen geworfen, um sie nachher wieder zu holen. Gar viele Leute auf der Insel glauben zuverlässig, ich sei gekommen, um diesen Schätzen nachzuspüren. Einen anderen vernünftigen Zweck konnten sie sich gar nicht denken."

Am 9. August 1947 um 6.00 Uhr morgens brach *Heinrich Zollinger* trotz aller Schreckensgeschichten zur Tamborabesteigung von Sangar aus auf. Gemeinsam mit 40 Leuten, zu Fuß und zu Pferd, aber leider ohne Koch, denn der war krank geworden, benötigte er vier Tage für den Auf- und Abstieg. Am 13. August 1947 traf er nach erfolgreicher Besteigung wieder in Sangar ein. Und wurde folgendermaßen begrüßt: *"Die Begleiter sangen und rezitirten Siegeslieder, welche gesungen werden, wenn das Volk von Sangar aus dem Kriege kommt. Alt und Jung strömten uns entgegen. Viele befühlten unsere Leiber und wollten ihren Augen nicht trauen, als sie uns lebendig und unversehrt sahen. Sie hatten nie gedacht, dass wir so gesund, so munter und so bald zurück sein würden. Im Dorfe empfing uns der Priester, der mich feierlich segnete. Es war ein grosses Fest, Tag und Nacht hindurch. (...) Ich ließ für das Volk einen Büffel schlachten und Reis unter dasselbe austheilen. Jetzt hielt man das Land von seinem Fluch erlöst, die bösen Geister gebannt. Das Unglück von 1815 werde nie wiederkehren, hoffte man. Des Schiessens, Jauchzens und Singens war kein Ende, bis der Morgen anbrach."*

(Alle Zitate aus *"Besteigung des Vulkanes Tambora auf der Insel Sumbawa und Schilderung der Erupzion desselben im Jahr 1815"* von *Heinrich Zollinger,* Winterthur 1855)

schätzt den Innendruck, der zu dieser Explosion führte, auf 3.270.000 kg/cm. Die Hälfte der Bevölkerung Sumbawas fand den Tod.

Die Tambora-Besteigung

Die erste Voraussetzung, um den Tambora zu besteigen, ist eine ausgezeichnete Kondition und Bergsteiger-Erfahrung. Die Besteigung ist nicht unbedingt lohnenswert, denn falls der erreichte Gipfel gerade wolkenverhangen ist, war die ganze Anstrengung umsonst. Man hat dann weder Ausblick über Sumbawa bis Lombok noch Einblick in den Krater. Es ist also kein Berg, der jede Anstrengung lohnt.

Der einzige Ausgangsort für eine Besteigung ist ***Calabai*** im Nordwesten der Tambora-Halbinsel. Calabai ist eine Holzfällersiedlung, die direkt an der Küste liegt. Man kann hier Grundnahrungsmittel kaufen, allerdings relativ teuer. Besondere Sachen, die für die Besteigung benötigt werden, wie Nüsse, Kekse, Batterien u.ä., sollte man in Bima oder Sumbawa Besar erwerben.

Die einzige ***Übernachtungsmöglichkeit*** im Ort ist ein Guesthouse, daß der örtlichen Holzfällervereinigung gehört. Es handelt sich um ein kleines Holzhaus mit Veranda, von dem man eine wunderbare Aussicht auf Pulau Moyo hat. Die schriftliche Erlaubnis, dort zu wohnen, muß man sich vom Leiter der örtlichen Holzfällervereinigung holen. Das sollte man gleich bei der Ankunft machen. Pro Übernachtung sollte man ca. 10.000 Rp rechnen.

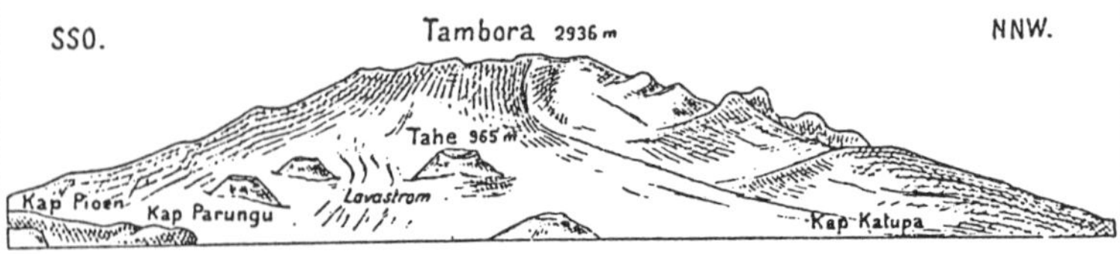

Fig. 104. Der Tambora-Vulkan von Osten gesehen. Gez. Gründler.

Zwei Dinge sind zur eigenen Sicherheit absolut erforderlich. Man braucht einen ***ortskundigen Guide,*** und wenn man Calabai verläßt, muß man sich bei der örtlichen Polizei ***registrieren*** lassen. Diese Registrierung hat seinen Sinn, denn falls man sich verirrt, würde die Calabai-Polizei eine Suche veranlassen. Da der Tambora kaum bestiegen wird, sind die Fußwege nicht selten zugewachsen, so daß man sich nicht mehr an dem Trampelpfad orientieren kann. Zudem ist der Tambora häufig wolkenverhangen. Läuft man in diesen Wolkenbänken, verliert man leicht die Orientierung, wie in dichtem Nebel.

Guides sind nicht besonders teuer. Man sollte ca. 10.000 Rp/Tag plus Verpflegung (Reis und Fisch) rechnen. Der Guide trägt auch das Essen und die Wasserkanister.

Der eigentliche Ausgangspunkt zur Vulkanbesteigung ist ***Pancasilas,*** ein Örtchen ca. 15 km von Calabai entfernt. Manchmal fahren frühmorgens Trucks zu dem Dörfchen, ansonsten muß man laufen bzw. ein Dokar oder Motorrad chartern.

Es empfiehlt sich, sehr früh morgens von Pancasilas aufzubrechen, da es normalerweise nachmittags am Berg regnet. Der erste, etwas breitere Weg bis zu einem winzigen Dorf beträgt ca. 5 km, ab dort zweigt ein schmaler Pfad ins Dickicht ab. Nach ca. zwei Stunden erreicht man ein ***Waldgebiet*** mit deutlich höheren Bäumen. In diesem Gebiet leben viele Hirsche, Affen, Wildschweine, Schlangen und Blutegel. Die Blutegel sind leider am zutraulichsten, völlig ohne Scheu und hungrig. Diese Strecke ist nicht besonders angenehm zu laufen, da sie oft matschig und glitschig ist.

Nach weiteren vier Stunden Steigung erreicht man einen Fluß und den ***Fuß des Berges.*** Ab hier wird die Vegetation deutlich trockener und der Wald lichter. Der Weg schlängelt sich ab jetzt fast bis zum Kraterrand hinauf. Entweder schlägt man hier sein Camp auf und übernachtet oder man versucht, möglichst dicht an den Kraterrand zu kommen. Die Nächte sind relativ kalt und windig. Die besten Chancen auf eine gute Aussicht hat man morgens. Wer den Sonnenaufgang sehen möchte, muß vom Fuß des Berges noch vor der Dämmerung loslaufen, um den Gipfel zu erreichen. Man läuft noch einmal ca. 2 Stunden.

Der ***Krater*** ist ein riesiges Loch von ca. 300 m Tiefe. Der eigentliche ***Gipfel*** ist nur 100 m höher als der Kraterrand.

Transport

- Von ***Sumbawa Besar*** kann man Boote chartern in Labuan Bebas für ca. 60.000 Rp oder von Air Bari für ca. 20.000 Rp bei ruhiger See. Man sollte für eine angenehme Überfahrt frühmorgens starten.
- Ab ***Bima*** startet ein Direktbus um 7.00 Uhr morgens. Die Fahrtdauer beträgt ca. 12-13 Stunden, je nach Straßenlage und Fahrgastaufkommen. In jedem Örtchen wird gehalten, um etwas zu entladen oder aufzuladen. Die Strecke ist relativ schlecht und sehr holperig. Fahrpreis ca. 2000 Rp.
- Jeden Montag soll es ein Transportschiff von Calabai nach ***Lb. Lombok/Lombok*** geben. Die Überfahrt dauert 9 Stunden und kostet 10.000 Rp. Von Lb. Lombok nach Calabai fährt das Schiff samstags ab, und zwar vom alten Hafen.
- Von Calabai fahren regelmäßig Trucks nach ***Dompu***, Fahrzeit ca. 5-6 Stunden, 1300 Rp.

Folgendes sollte man mitnehmen:

Wichtig ist ein ***Parang*** (Buschmesser). Zumindest der Guide sollte eines mitnehmen. ***Essen,*** d.h. Reis, wird pro Kopf und Tag ein Kilo gerechnet. Man darf den Guide bei den Essensberechnungen nicht vergessen. Erdnüsse sind eine gute, nahrhafte Wegzehrung, ansonsten Kekse oder was das Herz begehrt. ***Zigaretten*** (auch wenn man Nichtraucher ist) benötigt man für seinen Guide.

Zum Warmhalten Decken und einen Pullover für die Nacht. Hohe Stiefel mit guter Profilsohle, einen Hut. Lange Hose und langärmeliges Hemd, das man während des Wanderns zubinden kann. Allerdings schaffen es Blutegel sogar, durch die kleinsten Löcher zu schlüpfen.

Diese Touren-Beschreibung stammt nicht von mir, sondern von einem indonesischen Freund.

Übrigens war Herr *Zollinger* der erste Europäer, der den Tambora im August 1847 bestieg. Nachzulesen in *"Reis naar Bima en Soembawa enz"*, 1847.

Bima

Als Zollinger 1847 dem Sultan von Bima, einem alten, ergrauten Herrn, einen Besuch machte und den Empfehlungsbrief des Generalgouverneurs überreichen ließ, ertönten 21 Kanonenschüsse. Gegen Abend erschienen die Abgesandten seiner Hoheit, ein Priester, Beamte und Häuptlinge mit der Ehrenwache unter dem Spiel des Gamelangs, um den europäischen Besuch zu Hofe zu geleiten. Seitdem ist es anders geworden, ... (aus *"Die Sunda-Expedition", Johannes Elbert,* 1911).

Das stimmt allerdings. Die Sultane sind entmachtet und Weiße nicht mehr so ungewöhnlich.

Im ***Kebupaten Bima*** leben ca. 380.000 Menschen. Die ***Hauptstadt Bima*** ist lebhaft, und die Bewohner sind im Gegensatz zu Sumbawa Besar und Dompu noch sehr traditionell. Die Gesichter vieler Frauen sind halb verschleiert (hier leben fast ausschließlich Moslems), außerhalb des Stadtkerns findet man nur traditionelle *Rumah Pangun* (Stelzenhäuser). Der große Markt und der

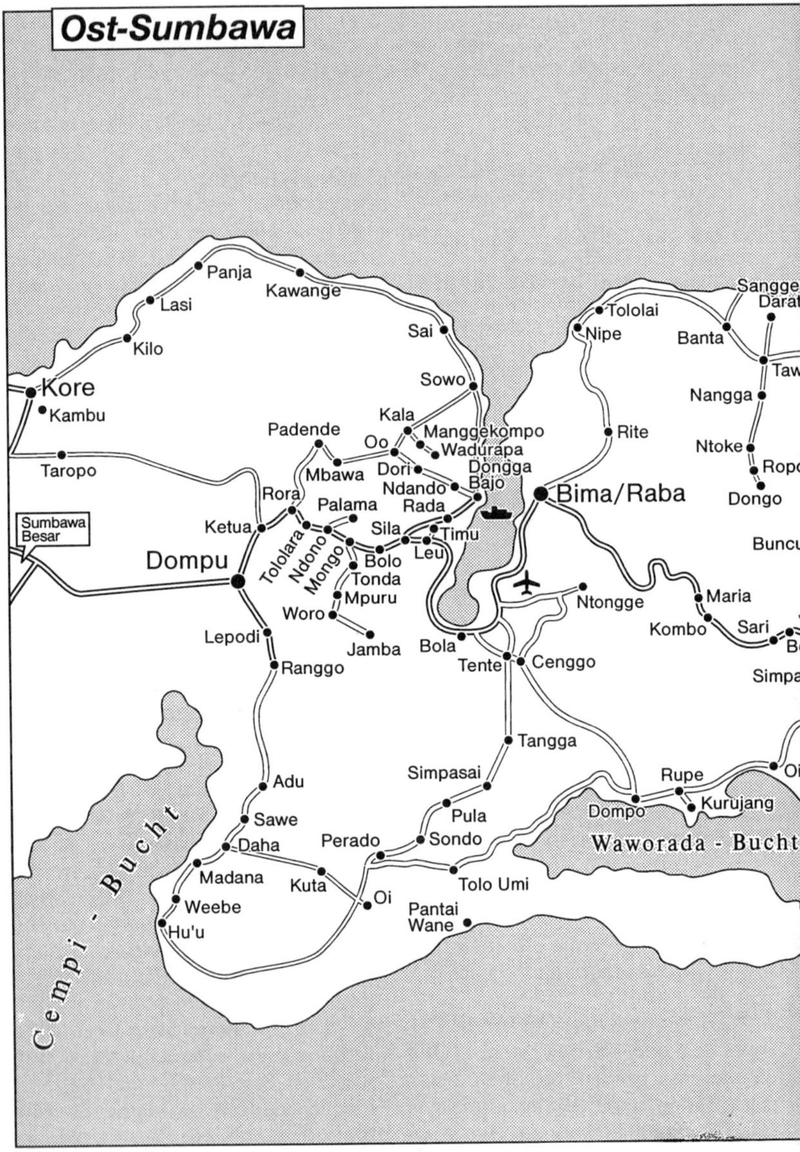
Ost-Sumbawa
Panja
Kawange
Lasi
Kilo
Sai
Sowo
Kore
Kambu
Kala
Padende
Manggekompo
Oo
Wadurapa
Dongga
Taropo
Mbawa
Dori
Bajo
Ndando
Rora
Palama
Rada
Sumbawa Besar
Ketua
Sila
Timu
Tololara
Ndono
Mongo
Leu
Bolo
Dompu
Tonda
Mpuru
Woro
Jamba
Lepodi
Bola
Ranggo
Tente
Cenggo
Tangga
Simpasai
Adu
Pula
Sawe
Perado
Sondo
Daha
Madana
Kuta
Tolo Umi
Oi
Weebe
Pantai Wane
Hu'u
Cempi - Bucht
Sangge
Darat
Tololai
Nipe
Banta
Taw
Nangga
Rite
Ntoke
Ropo
Bima/Raba
Dongo
Buncu
Ntongge
Maria
Kombo
Sari
Bo
Simpa
Rupe
Oi
Dompo
Kurujang
Waworada - Bucht

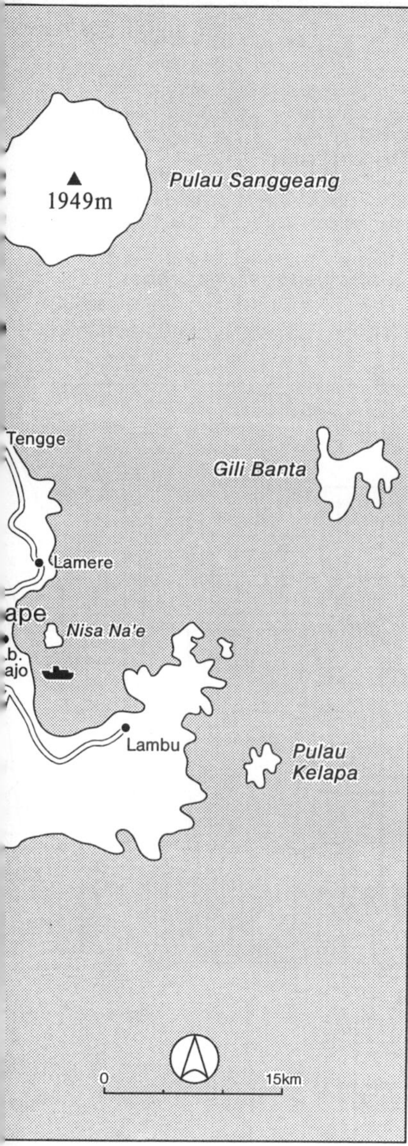

allabendlich stattfindende Nachtmarkt beleben das Zentrum. Hinzu kommt, daß am nahe gelegenen Hafen Handelsschiffe von fast allen indonesischen Inseln anlegen. Alle Verwaltungsgebäude befinden sich in *Raba,* einer mit Bima zusammengewachsenen Stadt. Die Sprache der Bimanesen ist *Bahasa Bojo.*

Bima ist im Gegensatz zu Sumbawa Besar recht touristisch. Auf dem Weg nach Komodo/Flores bietet sich diese Stadt als Zwischenstop an. Die Umgebung ist recht schön und lädt zu Entdeckungstouren ein.

Sehenswertes

Labuan Bima

Der ***Hafen*** Bimas ist ein ruhiger, verschlafener Ort. Man erreicht ihn mit dem Dokar oder zu Fuß (ca. 1,5 km). Zwischen den Häusern entlang der Straße stehen manchmal hohe Schiffe, die die Gebäude überragen. Diese Schiffe werden hier gebaut.

Um die fertigen Schiffe aus dem flachen Wasser ins Meer zu ziehen, werden Winden gebaut. Bei Flut stehen dann ca. 300 Männer an den Winden und ziehen das Schiff langsam ins Wasser. Nur 3 Stunden lang ist das Wasser hoch genug, um das Schiff fortzubewegen. Das reicht gerade, um das Boot zwei Schiffslängen weiter ins Meer zu ziehen. Ein ***Stapellauf*** kann sich tagelang hinziehen.

An dem langen, ins Meer hineinragenden Pier legen Boote aus ganz Indonesien an. Hauptsächlich *PLM (Prahu Layar Motor),* das sind größere Holzschiffe mit Motor. Falls man eine ***Mitfahrgelegenheit*** benötigt, sollte man versuchen, den Kapitän ausfindig zu machen. Man kann zwar auch mit der Mannschaft verhandeln, aber das letzte Wort hat der Kapitän. Rechts am Kai steht ein kleines Häuschen, in dem das *Kantor Kesyahbandaran* untergebracht ist. Dort kann man nachfragen, woher die Schiffe kommen und was ihr nächstes Ziel ist. Man muß sich allerdings darüber im klaren sein, daß diese Schiffe bis auf den letzten Millimeter beladen werden. Bequem ist so eine Überfahrt ganz gewiß nicht.

●Einige Zeitbeispiele (PLM):

Bis Surabaya:	2 Tage/2 Nächte
Bis Banjarmasin:	2 Tage/2 Nächte
Bis Ujung Padang:	2 Tage/2 Nächte
Bis Flores:	15 bis 20 Stunden

●Den Hafen erreicht man entweder zu Fuß oder mit dem Ben Hur für 200 Rp/Person.

Aussichtshügel mit Gräbern:

Nahe der Busstation Dara, ca. 20 Minuten Fußweg, befinden sich zwei

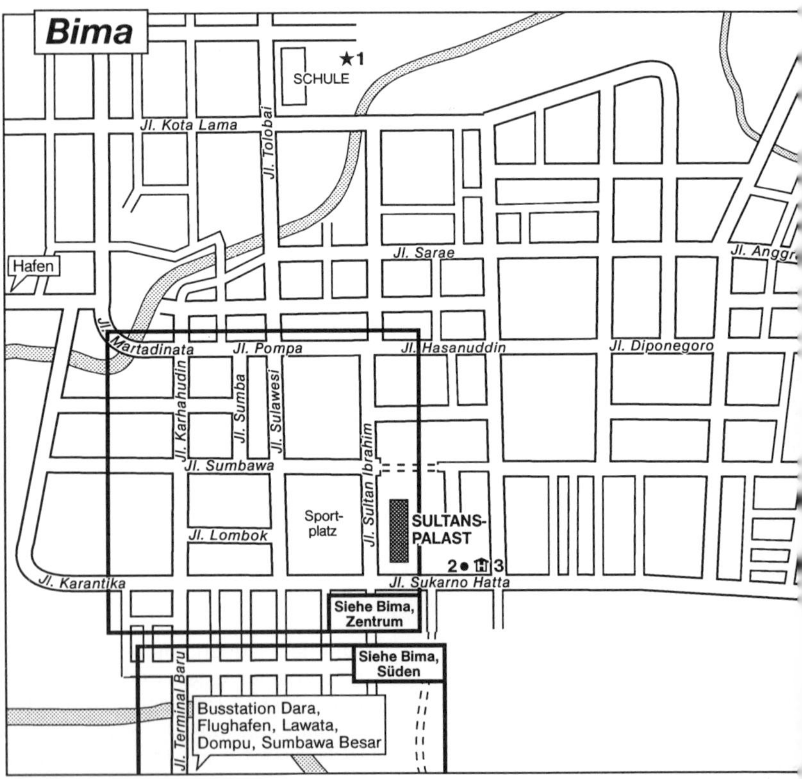

Fürstengräber auf einem kleinen Aussichtshügel. Am Busterminal vorbei und einfach der asphaltierten Straße bergauf folgen. Ein anderer Fußweg beginnt gegenüber dem Parewa Hotel. Auf einem kleinen Berg unter einem frei stehenden großen Baum befinden sich die Gräber.

Eins hat Ähnlichkeit mit einer großen gemauerten Tonne, ca. 2,50 m hoch, drinnen befindet sich ein Grabstein mit arabischen Schriftzeichen. Das ist das Grab des ersten Sultans *Abdul Kahir.* Er regierte von 1630 bis 1640. Das andere Grab erinnert an einen umgedrehten Trog. Tolle ***Aussicht über die Bima-Bucht,*** besonders bei Sonnenuntergang.

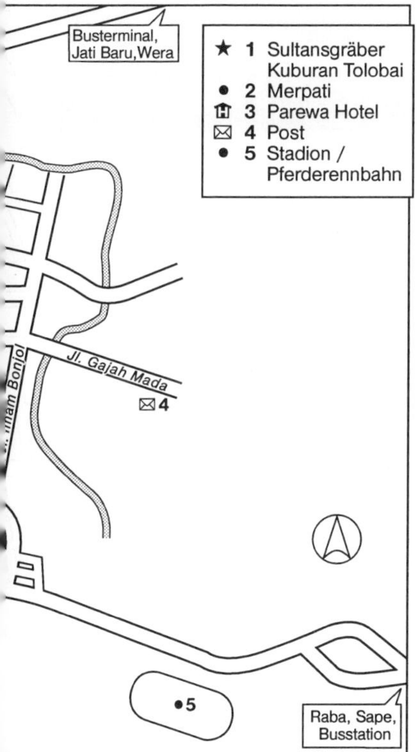

Kuburan Tolobai/Sultansgräber

Die Jalan Tolobai (siehe Plan) entlanglaufen, bis ein Weg rechts zwischen zwei Schulen abbiegt. Diesem Pfad ca. 100 m folgen, dann rechts über eine Wiese bis zum "Friedhof" gehen. Dort befinden sich die schon etwas verfallenen ***pyramidenartigen Gräber*** der Sultane *Abdul Hair Sirajadin* (1640 bis 1668), *Nurudin* (1682 bis 1687) und *Jamalludin* (1687 bis 1696). Die Pyramiden sind innen leer. In der mittleren ist aber noch das ursprüngliche Holzdach mit arabischen Schriftzeichen erhalten. Pro Grab wurden zwei Personen begraben.

Salzgewinnung

Am Südende der Bima-Bucht wird Meersalz gewonnen. Am besten frühmorgens mit einem Bemo oder Bus von der zentralen Bemo-Station starten. Gegen Mittag wird es dort nämlich unerträglich heiß (ca. 26 km von Bima entfernt). Das Meerwasser wird in flache Becken geleitet und verdunstet langsam.

Die Häuser hier haben kunterbunt bemalte Giebel.

Istana Sultan

Der ***Sultanspalast*** steht im Zentrum von Bima. Von 1927 bis 1930 wurde er neu aufgebaut, und zwar an dem Platz, an dem der alte gestanden hatte. Durch einen Brand soll

Ben Hur´s prägen das Stadtbild Bimas

der alte Palast vollkommen zerstört worden sein. Man hat versucht, dem traditionellen Baustil treu zu bleiben; allerdings mit modernen Materialien (Steinmauern und keine Holzkonstruktionen). Der Giebelabschluß besteht wie bei vielen Häusern dieser Gegend aus zwei stilisierten Büffelhörnern. Diese Art Giebel wird *langkung* genannt.

Das Gebäude wird als ***Museum*** genutzt, ist aber leider nicht gut bestückt. Die wirklich interessanten Ausstellungsstücke, wie alte Sarongs, Messer, Schmuck u.ä., befinden sich unter Verschluß. Nichtsdestotrotz sollte man einen Besuch riskieren. Es wird eine Spende beim Verlassen des Museums erwartet (500 Rp). Täglich 8.00-17.30 Uhr geöffnet.

Zur Zeit Sultan *Ibrahims* (1881 bis 1915) sollen auf dem Sultansgelände zwei Warane angepflockt gewesen sein, die er sich aus Komodo importierte. Heute tummeln sich höchstens Ziegen rund um den Palast.

Kino Surabaya

Indonesisches Kino sollte man einmal miterlebt haben. Im Gegensatz zum europäischen Kinozuschauer beteiligt sich das indonesische Publikum noch häufig an der Spielhandlung oder unterstützt den Helden zumindest durch Zwischenrufe. Hier bietet sich die Gelegenheit, einmal in einen echten Actionstreifen oder einen triefenden Liebesfilm zu gehen. Eintritt: 600 Rp.

Übernachtung

Es gibt ein ziemlich großes Hotelangebot in der Stadt, billige und teure Hotels. Das einzige wirkliche Touristenhotel ist das *Lawata Beach*.

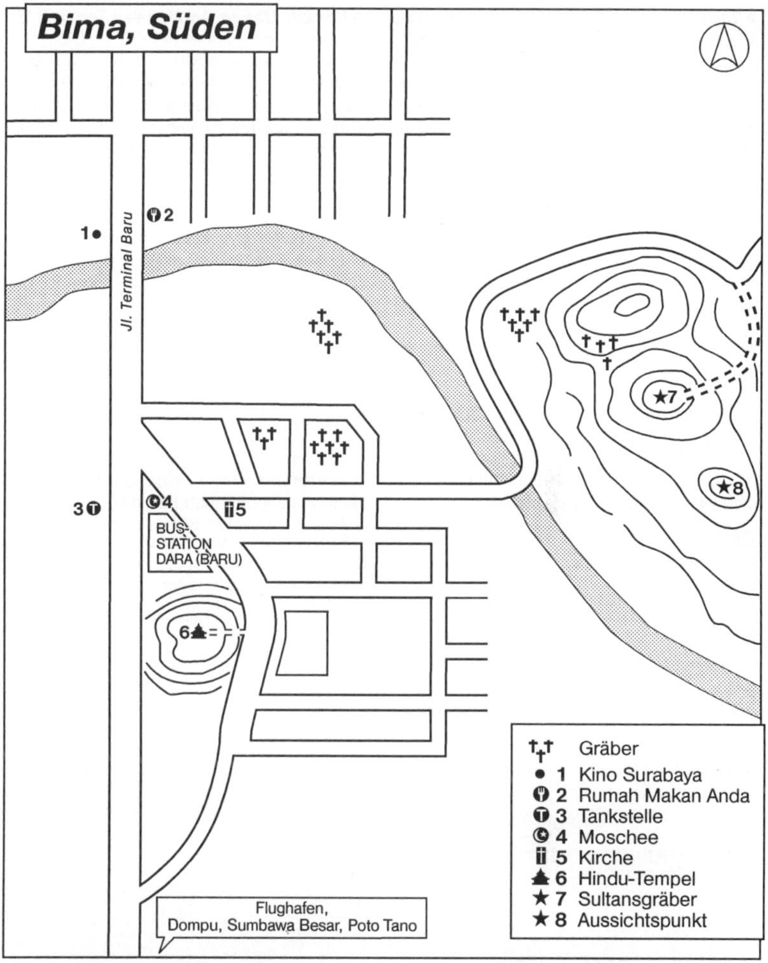

●***Lila Graha**+****, Jalan Lombok 20, Tel. 2645, 2740, alle Zimmer mit Bad, Restaurant, zentral gelegen, angenehme Atmosphäre, wird von sehr netten und hilfsbereiten Balinesen betrieben.

●***Pelangi**+****, Jalan Lombok 8, hat in etwa den gleichen Standard wie das Lila Graha.

●***Wisma Komodo****, Jalan Ibrahim 5, große Zimmer mit Mandi, altes Gebäude, aber renoviert und recht sauber, das Frühstück ist sehr winzig. Das Wisma Komodo ist die preiswerte Alternative zum Pelangi und Lila Graha.

●***Losmen Kartini****, Jalan Karahuddin.

●***Penginapan Nusa Tenggara**,** Jalan Bioskop 1, kleine Zimmer, oft voll.

●***Sanghyang,*** Jalan Hasanudin 6, Tel. 2788, 2017, mit Restaurant, 60 Zimmer, von 15 bis 22,50 US-$

●***Parewa,*** Jalan Sukarno Hatta 40, Tel. 2652, mit AC, TV, Video, heißem und kaltem Wasser, Waschservice, Autoverleih, Ticketservice (es wird behauptet, daß das Parewa gute Beziehungen zu Merpati hat).

Zum Hotel gehört das 50-Tonnen-Schiff Komodo Shalom, ausgerüstet mit Schlafplätzen, Toilette und Dusche. Man kann es für Komodo-Touren, aber auch für andere Touren chartern. Das kostet ca. 200 US-$ aufwärts, je nach Passagieranzahl. Das Schiff ist häufig ausgebucht.

●***Sonco Tenge Beach***-***, ein kleines, ruhiges Hotel, an der Straße nach Lawata gelegen.

●***Lawata Beach Hotel,*** Jalan Sultan Salahuddin, Tel. 3696-7, Fax 3698, ein neues Hotel, Restaurant, Swimming Pool, Bar, TV, AC, gelegen an der Bima-Bucht mit Blick auf die Donggo-Berge. 20-50 US-$.

Essen

Essen gibt es an fast jeder Straßenecke in Bima.

●***Rumah Makan Anda,*** Jalan Terminal Baru, schräg gegenüber dem Kino. Die Atmosphäre läßt leider etwas zu wünschen übrig. In dem voll gekachelten Raum bedient der Chef selbst, allerdings scheint er durchweg schlecht gelaunt zu sein. Das Essen ist hier jedoch gut, und man kann in Ruhe ein gekühltes Bier trinken. Lecker sind das *Ayam* (Huhn) *Mentegea, Pop Ayam* und *Pangsit Goreng.*

●Dem ***Hotel Lila Graha*** ist ein Restaurant angeschlossen, daß gutes Essen serviert (z.B. Shrimps in Chilisauce), außerdem gibt es Bier und Eis.

●***Padedoang,*** Jalan Martadinata, ein gutes Restaurant an der Straße zum Hafen, um *Ayam Taliwang* (gegrillt, gebraten oder in Soße) und Fisch *(Ikan Bandeng)* zu essen.

●Das Essen im ***Lawata Beach Hotel*** soll gut und nicht zu teuer sein.

●Ansonsten ist es angenehm, über den ***Nachtmarkt*** *(Pasar Malam)* zu bummeln, denn man findet auch hier das unterschiedlichste Essen sowie Süßes und Snacks.

Besonders lecker sind die beiden Sorten *Martabak,* Pfannkuchen, mit Schokolade und Nüssen zubereitet oder würzig mit

Bima (KB)

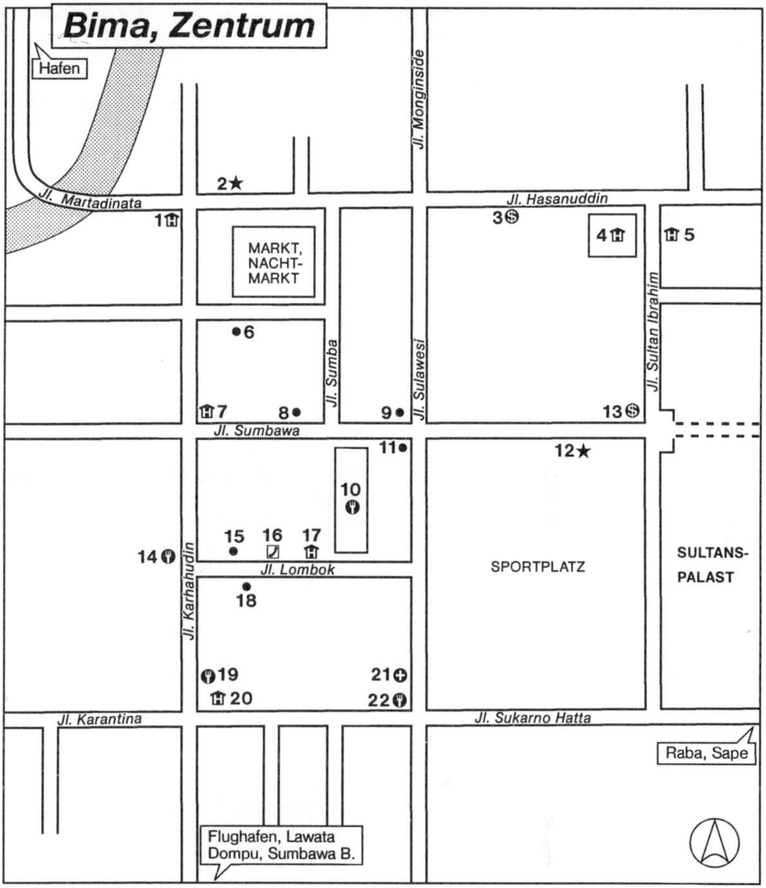

- 1 Losmen Kartini
- 2 Webereien Mut Ma'innah
- 3 Bank BNI
- 4 Sanghyang Hotel
- 5 Wisma Komodo
- 6 Foto Arjuna
- 7 Penginapan Nusa Tenggara
- 8 Buchhandlung Toko Buku Melati
- 9 Merpati
- 10 Lila Graha/Restaurant
- 11 Polizei
- 12 Standplatz Ben Hur
- 13 Bank
- 14 Rumah Makan Merdeka
- 15 Perama
- 16 Telefon/Wartel
- 17 Pelangi
- 18 Bäckerei
- 19 Rumah Makan
- 20 Losmen Vivi
- 21 Arzt
- 22 Rumah Makan Surabaya

Gemüse, Ei und Fleisch. Die Preise sind an den fahrbaren Verkaufsständen angeschlagen.

Außerdem verkaufen fliegende Händler hier Ringe, Steine, Zigarettenspitzen aus Muscheln etc. Der Nachtmarkt beginnt um ca. 17.30 Uhr und endet gegen 21.00 Uhr. Man findet ihn auf dem freien Platz vor dem Markt.

Einkaufen

- Auf dem täglich vormittags stattfindenden **Markt** kann man alles erstehen, was Bima und Umgebung zu bieten haben. Lebensmittel, Stoffe, Messer, Ringe, Steine, *Akar Bahar* (Armreifen gegen Rheuma), *Sarongs* usw. Obst ist teurer als auf Bali oder Lombok.
- In vielen *Kampungs* in und um Bima werden **Sarongs** produziert, oft nur eine bestimmte Art pro Dorf/Stadtteil. Auf dem Markt gibt es zwar eine große Auswahl, aber man kann auch Webereien besichtigen, zum Beispiel in Kumbe (einem Ortsteil in Rabadompu). Einfach dorthin gehen und fragen.

Mut Ma'innah, Jalan Hasanuddin 46, hat eine große Auswahl verschiedenster Sarongs in allen Qualitäten zu korrekten Preisen. Hier gibt es auch Ansichtskarten.

- Im Gegensatz zu unseren Breitengraden sind superschnelle **Fotoentwicklungen** hier an der Tagesordnung. Die einzelnen Shops unterbieten sich in Minuten (23 Minuten), um den Film zu entwickeln (inklusive Prints). Es ist faszinierend, in dieser Gegend riesige Entwicklungsmaschinen in voll klimatisierten Räumen zu sehen. Allerdings kann man nur Farbnegativfilme so schnell entwickelt bekommen. Auch seine eigenen Postkarten machen zu lassen ist hier erschwinglich, z.B. in den Fotostudios *Arjuna* oder *Farida* (am Markt).
- ***Bücher.*** *Toko Buku Melati* in der Jalan Bosokop verkauft eine Nusa-Tenggara-Karte für ca. 3000 Rp, Wörterbücher Deutsch - Indonesisch kosten ca. 7000 Rp.

Adressen

- ***Merpati Office:***
Jalan Sukarno Hatta 30, Tel. 2382, 2197,
Jalan Sumbawa 1, Tel. 2525.
- ***Bus-Agenten:*** Bustickets kann man an fast jeder Ecke in Bima kaufen, hier nur vier Adressen:
Bis Langsung Indah, Jalan St. Karahuddin,
Jawa Baru, Jalan Hasanuddin 34,
Perama Office, Jalan Lombok,
DAMRI, Jalan St.Karahuddin 7.
- ***Post:*** Das *Kantor Pos* befindet sich an der Jalan Gajah Mada, stadtauswärts (Richtung Osten, siehe Stadtplan). Zu Fuß erreicht man es vom Stadtzentrum in ca. 15 bis 20 Minuten oder mit einem gemieteten Dokar. Öffnungszeiten: Mo bis Do 8.00 bis 12.00 und 13.00 bis 16.00 Uhr, Fr 8.00 bis 12.00 und 13.30 bis 16.00 Uhr, Sa 8.00 bis 12.00 Uhr.
- ***Telefon:*** Das *Kantor Telepon* befindet sich in Raba, an der Jalan Sukarno Hatta. Ein ***Wartel*** befindet sich an der Jalan Lombok. Von hier kann man internationale Gespräche führen.
- ***Geldwechsel/Bank:*** An der Jalan Sumbawa, Ecke Jalan Sultan Ibrahim, ist eine neue große Bank, Öffnungszeiten: 7.30-12.00 und 13.00-14.30 Uhr, Sa und So geschlossen.
Die Bank *BNI* in der Jalan Hasanuddin wechselt Traveller-Schecks und Bargeld, allerdings nur vormittags, und manchmal nur *American Express* oder nur Dollars oder nur bei Vorlage der Kaufbescheinigung oder sonst was. Beschädigte Traveller-Schecks werden nicht akzeptiert. Nichts ausfüllen, bevor der Bankangestellte wirklich hinschaut, ansonsten läßt er solange Schecks ausfüllen, bis er die Ausfüllaktion wirklich gesehen hat. Geldwechseln kann sehr lange dauern. Von Freitag bis Montag gibt es keine Geldwechselmöglichkeit!
- ***Krankenhaus (Rumah Sakit):***
Jalan Langsat in Raba.
- ***Autoverleih:*** Das Hotel Parewa vermietet Autos (60.000-70.000 Rp/Tag). Einen Taxi-Service bietet das Hotel Sanghyang (50.000 Rp/Tag).
Die einfachste Möglichkeit, ein Auto zu mieten, ist, einen der vielen Bemofahrer zu fragen (20.000Rp/Tag).
- ***Motorradverleih:*** Im Losmen fragen, ob sich jemand bereit erklärt, sein Motorrad zu verleihen. Die Mietpreise sind in der Regel höher als auf Bali.

Transport

Dokar/Ben Hur

Der große Sportplatz vor dem Sultanspalast ist auch gleichzeitig die Dokar-Sammelstelle. Man trifft die kleinen Pferdewagen jedoch an jeder Ecke. Die Preise differieren je nach Entfernung und müssen ausgehandelt werden. Man rechnet ca. 150 Rp/Pers. pro Kilometer. In Bima nennt man diese Pferdewagen auch *Ben Hur*. Es war nicht herauszufinden, ob die Gefährte ihren Namen auf Grund des gleichnamigen Films erhielten.

Stadtbemo

Das Nahverkehrssystem funktioniert sehr gut durch Stadtbemos, die auf einer festgelegten Strecke zwischen den beiden Busstationen *Dara* (Busverkehr Richtung Westen) und *Kumbe* (Busverkehr Richtung Osten) pendeln. Hin- und Rückweg unterscheiden sich. Jede Strecke, kurz oder weit, kostet 250 Rp. Die Fahrzeuge halten auf ein Handzeichen.

Busse

- Nach ***Sumbawa Besar/Poto Tano*** fahren die Busse vom Terminal Dora *(Baru)* ab. Man kann direkt am Abfahrtstag zum Busbahnhof gehen und das Ticket erstehen. Einfacher ist es jedoch, einen Tag vor der Abreise bzw. am Abreisetag bei einem Bus-Agenten ein Ticket zu kaufen und eine Sitzplatzreservierung vorzunehmen. Bei der 8-stündigen Fahrt ist es schon sehr angenehm, vorne zu sitzen und nicht gerade auf der Hinterachse. Zum Busservice gehören, je nach Firma, eine Mahlzeit und/oder zwei Snacks sowie Getränke *(Teh Botol)*. Mit manchen Agenten kann man aushandeln, daß man direkt vom Losmen abgeholt wird, bei manchen ist die Abfahrtsstelle das Büro, bei anderen wiederum die Busstation. Mit den Stadtbemos erreicht man die Busstation sehr einfach und schnell. Vom Zentrum von Bima sind es ca. 1,5 km.
- Nach ***Sape*** (Fährhafen Komodo/Flores) fahren vom Bus Terminal *Kumbe* in Raba fast stündlich (ab 6.00 Uhr morgens) Busse ab. Diese Busstation erreicht man von Bima mit

Ben-Hur-Terminal

Stadtbemos. Unter der Betonüberdachung warten meistens zwei Busse auf Fahrgäste. Abgefahren wird erst, wenn der Bus voll ist. Essensstände gibt's hier nicht, nur ein paar Kinder verkaufen Süßigkeiten, Nüsse u.ä. Die Fahrzeit bis Sape beträgt ca. 1 bis 2 Stunden.

Man kann sich auch für 20.000-30.000 Rp ein Bemo von Bima nach Sape mieten.

•Wer nur bis nach ***Maria*** möchte, der Ort befindet sich auf der halben Strecke zwischen Bima und Sape, sollte seinen Mitreisenden bzw. dem Busfahrer Bescheid sagen, man wird dann an der richtigen Stelle herausgelassen.

•Vom Bus Terminal ***Jati Baru*** fahren Busse nach ***Norden*** in die Ort ***Rite Nipe, Tawali*** und weiter nach Sape.

•***Preise***

Sumbawa Besar	9.000 Rp
Dompu	1.500 Rp
Hu'u	1.000 Rp
Sila	500 Rp
Sape	1.100 Rp
Maria	500 Rp
Flughafen	1.000 Rp

Fliegen

Man sollte sich ***frühzeitig*** nach Tickets erkundigen und ***buchen***. Normalerweise werden Touristen bevorzugt behandelt (wohl aufgrund des kurzen Visums), aber es kann auch schon mal Engpässe geben. Denn wenn ein Flugzeug kaputt und das zweite abgestürzt ist, hilft weder Geld noch der dringende Hinweis, daß das Visum abläuft.

•***Merpati-Offices*** befinden sich an der Jalan Sukarno Hatta 30, Tel. 2382, 2197, und Jalan Sumbawa 1, Tel. 2525.

•Der ***Bima-Flughafen Pale Belo*** liegt ca. 20 Minuten vom Zentrum entfernt, an der Hauptstraße Richtung Dompu. Geregelten Bemo- oder Busverkehr gibt es nicht. Bei der Ankunft ist das aber nicht sehr problematisch, denn am Flughafen gibt es Taxis. Wer sich das Geld für das Taxi sparen möchte, muß ca. 50 m bis zur Straße laufen und einfach auf ein Fahrzeug Richtung Bima (Bima liegt links, wenn man mit dem Rücken zum Flughafen steht) warten.

Flughafen - Bima 10.000 Rp/Taxi

•Beim ***Abflug*** (insbesondere morgens) ist es schon schwieriger. Schließlich muß man pünktlich sein. Vom Bus Terminal West fährt ungefähr alle halbe Stunde ein Bus zum Flughafen. Am sichersten ist es, ein Bemo zu chartern. Die Leute vom Losmen können das in der Regel organisieren.

Busstation Dara - Flughafen 1.000 Rp.

Flüge von Bima

Denpasar, 2mal täglich	142.000 Rp
Mataram, täglich	99.000 Rp
Surabaya, täglich	201.800 Rp
Labuan Bajo, täglich	62.000 Rp
Ruteng, täglich	98.400 Rp
Ende, täglich	98.400 Rp
Kupang, täglich	220.500 Rp

Schiffe

Im Hafen von Bima legen Schiffe aus ganz Indonesien an. Den Hafen erreicht man entweder mit dem Dokar (200 Rp) oder zu Fuß (ca. 1,5 km).

•***Größere Schiffe*** nehmen manchmal auch Fahrgäste mit. Ob man mit darf oder nicht, wenn ja, wie teuer, Essen inklusive oder nicht, muß man vorher aushandeln. Am besten gleich mit dem Kapitän, denn von ihm hängt alles ab. Großartigen Luxus sollte man nicht erwarten, wer eine Kabine bekommt, kann sich glücklich schätzen (siehe auch "Sehenswertes, Hafen").

•Das ***Personenschiff Ms. Kelimutu*** legt hier jeden 2. Donnerstag an, um weiter nach Ende (Flores), Waingapu (Sumba), Kupang und Dilly (beide Timor) zu fahren, jeden 2. Dienstag startet das Schiff von hier nach Ujung Padang (Sulawesi).

Ende	69.000 Rp, 1.Kl.
	48.000 Rp, 2. Kl.
	28.000 Rp, Ek.
Waingapu	31.000 Rp, 1. Kl.
	28.000 Rp, 2. Kl.
	13.000 Rp, Ek.
Kupang	45.000 Rp, 1. Kl.
	35.000 Rp, 2. Kl.
	16.000 Rp, Ek.
Dili	77.000 Rp, 1.Kl.
	66.000 Rp, 2.Kl.
	21.000 Rp, Ek.

- Das neue ***Passagierschiff Ms. Awu*** (Made in Germany) fährt alle zehn Tage die Strecke Bima - Lb. Bajo/Flores.

Genaue Ankunftstage und Abfahrtzeiten dieser Pelni-Schiffe erfährt man beim Pelni Office am Hafeneingang, links an der Schranke.

- Wer zu den ***Donggo-Bergen*** auf die gegenüberliegende Seite der Bima-Bucht möchte, findet hier im Hafen kleine Personen-Fähren, die morgens übersetzen.

Bima - Bajo 500 Rp

Touren ab Bima

Hier gilt das gleiche wie für Touren ab Sumbawa Besar. Man sucht sich in der Hauptstadt einen Stützpunkt und gibt sein Losmenzimmer nicht auf, auch wenn man mal zwei oder drei Tage nicht da ist. Man reist mit kleinem Gepäck, d.h. Tagesrucksack mit den wichtigsten Dingen (siehe auch Kapitel "Reisen auf Sumbawa").

Wanderung in die Donggo-Berge

Die Donggo-Berge eignen sich sehr gut für eine 2- bis 3-Tagestour. Unterwegs gibt es kleine Dörfer, dort kann man bei den *Kepala Kampungs,* den Bürgermeistern, Unterkunft und Verpflegung bekommen.

In dieser Bergregion findet man noch traditionelle Donggo-Dörfer. Die **Donggos** gelten als die Urbewohner Sumbawas, man nennt sie *Dou Donggo,* das heißt Bergmenschen (Donggo = Berg). Der Naturforscher *Zollinger* besuchte 1847 die Donggos, später (1906) kam *Johannes Elbert.* Beide waren sich einig, daß die Donggo-Menschen keine

Heute hier, ...

... morgen dort

Schönheiten sind. "...*Wenn Zollinger aber sagt: 'Die Frauen sind durchweg entsetzlich häßlich, und selbst junge Frauen werden durch besonders lang herabhängende Brüste so verunstaltet, in einem Grade, wie ich es so allgemein nirgendwo im Archipel angetroffen habe,' so sind diesem Pionier wohl nur alte Weiber zu Gesicht gekommen; denn manche junge Frauen und Mädchen zeigen ganz niedliche, frische Gesichter. Sie scheinen jedoch schnell zu altern, und selbst jugendliche Frauen haben meist einen unschönen Körper mit spitzen hängenden Brüsten, und die dicken, knochigen Arme setzen oft breit an die eckigen Schultern an." (Johannes Elbert,* Die kleinen Sunda-Inseln, Frankfurt a.M., 1912)

Für mich sahen die Donggos wie ganz normale Männer und Frauen aus. Sie tragen auch heute fast durchgängig ihre ***traditionelle Tracht,*** bestehend aus einem Sarong, darunter eine Hose und ein einfaches Hemd ohne Ärmel als Oberteil. Das Garn wird vor dem Weben mit Indigo schwarz bzw. tiefblau gefärbt. Feine, helle Streifen, die allerdings erst bei häufigem Waschen hervortreten, sind das einzige Design. Die Sarongs nennt man *Tembe mee (Tembe* = Sarong, *mee* = schwarz). Fast unter jedem Haus steht ein Webstuhl. Die gewebten Stoffe sind für den Eigenbedarf (zum Beispiel ein Beitrag zur Aussteuer), werden aber auch in geringen Mengen zum Verkauf produziert.

Donggodörfer liegen an den unmöglichsten Stellen, etwa an steilen Hängen und auf Bergkämmen. Die

Autorin auf dem Weg zum abendlichen Pferdebad in Mbawa

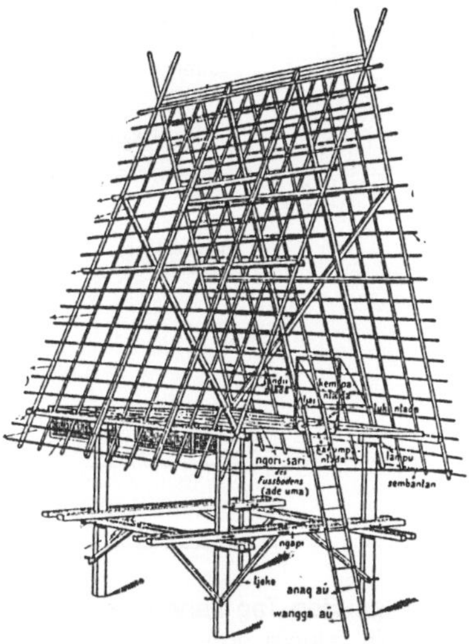

Konstruktionsplan eines traditionellen Dongo-Hauses nach *Elbert,* 1911

Stelzenhäuser ruhen auf Steinplatten, so daß sie transportabel sind, und das hat seinen Sinn. Zur Hochzeit bekommt die Braut von ihrem zukünftigen Mann ein Haus, das direkt neben dem der Brautmutter stehen muß. Die Enge der Donggodörfer läßt Platz neben den Häusern nicht zu. Im Gegenteil, dicht gedrängt mit lediglich einem Meter Durchgangsbreite zwischen den Häusern, kleben sie an den steilen Hängen.

Um nun ein neues Haus ins Dorf zu bauen (zum Beispiel neben der Brautmutter), müssen alle anderen Bauten solange hin und her bzw. zusammengerückt werden, bis genügend Platz an der richtigen Stelle entsteht. Heiratet ein Donggo-Mann eine Frau aus einem anderen Dorf, trägt der Bräutigam mit Helfern das neue Haus von seinem Dorf ins ihre. Also nicht wundern, wenn sich Häuser bewegen, das ist normal.

Ursprünglich waren die Donggos Animisten und lebten verstreut in der ganzen Region Bima. Im Zuge der Islamisierung im 17. Jh. zogen sie sich in die Berge zurück. Nach langem Widerstand traten sie dann, zumindest offiziell, zum christlichen bzw. islamischen Glauben über.

Diese Donggo-Berg-Tour sollte man möglichst nur unternehmen, wenn man zumindest ein paar Brocken Indonesisch spricht. In vielen Orten sprechen allerdings außer dem Lehrer (*Guru)* oder dem *Kepala Kampung* nur noch die Schulkinder Bahasa Indonesia, die anderen ausschließlich ihre Lokal-Sprache.

Starten sollte man diese Tour frühmorgens (7.00/8.00 Uhr). Die Boote zur anderen Seite der Bima-Bucht fahren im ***Hafen Bima*** ab.

Bajo heißt das Örtchen auf der anderen Seite der Bucht. Von Bajo fahren hin und wieder Trucks, aber auch Busse aus Bima und zwar zwischen 8.00 und 9.00 Uhr, 11.00 und 12.00 Uhr und 15.00 und 16.00 Uhr. Einen absolut festgelegten Fahrplan gibt es natürlich nicht. Das beste ist, man läuft schon mal los und läßt sich unterwegs aufsammeln. Von Bajo bis ***Donggo*** sind es ca. 12 km, bis ***OO*** (so heißt der Ort, gesprochen O-O) 4 km und weitere 2 km bis ***Mpili.*** In Mpili endet der Bus, und ab hier muß gelaufen werden. Bis zum *Kampung* Mbawa sind es ca. 2

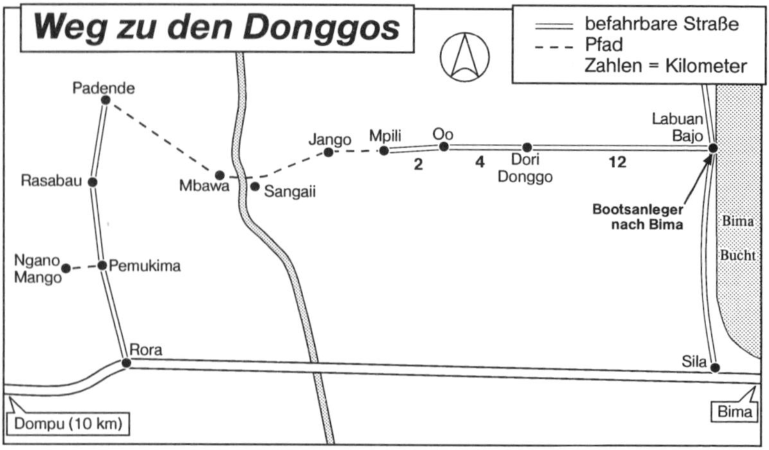

Stunden Laufzeit. Kurz davor gelangt man in ein Tal mit einem Fluß, Reisterassen und einem kleinen Dorf. An der anderen Seite des Tals am Hang klebt Mbawa. Beim *Kepala Kampung* in ***Sangaii,*** dem Taldörfchen, kann man um Essen und einen Schlafplatz bitten. Man kann auch in Mbawa fragen.

Bei dieser Tour sollte man die Gastgeschenke (Kaffee, Zucker, Zigaretten, Süßes u.ä.) nicht vergessen.

Nur eines der Häuser ***Mbawa's*** ist mit Wellblech gedeckt. Dies war der Hausmietpreis eines amerikanischen Anthropologenpärchens, daß in den 80ern hier zwei Jahre lebte. Vielleicht ist dieses Haus aber auch mittlerweile in ein anderes Dorf transportiert worden (im Zuge einer Hochzeit).

Duschen oder Toiletten sind in keinem Dorf vorhanden, der Fluß ist hier die öffentliche Bade- und Toilettenanstalt.

Am folgenden Tag kann man nach ***Padende,*** einem anderen Donggo-Ort, weiterwandern. Hinter Mbawa beginnt der Pfad dorthin. Falls man sich nicht verläuft, beträgt die Laufzeit ca. 3 bis 4 Stunden. Es ist allerdings sehr einfach, sich zu verlaufen. Es geht ständig querfeldein, verschiedene Trampelpfade führen nach rechts und links. Die grobe Richtung ist Westen. Es empfiehlt sich, jeden Menschen, den man trifft, nach dem Weg zu fragen (*Dimana Padende?).*

Von Padende aus geht's weiter Richtung ***Rora***. Die Entfernung beträgt 7,5 km, man kann sie also auch bequem laufen, es geht immer bergab.

Von Padende fährt aber auch täglich um 15.00 Uhr ein Bus nach Rora. Von Rora nach Padende geht der Bus um 13.00 Uhr, Preis 500 Rp. In Rora trifft man auf die Hauptstraße Sumbawa Besar - Dompu - Bima, rechts geht es Richtung Dompu und links nach Bima. Hier fahren häufig Busse und Bemos zurück nach Bima (55 km).

Wir haben diese Tour vor fünf Jahren gemacht, so daß sich unter Umständen einiges in den Dörfern geändert hat. Die Anreiseinformationen sind von 1995.

Pantai Wane

Wer es geschafft hat, ein Motorrad oder Auto zu mieten, und einen guten ***Badestrand*** sucht, sollte einen Ausflug zum Pantai Wane unternehmen. Hier gibt es wunderschöne, weiße Sandbuchten und gute Wellen. Von Mai bis September sollen die Wellen sehr hoch sein, gut zum Surfen, in der restlichen Zeit gut zum Schnorcheln und Schwimmen.

Von Bima zuerst 20 km bis Tente, dann bis Sondo, von da Richtung Toto Umi (25 km), ab dort noch 5 km bis zum Strand. Die Fahrzeit beträgt ca. zwei Stunden, die Straße ist nicht die beste.

Pulau Satonda/Pulau Moyo

Es soll eine neu asphaltierte Straße an der Nordküste rund um den Tambora von Sila über Bajo, Kilo, Kore, Labuan Kenanga, Calabai, Kempe zurück nach Dompu führen.

Labuan Kenanga ist ein verschlafenes Fischerörtchen mit 20 Häusern. Die Gegend ist bekannt für ihren wilden Honig. Schnorchelmöglichkeiten gibt es auf der vorgelagerten Insel Satonda, einem versunkenen Vulkan.

In Labuan Kenanga kann man beim *Kepala Kampung* für 5000 Rp wohnen. Eine andere Übernachtungsmöglichkeit ist in Calebai bei der Abholzkooperative (siehe Tambora-Besteigung, Dompu).

Freut sich über Besuch: Bewohnerin von Padende

Vom Hafen Bima gibt es einen täglichen Bootsverkehr nach Kilo/Kora, und ab da kann man versuchen, den Bus oder Truck nach Labuan Kenanga zu bekommen.

Entlang der Nordküste nach Sape

Vom Busterminal Jati Baru fahren Busse nach ***Tawali*** und von dort weiter nach ***Sape***. Zunächst führt die Straße durch das Inselinnere an Reisfeldern vorbei und, den Fluß Nangaraba begleitend, bis nach ***Rite***, einem traditionellen Bima-Örtchen. Das nächste Dorf, ***Nipe,*** liegt am Meer. Von dort führt die Straße am Meer entlang bis Tawali. Fast die ganze Zeit hat man Aussicht auf die ***Insel Sanggeang*** mit ihrem gleichnamigen Vulkan (1949 m). 1986 spuckte der Gunung Sanggeang das letzte Mal Feuer. Seither raucht er nur noch hin und wieder vor sich hin. Die Bewohner der Insel wurden damals auf das Festland umgesiedelt. Das neue Dorf heißt ***Sanggeang Darat*** und befindet sich 8 km nördlich von Tawali. Weitere 50 km zieht sich die Straße an der Küste entlang bis Sape.

Maria

Maria (im *Kecamatan* Wawo) liegt ca. 1 Stunde Busfahrzeit von Bima entfernt an der Hauptstrecke nach Sape. Das Besondere an Maria ist, daß fast jeder Haushalt neben seinem normalen Stelzenwohnhaus noch ein ***Vorratshaus*** *(=Lumbung)* besitzt. Die *Lumbungs* bilden auf einem Hügel ein richtiges kleines "Dorf" hinter dem Ort.

Wenn man mit dem Bus aus Bima kommt, sieht man sie auf der linken Seite direkt hinter den Wohnhäusern. Das System, die Vorräte (Reis, Mais, Hirse) außerhalb zu lagern, hat den Sinn, die Ernte vor Feuer (kann im Dorf ja schneller ausbrechen) zu schützen.

Maria's Reisspeicherhäuser findet man in zwei Ausführungen, die alte heißt *Lenge (*keine Seitenwände, nur ein heruntergezogenes Spitzdach) und die neue Art *Jompa (*mit vier Wänden, wie ein kleines Haus). Ca. 170 *Lumbungs* stehen alleine in Maria, davon sind ca. 40 in der ursprünglichen Bauweise.

Im *Kecamatan* Wawo gibt es noch viele Orte, in denen die Vorratshäuser derart ausgegliedert sind. Von Maria kann man sehr gut Wanderungen unternehmen, um solche Orte zu besuchen (siehe Umgebungsskizze Maria).

In diesem Ort ein bis zwei Tage zu verbringen macht Spaß. Die Bewohner sind ausgesprochen freundlich. Natürlich wird auch hier gewebt, und zwar viel feiner als in Sape oder anderswo, behaupten die Ortsansässigen. Ein spezieller Sarong wird nur in Maria gewebt, die Grundfarbe ist türkis, er ist in pink fein kariert.

Im Mai/April findet eine Art ***Erntedankfest*** statt: Wenn der Reis nach der Ernte im Speicher sicher gelagert ist, bringen die Familien Reis und Kuchen zum Vorratshügel für das dort anstehende Festmahl. Vor-

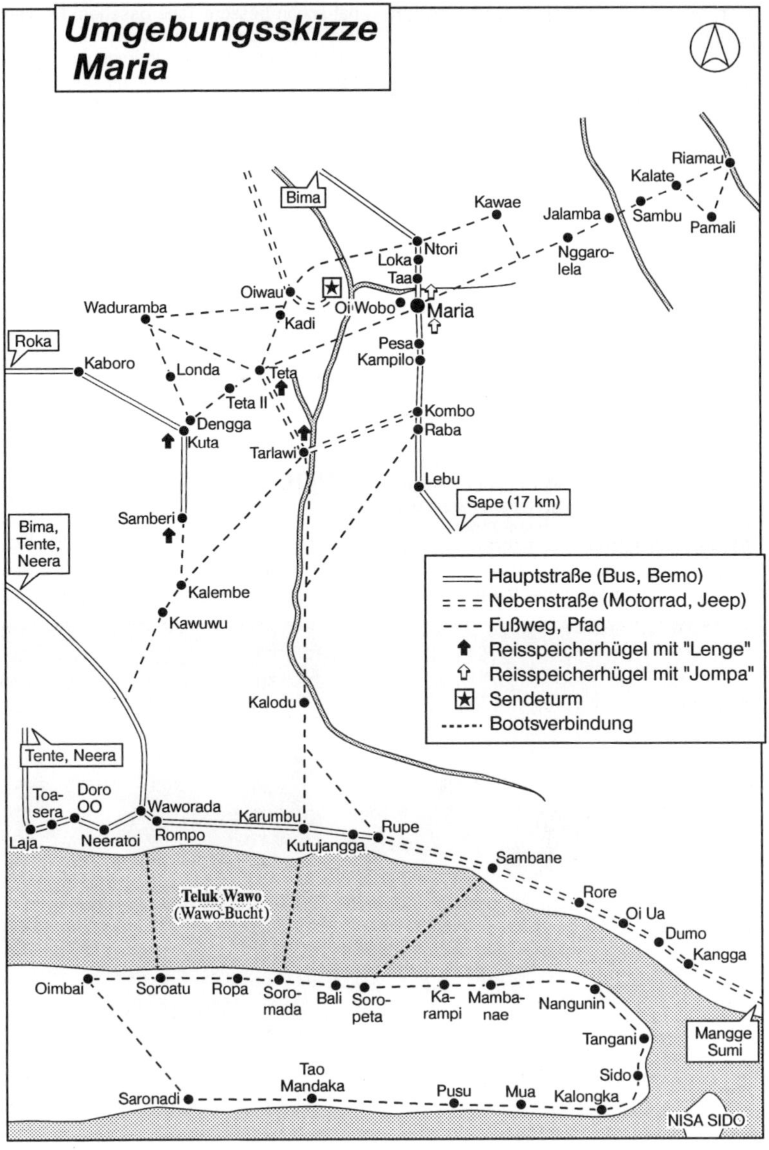
Umgebungsskizze Maria
Bima
Roka
Bima, Tente, Neera
Tente, Neera
Sape (17 km)
Riamau
Kalate
Sambu
Pamali
Jalamba
Kawae
Ntori
Nggaro-lela
Loka
Taa
Oiwau
Waduramba
Kadi
Oi Wobo
Maria
Pesa
Kampilo
Kaboro
Londa
Teta
Teta II
Dengga
Kuta
Kombo
Raba
Tarlawi
Lebu
Samberi
Kalembe
Kawuwu
Kalodu
Hauptstraße (Bus, Bemo)
Nebenstraße (Motorrad, Jeep)
Fußweg, Pfad
Reisspeicherhügel mit "Lenge"
Reisspeicherhügel mit "Jompa"
Sendeturm
Bootsverbindung
Toa-sera
Doro OO
Waworada
Laja
Neeratoi
Rompo
Karumbu
Kutujangga
Rupe
Sambane
Rore
Oi Ua
Dumo
Kangga
Teluk Wawo
(Wawo-Bucht)
Oimbai
Soroatu
Ropa
Soro-mada
Bali
Soro-peta
Ka-rampi
Mamba-nae
Nangunin
Tangani
Mangge Sumi
Sido
Tao Mandaka
Saronadi
Pusu
Mua
Kalongka
NISA SIDO

her beten alle Männer und Frauen des Dorfes gemeinsam.

Zu besonderen Anlässen (z.B. 17. August) führt man in Maria den Kopfkampf *(Adu Kepala)* auf. Neben Buncu, *Kecamatan* Sape, kann man diesen skurrilen Kampfsport nur hier sehen. Siehe auch "Sitten und Gebräuche".

Übernachten

In dem *Pesangrahan Oi Wobo* kann man wohnen. Es liegt ca. 200 m von der Hauptstraße entfernt, an einer kleinen Straße, die neben der Moschee abzweigt. *Pesangrahan* sind Herbergen im Regierungsbesitz. Wenn nicht gerade Regierungsangestellte erwartet werden, kann jeder hier wohnen.

Oi Wobo wurde 1936 von den Holländern erbaut, natürlich mit Swimmingpool, riesigen Zimmern, eingerichtet mit Rattanmöbeln und Betten mit geklöppelten Moskitonetzen sowie Bad und Toilette. Der alte Glanz ist vergangen, man kann ihn aber noch ein bißchen erahnen. Auch der Swimming Pool hat schon bessere Tage gesehen. Er dient jetzt als Dorfbad und Waschplatz.

Der Preis beträgt pro Übernachtung 5000 Rp/Person. Die Wasserpumpe läuft von ca. 17.00 bis 20.00 Uhr und ist leider etwas laut. Essen, Halb- oder Vollpension kann man bestellen. Der Preis richtet sich nach dem Essensangebot. Der kleine Warung links neben der Post bereitet das Essen. Man kann nach *Karedo Maci* fragen, das ist süßer Hirsebrei und Spezialität der Umgebung.

Weiterreise

Einfach an die Hauptstraße stellen und einen Bus anhalten. Bis Sape fährt man noch ca. 1/2-1 Stunde. Nach Bima und Sape kostet es jeweils 500 Rp.

Sape

Sape ist Durchgangsort für alle Komodoreisenden. Eigentlich ist Sape der Name des Bezirks *(Kecamatan).*

Der "Swimmingpool" von Maria

Zentrum des lokalen Lebens und Treibens ist der Ort ***Naruh,*** ca. 3 km vor dem Fährhafen ***Lb. Bajo.*** Naruh liegt in einem schönen Tal, das von einem Fluß auch in der Trockenzeit bewässert wird.

Stolz und Reichtum des Dorfes sind ***Zwiebeln,*** die im ganzen Tal angebaut werden. Sie sind rötlich, kleiner und schärfer als unsere. Auf einem ha (100 x 100 m) wachsen innerhalb von 60 Tagen bis zu 10 Tonnen. Es gibt drei Ernten pro Jahr. Allein in der Trockenzeit werden ca. 800 t geerntet; das Kilo kostet 500 Rp. Exportiert werden die Zwiebeln nach Kalimantan, Ujung Pandang und Surabaya; man kann die Zwiebel-Frachter im Hafen sehen. Die Zwiebeln sollen hier so gut wachsen, weil nachts kein Tau fällt und es reichlich Wasser gibt. Unermüdlich werden die Felder per Hand bewässert. Dazu benutzt man besondere Behälter: *boro.* Früher stellte man die Behälter aus Lontarblättern her, heute bestehen sie aus Weißblech. Die Technik des Bewässerns ist gleichgeblieben. In den Dörfern der Umgebung wird gewebt und geflochten. Ausflüge lohnen sich (auch wenn die An- und Abfahrt oft schwierig und langwierig ist).

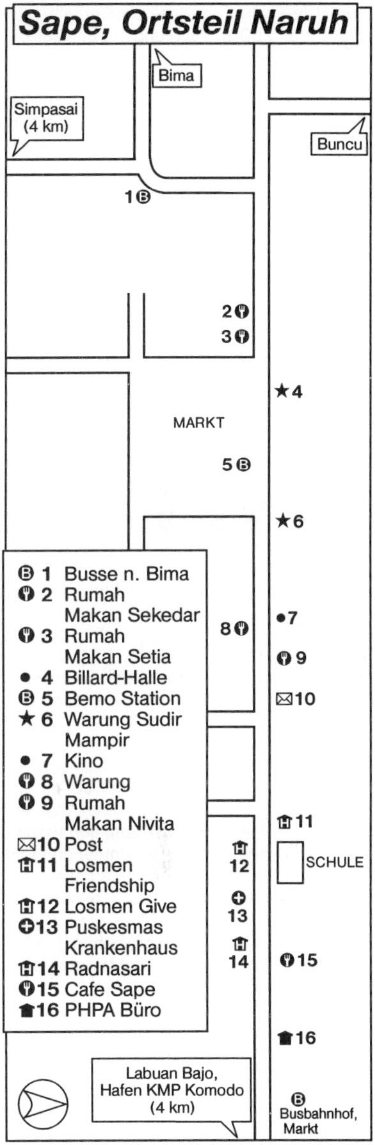

Übernachten

In Sape bestehen drei Übernachtungsmöglichkeiten, eine weitere direkt am Fährhafen.

●***Radnasari*+*****, Zimmer ohne Mandi, mit oder ohne Frühstück je nach Wunsch, das Frühstück besteht aus Tee oder Kaffe und Pancake, nette Leute.

●***Losmen Give****, Zimmer ohne Bad, zum Frühstück gibt es Tee oder Kaffee. Es befindet sich gleich neben dem *Puskesmas* (Erster-Hilfe-Posten), etwas außerhalb der Stadt (ca. 200 m Richtung Hafen, auf der rechten Seite).

- **Losmen Friendship***, direkt neben der Schule, schräg gegenüber vom Give. Das Friendship ist das netteste in Sape. Es gibt Zimmer mit und ohne Mandi, das Frühstück besteht aus Tee und Keksen.

Essen

In der Nähe des täglich stattfindenden Marktes befinden sich einige Warungs und Rumah Makans. Die Mahlzeiten sind durchgängig einfach und nicht besonders schmackhaft. Wer mit mehreren Leuten essen möchte, sollte das einen halben Tag im voraus beim Rumah Makan anmelden.

- Das empfehlenswerteste Restaurant ist das **Cafe Sape**, gegenüber dem Losmen Radnasari. Auch der **Rumah Makan Nivita** ist ganz in Ordnung.
- Schräg gegenüber vom Kino befindet sich ein Warung, der gutes und preiswertes Essen serviert.
- Auf dem **Markt** gibt es ganz tolle Kekse *(bolo)*, die wie Lebkuchen schmecken. Ich habe davon Mengen verzehrt.

Einkaufen

Sape hat zwei **Märkte**, einen permanenten im Ort und einen an der Busstation (ca. 1 km außerhalb des Ortes, Richtung Hafen auf der linken Seite), der pro Woche zweimal stattfindet. Beide Märkte haben im Prinzip das gleiche Angebot (Reis, Gemüse, etc.).

- Handgewebte **Sarongs** bekommt man am Busterminal-Markt. Hierher kommen Frauen aus den kleinen Dörfern der Umgebung und bieten jeweils ein oder zwei Exemplare an. Einer dieser typischen, recht bunten Sarongs *(Salunka)* kostet hier ca. 8000-12.000 Rp und muß dann bei einem Schneider (Markt Sape) zu einem Schlauch zusammengenäht werden.

Transport

Dokars

Die Pferdewägelchen sind das wichtigste Transportmittel in dieser Gegend.

- ***Innerhalb von Sape*** kostet eine Fahrt 200 Rp.
- ***Zum Hafen*** beträgt der Preis eigentlich 250 Rp, aber wer viel fragt, zahlt mehr. Also einsteigen und am Ende der Fahrt bezahlen.
- ***Ab 22.00 Uhr*** fahren kaum noch Dokars, wenn doch, muß man für eine Fahrt zum Hafen ca. 1000 Rp rechnen.
- Wer ***frühmorgens*** die Fähre erreichen will, kann für den nächsten Morgen über den Hotelbesitzer ein Dokar ordern.

Busse

Obwohl es in Sape ein großes, neues Bus Terminal gibt, fahren die meisten Busse am Dorfausgang Richtung Bima los. Es fahren stündlich Busse nach Bima ab. Man sollte sich vor der Fahrt vergewissern, daß der Bus nicht nur eine Teilstrecke fährt. Das Busticket nicht fortwerfen! Das muß man nämlich am Ende der Fahrt wieder abgeben.

• Maria	500 Rp
• Bima	1.100 Rp

Ausflüge

Den Ort Sape hat man sehr schnell erforscht. Es bieten sich aber Ausflüge in die nähere und weitere Umgebung an. Einige Ziele lassen sich bequem zu Fuß erreichen, andere wiederum mit Dokar oder Bemo. Die nachfolgenden Orte werden nur wenig von Touristen besucht. In der Regel wird man höflich und freundlich aufgenommen. Falls man etwas kaufen möchte, wird man auf Unerfahrenheit im Umgang mit Fremden treffen. Entweder werden absolute Mondpreise (Du bist weiß = reich) verlangt, oder das Gegenüber traut sich erst gar nicht, einen Preis zu nennen. Spaß machen diese Ausflüge allemal. Warungs gibt es unterwegs keine.

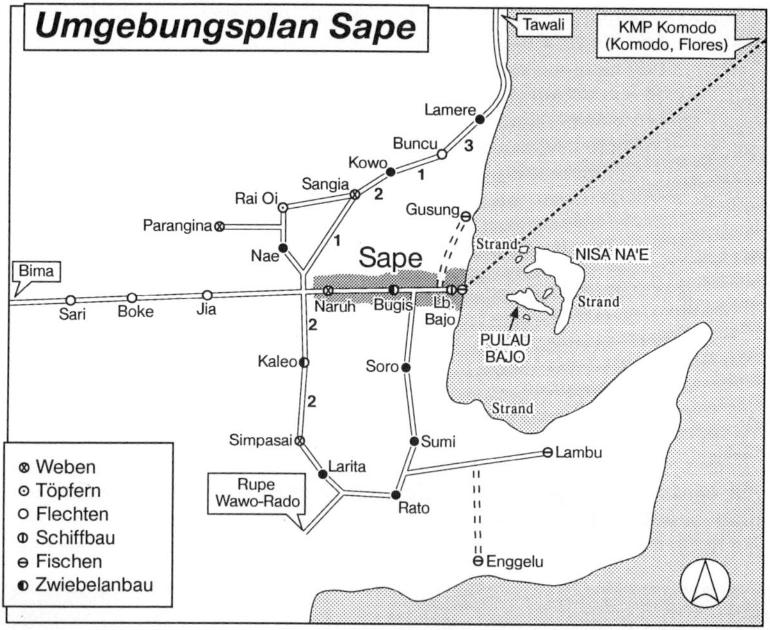

Rai O

Hier werden ***Tonprodukte*** gebrannt: Dachpfannen, Töpfe und anderes. Ca. 2 km von Sape entfernt, zu erreichen entweder mit dem Dokar oder zu Fuß.

Parangina

Ein Webereiort, in dem insbesondere *Songkets* (siehe Weberei-Kapitel) hergestellt werden. Richtung *Rai O* laufen, dann die Straße links abbiegen, sie führt direkt nach Parangina (siehe auch Umgebungsplan).

Sangia

Sangia ist ein relativ großer Ort (2600 Einwohner). Immerhin gibt es hier einen großen Fußballplatz. Auch hier werden *Songkets* gewebt; in vielen kleinen "Betrieben". Qualitätssarongs kosten zwischen 12.000 und 20.000 Rp.

Buncu

Nettes Örtchen (ca. 2300 Einwohner). Ein Großteil der Bewohner sind Mattenflechter. Eine doppelt geflochtene Matte (= *Tikar),* 1,20 x 2,00 m groß, kostet ca. 3000 Rp (sehr gut verarbeitet). Von Sape bis Buncu sind es 4 km, leicht bergauf durch trockene, staubige Gegend. Es fahren auch Bemos, jedoch selten und unregelmäßig. Beim ständigen Markt in Sape fragen.

Buncu ist der Ort, in dem die Tradition des ***Adu Kepala*** (siehe Kapitel "Sitten und Gebräuche") gepflegt wird. Zwölf Leute praktizieren hier noch diesen Kampf. Der Lehrer ist ein Mann mittleren Alters, der keine Nase mehr hat. Vermutlich hat er bei einem Kopfkampf zu früh seinen Kopf gehoben, so daß sein Gegner anstatt den Kopf die Nase traf. Ganz sicher wird dieser Kampf am 17. 8. aufgeführt.

Jia, Boke, Sari

Alle drei Dörfer liegen hintereinander an der Hauptstraße Richtung Wawo/Bima. In diesen Orten werden Matten, Hüte und Körbe geflochten. Auf dieser Strecke fahren zwar Bemos und Dokars, es macht aber auch Spaß, die paar Kilometer zu laufen, da wenig Verkehr herrscht. Man hat Ausblick auf das schöne Flußtal, Reisterrassen, Zwiebel- und Tabakfelder.

Enggelu

Kleiner Ort direkt an der Südküste. Hier lassen sich Reste von japanischen Festungen und Höhlen besichtigen. Mit dem Bemo Richtung *Lambu,* an der Kreuzung aussteigen, dann geht es ca. 15 km zu Fuß weiter. Am besten wäre es hier, man hätte ein Motorrad.

Simpasai

Hier (ca. 3200 Einwohner) werden sehr schöne, mehrfarbige und komplizierte Flechtwaren hergestellt, wie z.B. Tabakschachteln, Keks- oder Kuchenbehälter, Kisten für Reis oder

Adu Kepala, Sport für Dickschädel

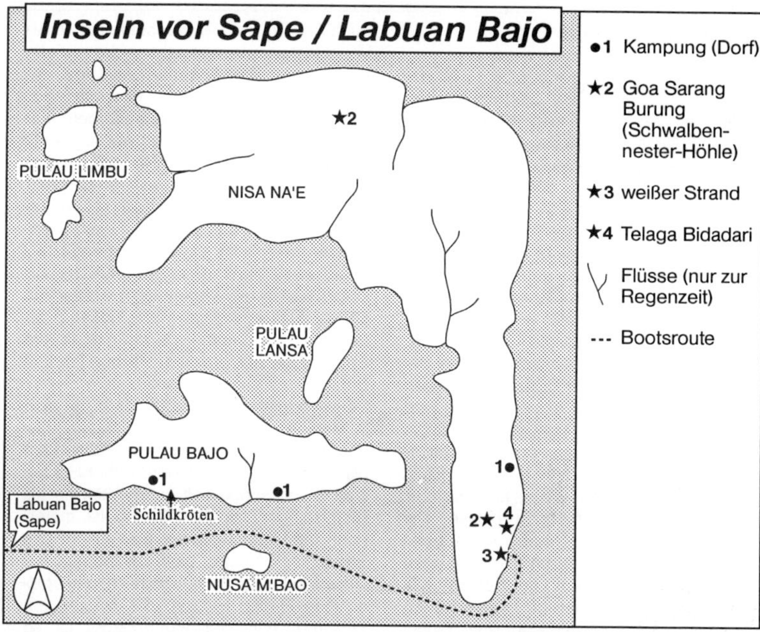

Matten, Fächer und Hüte. Früher hatten die Kuchenbehälter fünf Stockwerke für normale Menschen, für Sultane jedoch sieben. Heute werden fast ausschließlich einstöckige Behälter geflochten.

Laut ***Statistik*** des *Kepala Kampung* (Dorfchef) lebten 19 Korb- und 7 Mattenflechter im Ort, aber 309 Weber. Bei 630 Häusern wurde also in fast jedem zweiten Haushalt gewebt. Aber nur jeder fünfte Haushalt hatte eine Toilette (121 Toiletten im ganzen Ort). Ein Badezimmer hatte nur jeder 13. Haushalt. Ansonsten gab es im Dorf 41 Radios, 21 Kassettenrecorder, 15 Motorräder, 8 Dokars, 25 Lehrer und vier an der Uni studierende Menschen. Diese Zahlen stammen aus einer Dorfstatistik von 1985. Vielleicht gibt es bald mal wieder eine neue Statistik. Über die Anzahl der Hühner gab es bisher jedenfalls keine Zahlen.

Gili Banta

Über Gili Banta schrieb *Bill Dalton* (Indonesia Handbook): *"Hier ist man wirklich abgeschieden von der Welt und wünscht sich, ein eigenes Boot zu haben"*. Da hat er recht, das trifft insbesondere auf eine große Bucht zu. Wasser in allen Blau-Grün-Schattierungen, tolle Korallen, Fischvielfalt und schneeweißer Strand in einer geschützten Bucht auf einem ***unbewohnten Eiland.***

Schwalbennester

Die Kunde, daß Chinesen Vogelnester essen, gelangte schon vor Jahrhunderten in die westliche Welt. Diese merkwürdigen eßbaren Nester stellen Salangane (Segler) her. Es gibt unterschiedliche Salangane, so zum Beispiel den malaiischen Graurumpfsalangan, den Braunrumpfsalangan und Echosalangan.

Die Nester werden nicht aus Stroh, Blättern oder Aststückchen gebaut, so wie wir es kennen. Man vermutete zunächst, die Vögel bauten ihre Nester aus Samenmasse von Fischen, Algen und Walrat. Schließlich beobachtete man, daß bei Salanganen während der Brutzeit die Drüsen immens anschwollen. In den Drüsen wird ein klarer, fast durchsichtiger Schleim in recht großen Mengen erzeugt. Dieser zähe Schleim ist vorerst biegsam. Beim Trocknungsprozeß an der Luft wird er dann zu einer hornartigen Masse. Die Segler bauen ihre Nester vorwiegend nachts. Sie tragen, durch Herauswürgen des Schleims, Schicht für Schicht das Baumaterial auf. Die fertigen Nester sehen wie ein 5-6 cm langer Napf aus. Einige Salanganarten benutzen für ihren Nestbau auch Federn und Pflanzenstoffe, diese Art Vogelnester verschmäht der Feinschmecker. Heiß begehrt sind die frischen, weißen Nester. Je älter sie sind, desto brauner werden sie, außerdem fangen sie an zu verwesen und werden somit ungenießbar.

Zwei- bis dreimal im Jahr ist Brutzeit, bei der jeweils ein Vogeljunges großgezogen wird. Um die Erträge zu erhöhen, werden den Salanganen die gerade fertiggestellten Nester weggenommen, und sofort bauen die Seglereltern wieder ein neues. Das kann man nicht beliebig oft machen, aber immerhin kann man die Ernte damit auf drei- bis viermal jährlich erhöhen.

Die Nistplätze der Segler befinden sich in Höhlen, meist am Meer gelegen. Die Vögel leben in Kolonien von Tausenden bis Hunderttausenden Tieren. Ihre Höhlen werden oft schon seit Jahrhunderten als Nistplatz genutzt. Der Boden ist meterhoch mit Unrat bedeckt. Das macht das Ernten der Nester nicht einfacher. Auf schwankenden Bambusleitern und glitschigen Böden werden die Nester von Pflückern herabgestoßen. Dabei ist so manch einer schon zu Tode gestürzt.

Salangane

Gili Banta ist allerdings nicht gerade fruchtbar, sondern nur bewachsen mit Gras und Gestrüpp. Ein Ausflug lohnt sich allemal. So eine schöne, einsame Bucht ist wie gesagt nicht einfach zu erreichen, es sei denn, man hat ein Boot. Das heißt, man muß eines chartern, und das ist nicht billig: Kosten zwischen 50.000 und 100.000 Rp, je nach Verhandlungsgeschick. Mit mehreren Leuten allerdings wird es bezahlbar (es passen bis 10 Leute auf die üblichen Schiffe). In Lb. Bajo gibt es Kapitäne und Fischerboote, die man chartern kann. Man kann auch im Cafe Sape in Naru Boote chartern.

Essen und Trinken muß man bei solch einer Tour schon mitnehmen – unterwegs gibt es keine Warungs.

Auf keinen Fall Sonnenhut und Sonnenöl vergessen. Es ist wirklich brüllend heiß!!!

Nisa Na'e

Zwei kleine Inseln liegen in Sichtweite vor Lb. Bajo und sind mit kleinen Fischerbooten erreichbar. Auf jeder Insel liegt ein *Kampung*. Nisa Nae eignet sich für einen Badeausflug besonders. Man kann dort schwimmen bzw. schnorcheln. Für die Bewohner hat diese Insel noch andere Bedeutungen. Zum einen gibt es hier eine Höhle (ein tiefes Loch), in der (eßbare) Schwalbennester geerntet werden. Viermal jährlich werden 3 bis 5 kg "gepflückt", früher sollen es bis zu 40 kg gewesen sein. Fünf Leute haben eine staatliche Lizenz, allerdings geht die Hälfte des Erlöses an die Regierung. 1 kg Schwalbennester Klasse II wird für 2.700.000 Rp verkauft, und 1 kg Klasse I kostet 4.600.000 Rp. Übrigens benötigt man für eine leckere Schwalbennestersuppe pro Person drei Nester.

Das zweite Interessante an Nisa Nae ist ein im Felsen versteckter, unterirdischer, vom Meer gespeister Pool mit ca. 5 m Durchmesser. *Telaga Bidadari (Bidadari* = Nymphe) heißt dieser Ort, der für Jungverheiratete und Junggesellen/innen besondere Bedeutung hat. Hier kann man um Kindersegen oder einen Partner bitten. Seine Bitte unterstreicht man durch einen Sprung in den Pool und geht dann wieder. Trifft das Erbetene ein, kehrt man nach *Telaga Bidadari* zurück und opfert eine Ziege, ein Huhn o.ä. Das Tier wird an Ort und Stelle verspeist. Früher sollen eben hier sieben engelsgleiche Wesen heruntergekommen sein und gebadet haben. Seitdem gilt der Pool für Herzens-, Kinder- und Partnerschaftsangelegenheiten als besonders geeignet.

Bei Ebbe sieht man im Niedrigwasser viele Wassertiere wie Seeigel, Seesterne, Wasserschlangen, Steinfisch (Achtung! Sehr giftig!). Unbedingt beim Baden Schuhe tragen, sonst zerschneidet man sich die Füße an den herausragenden Korallen.

Seit 1985 gibt es hier ein Dorf, man muß sich darauf einrichten, ständig von Kindern umringt zu sein.

Sape-Fährhafen

Labuan Bajo ist der Fährhafen der *KMP Komodo*. Hektisch wird das Örtchen nur zu den An- und Abfahrtszeiten der Fähre. Die Entfernung zwischen Sape und Lb. Bajo beträgt 4 km. Es herrscht ständiger Dokar-Verkehr zwischen den beiden Orten (500 Rp). Die Bewohner Lb. Bajos sind *Bugis (=Bajo)*, Leute aus Sulawesi, Schiffsbauer und Fischer. Rechts und links der Straße reihen sich die Stelzenhäuser. Zwischen den Häusern ragen unfertige Schiffsrümpfe oft bis über die Hausdächer

Übernachten

Wer eigentlich sofort nach Komodo/Flores weiter will, sollte sich in Lb. Bajo einmieten. Zum einen hat man es am Morgen nur 2 Minuten bis zur Fähre, und zum anderen ist es angenehmer, am Meer zu wohnen.

- Das ***Losmen Mutiara*+**** (Jl. Pelabuan Sape) befindet sich 2 m vor dem Hafentor rechts.

Essen

Es gibt zwei kleine ***Rumah Makans*** an der Hauptstraße und ein weiteres empfehlenswertes (namenlos und nur geduldet) im zweistöckigen Hafengebäude direkt hinter dem Hafentor links. Der junge Chef spricht recht gut Englisch und auch etwas Deutsch. Er bereitet leckeren *Red Snapper* auf Vorbestellung zu. Empfehlenswert sind auch die *Pisang Goreng/Pisang Dadar.*

Transport

Täglich, außer freitags, geht eine Fähre um 8.00 Uhr morgens ***nach Labuan Bajo/Flores*** (8-10 Stunden) ***über Komodo*** (ca. 6 Stunden) ab.

Das ***Fährticket*** kann man morgens auf dem Hafengelände kaufen, dort steht ein kleines Häuschen. Man sollte eine Stunde vor Abfahrt an Bord gehen, da die Sitzplätze begrenzt sind.

Die Fähren wurden ausschließlich für diese Strecke gebaut. Neben Personen befördern sie auch LKW's und Autos. Bei der einen Fähre befinden sich auf dem Oberdeck lange Holzsitzreihen. Über eine Leiter erreicht man das Dach des Fähraufbaus. Hier hat man Sonne, frische Luft und herrliche Aussicht. Aufpassen, daß es keinen Sonnenstich gibt. Allerdings möchte sich die Besatzung ein kleines Zubrot verdienen, indem sie das ***Sonnendeck*** sozusagen exklusiv vermietet. Zutritt: 1000 Rp, Matratze 2500 Rp. Es soll schon zu Meutereien gekommen sein, mit dem Ergebnis, daß das Sonnendeck dann doch umsonst war. Die andere Fähre ist nicht ganz so komfortabel. Dort kann man nur in einem fast geschlossenen Raum sitzen und muß sich mit überlautem TV oder Kung-Fu-Filmen bedröhnen lassen.

Auf der Fähre gibt es eine kleine ***Cafe-Bar,*** man kann dort Cola, Teh Botol und andere Getränke sowie Nüsse, Bonbons, Kekse und Nudeln bekommen.

Selbst die großen Fähren müssen sich nach ***Ebbe und Flut*** richten. Bei Ebbe muß die Fähre Komodo südlich umfahren, das bedeutet 1 bis 2 Stunden längere Fahrzeit.

Jedes Frühjahr gehen die Fähren einen Monat ins Dock nach Surabaya, zwecks Reparaturen. In dieser Zeit fährt nur eine Fähre die Strecke, oder es werden kleinere Boote eingesetzt. Dann muß mit Unregelmäßigkeiten im Fahrplan gerechnet werden.

- Komodo 7.000 Rp
- Labuan Bajo 9.000 Rp

Der Komodo-Nationalpark

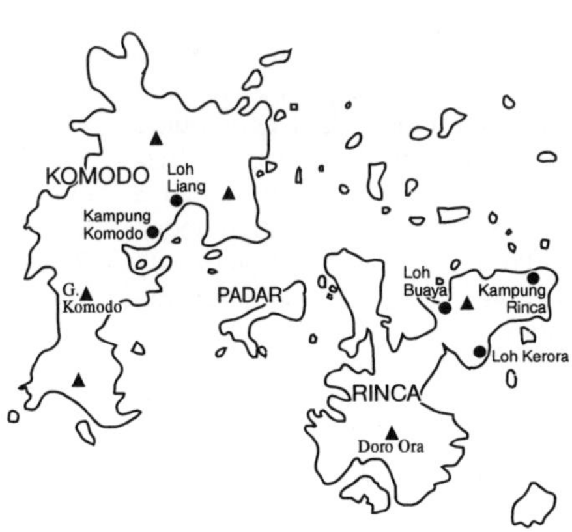

Überblick

"Mit den scharf gezackten Linien seiner Berge, den großen Vulkankegeln, den sonnverbrannten Hängen, den riesigen Gipfeln, die nach den Wolken zu greifen schienen, sah es aus wie eine wilde Mondlandschaft.

Als wir näherkamen und uns jetzt langsam durch eine gefährliche Enge schoben, jetzt vorbeiglitten an Streifen schimmernden Sandes, der aus der blauen durchsichtigen Flut heraufglänzte, erschien uns alles wie ein Bild aus den Jugendtagen der Erde, das noch keiner vor uns geschaut. Überall zeichneten große Palmen wundervolle Schattenbilder gegen den klaren Himmel. Es ist ein eigenartiges Land, dieses Komodo, und der passende Wohnort für die merkwürdigen Geschöpfe, die es beherbergt."
(W. Douglas Burden, "Drachenechsen", Leipzig 1930, Seite 76)

Die ***Insel Komodo,*** berühmt durch den *Varanus Komodoensis,* Komodo-Waran (indon: *Ora darat),* ist umwoben von Sagen, Mythen, Gerüchten und bekannt durch Schreckensmeldungen ("Schweizer Baron verschwand spurlos"). Erst spät wurde Komodo mit seinen einzigartigen ausgefallenen Riesenwaranen (bis zu 3 m Länge) entdeckt. Die Strömungen und Strudel, die die Insel umgeben, hatten die Warane bis 1912 von Europäern unentdeckt gelassen.

Auch heute noch ist es schwierig, die Warane zu besuchen. Mit dem Düsenjet ist da gar nichts zu machen - der Seeweg bleibt die einzige Anreise-Möglichkeit.

Die Heimat der Warane erinnert an den Norden Irlands, sanfte, von weichem Gras bedeckte Hügel kennzeichnen die Insel. Überall verstreut ragen dünne Stämme mit Wuschelköpfen in den Himmel - *Lontarpalmen.* Weder Autos noch andere Verkehrsmittel fahren dort. Es existiert nur ein einziges Dorf mit ca. 700 Einwohnern, deren Haupteinnahmequelle der Fischfang ist. Landwirtschaft ist kaum möglich, die Insel ist zu trocken, Reisanbau unmöglich, nur ein paar Anwohner betreiben Gemüseanbau.

Auf den Wanderungen trifft man keine Menschen, "nur" Tiere. Seit 1980 ist Komodo Teil des Komodo-Nationalparks, ebenso wie die Nachbarinseln *Padar, Rinca* und ein Teil von *West-Flores.* Für den *Varanus Komodoensis* und die dort lebenden Hirsche und Wildschweine bedeutet das absoluten Schutz.

Komodo bietet aber nicht nur Warane, sondern vor allen Dingen Natur und Einsamkeit. Beim Erforschen der Insel wird man von einem ständigen Bauchkribbeln begleitet, da hinter jedem Busch, Stein, Strauch ein Waran lauern könnte.

Seit dem Vorfall des verschwundenen Schweizer Barons ist es Besuchern verboten, die Insel ohne Guide (Führer) zu durchstreifen. Das P.H.P.A. stellt Guides und Unterkünfte zur Verfügung.

Die indonesische Regierung baut den Komodo-Nationalpark immer mehr zur Touristenattraktion aus. Flugzeugweise wurden Journalisten aus aller Welt eingeflogen, damit sie die Warane überall publik machten.

Die Fährpläne wurden umgestellt, damit Komodo täglich erreichbar wurde. Cirka 5000 Besucher jährlich, darunter Hunderte von Kreuzfahrt-Weltreisenden lassen sich das Waranspektakel ebensowenig entgehen wie unzählige Individualreisende. Der große Plan hat also funktioniert.

Die Bewohner haben seit 1912 Erfahrung im Umgang mit Weißen. Sie lernten, daß die Besucher fast jeden Preis zahlten, um die Drachen zu sehen. Entsprechend schwer gestalten sich Preisverhandlungen. Preisverhandlungen mit den Regierungsangestellten des P.H.P.A. gestalten sich auch nicht einfacher, wenn es um Extrawünsche geht. Vielleicht liegt das an der Umgebung.

Trotz An-, Abreise- und/oder Verhandlungsschwierigkeiten – es ist ein Erlebnis, ein Abenteuer. Wer sich etwas Zeit läßt, sich von den kleinen Problemen nicht die Laune verderben läßt, dem wird es ungeheuer gut gefallen.

Geschichte

1980 wurde der Komodo-Nationalpark zum Schutz des *Varanus Komodoensis* eingerichtet. Bereits am 12. März 1915, nur drei Jahre nach der Entdeckung der Tierart für die Wissenschaft, erließ der Sultan von Bima eine Verordnung zum Schutz und zur Erhaltung der Gattung. Diese Verordnung hatte allerdings keine großen Auswirkungen. 1926 zum Beispiel kostete eine großangelegte Waranjagd ca. 100 Tieren das Leben. Ein paar geschäftstüchtige Chinesen glaubten, daß man die Waranhaut (genau wie Krokodilhaut) zu Taschen und Schuhen verarbeiten könnte. Da die Haut aber aus Knochenplättchen besteht, zerfällt sie beim Gerben in viele kleine Einzelteile. Das rettete die Tiere sehr wahrscheinlich vor der Ausrottung.

Die erste effektive Schutzmaßnahme erließ die örtliche Manggarai-Regierung (West-Flores) 1926. Die Maßnahme kam allerdings erst 1930 zum Tragen und verbot das Jagen, Fangen und Halten von Waranen sowie das Sammeln von Waraneneiern und deren Nestern. 1928 schlugen die holländischen Kolonialherren vor, dieses Gebiet zum Nationalpark zu erklären, um auch noch zusätzlich den *Lebensraum* zu schützen. Dieser Vorschlag wurde damals abgeschmettert, da ja auch noch Menschen dort lebten. Der *Varanus komodoensis* wurde 1931 auf die Liste der zu schützenden Tiere gesetzt. Im Januar 1939 erklärte die Manggarai-Regierung Padar und Teile von Rinca zum schüt-

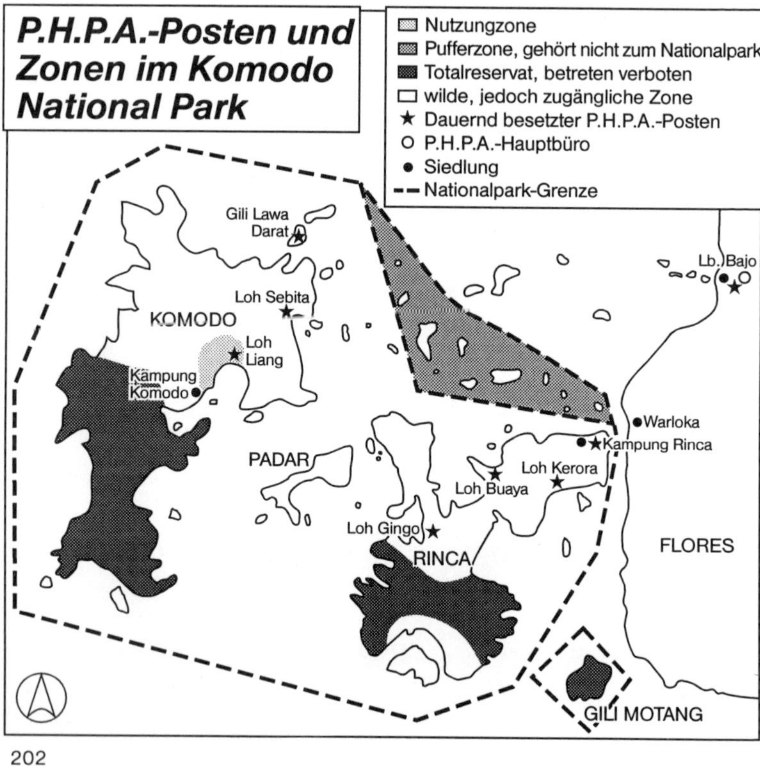

zenswürdigen *Gebiet,* Komodo allerdings immer noch nicht.

Am 21. Oktober 1965 wurden Komodo und ein Teil von Rinca offiziell zu einem schützenswerten Areal erklärt, um den Lebensraum der Warane zu sichern. Aber erst seit 1980 wurde rigoros die Jagd auf Sunda-Rotwild *(Rusa)* verboten, eines der Hauptnahrungsmittel der Warane. Auf Padar hatte nämlich mittlerweile die exzessive Hirschjagd den Waranen das Überleben unmöglich gemacht. Heute leben dort keine Warane mehr.

Die Dörfer bzw. Ansiedlungen auf Komodo und Rinca sind vom Naturschutzgebiet ausgeklammert.

Komodo-Expeditionen

Die schöne Geschichte, daß ein holländischer Pilot den *Varanus komodoensis* dadurch entdeckte, daß er sich bei seinem Flugzeugabsturz auf die Insel Komodo retten konnte und bei seiner Rückkehr nach Java für verrückt erklärt wurde, weil er von acht bis zehn Meter langen dinosaurierähnlichen Riesenechsen berichtete, die Komodo bewohnten, habe ich leider nirgendwo bestätigt gefunden. Es scheint sich um ein Gerücht zu handeln.

Die Publikation *"Bericht von einer Reise nach Bima und Sumbawa und zu anderen Plätzen auf Celebes, Saleyer und Flores während der Monate Mai bis Dezember 1847",* Abhandlung der Botanischen Genossenschaft, Teil 23, 1850 vom Schweizer Botaniker ***H. Zollinger*** ist wahrscheinlich die älteste Quelle über diese Region. Weder *Zollinger* noch andere Forscher dieser Zeit sahen sich veranlaßt, Komodo, Padar oder Rinca zu besuchen. Seeräuberei und starke Strömungen machten das Reisen in diesen Gewässern ziemlich gefährlich. Manggarai (West-Flores) soll im 19. Jahrhundert durch Seeräuber völlig verwüstet und ausgeplündert worden sein.

1912 veröffentlichte ***Major Ouwens*** (Konservator beim Botanischen Garten, Buitenzog, Java) den ersten Artikel über den Komodo-Waran *"On a large Varanus species from the Island of Komodo",* im Bulletin vom Jardin Botanique de Buitenzog (2me serie, no. VI, 1912, pp. 1 bis 3). Laut dieser Veröffentlichung waren die Perlenfischer *Aldegon* und *Koch* die ersten, die von Riesenechsen auf Komodo berichteten. Während der Hirschjagd hätten sie 6 m lange Riesendrachen entdeckt, teilten sie *Leutnant Van Steyn van Hensbrock* mit, der in Reo auf Flores stationiert war. Dieser wiederum leitete die Information an *Major Ouwens* weiter. Zwei lebende und zwei tote Warane wurden zu *Major Ouwens* nach Buitenzog (Java) geschickt. *Major Ouwens,* der die Warane nie in ihrem normalen Lebensumfeld studiert hatte, verfaßte daraufhin seinen Bericht.

Ohne Aufsehen lebten die Warane bis 1926 weiter, unterbrochen von einem kurzen Besuch des *Barons von Mecklenbeck.* Erst *O. Horst* und *Burden* erforschten den Komodo-Waran unter wissenschaftlichen Gesichtspunkten. ***W. Douglas Burden*** veröffentlichte verschiedene Berichte, unter anderem auch das ins Deutsche übersetzte Buch: *"Drachenechsen. Eine Forscherfahrt zu den Waranen auf Komodo",* Leipzig/F.U. Brockhaus,

1930. Spätere Wissenschaftler wie *Hoogerwerf* (1954) und *Auffenberg* (1981) zweifeln *Burdens* Aussagen und Glaubwürdigkeit an. Seine Arbeit gilt als populärwissenschaftlich.

Insbesondere der Holländer ***Hoogerwerf*** ärgert sich (in seinem 34. Dienstreport, 1954) über *Burdens* Art und Weise, über die holländische Kolonialmacht zu berichten: *"Als die Holländer Java in Besitz genommen hatten, dauerte es nicht lange, bis sie sich dem erschlaffenden Klima weitgehend anpaßten. Sie übernahmen von den Eingeborenen die bequeme Pyjamatracht, mieden jede körperliche Arbeit und brachten den Tag nur mit Essen und Trinken hin. Das schlug ihnen gut an, sie wurden dick und rund. Die Holländer zeigen nicht die straffe Selbstzucht wie der Brite in Indien, aber sie sind auf alle Fälle besser als etwa die opiumrauchenden Franzosen in Saigon. Das Leben der Weißen auf Java ist sicher nicht anstrengend. Nach langem Mittagsschlaf erscheint so gegen 5 Uhr die ganze wohlgenährte Familie auf der Veranda des Hauses. Dort trinkt man den Nachmittagstee, alles so langsam und langweilig, als sei jeder Funke von Tatkraft in den fetten Körpern erloschen. Zu faul fast zum Essen, zu träge beinahe zum Luftholen, scheinen alle mit sich und der Welt unzufrieden zu sein. Außer Essen, Trinken und bestenfalls ein bißchen Liebe fesselt sie nichts. Was will man auch mehr, wenn man nach einer ordentlichen Mahlzeit ein Gläschen heimischen Wacholder oder Bitteren vor sich hat und die lauen Lüfte der weichen Tropennacht einen kosend umfächeln?!"* (Drachenechsen, eine Forscherfahrt zu den Waranen auf Komodo, *W. Douglas Burden*, Seite 42/43).

Burden auf Komodo (1926)

Hoogerwerf schreibt dazu (frei übersetzt, die Verfasserin): *"Von 220 Seiten, die das Buch umfaßt, handeln nur ca. 60 Seiten von Komodo und seinen Waranen. Sehr viel Mühe gibt sich Herr Burden nicht, Sympathien für seine Holländer und Indonesier zu wecken, obwohl der Schreiber doch Gast war in diesem Land. Burden bekam nicht alleine die Erlaubnis zum Fangen, Töten und Ausführen von 15 Waranen, sondern auch eine Verfügung über das völlig bemannte 400-Tonnen-Schiff 'Dog', daß er volle zwei Monate nutzte. Außerdem erhielt dieser Forscher viele Empfehlungsschreiben aus den Händen des (holländischen, die Verf.) Gouverneur-Generals persönlich."* (34. Dienstre-

Hoogerwerf bei seinen Aufzeichnungen (1953)

port, *Hoogerwerf,* 1954). *Hoogerwerf* schreibt weiter: *"Welchen Wert man der Schreiberei von diesem Schreiber zusprechen muß, möge auch hervorgehen aus dem Folgenden. Möge der Leser selber urteilen: 'Unterdessen gingen Dunn und ich auf die Froschjagd. Als wir gegen Abend durch den Botanischen Garten schlenderten, liefen uns zwei kleine Malaienmädchen in ihrer malerischen Tracht in den Weg. Als sie sahen, daß ich eine Kamera bei mir hatte, waren sie gegen ein kleines Geschenk sehr gern bereit, sich nackt aufnehmen zu lassen. Wahrscheinlich waren sie von ihren Eltern dazu ermuntert; ich machte von den braunen Schönen im Evakleid in einem nahen Flußbett ein paar hübsche Bilder."* (aus: Drachenechsen; Eine Forscherfahrt zu den Waranen auf Komodo; *W. Douglas Burden,* Leipzig 1930).

Auch den *Raja* von Bima läßt *Burden* nicht aus. Der Amerikaner beschreibt ihn als "fettes, faules Individuum". Und so weiter, und so weiter. Wie auch immer, ein holländischer Biologe erklärte mir, daß es unter den Biologen ein beliebtes Spiel sei, dem anderen Unwissenschaftlichkeit vorzuwerfen.

Bis in die 40er Jahre besuchten eine Anzahl Wissenschaftler und Pseudowissenschaftler Komodo. Hervorzuheben ist der englische Journalist ***Collins.*** Im Zeitraum Mai bis August 1938 veröffentlichte er eine Reihe von Artikeln im "Java Boten" über seine Erfahrungen mit Komodo-Waranen. Am 31. Mai, 9. Juni, 13. Juni, 21. Juni, 1. Juli, 16. Juli und 4. August 1938 erschienen die Artikel: *"Auf dem Waranen-Eiland". Hoogerwerf* (1954) besuchte *Collins* am Lake Success. *Collins* arbeitete als Korrespondent für einige englische und amerikanische Zeitschriften. *Hoogerwerf* berichtete im 34. Dienstreport über *Collins* Reise und Waranforschung ausführlich und wohlwollend (*Collins* war ja auch "nur" ein Journalist).

Im Jahre 1938 reiste *Collins* in den östlichen Teilen Indonesiens mit einem selbstgebauten Boot namens *Bintang* (Stern). Vom plötzlich auftretenden Ostmonsun überrascht, suchte Collins Schutz in der Bucht "Loho Batu Montjong", dem östlichsten Punkt Komodos. Der Monsun machte seinen Plan, weiter östlich gelegene Inseln zu besuchen, zunichte. *"Diese Bestien besitzen kolossale Kraft, erlangen im Durchschnitt eine Länge von 15 ft (ca. 3,00 m) und fallen die zahlreichen Pferde an und auch Menschen",* schreibt *Collins* in seiner ersten Logbucheintragung über Warane. Obwohl andere Berichterstatter von *"prähistorischen Monstern, bösartigen fleischfressenden Dinosauriern"* sprachen und *Collins* so schreckliche Berichte von Schlangen, Tausendfüßlern und sonstigem gefährlichem Getier auf Komodo gehört hatte, betrat er die Insel lediglich mit kurzer Turnhose und Sportschuhen bekleidet. Seine Bewaffnung bestand aus einem Dreizack. *Collins,* der bereits einiges über diese Warane gehört hatte, ließ sich unverzüglich einen Beobachtungsstand einige Kilometer von der Küste entfernt bauen. Die erste Nacht verbrachte *Collins* mit vergeblichem Warten auf seinem Beobachtungsstand in einem Tamarindenbaum, ca. 3 m über der Erde. In dieser Nacht hatte *Collins* seine erste Waran-Begegnung: "*... im Mondlicht ragte monsterartig ein Riesenwaran, zwei mal so hoch als ein Mensch, gestützt auf seinen langen, geschuppten Schwanz, auf den Hinterpfoten sitzend."* Ob es sich um Traum oder Wirklichkeit handelt, kann er aber nicht unterscheiden.

Da *Collins* Bemühungen, Warane zu sichten, vergeblich blieben, beschloß er, Köder schießen zu lassen. Um fliegende Hunde (*Kalongs)* zu schießen, fuhr er zum Tambora (Sumbawa). 50 geschossene *Kalongs* wurden in einen Sack genäht, um sie vor Ameisen und anderen Kleintieren zu schützen. Auf Grund schlechter Winde nahm die Rückfahrt vom Tambora bis nach Bima schon eine ganze Woche in Anspruch. Der eingenähte Waran-Köder machte sich bereits durch starken Verwesungsgeruch bemerkbar. Unglücklicherweise benötigte die *Bintang* von Bima nach Komodo noch weitere 5 Tage und nicht zwei, wie geplant. Mittlerweile lief die gesamte Besatzung inklusive *Collins* mit Kampfertüchern vorm Gesicht herum, um sich vor dem Gestank zu schützen.

Collins nahm seine Köderversuche, auf Komodo angekommen, sofort wieder in Angriff. Mittlerweile tropften die *Kalongs* aus dem Sack, so stark war der Verwesungsprozeß fortgeschritten. Zum Schutz vor dem bestialischen Gestank baute sich *Collins* erst einmal einen Schwenk-

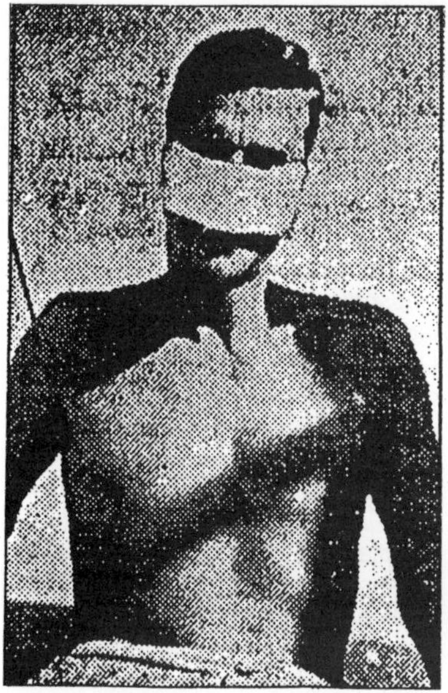

Collins mit Gasmaske (1938)

arm an seinen Beobachtungsstand, mit dem er den Köder aus seiner Geruchsrichtung drehen konnte. *Collins* saß drei Meter über dem Boden auf seinem sonnengeschützten Beobachtungsstand - jedoch ließ sich kein Waran anlocken, dafür aber krabbelten Tausende von Ameisen zum Köder. Um ihnen den Weg abzuschneiden und nicht selbst von Ameisen "überrannt" zu werden, hackte *Collins* rund um sich herum die Äste ab. In der folgenden Nacht hatte *Collins* wieder Erscheinungen. Diesmal waren die Warane so groß, daß er Angst hatte, sie würden ihn ohne Probleme von seinem Hochsitz pflücken. Am nächsten Morgen um 11.00 Uhr, nach 24 Stunden Warten, sah *Collins* endlich seinen ersten Waran - ganze 1,50 m lang. Gegen Mittag tauchte der zweite Waran auf, mit einer Länge von immerhin 2,50 m. Unwohlsein befiel *Collins* beim Anblick des großen Warans. Wenigstens eine Verteidigungswaffe wollte er sich am nächsten Tag mit auf seinen Balkon nehmen. Knallfrösche schienen ihm das richtige Mittel gegen vorwitzige Warane zu sein! Falls ihn dann wirklich ein Waran verschlucken sollte, konnte er wenigstens ein Feuerwerk in seinem Bauch anrichten.

Am folgenden Tag sah er vier Warane. Der erste, kleine Waran saß auf dem *Kalong*-Sack und floh sofort, als der zweite erschien. Ein dritter wiederum verjagte den zweiten Waran. Der "Balkon-Bewohner" *Collins* glaubte sich an seinen ersten nächtlichen Alptraum erinnert, beim Anblick des vierten Exemplares. Ein Riesenwaran, zu schwer und zu groß, um die hoch hängenden *Kalongs* zu erreichen.

Am vierten Tag verschlang ein kleiner Waran den größten Teil des Köders. Mittlerweile hätte der mit Maden belebte Sack durchaus alleine laufen können. In der vierten Nacht stellte *Collins* fest, daß Warane doch keine Nachttiere sind; denn sie verschwanden vor Sonnenuntergang und tauchten nach Sonnenaufgang wieder auf. Am fünften Tag schaffte es endlich ein zwei Meter großer Waran, den Rest des Köders aufzufressen. Er steckte den Kopf in den Sack und schlürfte ihn aus. Nach der Mahlzeit legte der Waran sich in den Schatten, den Kopf auf dem Boden liegend, wobei die Maden über sein Gesicht krabbelten.

Collins war mit der Größe der von ihm gesichteten Warane nicht zufrieden. Den Grund sah er in den Jägern von Sumbawa, die auf der anderen Seite der Insel Hirsche jagten. Durch die zurückgelassenen Kadaverreste der erlegten Tiere müßten die Warane von vier und mehr Metern angelockt worden sein, glaubte *Collins.* Nach seinem Abenteuer begab sich *Collins* mit dem Boot zu den Jägern, um sich über Jagdmethoden zu informieren. Noch einmal wollte er nicht nach Sumbawa Köder holen! Da *Collins* schlecht für die Jagd ausgerüstet war (ein Dreizack und Knallfrösche), tauschte er mit einer Gruppe Jäger einen Sack Reis gegen Wildschweinfleisch.

Zurück an seinem Beobachtungsstand, legte *Collins* den Schweineköder aus. Er hatte ein neues Ziel, nämlich herauszufinden, ob Warane wirklich taub sind, wie die Jäger ihm erzählt hatten. Während sich vier Warane schon am zweiten Tag über den Köder hermachten, sang *Collins* ihnen seine schönsten Lieder vor. Die Fresser nahmen keine Notiz von ihm. Er dachte an andere Mittel, zum Beispiel an seine Knallfrösche. Am nächsten Tag bewarf er die angelockten Warane damit. Die Warane schenkten den Explosionen keine Beachtung. Collins gab nicht auf. Mit Knallfröschen bewaffnet, robbte er durch das Gras in Richtung Warane, um sie ihnen an den Schwanz zu binden. Dieses Experiment mißlang leider, da die Warane gingen und ein Knallkörper in *Collins'* Hand explodierte.

Er war nicht zu entmutigen. Ein Grammophon wurde von Bord geholt. Wieder wurden Köder ausgelegt. Vom Köder angelockt, kamen die Warane, machten aber sofort wieder kehrt, als *Collins Bach's* Toccata in D erklingen ließ. Nur einer wartete im Gras, bis die Musik beendet war, und begann dann mit der Mahlzeit. *Collins* suchte andere Platten heraus, um sie abzuspielen: Eine Rapsodie von *Liszt,* gespielt vom Philadelphia Symphony Orchestra, das Largo von *Händel,* eine Arie, gesungen von *Maria Ivogün,* und *"O Lola"* von *Tino Pattiera,* etc, etc. Die Warane ließ das kalt; sie schenkten der Musik kein Ohr. Nach Beendigung der Platte *"Ride of the Valkyries"* kehrten die Warane zum Fressen zurück.

Dann veranstaltete *Collins* ein großes Feuerwerk, kaum zwei Meter von den Waranen entfernt. Nach kurzem Aufhorchen setzten die Warane ihr Mahl fort. Bei dem Musikstück *"Smoke gets in Your Eyes"* watschelten die vollgefressenen Reptilien von dannen.

Während des fünf Monate dauernden Aufenthaltes gab *Collins* die Hoffnung nie auf, einen sieben bis acht Meter großen Waran zu sehen. Er durchforstete die Insel von Nord nach Süd und von West nach Ost, ohne aber jemals ein mehr als drei Meter großes Exemplar zu sehen.

Collins verletzte sich den Fuß und mußte nach Flores in ärztliche Behandlung. Er beschloß bei seiner Rückkehr, einen Waran-Zirkus zu veranstalten, springende Warane wollte er fotografieren. Eine Bambus-Konstruktion wurde errichtet. Vier Warane (1,00 m bis 1,50 m) waren der Höhepunkt dieses Zirkus. Drei

Eine der verrücktesten Dressurnummern der Geschichte: Collins` Waran-Zirkus (1938)

von ihnen sprangen durch den Ring und hingen am Köder, der vierte ließ sich einfach auf den Köder fallen. *Collins* erwähnte nicht, wie groß die Entfernung des weitesten Sprunges war, nur, daß der Köder immer weiter entfernt vom Ring aufgehängt wurde. Ein großer Waran, zu schwerfällig zum Klettern, lief unter der Beute her, die jedoch so hoch aufgehängt war, daß er sie mit der Zunge gerade berühren konnte. Es dauerte Stunden, bis der große Waran sich aufrichtete und die Zehen seiner Vorderfüße in die Beute hakte. *Collins* stellte fest, daß die großen Tiere sich in Bequemlichkeit und Charakter von den kleinen unterscheiden. Kein großer Waran unternahm den Versuch, durch den Ring zu springen! Auch seien die kleinen Warane nicht so scheu, die großen würden sofort wegrennen, würde man sich ihnen nähern.

Weitere Versuche führte *Collins* nicht durch. Allerdings befragte er noch die Bevölkerung zu Schlangenbissen. Das Ergebnis war, daß zwar schon viele von Schlangen gebissen worden waren, jedoch noch niemand daran gestorben war. Er stellte abschließend fest, daß man sicherer in Indien oder auf Komodo herumlaufen könne als in London: Während 148 pro 1 Million Londoner bei Verkehrsunfällen starben, wurden im gesamten Indien nur 84 durch Schlangenbisse getötet.

Die erste wirklich umfassende wissenschaftliche Arbeit über die Inseln Komodo, Padar und Rinca erstellte ***A. Hoogerwerf*** in dem bereits oben erwähnten 34. Dienstrapport: *"Rapport over en naar Komodo, Padar en*

Rintja (Kleine Sunda Eilanden) gemaakte dienstreis van 21 Mai bis 6 Juli 1953", geschrieben in Bogor im Dezember und Januar 1953/54. Soweit ich Holländisch verstehen kann, muß ich feststellen, daß der Biologe mit Vorliebe Fehler anderer Wissenschaftler aufzählt. In seinem 263 Seiten umfassenden Report finde ich "nur" 14 Seiten über den *Varanus komodoensis. Hoogerwerf* bemängelt trotzdem an *Burdens* Buch die geringe Seitenzahl über Warane (60 von 180 Seiten). Allerdings gibt der holländische Biologe einen guten Überblick über die drei Inseln, nicht zu vergessen den genauen Bericht über *Collins'* "wissenschaftliche" Untersuchungen. Dieser Report ist nie als Buch veröffentlicht worden. Beim P.H.P.A. auf Komodo kann man eventuell noch eine Kopie in der Bibliothek finden. Falls der Schlüssel für den Bücherschrank da ist und man des Holländischen mächtig ist, kann man sich dieses Werk anschauen, maschinengetippt mit Original-Fotos. Ca. acht Exemplare soll es davon auf der ganzen Welt geben.

Der Zoologe ***Dr. Walter Auffenberg*** erstellte die umfassendste Arbeit über den *Varanus komodoensis.* Ein Jahr lang untersuchte er alles, was zu diesem Tier gehört, ob es sich um die Schuppen der Haut, die Oberflächenstruktur von Waran-Eiern, typische Gesichtsausdrücke, Pusteln auf der Waran-Nase, Revierverhalten, Freßgewohnheiten, Kör-

Bewohner des Kampong Komodo 1953. Der Dorfchef mit Brille.

pertemperatur, Kot, Urin usw. handelte, - er läßt einfach keine Frage offen. *Hoogerwerf* hätte seine Freude an diesem wissenschaftlichen Werk gehabt. Das Buch ist empfehlenswert für jeden, der schon immer alles über den *Varanus komodoensis* wissen wollte: "*The Behavioral Ecology of the Komodo Monitor", Dr. Walter Auffenberg,* University Press of Florida, 1981, englisch (ca. 130 DM).

Wer war wann auf Komodo

- 1910 ***Van Steyn, van Hensbroeck;*** Komodo; 1 Woche
- 1911 ***Bogor,*** Zoologisches Museum; Komodo; einige Wochen
- 1923 ***Baron von Mecklenberg;*** Komodo (oder Flores)
- 1924 ***Horst;*** Komodo und Rinca; Länge des Aufenthaltes ist nicht bekannt
- 1926 ***Burden/Dunn;*** Komodo und Padar; 4 Wochen
- 1929 ***Ave'Lallemant;*** Komodo und Rinca; einige Wochen (die genaue Länge des Aufenthaltes ist nicht bekannt)
- 1929 ***de Jong;*** Flores, Rinca, Padar und Komodo; einige Wochen (die genaue Länge des Aufenthaltes ist nicht bekannt)
- 1934 ***Griswold und Harkness,*** Surabaya Zoo; Komodo; 8 Wochen
- 1935 ***Lord Moyne;*** Komodo; die Länge des Aufenthaltes ist nicht bekannt
- 1936 ***de Voogd;*** Komodo; einige Wochen (die genaue Länge des Aufenthaltes ist nicht bekannt)
- 1937 ***de Jong;*** Komodo und Flores; siebeneinhalb Wochen
- 1937 ***Fejos;*** Komodo; 1 Woche
- 1938 ***Collins;*** Komodo und Padar; 20 Wochen
- 1952 ***Hortojo/Hompes;*** Komodo; eineinhalb Wochen
- 1952 ***Pryor;*** Komodo; einige Tage
- 1953 ***Pareira;*** Komodo; einige Tage
- 1955 ***Hoogerwerf;*** Komodo, Padar und Rinca; sechs Wochen
- 1956 ***Piazzini /Pfeffer;*** Flores; Rinca und Komodo; zehn Wochen
- 1957 ***David Attenborough*** und ***C. Lagus;*** Aufenthaltslänge nicht bekannt
- 1962 ***Darevsky/Kadarsan;*** Komodo; Padar und Rinca; 4,5 Wochen
- 1963 ***Surabaya Zoo;*** Komodo; die Länge des Aufenthaltes ist nicht bekannt
- 1964 ***Bishop Museum Expedition;*** Komodo; die Länge des Aufenthaltes ist nicht bekannt
- 1967 ***Kern/King;*** Komodo; 1,5 Wochen
- 1969-70 ***Auffenberg;*** Komodo; 44 Wochen (!)
- 1971 ***Auffenberg;*** Flores; 5 Wochen

1973 ***Lincoln/Patterson-Guiness;*** Komodo; 2 Wochen

- 1973 ***Auffenberg/Don Meir Prod;*** Komodo; 4,5 Wochen

Seit dieser Zeit tummeln sich immer wieder Fotografen, Filmer und Journalisten auf Komodo, um diese einzigartigen Tiere mit ihrem Medium einzufangen.

Hoogerwerf vor dem Wae Sadrap, Komodo

Komodo NP

Geografie

Der KNP umfaßt die Inseln ***Komodo*** (339,37 qkm), ***Padar*** (20,7 qkm) und ***Rinca*** (196,25 qkm). Die Komodo-Inselgruppe wird zu den Kleinen Sunda-Inseln gezählt. Gelegen ist die Gruppe in der Meeresstraße zwischen Sumbawa im Westen und Flores im Osten. ***Aus geologischer Sicht*** soll dieses Gebiet das interessanteste ganz Indonesiens sein. Während Bali im Westen und Sumba im Süden zur Sundaplatte gerechnet werden *(Sundaland),* ist Timor im Südosten Teil der Australischen Platte. Diese beiden Platten bewegten sich vor ca. einer halben Million Jahre (im Pleistozän) aufeinander zu und "gestalteten" die dazwischen liegenden Inseln, nämlich Sulawesi, Flores und die Komodo-Gruppe. Das mittlere und frühe Pleistozän war eine Periode spektakulärer geologischer Aktivitäten. Die aufeinander zukommenden kontinentalen Platten verursachten auf Java und Sumatra riesige Vulkanausbrüche, während im Bereich der Kleinen Sunda-Inseln die Aktivitäten unterhalb der Erdoberfläche stattfanden. Das Aufeinandertreffen der beiden Platten war so gewaltig, daß sich zum Beispiel Korallenriffe bis zu 240 m über den Meeresspiegel hoben. Während sich das Land bewegte, wechselte die Höhe des Meeresspiegels ständig. Zu einer Zeit soll der Meeresspiegel um 85 Meter niedriger als heute gewesen sein. Zwischen Java und Sumatra hat es einen freien Austausch der Landtiere gegeben. Man vermutet, daß in dieser Zeit auch die Warane zwischen Flores und Komodo hin- und

Blick von Poreng in eines der waldbewachsenen Täler Komodos

herspaziert sind. Man stellte nämlich fest, daß es auch einen Waran-Bestand in West-Flores gibt. Vielleicht handelt es sich um Komodo-Auswanderer ...

Mit der längsten Ausdehnung von 35 km von Nord nach Süd, einer max. Breite von ca. 4 km im Süden und 15 km im Norden ist ***Komodo*** die größte Insel der Komodo-Gruppe.

Die Insel Komodo durchzieht eine ***Bergkette*** von Norden nach Süden (Durchschnittshöhe ca. 550 m). Der *Gunung Satalibo* im Norden ist 735 m hoch und damit der höchste Berg, gefolgt vom *Gunung Arab* mit 510 Metern. Die Berge sind größtenteils mit Grasland bedeckt, gelegentlich unterbrochen von Waldstücken. Streckenweise sind die Hügelketten gespalten und rissig. Zur Regenzeit fließt in diesen Rinnen das Wasser herunter, um dann im Sandboden zu versickern.

Die ***Küste*** Komodos besteht aus vielen, kleinen, einsamen Sandbuchten, die durch Landzungen mit senkrecht zum Meer abfallenden Klippen getrennt werden.

Zahlreiche Korallenriffe, Ebbe und Flut, kleine Inseln und vor allen Dingen starke Strömungen und Strudel machen das Navigieren und Ankern rund um die Küste gefährlich. Schippert man mit kleinen Booten vor der Küste Komodos, kann man die Gefährlichkeit dieser Strömungen und Strudel beobachten. Da scheint, zum Beispiel, das Meer eine kleine Treppe hinunterzufließen, die gar nicht existiert. Wasserstrudel machen hier jedem Schwimmer den Garaus.

Padar ist die kleinste Insel der Komodo-Gruppe. Ca. 9 km lang, die Breite variiert zwischen 1 und 3 Kilometern. Die 200 bis 300 m hohen Berge ragen steil aus dem Grasland. Die Insel hat einige nette Sandstrände mit vorgelagerten Korallenriffen und ist nicht bewohnt. Warane konnten hier nicht überleben, da das Futter (Hirsche o.ä.) durch Jagd ausgerottet wurde.

Rinca ist ungefähr 25 km lang und im südlichen Teil 12 km breit, in der Mitte verringert sich die Breite auf 2 km und öffnet sich dann wieder auf 5 km. Der südliche Teil der Insel wird beherrscht vom *Doro Ora (*667 m), dem größten Berg der Insel, neben den steileren, jedoch bedeutend niedrigeren Bergen *Gunung Tumbuh* (187 m) und dem *Doro Raja* (351 m). Ansonsten ist Rinca bedeckt von kleinen Grashügeln, unterbrochen von Wäldchen. *Kampung* Kerora und Rinca sind die beiden einzigen ständigen Ansiedlungen. Das P.H.P.A. hat einen Stützpunkt in der Bucht *Loh Buaya* errichtet.

Verwaltung

Der Komodo-Nationalpark liegt im äußersten Westen der ***Provinz Nusa Tenggara Timur.*** Er gehört zur Verwaltungseinheit der ***Manggarai*** (Flores) mit dem Verwaltungssitz in Ruteng. Es befinden sich zwei ***Gemeinden*** *(Desa)* im Nationalpark, nämlich *Desa Komodo* (Komodo) und *Desa Pasir Panjang* (Rinca). Der "Verwaltungssitz" dieser Gemeinden befindet sich in den jeweiligen Dörfern.

Das heißt, der administrative Chef ist der Dorfbürgermeister. Polizei gibt es weder auf der einen noch auf der anderen Insel.

In ***Labuan Bajo*** (Flores) befindet sich die zuständige Polizeihauptstelle für Komodo und Rinca.

Wirtschaft

Fischerei

Die Haupteinnahmequelle der gesamten Bevölkerung innerhalb des Nationalparks ist der Fischfang. Das Fischen wird mit kleinen Segelbooten *(prahus)* betrieben. Die ***Fische*** werden mit Netzen oder Handleinen gefangen oder mit *bagans:* Das sind schwimmende Plattformen, die Ähnlichkeit mit Katamaranen haben (im Hafen von Kampung Komodo kann man sie sehen). In der Mitte der Plattform ist ein Loch, in das nachts eine Lampe gehängt wird, um die Fische, speziell Tintenfische, anzulokken. Die dritte Art des Fischfangs sind fest installierte Fallen an den Küsten. Der gefangene Fisch wird meistens auf Holzgerüsten getrocknet, um dann nach Lb. Bajo (Sumbawa) und Bima verkauft zu werden. Laut Auskunft der Fischerei-Behörde produziert das *Kecamatan Komodo* ungefähr 130 Tonnen Trockenfisch pro Jahr.

Auch ***Delphine*** werden harpuniert. Früher fing man auch ***Schildkröten*** (ausschließlich für den Export nach Bali), das ist jetzt glücklicherweise verboten.

Bis in die 70er Jahre war eine bestimmte ***Seegrassorte*** *(Zostera sp.)*

Ein für die Region typisches Fischerboot: der einem Katamaran ähnelnde *Bagan*

ein weiterer Exportartikel, der zu pharmazeutischen Zwecken nach Japan geliefert wurde. Leider hat man bei der Ernte die Wurzeln dieses Grases immer mit herausgerissen, so daß diese Pflanze nicht mehr nachwuchs und das Geschäft mangels Masse zum Erliegen kam.

Perlmutt und Perlen

Vor Padar gibt es große Perlmutt-Vorkommen. Man findet dort spezielle, bis zu 30 cm große Muscheln, die fast nur aus Perlmutt bestehen. Von Rinca aus werden diese Vorkommen ausgebeutet. Ein Chinese hat dort 20 Taucherausrüstungen stationiert und fährt in regelmäßigen Abständen zur "Ernte". Verschifft wird ein Großteil des Perlmutts nach Hongkong. Dort werden daraus Teller, Schnitzereien, Anhänger und Knöpfe produziert. Hin und wieder werden *Perlmutt-Perlen* gefunden. Für eine Perle verlangen die Fischer je nach Größe zwischen 20.000 und 250.000 Rp (Stand 1985). Da kann man sich in Deutschland billiger eindecken.

Landwirtschaft

Weder auf Komodo noch Rinca wird nennenswerte Landwirtschaft betrieben. Die Ursache ist der karge Boden, geringer Niederschlag und die meist steil ins Meer abfallenden Berge. Auf Komodo erntet man in den kleinen Gärten Mais, Cassava (Süßkartoffel), Bananen und Kürbis, allerdings nicht in ausreichenden Mengen für die gesamte Bevölkerung. Rinder- und Büffelzucht gibt es auf Komodo nicht. Früher muß das anders gewesen sein, denn wilde Büffel leben sowohl auf Komodo als auch auf Rinca. Man nimmt an, daß es sich um Nachfahren entflohener Hausbüffel handelt.

Allerdings floriert die ***Ziegenzucht.*** Rund um das Dorf brauchen die Ziegen nicht angebunden zu werden, da sie hier relativ sicher vor Waranen sind. In den siebziger Jahren hat man den Komodo-Bewohnern Hoffnung auf einen baldigen Touristen-Boom gemacht. 1974 lebten 91 Ziegen auf Komodo. 1976 hatten die Bewohner die Anzahl auf 500 Ziegen erhöht, um sie als Köder zu verkaufen - von den Touristen, die mittlerweile wirklich in Scharen kommen, sehen die Einwohner allerdings wenig, da die Regierung die Unterkunft eine halbe Stunde vom Dorf Komodo entfernt baute!

Waranfutter

Die Ziegen verkauft das Dorf nun ans P.H.P.A., dieses verkauft wiederum an die Touristen.

Wald/Holz

Das auf den Inseln geschlagene Holz dient nur dem Eigenbedarf, also zum Haus- und Schiffbau und als Feuerholz. Die hier weit verbreitete ***Lontarpalme*** wird zum Hausbau genutzt. Um ein Haus zu bauen, werden ca. 25 Lontarpalmenstämme benötigt. Die Umgebung von Kampung Komodo ist aus diesem Grund abgeholzt.

Die Jagd

Rotwild (*Rusa)* war zweifellos eines der wichtigsten Nahrungsmittel, seitdem Menschen diese Insel bewohnen, bis zu dem Zeitpunkt, als Komodo und Umgebung zum Naturschutzpark erklärt wurden. Seither ist jegliches Jagen und Töten von Rotwild untersagt und unter Strafe gestellt. Laut *Hoogerwerf* (1954) wurden um die 200 Felle pro Jahr von Komodo exportiert, von Rinca ca. 100 (in den Jahren 1935 bis 1938). Auch auf Sumbawa und Flores stehen *Rusa* nun unter Naturschutz. Die Komodo-Bewohner scheinen sich an diese Bestimmungen zu halten. Auf Flores habe ich allerdings miterlebt, wie nachts ein LKW mit gewilderten Hirschen entladen wurde.

Der Grund, warum Hirsche nicht mehr gejagt werden dürfen, ist, daß Rotwild das Hauptnahrungsmittel der Warane darstellt. Gäbe es kein Rotwild, würden die Warane verhungern. Auf Padar beispielsweise wurden sämtliche Hirsche ausgerottet, mit der Folge, daß dort keine Warane mehr leben. Das gesamte Naturschutzgebiet bietet ideale Lebensbedingungen für Rotwild.

Jagd auf den ***Varanus komodoensis*** wurde bis auf einen größeren Zwischenfall kaum gemacht: 1926 sollen Chinesen ca. 100 Warane illegal getötet haben, da das Fett vom Schwanz der Warane ein Heilmittel sein soll. 65 der getöteten Riesenechsen konfiszierte gleich die lokale Autorität. Der Versuch, die Haut der Warane zu gerben, um Taschen oder Schuhe herzustellen, schlug fehl, da die Haut aus Knochenplättchen besteht und zerfällt. Gejagt werden Warane seitdem nur auf Anfragen von Zoos, und das ausschließlich auf Flores. *Auffenberg* nimmt an, daß bis 1972 über 500 Exemplare an Museen und Zoos geliefert wurden. 1983 bekam *H. Kohl* (unser Kanzler) anläßlich eines Staatsbesuchs in Indonesien auch zwei Warane geschenkt. Ihr erster Wohnsitz ist der Berliner Zoo.

Ein weiteres, allerdings ausgestopftes Tier kann man im Frankfurter Senckenberg-Museum besichtigen. Hierbei handelt es sich um das größte jemals erlegte Exemplar: 3,05 m von Kopf bis Schwanzspitze.

Wildschweine, die den Naturschutzpark bevölkern, geraten nur dann in die Schußlinie der Bevölkerung, wenn sie versuchen, die Gärten zu plündern. Da die Einwohner Moslems sind, dient das Schweinefleisch nicht als Nahrungsmittel (siehe Verhaltensregeln u. Religion).

Alles blau-grün: Nur während der Regenzeit präsentiert sich *Komodo* in sattem Grün. Der Himmel ist hingegen das ganze Jahr über blau. Oben: Fähre in der Komodo-Bucht, unten: Lontarpalmen auf der "Insel der Drachen"

Webereien

Webereien aus *Nusa Tenggara* sind weit über die Grenzen der Provinz bekannt und begehrt. Jedes Dorf scheint eigene Muster und Farben zu verarbeiten, in fast jedem Haus trifft man jemanden, der gerade webt. Die Webstühle sehen immer noch so aus wie vor hundert Jahren: Mit dem Körpergewicht werden die Kettfäden gespannt.

Prachtvolle, mit Gold- und Silberfäden durchwirkte *Songkets* sind u.a. typische Hochzeitsgeschenke und werden ein Leben lang getragen. Entweder als Hüfttuch oder, wie man es häufig im mohammedanischen Osten Sumbawas sieht, als eine Art Kopfschleier *(rimpu)*, der allerdings das Gesicht offen läßt.

Willkommener Anlaß, so ein Glanzstück (im wahrsten Sinne des Wortes) zur Schau zu stellen, sind Familienfeste, aber auch z.B. ein Marktbesuch.

Fotos: Weberin in *Maria* (oben), ältere Dame aus *Buncu* (rechts), beide Orte in Ost-Sumbawa, unten: Songket aus *Sumbawa Besar*

Die Menschen Sumbawas sind zum allergrößten Teil Mohammedaner. Sie sind patriotisch und stolz. Viel trauern noch heute ihren alten Sultanen nach, die (als Indonesien unabhängig wurde) abdanken mußten und durch *Bupatis* ersetzt wurden. Die drei Distrikte, in die sich Sumbawa heute aufteilt, sind fast identisch mit den ehemaligen Sultanaten *Sumbawa*, *Dompu* und *Bima*.

Fremden gegenüber ist man eher zurückhaltend, was aber nicht bedeutet, daß Gastfreundschaft in diesem Teil Indonesiens kleiner geschrieben würde als im Rest des Archipels.

Die Menschen

Mit den bis über die Nasenspitze verschleierten Damen aus einem Fischerdorf in der Nähe von *Lb. Bajo* (Ost-Sumbawa) kommt man allerdings nicht so ohne weiteres ins Gespräch, ganz im Gegenteil zu den Kindern: Die freuen sich immer über eine Abwechslung, und in manchen Gegenden umlagern einen ganze Horden

PR

Sapi Putih (die weißen Buckelrinder), die einem auf Java überall begegnen, gibt es auf Sumbawa nur in dem Mini-Dorf *Penjaring*, etwa 20 km nordöstlich von *Sumbasar Besar*. Streng behütet (damit sie sich nicht mit den braunen Bantengs mischen) weiden hier etwa 350 Stück in Savannen-artiger Landschaft. Zum Pflügen eignen sie sich nicht so gut wie Wasserbüffel, aber – sie geben Milch und als Spielgefährten für Kinder taugen sie auch. Die Anreise in diese staubtrockene Gegend Sumbawas ist beschwerlich und am besten mit Motorrädern zu bewältigen. Touristen kommen hier-

Sapi Putih

her kaum. Tun sie es doch, werden sie bestaunt wie Wesen von einem anderen Stern: Menschen, genauso weiß wie Kühe!

WARUNG
KITA

PR

Waecicu Beach, ein kleines Paradies ganz in der Nähe des Fährhafens *Lb. Bajo* an der Westküste Flores' bietet allabendlich "knock-out"-Sonnenuntergänge, weißen Strand und nicht zuletzt eine spektakuläre Unterwasserwelt

PR

Oras

PR

Oras, wie die Komodo-Warane von den Einheimischen genannt werden, besitzen nicht gerade manierliche Tischsitten. Von der Ziege, die zum Ködern an einen Baum gehängt wurde, wird kein Härchen übrig bleiben. Zuerst wandern die Eingeweide, dann der Rest des Kadavers in die allesverdauenden Mägen der Echsen. Selbst der Schädel (inklusive der stattlichen Hörner) wird verschluckt, im Stück. Zum Schluß muß das Plastikseil gekappt werden, will man den Waran nicht wie einen "Fisch an der Leine" zappeln lassen

Karaci ist ein Kampfspiel West-Sumbawas Mann gegen Mann, aber hinter jedem Kämpfer steht ein ganzes Dorf. In Vorausscheidungskämpfen werden die besten Fighter der *Kampungs* ermittelt, die dann zu besonderen Anlässen gegeneinander antreten. Die Schilder sind aus Büffelhaut und so groß, daß man zwei Gucklöcher benötigt, um den Gegner nicht aus den Augen zu verlieren. Die Keulen sind fest an die Hand gebunden, und wer damit als erster seinem Kontrahenten einen Schlag auf den Kopf versetzt, hat gewonnen. Die Kämpfe finden immer nachts statt und sind sehr

Karaci

stark ritualisiert. Die Vorbereitung, das Anziehen der Streithähne mit gepolsterter Schutzkleidung und das Anbringen der Keule kann eine gute Stunde dauern, der eigentliche Kampf ist dagegen unter Umständen schon nach Minuten vorbei. Und die Kapelle spielt dazu...

Der Sylvesterknaller! Zum Jahreswechsel 87/88 brach, nur 10 km nord-westlich von *Ruteng* der Vulkan *Mandos Awu* aus. Ganz *Ruteng* war tagelang von einer weißen Aschendecke überzogen.

Vulkanismus gibt es in Indonesien reichlich. Das liegt daran, daß hier zwei Platten der Erdkruste aufeinanderprallen. Viele Vulkane sind seit Jahrzehnten trügerisch ruhig, wie z.B. der *Kelimutu*, der mit seinen drei verschiedenfarbigen Kraterseen (Fotos rechts) viele Touristen anlockt

Sylvester

GS

GS

GS

GS

Zentral-Flores

In Zentral-Flores scheint die Zeit stehengeblieben zu sein. Oben: das Totenhaus des ehemaligen Dorf-Chefs mit Schweinekieferknochen, unten: Weben auf dem Dorfplatz, rechts: Aufwickeln des Fadens für die Ikat-Färbung.

GS

GS

Sprachen

In den Dörfern auf Komodo und Rinca werden die dortigen Lokalsprachen und *Bahasa Indonesia* gesprochen. Mit Englisch hat man kaum eine Chance. Einige P.H.P.A.-Officers sprechen genügend Englisch, um Erklärungen zum Komodo-Nationalpark geben zu können. Besser ist es natürlich, wenn der Besucher auch etwas Indonesisch beherrscht.

Der Komodo-Waran

Lat.: *Varanus komodoensis*
Indon.: *Ora (darat)*
Engl.: *Komodo Lizard, Komodo Dragon, Komodo Monitor*

Der *Varanus komodoensis,* häufig bezeichnet als Relikt aus urgeschichtlichen Saurierzeiten, dieser "schreckliche, menschenfressende Drache" lebt ausschließlich auf Komodo, Rinca und in Westflores. *Auffenberg* (1971) fand heraus, daß es insgesamt etwa 5000 Warane gibt, auf Komodo in einer Dichte von 2,5 Tieren pro qkm.

Erst sehr spät entdeckt (um 1911), wurden sie von etlichen Wissenschaftlern und "Pseudo-Forschern" heimgesucht (siehe Kapitel "Komodo-Expeditionen").

Länge, Höhe und Gewicht

Leutnant *van Steyn van Hensbroek* (1911) berichtete von Fünf- bis Sieben-Meter-Exemplaren, die er jedoch selber nicht gesehen hatte. Er bezog sich auf die Angaben der Perlenfischer *Aldegon* und *Koch. Van Hensbroeks* größtes gesichtetes Exemplar war 3,00 m lang.

Van Mecklenburg (1923) behauptete, einen 3,60 m langen Waran geschossen zu haben, die Haut übergab er *Sachs* (1927) für das Zoologische Museum in Berlin, zwischenzeitlich "schrumpfte" die Haut auf 2,40 m.

Der schwedische Filmproduzent *P. Fejos* war sich völlig sicher, einen 4,50 m langen Waran gesehen zu haben; er hatte anhand von Stockmarkierungen im Gras eine Messung durchgeführt. Es hätte aber auch noch größere gegeben, versicherte er.

Attenborough's (1957) Warane waren 3,65 m lang usw., usw. ...

Entweder waren diese Männer alle auf unterschiedlichen Inseln mit anderen Waranen gewesen, oder Profilierungssucht hatte die Warane wachsen lassen. Die größten Warane, die ich sah, hatten eine Länge von ca. 2,50 m. Was die Länge betrifft, scheint es mir, daß *Auffenberg* die genauesten und glaubwürdigsten Messungen durchgeführt hat. Sein Ergebnis war, daß ausgewachsene Warane von 2,25 bis 2,60 m Länge ein Durchschnittsgewicht von 47 kg plus/minus 12 kg haben:

"Da die Länge oft überschätzt wurde, sind auch die Gewichtsangaben meistens nicht korrekt gewesen. Die meisten auf Grund von Feldforschungen angegebenen Gewichte für gefangene und vermessene Tiere sind wohl richtig, nur scheint es sich um übergewichtige Tiere gehandelt zu haben. Während dieser

Angreifender Waran, der Fotograf nahm seine Beine in die Hand

(Auffenbergs Feldforschung, die Verf.) Feldstudie wurde das Gewicht von 50 Oras mit einer Balkenwaage festgestellt. Die totale Länge steht in Abhängigkeit zum Gewicht. Der schwerste vermessene Waran hatte ein Gewicht von 54 kg; wie auch immer, ein anderes Exemplar von gleicher Länge hatte ein Gewicht von 35 kg. Beide Tiere waren extrem gesunde Exemplare ohne besonders dicke Bäuche auf Grund von reichlichem Essen. Das Durchschnittsgewicht von großen Waranen mit einer Länge von 2,25-2,60 m Länge ist ungefähr 47 kg plus/minus 1-12 kg. Bei gleichen Tieren können Gewichtsschwankungen von durchschnittlich 35% auftreten, das ist in Kilo ca. 8,6 kg. Geschlüpfte Orababys wiegen im Durchschnitt 803 g.

Wie überall hervorgehoben, fressen Warane riesige Mengen, nämlich bis zu 80% ihres normalen Körpergewichtes. ..." (Auffenberg, "The Bahavioral Ecology of the Komodo Monitor", 1981)

In der Familie der Warane gibt es nur 4 Arten, die auf eine Länge von 2 m kommen, 10 Arten werden 1,00 bis 1,50 m lang, und die restlichen 7 erreichen kaum 0,80 m Länge.

Das sollte reichen zu Längenangaben. Fazit: Selbst ein ausgewachsener Waran paßt ins Wohnzimmer.

Die *Oras* sind im übrigen nicht so hoch, wie man sie sich allgemein vorstellt. Ich schätze die Schulterhöhe auf 0,60 m, richtet er seinen Oberkörper auf, ist die Höhe vielleicht 0,80 bis 1,00 m. Mit Aufrichten ist nicht gemeint, daß sie sich auf die Hinterbeine setzen.

Der Superlativ zum Schluß: Wo? Natürlich in Deutschland! Im Senkkenberg-Museum (Frankfurt) steht ein ausgestopfter *Ora* von 3,05 m Länge. Da staunt man, was?

Farbe und Form

Ausgewachsene Warane sind fast völlig erdfarben. Weibliche Warane sollen rötlichere Flanken haben als die männlichen Tiere, während man diese wiederum an den gelblich-grünen Sprenkeln auf der Nase erkennen soll. Als Jungtiere sind Warane recht "bunt", nämlich braun, grün, gelb und rötlich schattiert. Beim Heranwachsen verlieren sie ihre Farbigkeit und verändern die Form. Der übermäßig lange Schwanz der Jungtiere wird kurz und kräftig. Er ist dann etwas länger als Kopf und Körper zusammen. Jungtiere, die bis zu einem Jahr auch auf Bäumen leben, benötigen einen langen Schwanz zum Balancieren und als Stütze, während der kurze, kräftige Schwanz der erwachsenen Tiere als Verteidigungswaffe dient. Die Hinterbeine der ausgewachsenen Tiere sind schwer, kurz und kräftig. Die ebenso kräftigen Vorderbeine sind wichtig zum Klettern in hügeligem Gelände und vor allem, um die Beute am Boden zu halten, während mit den Zähnen riesige Fleischbrocken herausgerissen und verschlungen werden. Alle Klauen haben stark gebogene, scharfe Krallen, die relativ kurz sind.

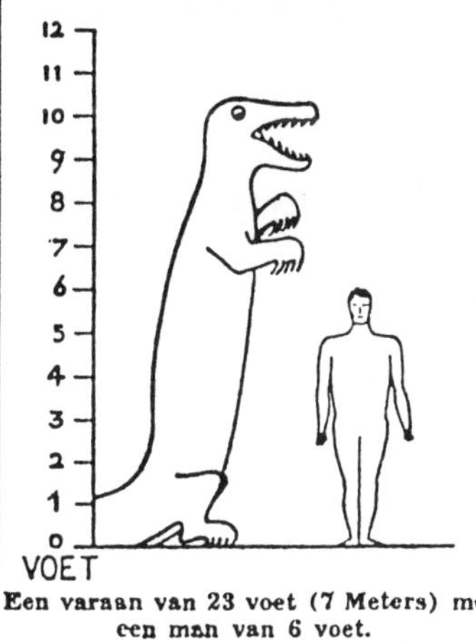

Een varaan van 23 voet (7 Meters) met een man van 6 voet.

Sinne, Körpertemperatur

Sie sollen ***sehen und hören*** können, aber von beidem nur ein bißchen und mit zunehmendem Alter schlechter (siehe Kapitel "Komodo-Expeditionen", Testreihe *Collins*). Auch *Auffenberg* machte Gehörversuche mit Waranen. Offensichtlich reagierten die *Oras* immer nur einmal auf ein und dasselbe Geräusch (Klatschen, Klopfen, Radio, Pfeifen, usw.). Die Warane hoben nur kurz den Kopf, sichteten das Gelände und setzten ihre Beschäftigung fort. Als wir eine Ziege "opferten", reagierten die Warane auf den Todesschrei der Ziege mit Ungeduld und Unruhe (aber dieses Geräusch hörten sie sicher nicht zum ersten Mal).

Die gelbe, gespaltene Zunge ist ein wichtiges, charakteristisches Merkmal des Komodo-Warans (andere Warane haben eine schwarze Zunge). Mit der Zungenspitze nehmen sie die differenziertesten ***Gerüche*** selbst über große Distanzen (bis zu 8 Kilometer) wahr.

Warane sind ***Wechselblüter,*** das bedeutet, sie brauchen Wärme (Sonne, warme Luft, warmen Boden), um ihren Körper aufzuwärmen und beweglich zu machen. Bei unseren Köderaktionen konnten wir beobachten, daß die ansteigende Sonnenwärme direkten Einfluß auf die Beweglichkeit der Tiere hatte. Anfangs wirkten die *Oras* noch behäbig und langsam. Je wärmer es gegen Mittag wurde, desto geschwinder und beweglicher wurden sie.

Auffenberg untersuchte die Körpertemperatur von "Waran Nr. 34", der ein Körpergewicht von ca. 33,5 kg auf die Waage brachte. Seine Körpertemperatur stieg von 6.00 Uhr morgens bis 18.00 abends um 10 Grad C, von 28 Grad auf 38 Grad Celsius bei freier Sonneneinstrahlung.

Die bevorzugten Lebensräume der Warane sind offenes Savannenland und Wald, selten findet man sie in höheren Regionen, wie am Gunung Arab oder Gunung Satalibo auf Komodo. Zum Schlafen benutzen Warane Höhlen oder dichtes Gestrüpp. Geschützte Schlafstellen sind wichtig, um die Körpertemperatur nicht zu stark absinken zu lassen.

Speisekarte

Warane sind ***Räuber und Aasfresser.*** Hirsche sind die Lieblingsspeise der erwachsenen *Oras*, ebenso jagen und fressen sie Wildschweine, junge Büffel, Pferde, Affen, kleinere Tiere, Vögel und deren Eier (z.B. die des *Megapodes),* Aas inklusive toten Fischen und eigene Artgenossen. Die Tischsitten sind unappetitlich. Die gierigen Warane reißen einfach riesige Stücke Fleisch aus dem Körper des Opfers und verschlingen sie im Stück. Das Reiß-

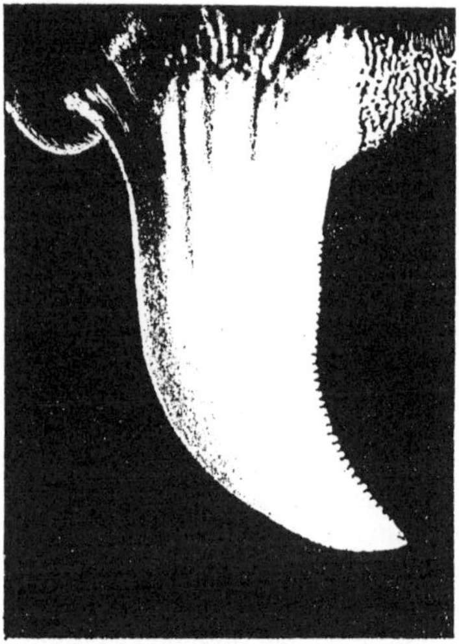

und Beißwerkzeug ist entsprechend gebaut. Die leicht nach hinten gebogenen Zähne sind mit einer feinen Sägevorrichtung ausgestattet und erstaunlich klein. So klein, daß man fast glaubt, Warane hätten gar keine Zähne.

Alles was blutig ist, wird verschlungen, selbst blutverschmierte Plastikseile oder ganze Ziegenköpfe inklusive Gehörn, was zu schweren inneren Verletzungen führen kann.

Beute in freier Wildbahn wird wie folgt gemacht: heranpirschen, das Opfer anspringen, beißen. Je nach Größe in den Nacken, ins Bein oder in den Bauch. Ist das Opfer verletzt, wird es zu Boden geworfen (falls es nicht schon umgefallen ist). Das Leckerste, nämlich Bauch und Eingeweide der Beute, wird zuerst gefressen.

Pierre Pfeffer beschreibt in seinem Buch *"Auf den Inseln des Drachen",*

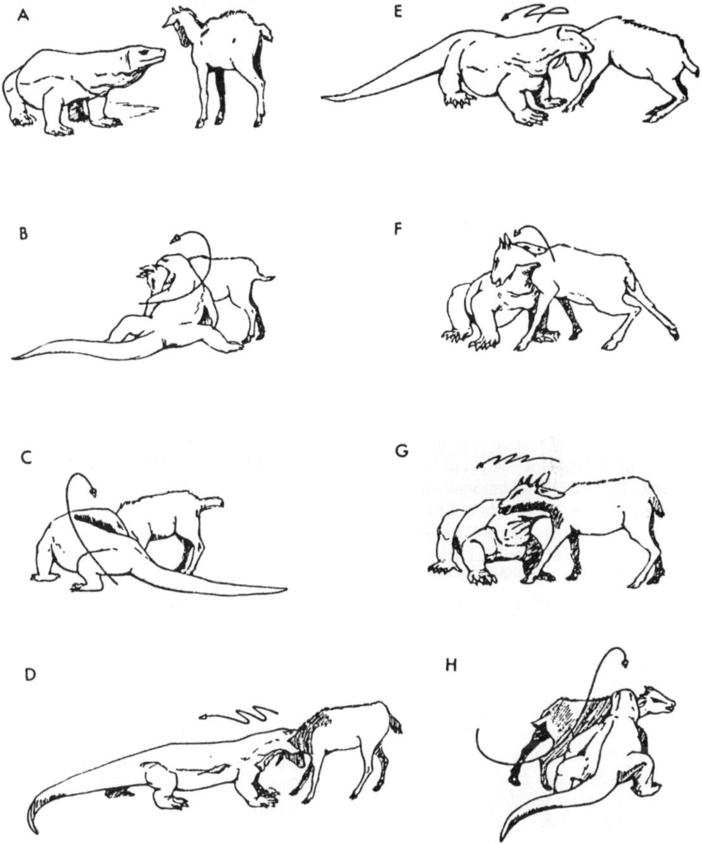

27-kg-Ziege wird von einem 42-kg-Waran angegriffen

Zeichnungen nach Fotografien aus Loh Liang, April 1970, von W. Auffenberg

A direkt vor dem Angriff aus einer Entfernung von weniger als 1 m
B erster Kontakt, Ziege wird im Nacken gepackt (die Pfeile zeigen die Kopfbewegungen des Warans) **C** Kopf der Ziege wird heruntergezwungen. **D** Ziege wird mit Gewalt hin- und hergerissen, dann in Richtung des Warans gezerrt.
E Ziege wird heruntergedrückt, dann kraftvoll vor- und zurückgerissen.
F Ziege wird seitlich zum Waran gezogen und fällt in Schock. **G** hin- und herreißen der Ziege und Versuch die Ziege niederzuschmeißen. **H** plötzliche Änderung der Taktik: Waran dreht sich gegen den Uhrzeigersinn und reißt dann die Ziege zu Boden.

Liebesspiel und Paarung

1. Oktober 1970
Waran 19 W (männlich) kommt von hinten aus dem Gebüsch und droht dem kleineren "Whiteface" (männlich), der am Aas sitzt und frißt. Whiteface rennt weg. 23 W (weiblich) sitzt dort auch und frißt. Mit der Zungenspitze bezüngelt 19 W ihren gesamten Rücken, dann kratzt er sie mit der Klaue der rechten Vorderpfote. Das kratzende Geräusch, verursacht durch die Klauen, kann man bis auf 30 m Entfernung hören. Als 19 W versucht, 23 W zu besteigen, nimmt letztere eine drohende Haltung an, begleitet von lautem Zischen. Er klettert schnell auf sie drauf und rutscht nach einigen Sekunden wieder runter. Als er wieder ihren Rücken kratzt, erhebt sie sich auf alle vier Füße und wölbt den Schwanz. 19 W streicht ihr über den Rücken und besteigt sie ganz schnell. Aber die Waranin läuft langsam auf den Köder zu, macht dabei müde Drohgebärden mit aufgeblähter Gurgel, senkt leicht den Kopf und hebt den Schwanz höher als üblich. Erst läuft 19 W direkt hinter ihr her, dann rennt er schneller und animiert sie mitzulaufen. 19 W stoppt plötzlich und wendet sich in Richtung Futter. Das bewegt 7 W, vom Fressen wegzugehen. Alle Warane gehen in den Schatten des nahe gelegenen Gebüschs.

... 23 W geht wieder fressen. Auch 19 W kehrt zum Futterplatz zurück. 23 W trottet erst davon, dann bezüngelt sie seinen Rücken. Während die beiden auf dem Boden liegen, schauen sie einander an ("Schau mir in die Augen, Kleines", die Verf.). 19 W springt auf, besteigt 23 W und rutscht sofort wieder runter. Beide wenden sich wieder dem Essen zu. "Whiteface" kehrt auch wieder zum Futter zurück, und alle fressen in Frieden.

... 19 W wartet erneut mit Gebärden auf, hält dabei im Maul den Kopf und Hals eines getöteten wilden Hundes. Unmittelbar nachdem er den Hundekopf ausgespuckt hat, leckt er ihren Rücken und versucht sie zu besteigen, aber er rutscht ab. Wieder kratzt er ihren Rücken, sie rennt in den 15 m entfernten Busch. Er verfolgt sie die ganze Zeit. Im Schatten stoppen beide plötzlich und schauen einander an, 19 W droht. 19 W besteigt 23 W, aber sie rutscht unter ihm hervor und rennt weg. 19 W folgt ihr, versucht, sie mit der Vorderpfote zu kratzen. Er droht, während sie sich gegenseitig die Köpfe bezüngeln. 23 W kehrt zum Fressen zurück, 19 W folgt ihr. Er droht ihr, sie geht weg, er folgt ihr weiterhin, sie beginnt schneller zu laufen, während sie ins Gebüsch laufen, bedrohen sie sich gegenseitig.

... 23 W nähert sich dem Fressen, er folgt ihr, sie bleibt zurück, schubst ihn leicht und leckt einige Male seinen Rücken, während er droht. 19 W dreht sich um zu ihr, leckt und rubbelt sein Kinn an ihrem Rücken, ihrer Kopfhälfte, am Hals und wieder am Kopf. Plötzlich geht er weg, kommt aber im Bogen wieder zurück. Sie senkt den Kopf und beobachtet ihn aus den Augenwinkeln. 19 W kratzt ihren Rücken mit einer Vorderpfote, liegt parallel zu ihr und teilweise auf ihr. 19 W schubst sie leicht und rubbelt mit seiner Schnauze ihre eine Körper- und Gesichtshälfte, beginnt sie wieder zu kratzen und besteigt sie.

... 19 W gleitet runter, als sie zum Fressen will. 19 W beginnt sie zu verfolgen, sie stoppt und zischelt ihn laut an; er geht in

Stuttgart 1965, S. 62/63, folgende recht unappetitliche Situation: *Wir sehen, wie das Reptil sich zur Hälfte in den After des Büffels schiebt und eine gute Viertelstunde lang darin zerrt und schluckt. Es verschlingt buchstäblich die Eingeweide des Tieres von innen! Als es endlich wieder erscheint und noch lange Eingeweidefetzen im Maul hält, ist es so mit Schleim bedeckt, daß es nicht einmal*

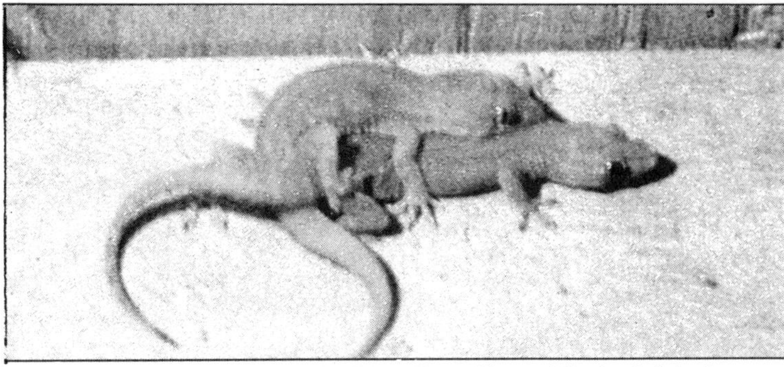

In Ermangelung eines entsprechenden Waran-Fotos: Hier zwei Geckos bei der Sorge um Nachwuchs an der senkrechten (!) Wand

den Schatten. 23 W läuft in den Busch und tiefer in den Wald. Kurz darauf verschwinden alle erwähnten Lizards in den Wald."

(Die Liebesspiele sind nicht immer so erfolglos. Einige Monate vorher hatte *Auffenberg* eine erfolgreiche Paarung beobachtet. Das lange Vorspiel und die unzähligen Mißerfolge lasse ich diesmal aus, die Verf.).

2. März 1970

19 W zieht sich in den Schatten zurück, als 23 W sich dem Freßplatz nähert, er verfolgt sie dann aber doch sofort und besteigt sie. Die Waranin richtet sich schnell auf, so gleitet er nach ein paar Sekunden wieder herunter. Sie liegt mit Bauch und Schwanz auf der Erde, aber wachsam, er reibt sich mit seinem Gesicht an ihrem Rücken. 19 W beginnt wieder mit der Besteigung, rutscht wieder runter. Mit der Klaue der rechten Vorderpfote kratzt er ihren unteren Rückenteil, stoppt dann, um seine Werbung zu wiederholen. Dann besteigt er sie, schlingt seine Vorderpfoten um ihren Körper. Sie liegen jetzt dicht hinter ihren Vorderbeinen. Seine Hinterbeine befinden sich an beiden Seiten ihres Schwanzansatzes. 23 W bleibt völlig passiv. Nach kurzer Zeit gleitet er wieder herunter und kratzt über ihre Hüfte und Rücken, dann besteigt er sie erneut. Nach wenigen Sekunden rutscht er wieder ab, schubst sie vorsichtig in die Seite, leckt sie und reibt seinen Kopf an ihr. Dann kratzt er ihren Rücken bis hin zur Hüfte. Sie bleibt sehr ruhig, während er sie erneut besteigt, aber er gleitet ab und reibt dann seinen Kopf an ihrer Seite, gleich danach besteigt er sie wieder. Als er nach einigen Sekunden herabgleitet, bewegt sie sich ein paar Meter vorwärts. Er kratzt wieder ihren Rücken mit der Vorderpfote. Sie geht weiter vorwärts, und er folgt ihr in den Busch, wo sie beide zu rennen beginnen. Er folgt ihr in gleichem Tempo." (Nach den Aufzeichnungen *Auffenbergs,* übersetzt von der Autorin)

die Augen öffnen kann. Es schluckt die restlichen Kaldaunen hinunter und reibt lange Kopf und Maul im Gras, um sich von diesem Schleimüberzug zu befreien."

Bevorzugte Beutegebiete sind Wasserstellen, da sich hier viele Tiere aufhalten, um Wasser zu trinken.

Warane in deutschen Zoos

Bereits seit 1927 lebte ein Komodo-Waran im Berliner Zoo, ein ca. 190 cm langes Männchen. Das zweite, für den Berliner Zoo bestimmte Tier verstarb auf dem langen Transport. Wenige Wochen später erreichte ein weiteres Waranpaar Deutschland. *Prof. Mertens* hatte es von seiner Sunda-Expedition für den Frankfurter Zoo mitgebracht. Der 3,04 m große Waran überlebte den Transport nicht. Alle Warane stammten von der Insel Rinca. Der Berliner Waran, Moritz genannt, entwickelte sich zum Publikumsliebling und wurde eine Lokalberühmtheit. Er soll seinem Pfleger auf Schritt und Tritt gefolgt sein, begleitete alle anfallenden Arbeiten des Pflegers und ließ sich im Freien wie ein Hund an der Leine ausführen. Noch heute erinnern sich ältere Berliner an dieses erstaunliche Tier.

Jürgen Lange vom Zoo-Aquarium Berlin veröffentlichte in der Zeitschrift DATZ (Gelsenkirchen im Oktober 1991, 44. Jahrgang) den Artikel: *"Terraristische Seltenheit – Drei Komodo-Warane im Zoo-Aquarium Berlin."* Einen Teil davon möchte ich hier zitieren:

"Das Zoo-Aquarium Berlin erhielt im Mai 1984 zwei junge Komodowarane, die *Bundeskanzler Kohl* während seines Indonesienbesuches 1983 vom indonesischen Präsidenten *Suharto* als Staatsgeschenk erhalten hatte. Die beiden Warane waren bei ihrer Ankunft zweieinhalb bzw. dreienhalb Jahre alt, stammten von der Insel Flores und wurden vor ihrem Transport nach Berlin für einige Monate im Zoo Jakarta gepflegt. Die Warane maßen bei ihrer Ankunft 125 bzw. 135 Zentimeter und wogen 4,2 bzw. 6,3 Kilogramm. Beide Tiere kamen in Berlin in guter Kondition an und besaßen außer einigen Zecken keine Parasiten. Nach anfänglichen Schwierigkeiten bei der Haltung - so fraßen die Warane nur Hühner - entwickelten sich beide Tiere gut. 1987 maßen sie bereits 183 bzw. 170 Zentimeter und wogen 18,3 bzw 18 Kilogramm. Aufgrund ihres unterschiedlichen Aussehens, Wachstums und Verhaltens galten die beiden Komodowarane, wie auch bereits von den Indonesiern bestimmt, als Päarchen. Ab 1987 konnten erste Paarungsversuche beobachtet werden, und 1988 legte das Weibchen neun Eier, die 93,5 bis 195 Gramm wogen, aber unbefruchtet waren. Als es 1989 wieder zur Eiablage kam, mußten die beiden Warne wegen großer gegenseitiger Aggressivität vorübergehend durch einen Trennschieber voneinander getrennt werden. Zur Überraschung aller legte jetzt auch das "Männchen" Eier. Das Zoo-Aquarium Berlin besaß also nicht, wie vermutet, ein Päarchen, sondern zwei Weibchen. Auch in Berlin lag also eine Fehlbestimmung der Geschlechter vor, wie sie früher schon in anderen Zoos häufig geschehen ist. Die einwandfreie Geschlechtsbestimmung ist bei Komodowaranen nämlich nur nach Untersuchung des Testosteronspiegels im Blut (Judd et al. 1977) und kaum nach äußeren Merkmalen möglich. Bei der Seltenheit der Tiere ist dies eine unnötig riskante Untersuchung, zumal für gleichgeschlechtliche Tiere die entsprechenden Partner kaum zu beschaffen sind.

Männchen gesucht

Nachdem nun feststand, daß das Zoo-Aquarium Berlin zwei eierlegende Weibchen in guter Kondition besaß, wurde über den indonesischen Generalkonsul und den Konsul in Berlin trotz der bekannten Schwierigkeiten versucht, für diese beiden Weibchen ein entsprechendes Männchen zu bekommen. Schließlich sollte keine Chance auf eine eventuelle Nachzucht dieser seltenen Riesenechsen ausgelasssen werden. Die indonesischen Diplomaten in Berlin zeigten viel Verständnis für die Situation, und durch ihre Bemühungen traf jetzt als erneutes Staatsgeschenk des indonesischen Staatspräsidenten Suharto anläßlich dessen Berlin-Besuches ein männlicher Komodowaran im Zoo-Aquarium Berlin ein. Als fünftes (...) Ei der ersten erfolgreichen

Nachzucht (...) in Surabaya schlüpfte dieser Waran am 28. Februar 1983. Er ist damit etwas jünger als die beiden Komodowaranweibchen. Bei seiner Ankunft maß das Komodowaran-Männchen 267 Zentimeter und wog 88,6 Kilogramm. Die Eingewöhnung und Vergesellschaftung mit den beiden seit 1984 in Berlin lebenden weiblichen Waranen verliefen bisher ohne Probleme, so daß die Warane sich hoffentlich in Zukunft auch verpaaren und eventuell für befruchtete Eier und damit für Nachwuchs sorgen. Bis dahin ist es zwar noch ein weiter Weg, doch wenn sich ein Zoo oder Aquarienhaus für die Haltung seltener Tierarten entscheidet, sollte man diesen Tieren nicht nur eine möglichst optimale Unterkunft bieten, sondern auch nichts unversucht lassen, um durch Zucht einen Beitrag zur Artenerhaltung zu leisten.

Pflege im Terrarium

Im Zoo-Aquarium Berlin werden die Komodowarane in einem Großterrarium gepflegt, das 12,6 Meter lang und 2,6 bis 5,7 Meter breit ist. Das Terrarium kann durch ein Rollgitter in zwei spiegelbildliche Hälften unterteilt werden, falls die Abtrennung eines Tieres oder aller Warane vom Tierpfleger erforderlich ist. Der Terrarienboden besteht aus mit Epoxidharz beschichtetem Beton und einer Schicht grober, rundgeschliffener Flußkiesel. In der Mitte des Terrariums sind zwei tiefere Becken von 2,4 x 2,2 Metern, die als Kiesbett bzw. Badebecken dienen. Größere Stämme und Lochsteine bieten den Tieren Deckung und eine Schlafhöhle. Das Terrarium hat eine Bodenheizung und wird mit Leuchtstoffröhren und durch seitlich einfallendes Tageslicht beleuchtet. Sieben 1.000-W-Halogen-Strahler sorgen für zusätzliches Licht und entsprechende "Sonnenplätze" mit über 30 °C. Die notwendige UV-Strahlung garantieren einige zuschaltbare UV-Leuchten. Gefüttert werden die Komodowarane einmal in zwei Wochen mit einer entsprechenden Menge Ratten und Kaninchen. Das eine Weibchen frißt ab und zu auch gern ein paar Fische. Eier hingegen werden abgelehnt. Dem Futter werden Kalktabletten und Vitamintabletten mit angereichertem Vitamin-B-Komplex zugeführt. Trinken kann nur selten beobachtet werden. Ein Weibchen badet für kurze Zeit jedoch gern, wenn das Badebecken frisch gefüllt wird. Das neu angekommene Komodowaran-Männchen zeigt bisher keine großen Verhaltensunterschiede im Vergleich zu den Weibchen. Es frißt jedoch keine Ratten und ist erheblich zahmer als die beiden seit 1984 in Berlin lebenden Warane. Sein Kontakt zum indonesischen Tierpfleger war offensichtlich genauso gut wie in der Vorkriegszeit beim Berliner Komodowaran "Moritz" und dessen Tierpfleger. Durch die Zahmheit des Komodowaran-Männchens wurde seine Eingewöhnung in Berlin sehr erleichtert. Schon nach wenigen Tagen konnte der neue Waran zunächst stundenweise und inzwischen auch ganztägig mit den beiden Weibchen erfolgreich vergesellschaftet werden. Es bleibt nur zu hoffen, daß sich alle drei Komodowarane auch in Zukunft, zumindest außerhalb der Zeit der Eiablage, untereinander gut vertragen und eine Einzelhaltung, wie sie in manchen Zoos notwendig ist, im Zoo-Aquarium Berlin vermieden werden kann."

Komodo-Waran im Berliner Zoo (GW)

Nachwuchs

Im Prinzip sind *Ora* Einzelgänger mit festen Revieren. Während der Paarungszeit werden sie geselliger und rotten sich auch mal zum Töten zusammen. Beim Fressen finden sie hier und da Zeit zum Beischlaf. Die Paarungszeit fällt mit der Trockenzeit zusammen. Im Schnitt soll eine Waranin 25 bis 30 Eier legen (lt. *Hoogerwerf,* 1954). Die Brutzeit dauert 7 Monate. Zur Brutzeit und -pflege siehe das nächste Kapitel.

Babywarane sollen schon eine Länge von 40 cm zur Schlupfzeit haben (lt. Field Report 3, FO/INS/73/013, Bogor 1977). Nach einem Jahr sind Warane bereits 1 m lang.

Die heranwachsenden ***Jungwarane*** leben vorerst auf Bäumen, die Nahrung besteht aus Insekten und Kleintieren. Nach ca. 1 Jahr werden sie dann zu groß, schwer und unbeholfen, um auf Bäume zu klettern. Ihr Leben ist ab jetzt bodenbezogen, und das Fressen besteht aus Nagetieren, Vögeln usw., bis sie endgültig in der Lage sind, Hirsche und andere Großtiere zu erlegen.

Junge Warane können noch auf Bäume klettern

Bei Wanderungen auf Komodo findet man neben Wildschwein-Fährten häufig Waran-Spuren, Schleifspuren von Waranschwänzen, Kot- und Urinreste (weiße Kristalle). Ab und zu findet man auch ein Stück Geweih, das ein Waran nicht verdauen konnte.

Sexualleben und Nachwuchs in Zoos

In Indonesien und anderen Ländern wurden viele Warane in Zoos gehalten. Im Ausland leben und lebten in ca. 16 verschiedenen Zoos Warane, alles Geschenke der indonesischen Regierung. In Jakarta (*Ragunan Zoological Garden)* und in Surabaya kann man Warane besichtigen, aber auch im *Zoo-Aquarium* Berlin oder *National Zoological Park* (NZP) Washington, D.C., und in den Zoos von Bangkok, Madrid, Singapore, Sydney und Tokio. Allein drei Warane leben in Berlin.

In wenigen Zoos außerhalb Indonesiens kam es auch zu Nachwuchs. Zwar legten Warane immer wieder Eier, es kam aber nicht zum Ausschlüpfen.

1941 schlüpften zwei Waranbabys im Zoo von Jakarta aus ihren Eiern und 1942 ganze 25 Stück. Erst im Jahr 1968 gelang es dem Zoo in Yo-

Auge in Auge mit dem Waran

gya, erneut Warane zu züchten, und 1983 erblickten 8 Warane im Zoo von Surabaya das Licht der Welt. Im Zoo von Surabaya wurden zur Paarung, Brutzeit und zum Ausschlüpfen von Waranen folgende Beobachtungen gemacht (Bericht eines indonesischen Magazins):

"An einem Maimorgen beobachtete ein Waranwärter die Paarung von zwei Waranpärchen. Die Zeit der Werbung dauerte insgesamt 35 Tage mit 2 bis drei Paarungen pro Tag. Während dieser Zeit reagierten die Männchen gereizter und aggressiver als normalerweise. Außerdem bekämpften sich die beiden Männchen untereinander. Die Warane fraßen in dieser Phase nur wenig.

12 Monate später machte sich das Resultat bemerkbar: Eine Waranin begann Löcher in den Sand zu graben, in der Größe von 40 x 50 cm und 60-80 cm tief, um die Eier darin abzulegen. Ihr Appetit reduzierte sich sehr stark. Eine Woche später begann sie, Eier zu legen. Am ersten Tag nur eins, am nächsten Tag waren 18 Eier im Nest und zwei Tage später weitere sechs. Alle Eier waren weiß, ein Teil mit harter und ein anderer Teil mit runzeliger Eierschale. An einigen Eiern begann man im Zoo zwei verschiedene Brütungsmethoden auszuprobieren, aber alle künstlichen Brütungsmethoden schlugen fehl. 18 Eier entwickelten sich auf natürlichem Wege. Während dieser Zeit verließ die Mutter nur selten das Nest. Es war klar, daß die Waranin um ihren Nachwuchs besorgt war und aufpaßte, daß den Eiern keine Gefahr drohte. Sie beobachtete alles Ungewöhnliche und jede Bewegung in ihrer Umgebung. Gefahr drohte insbesondere von ihrem Partner, der versuchte, die Eier zu klauen. Den Wärtern machte die

Freßgier des Vaters reichlich zu schaffen, man mußte einen Zaun bauen, um die Waranin zu schützen. Ca. vier Monate später brach ein Angestellter des Zoos ein Ei auf, um zu schauen, wie weit die Jungen entwickelt waren. Fast alle Wissenschaftler waren zu der Zeit überzeugt, daß die Brutzeit 8-9 Monate dauert, also sehr lange. Nur einer nahm an, daß drei Monate Brutzeit reichten. Insgesamt dauerte die Brutzeit dann doch sieben Monate."

Die Aufzucht von kleinen Komodowaranen außerhalb Indonesiens bereitete allen Zoos große Schwierigkeiten. Zum Teil lag es wohl daran, daß man früher zu alte Warane "exportierte", aber auch an der Tierhaltung. Die Räume waren nicht warm genug, der Boden bestand aus Beton, niemand wußte genau, wie oft Warane gefüttert werden müssen und was die Warane denn eigentlich gerne mögen.

Der Mensch und die Warane

Die Beziehungen von Menschen zu Waranen scheinen mit dem gesamten menschlichen Gefühlsspektrum belegt zu sein, von Freundschaft bis zur Gleichgültigkeit, von Akzeptanz bis hin zu Angst und Haß.

Auf Komodo hörte ich ein ***Märchen,*** welches die Entstehung der Warane erzählt und erklärt, warum Warane und Menschen einander akzeptieren:

Es war einmal eine Insel mit dem Namen Komodo, auf der ein Liebespaar glücklich miteinander lebte. Wie das Leben so ist, war die Verbindung fruchtbar. Die Frau gebar erst ein Mädchen, welches kerngesund und schön heranwuchs. Das zweite Kind war ein kränklicher Sohn, der nicht laufen konnte. Nur kriechend war es ihm möglich, sich fortzubewegen. Das bedeutete für den Jungen, immer abhängig von der Gunst der Eltern und seiner Schwester zu sein. Der damals regierende Sultan von Bima (Sumbawa) hörte von der Geschichte und wurde von Mitleid erfaßt. Er erließ daraufhin die Bestimmung, daß das Mädchen und seine Nachkommen immer einen Teil ihrer Nahrung dem Jungen (bzw. dessen Nachkommen) zukommen lassen müssen, damit er nicht verhungere. Im Laufe der Jahre entwickelte sich der Sohn zum Komodo-Waran, wurde also der Vorfahr dieser Tiere. Das Mädchen gilt als Urahn der menschlichen Komodo-Bevölkerung. Bis heute sollen sich die Komodo-Bewohner an des Sultans Regelung halten. Machen sie Beute, wird immer etwas für die Warane zurückgelassen. (Andernfalls, vermute ich, würde ein ausgehungerter Waran den Jägern folgen, um ihnen die gesamte Beute abzunehmen.)

Einige Antipathien haben sich die Warane eingehandelt, weil sie sich als ***Grabschänder*** betätigen. Früher

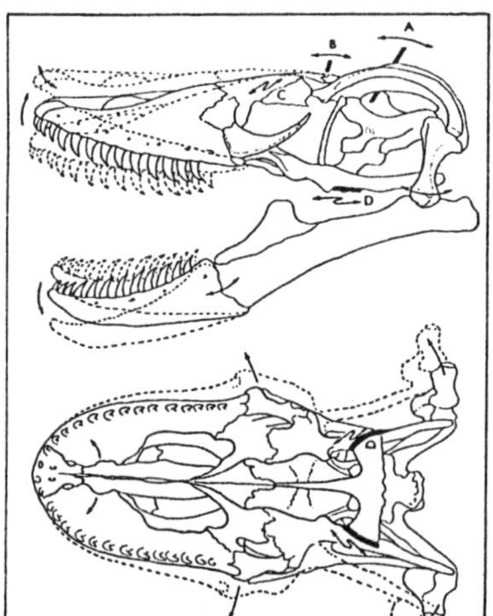

Warane beim Ziegenfraß

wurden die Verstorbenen nahe dem Dorf Komodo im sandigen Boden vergraben. Ohne jegliches Gefühl für Anstand sollen hungrige Warane hingegangen sein, um die Toten auszubuddeln und zu verspeisen. Seitdem wird auf Gräber ein großer Steinhaufen getürmt.

Immer wieder besuchen Warane Dörfer, um sich Ziegen, Hunde oder Hühner zu klauen. Auch wenn größere Mengen Fisch am Boden zum Trocknen ausgelegt sind, auf den strohgedeckten Häusern oder in Körben, sollen sich die Waran-Besuche häufen, angezogen von diesem unwiderstehlichen Geruch.

An der Nordküste von Flores endeten die ***Raubzüge der Warane*** häufig mit deren Tod, da sie Pferde, Kühe, Ziegen und sogar Wasserbüffel (!) anfielen. Mit Schlingen und/oder Fallen wurden die Warane gefangen oder getötet, auch durch mit Insektiziden vergiftetes Aas.

Normalerweise werden sie aber geduldet. Kommt ein Waran ins Dorf, zeigt er nur selten Interesse an den Bewohnern oder deren Kindern, sondern ausschließlich an den Haustieren. Vertrieben wird er durch ein riesiges Tohuwabohu, Krach, Lärmen usw.

Ein P.H.P.A.-Officer erzählte mir von einer eher ***freundschaftlichen Beziehung*** zu einem Waran, der sich täglich um die gleiche Zeit die Küchenabfälle aus der Küche von Loh Liang holte.

Ich selbst habe *Oras* immer schüchtern, eher ängstlich erlebt. Mühelos ließen sie sich mit einer Bambusstange vertreiben. Auf Rinca trafen wir einen in der offenen Savanne. Zu unserem Leidwesen machte er bei unserem Anblick auf dem Absatz kehrt und suchte das Weite. Die gleichen Erfahrungen machten *Hoogerwerf* (1956), *Collins* (1953) und *Auffenberg* (1973).

Aber wie bei fast allen Lebewesen gibt es auch unter den Waranen "schwarze Schafe". Die Horror-Berichte, die dann und wann publiziert werden, enthalten immer ein Stück Wahrheit.

Es ereigneten sich ***Todesfälle*** im Komodo-Nationalpark. 1931 zum Beispiel war ein Vater mit seinen Söhnen in den Wald gegangen, um Holz zu schlagen. Die drei hatten sich in eine kleine Waldlichtung gehockt, um das geschlagene Holz auf die gleiche Länge zu stutzen, als ein Waran auf die Gruppe zulief. Erst als der Waran bis auf 5 m herangekommen war, bemerkten ihn die drei. Alle sprangen auf und liefen davon. Der jüngste, 14jährige Sohn verfing sich in einer Baumwurzel und stolperte. In diesem Moment biß der Waran dem Jungen ins Gesäß und riß ein großes Stück Fleisch heraus. Der Junge verblutete innerhalb einer halben Stunde.

Ein anderer Vorfall ereignete sich, als vier Männer aus Sumbawa Wasserbüffel in Poreng (Komodo) jagten. Einer der Männer wurde ernstlich krank, so daß die anderen ihn zurücklassen mußten, um Hilfe zu holen. Als sie am nächsten Morgen mit 30 Dorfbewohnern eintrafen, war der zurückgelassene Mann tot. Die Überreste wurden in Poreng begraben. Ob der Mann nun von *Oras* umgebracht oder an seiner Krankheit

Nach wie vor unbestätigt: Das spurlose Verschwinden eines Schweizer Barons

Das gefundene Fressen inkommoder Warane

Es stand im *«Blick»:* «Forscher bestätigt: Schweizer im Dschungel von Riesenechse gefressen.» Dem betreffenden Artikel zufolge war damit das «spurlose Verschwinden des Schweizer Bundesbeamten Rudolf von Reding erklärt».

Zugegeben, die Fakten können die Phantasie stimulieren: Auf der zwischen *Timor* und *Java* gelegenen Insel *Komodo* gibt es Rieseneidechsen, die bis zu 3,60 Meter lang und 140 Kilogramm schwer werden können. Diese an Drachen erinnernde *Komodo-Warane* (Varanus comodoensis) waren Mitte der siebziger Jahre der Höhepunkt von Abenteuerreisen auf die sonst fast unberührte Insel. Auf einem exklusiven, von Kuoni durchgeführten «Adventure Trip» verschwand dabei am 18. Juli 1974 der damals 78jährige schweizerische Staatsbürger *Rudolf von Reding-Biberegg*. Die Kuoni-Gruppe beobachtete dabei Riesenechsen, welche als Köder ausgelegte getötete Ziegen frassen. Von Reding machte sich allein auf den Rückweg zum Schiff und wurde danach nicht mehr gesehen. Seither fehlt von dem Baron, der einst Rotkreuzdelegierter und von 1931 bis 1950 Generalsekretär der Schweizerischen Rundspruchgesellschaft (SRG) – und nicht Bundesbeamter – gewesen war, jede Spür.

Überlebenspackung zurückgelassen

Die Reiseteilnehmer selbst hatten nach dem Nachfahren des berühmten Schwyzer Adelsgeschlechts von Reding ohne Erfolg gesucht. In die Aktion wurden auch einige der wenigen auf der abgelegenen Insel lebenden Einheimischen einbezogen. Vom Schiff aus wurde nachts ständig ein Signalton abgegeben und ein Lichtstrahl als Orientierungshilfe gegen den Himmel gerichtet, um dem allenfalls Verirrten die Orientierung zu ermöglichen. Da das Wasser auf der Jacht knapp wurde, hinterliess die 32köpfige Kuoni-Gruppe nach einem um einen Tag verlängerten Aufenthalt einen Koffer mit Habseligkeiten, Proviant, einem Brief und Geld für den Vermissten. Auch eine zusätzliche Suche durch die indonesische Armee, die von der Reiseleitung veranlasst wurde, stiess an den folgenden Tagen auf keine Spur von dem Verschwundenen. Gefunden wurde später lediglich die Kamera von Redings. Die Filme konnten noch entwickelt werden, aber auch sie brachten keinen Hinweis auf das Ende des Verschollenen.

Zweifel an der Echsenfrassgeschichte

Diese Schilderung der letzten Reise von Redings stammt von einem gut informierten Mitglied der Reisegruppe von 1974, das mich gebeten hat, seinen Namen nicht zu nennen. Dieser Expeditionsteilnehmer glaubt nicht an die Echsenfrassgeschichte.

Joseph Maria Adalbert Rudolf von Reding wurde am 17. Oktober 1975 gemäss Artikel 34 des Schweizerischen Zivilgesetzbuches für tot erklärt, weil «die Person unter Umständen verschwunden ist, die ihren Tod als sicher erscheinen lassen». Zuständig dafür war *Solothurn*, weil der massgebende Bürgerort *Rüttenen* in diesem Kanton liegt.

Eine zweite Kuoni-Gruppe stellte im Jahr 1975 auf Wunsch der Witwe des Verschollenen ein Kreuz mit einer Gedenktafel auf. «In Memory of Baron Rudolf von Reding, born in Switzerland the 8 August 1895 and disappeared on this Island the 18 July 1974 – he loved nature throughout his life» («Zum Gedächtnis an Baron R., geboren in der Schweiz am 8. August 1895 und verschwunden auf dieser Insel am 18. Juli 1974 – er liebte die Natur zeit seines Lebens») heisst es auf der Gedenktafel. Ein Bild des Erinnerungskreuzes ist in dem Gedenkband für «Rudolphe de Reding-Biberegg» enthalten, der von seiner Frau *Marguerite* mit finanzieller Unterstützung Kuonis herausgegeben wurde.

Die Spekulation, welche «Blick» als «Bestätigung» verkauft, stammt aus dem in England erscheinenden *«Sunday Express Magazine»*. In dieser vom «Blick» unschulmeisterlich nicht genannten Quelle hat der Tierverhaltensforscher *Lyall Watson*, der Komodo selbst besucht hat, kürzlich einen Artikel über die «Killer dragons (Killerdrachen) of Komodo» geschrieben. Watson hält es für «virtually certain» (höchst wahrscheinlich), dass Reding von einem Waran gefressen wurde. Indizien für die Hypothese vom Menschenfrass hat allerdings auch er nicht gefunden. Er führt einzig das zerrissene Tragband der Hasselblad-Kamera des Barons an. Nach Darstellung des Mitglieds der Reisegruppe benützte von Reding allerdings eine Instamatic.

Rolf Wespe, Luzern

aus einer schweizer Tageszeitung

gestorben war, ist nicht sicher. Mit Sicherheit aber hatten Warane Teile seines Körpers gefressen.

Es gibt noch viele Berichte von Angriffen auf Menschen, die sich in der offenen Savanne zum Schlafen hingelegt hatten. Vertrieben werden konnten die Warane meistens durch Schläge, Knüppelschwingen, Werfen mit Steinen.

Einem Besucher Komodos (ein Polizist von Flores) wurde der rechte Bizeps herausgerissen, als er einem angepflockten Waran zu nahe kam. Eine Woche später starb er an einer schweren Infektion im Ruteng-Krankenhaus (Flores). Bei dem, was die Warane sich alles hineinstopfen, sollen selbst kleine Kratzer von einem Waranzahn schwerste Infektionen auslösen.

Eine weitere Geschichte, die bei uns durch alle Medien ging, ist das spurlose Verschwinden des "Schweizer Barons" 1974. Bis heute ist nicht geklärt, was sich damals ereignete. Der Guide, der mich nach Poreng begleitete, erzählte folgendes: Der *Baron, Rudolf von Reding-Biberegg*, war mit einer Reisegruppe von zehn

Leuten gekommen. Zu dieser Zeit wurden Warane für Touristen noch in Poreng geködert. Die gesamte Gruppe, inklusive Baron, mußte erst die 7 Kilometer zum Köderplatz zurücklegen. Der 79jährige soll sehr rüstig und sportlich gewesen sein. In Poreng angekommen, schlachtete man die Ziege, wartete auf Oras und beobachtete deren Mahl. Die Reisegruppe lief direkt nach dem Festmahl nach Loh Liang zurück, da ihr Schiff am gleichen Tag die Insel verlassen sollte, bis auf den Schweizer Baron. Er bestand darauf, länger in Poreng zu bleiben, um später zu folgen. Seitdem wurde nichts mehr von ihm gesehen. Es gibt nur Vermutungen über seinen Tod. Man kann nicht ausschließen, daß er eine Herzattacke hatte, sich vielleicht zum Ausruhen hinlegte oder gestolpert ist, um dann von einem Waran verspeist zu werden. Das einzige Überbleibsel war sein in einem Ast hängender Fotoapparat.

Im November 1987 soll auf Rinca ein weiterer Todesfall durch einen Waran verursacht worden sein. Ein hungriger Waran soll ins Dorf gekommen sein und ein Kind angegriffen haben. Das Kind starb an den Verletzungen. Weiterhin wurde eine Frau durch einen Waran auf Rinca verletzt; sie überlebte.

Für das eigene Verhalten auf Komodo kann man aus diesen Berichten ***einige Merksätze*** ableiten:

- Auf keinen Fall alleine innerhalb der Insel herumlaufen. (Seit dem Tod des Schweizers muß man bei Wanderungen sowieso immer einen Guide mitnehmen.)
- Es empfiehlt sich nicht, irgendwo im Gelände zu schlafen. Warane interpretieren das offensichtlich falsch.
- Man sollte Situationen verhindern, in denen Warane glauben, in die Enge getrieben zu werden.
- Kieselsteine scheinen gut als Waffe gegen *Oras* zu taugen.

Der Waran und die Menschen

Aus dem Report *Auffenbergs* (Seite 317-319) habe ich einige Tagebuchaufzeichnungen übersetzt. Deutlich wird, daß junge Warane furchtbar neugierig sind, fast vertrauensvoll und ohne Aggression. Erwachsene Warane, haben sie erst einmal ihre Scheu überwunden, scheinen dagegen schnell angriffslustig zu werden, insbesondere "Waran Nr. 34".

Auffenberg hatte ca. 50 Warane gefangen und mit Nummern markiert, um Größe, Gewicht, Sexualleben, Freßgewohnheiten, Revierverhalten usw. einzelner Tiere genauestens studieren zu können.

Der Waran riecht mit gespaltener Zunge

07. Nov. 1,20-m-Ora
Kam in den Unterstand. Ich schlug ihn dreimal leicht mit dem Bleistift, er zeigte keine Furcht. Er blieb und bezüngelte mit seiner Zunge mein Tonband und das Messer. Dann verließ er den Unterstand und kletterte auf einen 2,5 m hohen Baum. Ca. 1 Stunde später verließ er den Baum, betrat wieder den Unterstand, aber diesmal sehr zielstrebig, mit seiner Zunge im Vorbeilaufen meine nackten Füße beriechend.

20. Nov. 1,20-m-Ora
Schlug mit der flachen Seite meines Parangs dem Ora zweimal auf den Kopf, als er versuchte, den Unterstand zu betreten. Er ging zurück, bewegte sich nach rechts und versuchte wieder hereinzukommen.

20. Nov. 1,00-m-Ora
Ora kam in den Unterstand, in dem Putra und Kurt saßen. Er ging im Beobachtungsstand umher, verschiedene Gegenstände mit seiner Zunge beleckend.

20. Nov. 1,40-m-Ora
Dieser Ora stand an der Seite des Beobachtungsstandes und peilte durch das Bambusgeflecht der Vorderseite. An diesem Nachmittag versuchte er einige Male, in den Beobachtungsstand zu kommen, aber er wurde ängstlich, wenn wir das Notizbuch vor seinem Gesicht hin und her schüttelten.

09. Feb. 2,10-m-Ora
Waran Nr. 28 rennt um das rechte Ende des Unterstandes und kommt rein, während ich mit meinen Sachen beschäftigt dasitze. Der Ora fühlt sich nicht bedroht, aber seine Größe und sein augenscheinliches Desinteresse am Verlassen des Unterstandes schicken mich hastend hinaus. Dies passierte unmittelbar nach seiner mißglückten Attacke auf eine große Ziege direkt vorm Unterstand.

01. Okt. 1,00-m-Ora
(...) beriecht mein Papier, während ich fortfahre, meine Notizen zu schreiben und folgt mit dem Kopf den Bewegungen des Bleistiftes. Seine "Verwunderung" in Bezug auf das Papier, den Bleistift und meine Hand ist wirklich überraschend. Wie auch immer, als ich mich bewege und versuche aufzustehen, hastet er aus dem Unterstand. Derselbe Lizard kommt an diesem Nachmittag noch zweimal.

01. Okt. 1,40-m-Ora
"Green Blotch" kommt an diesem Morgen zu drei verschiedenen Gelegenheiten in den Unterstand. Bei keiner Gelegenheit scheint ihn meine Anwesenheit wirklich zu stören, jedoch konnte ich mich nicht viel bewegen, ohne daß er gleich das Weite sucht. Einmal legt er sich in den Schatten des Unterstandes, seine Vorderfüße auf meine Füße gelegt, als ob er im Halbschlaf liegt.

07. März 2,50-m-Ora
Gestern kam Waran Nr. 34 in unser Camp, nicht mehr als 15 m von unserem Zelt entfernt.

08. März 2,50-m-Ora
Nr. 34 (auch "Ora gila"= "verrückter Waran" genannt) kam um 10.00 Uhr morgens in unser Camp und durchwühlte unsere Rucksäcke im Zelt. Er verließ uns, aber umrundete weiterhin das Camp. Am Nachmittag kam er wieder und nahm Ismahil's Hemd, schüttelte es toll und rasend, während er es in den angrenzenden Busch trug. Um 13.00 Uhr kam er zurück und

nahm einen Handschuh, der keine zwei Meter von Kurt entfernt lag, welcher an einem Latrinen-Loch arbeitete.

19. Jan. 2,00-m-Ora
Waran Nr. 32 versuchte, in den•Beobachtungsstand zu kommen, wurde aber mit einem Stock (Durchmesser 2 cm) auf die Nase geschlagen. Er rannte ca. 5,00 m weg, drehte sich um und kam zurück mit weit offenem Maul. Als er hereinkam,wurde er verhauen und bombardiert mit Kieselsteinen, er stoppte seine Annäherung. Das Maul war immer noch halb offen, und Putra entschied sich, dem Ora den Unterstand zu überlassen. Der Waran war eine Stunde im Unterstand.

01. Okt. 2,70-m-Ora
Waran Nr. 23 vertrieb mich aus dem Beobachtungsstand nahe den Fallen A an diesem Nachmittag. Jedoch war sein Maul geschlossen, als er mit gesenktem Kopf hereinkam, die Augen

In der Ruhestellung klappen die Hinterbeine einfach auseinander

(Plötze) halb gesenkt. Ich wartete nicht, um zu sehen, ob er angreift, sondern schlüpfte aus dem Unterstand, setzte mich ca. 10 m entfernt hin und wartete, bis er den Unterstand verließ.

16. Jan. 2,00-m-Ora
(...) sah Waran Nr. 34. Er schien mich zu sehen, als er sich auf 5 m genähert hatte. Aber anstatt umzuschwenken fuhr er fort, in meine Richtung zu kommen. Die ganze Zeit zischend mit halb offenem Maul, gesenktem Kopf und die Plötze aufgestellt. Als er ca. 2,00 m von mir entfernt war, kam ich schnell hoch und lief in den benachbarten Busch. Jedoch bedrohte er mich nicht länger, sondern ging seines Weges, stoppte nur kurz, um mit seiner Zunge den Platz zu berühren, an dem ich in der Vulkan-Asche gesessen hatte.

03. März
(...) sah Waran Nr. 34 am Strand zu mir herunterkommen, ca. 60 m entfernt. Als er mich sah, lief er weiterhin grob in meine Richtung, jedoch entlang der Brandung. Zur gleichen Zeit zeigte er durch Spielen mit seinem gebogenen Schwanz, der hin- und herschlug, Gefahr an. Ich hielt an und beobachtete ihn vorsichtig, während er auf mich zukam, immer noch drohend und ca. 6 m entfernt.

21. Mai 2,00-m-Ora
(...) als Waran Nr. 34 am Nachmittag von der Falle befreit war, ging er direkt auf Wayne und Brian zu. Das Maul leicht geöffnet, mit gesenktem Kopf, seine Plötze leicht offen, den Schwanz gewölbt und gebogen. Als er 2,00 m von den beiden entfernt war, ging Wayne ihm aus dem Weg. Er schwenkte leicht vom eigentlichen Weg ab, aber nur so, daß der Lizard seinen steifen Gang in eine gemächlichere Gangart wechselte, als er vorbeiging.

03. Febr. 2,00 m Ora
Ibraham hat uns erzählt, daß die Oras in Poreng zum Camp kamen, wenn man Feuer anzündete. Wir kamen um 11.00 Uhr an und fingen mittags an zu kochen. Um 16.50 Uhr näherte sich Waran Nr. 34 dem Camp auf 30 m. Der gleiche Ora kam um 17.30 Uhr zurück und näherte sich bis auf 15 m unseren Zelten.

Das geduldige Schlangestehen täuscht; so höflich sind Warane nicht

Säugetiere

Der Wasserbüffel

Lat.: *Bulbalis bulbalis*
Indon.: *Kerbau*
Engl.: *Water Buffalo*

Der Wasserbüffel ist in weiten Teilen Asiens als freilebender Wildbüffel und als Haustier verbreitet. Der wilde Wasserbüffel hat eine Schulterhöhe bis zu 170 cm und wiegt bis zu 909 kg (!). Der "gemeine Hausbüffel" ist normalerweise etwas kleiner und wiegt nur ca. 680 kg. Messungen von Bullen auf Flores haben ein Durchschnittsgewicht von 590 kg ergeben, während Büffelkühe "nur" 400 kg auf die Waage bringen. Büffelkühe werden meistens nicht vor dem 5. Lebensjahr geschlechtsreif. Die neugeborenen Kälbchen wiegen schon 30 bis 40 kg.

Auf Komodo und den umliegenden Inseln leben nur ***wilde*** (verwilderte) ***Wasserbüffel,*** deren Fortpflanzungszeit von März bis Mai dauert. Die Kälber werden im frühen Januar (Monsunzeit) geboren.

Auf Flores und Sumbawa sind diese Tiere schon seit jeher bekannt. Im späten 19. Jahrhundert sollen sie nach Komodo und Rinca gebracht worden sein und zwar von Sape (Sumbawa) aus. Zur Zeit leben im Norden Komodos (lt. Aussagen der Bewohner) ca. 100 Tiere. Die bevorzugte Heimat der in wilden Herden lebenden *Kerbaus* ist hohes Savannengras, unterbrochen von Wasserstellen, Sumpf und verstreuten Waldungen. Um sich zu kühlen, liegen sie in Wasser- und Sumpflöchern.

Rusa auf Rinca

Auf Komodo haben sie nicht gerade ideale Lebensbedingungen, man findet sie hauptsächlich im Norden der Insel. Man kann sie übrigens sehr gut in *Loh Buaya* (Rinca) beobachten.

Am frühen Morgen und späten Abend findet man kleine Herden (bis zu einem Dutzend Tiere) im offenen Savannenland grasen; selten nachts. Den Nachmittag verbringen sie schlafend unter schattigem Gebüsch oder im Wasser. Man sagt ihnen nach, daß sie sehr gut sehen können und einen relativ guten Geruchssinn haben.

Mit Wasserbüffeln ist nicht zu spaßen, sie sind sehr schnell gereizt und aggressiv.

Rotwild

Lat.: *Cervus timorensis florensis*
Indon.: *Rusa*
Engl.: *Sunda Sambar*

Das Rotwild, das die Kleinen Sunda-Inseln bewohnt, den Komodo-Nationalpark eingeschlossen, ist ein naher Verwandter des asiatischen *Sambar.* Die Unterart, die auf Komodo und Umgebung lebt, *Cervus timoren-*

sis florensis, ist die kleinste der acht verschiedenen Arten *(van Bemmel,* 1949). Ein "großer" Hirsch im Komodo-Nationalpark wiegt um 200 kg, hat eine totale Länge von 155 cm und eine Schulterhöhe von 80 cm. Hirschkühe sind erheblich kleiner.

Wie bei fast allen Sambar-Arten ist auch bei dieser der Sehsinn eingeschränkt, jedoch verfügen die Tiere über einen hervorragenden Geruchssinn und ein sehr gutes Gehör.

Im Komodo-Nationalpark ist die Paarungszeit von Juni bis August; geboren werden die ***Kitze*** in der Regenzeit, Januar bis Mai, während optimaler Vegetationsbedingungen *(Auffenberg).* Da auf Flores der Monsun früher einsetzt, werden die Jungen in den Monaten Oktober/November geboren. Die Hirschkuh sucht für die Geburt einen geschützten Platz (dichtes Gebüsch); hier werden die Kitze die ersten zwei bis fünf Tage sich selbst überlassen. Zweimal am Tag besucht sie die Mutter zum Säugen. Dann sind die Kitze kräftig genug, um die Herde zu begleiten. Nach ca. zwei Jahren sind die Jungtiere ausgewachsen und geschlechtsreif.

Wilde Hirsche in Loh Buaya

Hirsche sind ***Rudeltiere*** und leben bevorzugt in Kleingruppen von fünf bis zehn Tieren. Offenes Grasland und lichte Wälder sind ihr Lebensraum.

Hirsche waren eines der beliebtesten Nahrungsmittel der Einwohner dieser Gegend. Seit dem Bestehen des Komodo-Nationalparks ist es den Bewohnern aber untersagt, Rusa zu jagen und zu töten, weil damit das ***Hauptnahrungsmittel der Warane*** reduziert würde. Natürlich wurde und wird gewildert. Das P.H.P.A. versucht den Wilderen das Handwerk zu legen, jedoch nur mit Teilerfolgen.

Rusa leben heute auf Komodo und auch auf Rinca. Früher soll es auch welche auf Padar gegeben haben. Nachdem sie dort durch Jagen ausgerottet wurden, war damit den Waranen das Hauptnahrungsmittel entzogen, und auch sie konnten auf Padar nicht überleben.

Zibetkatze (Palmenroller, Fleckenmusang)

Lat.: *Paradoxus hermaphroditus*
Indon.: *Musang*
Engl.: *Musang*

Zibetkatzen gehören zu einer ***Raubtierfamilie,*** die zwischen Mardern und Katzen angesiedelt ist. Der Fleckenmusang ist verbreitet auf Ceylon, in Indien und Südchina, auf den Philippinen und in ganz Südostasien (Lexikon der Tierwelt). Auf Komodo und den umliegenden Inseln soll es diese Palmenroller auch geben. Da es Nachttiere sind, die nur in der Dunkelheit Nahrung suchen, sieht man sie aber selten. Auf Grund von Fußabdrücken und Rückständen im Waran-Kot ist es aber ziemlich sicher, daß sie im Nationalpark noch nicht ausgerottet sind. Sie leben in trockenen Wäldern, verbringen ihren Tag schlafend, zusammengerollt in Baum-, Fels- oder Erdhöhlen. Diese Tiere haben eine Gesamtlänge von ca. 1,40 m, wobei etwa die Hälfte auf den Körper und der Rest auf den Schwanz entfällt. Das Durchschnittsgewicht ist 3,0 kg.

Musangs ***verteidigen*** sich mit einem absolut widerlich riechenden Sekret aus ihren Afterdrüsen, genau wie Stinktiere. Das hält den Waran aber nicht ab, diese Tierchen zu fressen, wenn er hier und da mal eins in einer Höhle findet. Auf Sumbawa kann man manchmal nachts Musangs die Straße kreuzen sehen.

Wie der Palmenroller zu seinem lateinischen Namen gekommen ist, beschreibt *Pierre Pfeffer ("Auf den Inseln des Drachen"*, Stuttgart 1965, Seite 70/71): "Als im letzten Jahrhundert der große Naturforscher *Geoffroy Saint-Hilaire* zum ersten Mal einen solchen kleinen Fleischfresser erhielt, war er über seinen langen Korkenzieherschwanz höchst erstaunt und taufte ihn Paradoxurus, "der widersinnige Schwanz". Da er überdies größte Mühe hatte, das Geschlecht des Stückes zu bestimmen, das er in den Händen hielt, fügte er die Bezeichnung "Zwitter" hinzu, und so wurde das Tier mit dem lateinischen Namen *Paradoxurus Hermaphroditus* ausgestattet. Aber nie wieder hat man seitdem einen Paradoxurus mit Korkenzieherschwanz gefunden; bei allen setzt der Schwanz die Linie des Körpers fort wie bei der Katze. Der Gattungstyp, den *Geoffroy Saint-Hilaire* beschrieb und nach dem sich alle Zoologen richten müssen, ist also lächerlicherweise ein anormales Tier. Und wenn man die Regel der beschreibenden Zoologie wörtlich nehmen wollte, müßte man alle anderen als anormal betrachten, da sie dem Typus nicht entsprechen."

Wildschwein

Lat.: *Sus scrofa vittatus*
Indon.: *Babi Hutan (Babi Biasa)*
Engl.: *Wild Pig*

Das Wildschwein, der Vorfahr unseres Hausschweins, hat ein riesiges ***Verbreitungsgebiet:*** Man findet es nicht nur in Europa, sondern auch in Nordafrika, Ceylon, Malaysia, Sumatra, Java, Flores und natürlich im Komodo-Nationalpark (Padar ausgeschlossen). Auf Rinca und Komodo sieht man häufig Wildschweine in Savannengebieten und im offenen Wald.

Im Nationalpark erreichen die *Babis* ein Gewicht von 50 kg, eine Schulterhöhe von ca. 60 cm und eine Gesamtlänge von 130 cm (in anderen Verbreitungsgebieten werden sie bis zu 230 kg schwer, mit einer Schulterhöhe von 100 cm). Diese Tiere sind ***Allesfresser.*** Sie leben von Wurzeln, Knollen, Gras, Insekten, Früchten, Schlangen und Aas. Gefressen wird am frühen Morgen und späten Nachmittag in Gras- und Waldrandgebieten. Bei Ebbe sieht man sie auch am Wasser, auf der Suche nach Wassertieren, insbesondere Krabben. Die Fußabdrücke sind häufig am Strand zu sehen. Ihr Geruchssinn ist sehr ausgeprägt, doch sehen und hören sie nur mittelmäßig gut.

Die ***Wurfzeit*** ist von März bis Dezember. Zwei bis sechs Ferkelchen wirft die Sau. Für die Kleinen baut sie ein Nest aus Gras, in dem sie die Ferkel säugt und beschützt. Säue mit Frischlingen sind mit Vorsicht zu genießen, sie sollen schrecklich aggressiv werden, wenn man sich ihnen nähert. Bei verwundeten Schweinen gilt das gleiche. Am besten schaut man sie sich aus der Entfernung an, dazu bietet der Nationalpark reichlich Gelegenheit.

Nur bedingt werden Schweine von Waranen gejagt, und da auch die Bewohner größtenteils Moslems sind, die kein Schweinefleisch essen, gibt es einen recht großen Wildschweinbestand im Nationalpark.

Wilde Hunde und Haushunde

Lat.: *Canis familiaris*
Indon.: *Anjing*
Engl.: *Dog*

Auf Padar, Komodo und Rinca leben "wilde" Hunde. Diese Hunde sind nicht wirklich wild, sondern ehemalige Haushunde, die den Dorfbewohnern früher beim Jagen und Beschützen der Dörfer geholfen haben. *Auffenberg* beschreibt die Hunde auf Komodo als "erbärmliche Dorfköter". Das kann ich bestätigen, gelblichbraun, mittelgroß, oft bis auf die Knochen abgemagert und nach unseren Maßstäben schrecklich ungepflegt und dreckig. Das Lieblingsfressen dieser Hunde sind Kitze, Vögel, Nagetiere und zum Leidwesen der Tierschützer auch kleine Warane sowie deren Eier.

Auffenberg beschreibt die ***"Beziehung" zwischen Lizards und Hunden*** so: *"Bei Waran-Fütterungen sitzen diese Hunde normalerweise einige Yards entfernt. Von Zeit zu Zeit stören sie diese durch Herumspringen, Bellen und Schnappen. Die großen Lizards schenken ihnen gewöhnlich kei-*

ne Aufmerksamkeit, obwohl sie dann und wann auch mal einen Hund greifen und töten, wenn sich eine Gelegenheit bietet. Die Hunde wiederum verjagen kleinere Warane oder vergreifen sich an ihnen."

Heute sind "wilde Hunde" fast verschwunden. Eine Voraussetzung bei der Errichtung des Nationalparks war die Beseitigung der verwilderten Hunde. Sie gefährdeten nähmlich den Waran-Bestand mehr als alles andere durch das Fressen der Waran-Eier (!). Bei einer "Hunde-Großfahndungsaktion" wurden alle, die man erwischte, von P.H.P.A.-Leuten abgeschossen (1981).

Auf Rinca erlebten wir eine Situation, bei der ein kleiner Waran (ca. 0,50 m) ins Dorf kam, um sich einen Haushund zu fangen. Die Dorfbewohner erklärten uns, daß das durchaus normal sei. Auch Ziegen sind vor solchen Angriffen nicht gefeit.

Pferde

Lat.: *Equus*
Indon.: *Kuda*
Engl.: *Horse*

Im Komodo-Nationalpark findet man wilde Pferde ausschließlich auf Rinca. Mit einer Schulterhöhe von ca. 1,20 m sind sie relativ klein und haben Ähnlichkeit mit Ponys. Allerdings ist ihre Statur bei weitem nicht so stämmig. Das Durchschnittsgewicht liegt bei 250 kg. Diese Angaben gelten sowohl für Hauspferde als auch für Wildpferde. Die als ***Haustiere*** genutzten Pferde dienen als Fortbewegungsmittel und Lasttier.

Die ***Wildpferde auf Rinca*** sind normalerweise im Savannenland und in offenen Waldgebieten zu finden, wobei man sicher sein kann, daß dann auch Wasserstellen in der Nähe sind *(Hoogerwerf,* 1954). Sie leben bevorzugt in kleinen Herden bis zu zehn Tieren.

Nur ausgewachsene Tiere scheinen vor Komodo-Waranen sicher zu sein. Laut Aussagen von Einheimischen halten sich die Oras besonders gerne in der Nähe kurz vor der Niederkunft stehender Stuten auf, um dann das neugeborene Füllen zu verspeisen. Man habe sogar schon Warane beobachtet, unter der gebärenden Stute liegend, in froher Erwartung des Fohlens *(Auffenberg,* 1973). Widerlich, was?

Fliegende Hunde

Lat.: *Pteropus*
Indon.: *Kalong*
Engl.: *Flying Fox*

Die ***Fledermaus*** ist das einzige Säugetier auf der Welt, das fliegen kann. Die Tiere sind behaart und säugen ihre Jungen, eben genau wie andere Säugetiere auch. Bislang gibt es 800 entdeckte Arten mit zwei Unterordnungen, und zwar die *Microchiroptera* (Kleinfledertiere) neben den *Megacheroptera* (Großfledertiere). Letztere sind im Nationalpark zu Tausenden auf einer unbewohnten Mangroveninsel, in der Nähe Rincas, zu finden.

Die Fliegenden Hunde erreichen ein Gewicht bis zu einem Kilo mit einer Flügelspannweite von bis zu 1,50 m (!). Das Gesicht ähnelt dem eines Hundes, daher auch der Name

Schicksalhafte Fledermäuse

Gewöhnlich gelten Fledermäuse als schlechtes Omen, leben die meisten Arten doch gerne in Höhlen. Da Höhlen früher oft als Grabstätten dienten, haben sie sich den Ruf von Totenflüglern eingefangen. Weiterhin sollen ihre ledrigen Flügel Merkmale von Hexen und Teufeln sein.

Als im Jahr 1922 das Grab des Tutenchamun im Tal der Könige entdeckt wurde, starben der Leiter der Ausgrabungsexpedition und einige Mitarbeiter - ein böser Fluch wurde als Grund vermutet. Eine andere Erklärung war: Die Expeditionsteilnehmer seien infiziert worden mit Histoplasmose, einer für Menschen meist tödlich verlaufenden Pilzkrankheit, die von Fledermäusen übertragen wird.

In China allerdings gelten Fledermäuse als gutes Omen. Fruchtfressende Fledermäuse, wie der fliegende Hund, sind Leckerbissen, da ihr Fleisch besonders süß und zart sein soll.

Flughund. Diese Art Fledermaus verbringt den Tag schlafend in einem Baum hängend (kleinere Arten bevorzugen Höhlen). Bei Einbruch der Dämmerung fliegen sie in Scharen los, um sich Nahrung zu suchen.

Der Geruchs- und Sehsinn ist ausgezeichnet. Ein Radarsystem wie andere Fledermäuse haben sie nicht. Das ***Hauptnahrungsmittel*** ist Obst. Manchmal werden sie zur wahren Plage, wenn sie nämlich ganze Obstplantagen leerräumen. Ihr Orientierungssinn in Bezug auf reife Früchte scheint untrüglich. Falls das nächstgelegene Areal gerade nichts an Nahrung zu bieten hat, können sie Distanzen von 60 bis 70 km zurücklegen.

Krabbenfressende Affen, Makaken

Lat.: *Macaca fascicularis*
Indon.: *Kera Biasa*
Engl.: *Crabeating Monkey*

Diese in Südostasien weit verbreitete Affenart findet man auf ***Rinca und Flores,*** jedoch nicht auf Komodo und Padar. Makaken sind im Prinzip Allesfresser, angefangen bei Krabben (wie der Name schon sagt) über heruntergefallene Früchte, Bodenpflanzen, Insekten bis hin zu Spinnen.

Sie leben in ***Gemeinschaften,*** deren Anzahl sich nach der Umwelt richtet. Je dichter der Wald, desto kleiner die Gruppen. In dichtem Busch ist es für große Gruppen schwierig, zusammenzubleiben und sich zu verteidigen. In offeneren Gebieten soll es Gruppen von bis zu 50 Tieren geben. Affen leben gerne in der Nähe von Gärten.

Makaken sind mittelgroß (Körperlänge ca. 50 cm plus Schwanz) mit einem Gewicht von ca. 5 bis 7 kg. Die Haarfarbe schwankt von blassem Gelb-braun über Grau bis Dunkelbraun, jedoch sind der Bauch und die Innenseiten der Arme und Beine immer etwas heller. Beide, Männchen und Weibchen, haben ein nacktes Hinterteil. Das Gesäß des Weibchens schwillt zur Brunftzeit an und verfärbt sich pink. Das Gesicht ist umrahmt von Fell und unter den beiden Augen befindet sich je ein nacktes Dreieck.

Wie fast alle Tierarten im Komodo-Nationalpark fallen auch die Affen in die Rubrik ***Waran-Futter.*** Eine günstige Gelegenheit, Affen zu fressen, ist, wenn die Affen in einer langen Reihe auf dem Boden in Richtung Wasserstelle marschieren *(Auffenberg,* 1973).

Hausziegen und wilde Ziegen

Lat.: Capra Rircus
Ind.: Kambing
Engl.: Goat

Ziegen werden im Nationalpark als ***Haustiere*** gehalten. In Bezug auf Nahrung sind Ziegen sehr genügsam. (Im *Kampung* Komodo lebte ein riesiger, fetter Ziegenbock, der mit Vorliebe Kaffeesatz fraß.)

Außerdem leben ***"wilde"*** (verwilderte) ***Ziegen*** im Komodo-Nationalpark. Da nicht nur die Dorfbewohner

Ziegentransport per Boot

gerne Ziegen essen, sondern auch die Warane, eignen sich Ziegen besonders gut als Waranköder.

Die Dorfbewohner berichteten mir von ***Waran-Raubzügen*** innerhalb des Dorfes. Demnach laufen die Oras tagsüber ins Dorf, um sich Ziegen zu klauen, wobei sie die festgebundenen bevorzugen. Das macht weniger Arbeit. Auch *Auffenberg* (1973) beschreibt Waranübergriffe innerhalb seines Basis-Camps. Ein Ora vergriff sich beispielsweise an zwei Ziegenkindern, während die Mutter angepflockt daneben stand. Nicht, daß er die Mutter nicht gemocht hätte: Wenn man den Waran nicht vertrieben hätte, wäre auch sie sein Opfer geworden.

Eine andere, allerdings unbestätigte Geschichte über Waran-Gier ist folgende: Wenn im Dorf Komodo Ziegenüberbevölkerung herrschte, brachten die Besitzer einen Teil ihrer Ziegen auf benachbarte, unbewohnte Inselchen. Dort sollten sich die Ziegen in vermeintlicher Sicherheit ungestört vermehren. Bei Bedarf wurden sie mit Booten wieder abgeholt. Die Oras, nicht dumm, stellten fest, daß im Dorf nichts mehr zu holen war, machten sich schwimmend zu den Nachbarinseln auf (trotz starker Strömungen) und lebten dort in Saus und Braus. Wurde es auf Grund des dezimierten Bestands schwierig, Ziegen zu fangen, kehrten sie nach Komodo zurück. In der Zwischenzeit hatte sich der Ziegenbestand im Dorf mit Sicherheit wieder erhöht. Die wichtigste "Ziegeninsel" des Kampungs Komodo war die gegenüberliegende *Pulau Lasa*.

Vögel

Großfußhuhn

Lat.: *Megapodius freycineti*
Ind.: *Burung Gosong*
Engl.: *Common Chrub Hen*

Die Großfußhühner, auch Wallnister genannt, unterscheiden sich von anderem Federvieh dadurch, daß sie unverhältnismäßig große Eier legen und diese nicht durch ihre Körpertemperatur ausbrüten. Sie tragen einen Hügel aus Erde, Pflanzenmateri-

Vögel im Nationalpark

Bienenfresser	*(Merops superciliosus)*
Bronzefruchttaube	*(Ducula aenea)*
Dickkopfwürger	*(Pachycephala pectoralis)*
Flores-Raupendohle	*(Coracina Floris)*
Gabelschwanzhuhn	*(Gallus varius)*
Koka, Lederkopf	*(Philemon buceroides)*
Kleiner Sporenkuckuck	*(Centropus bengalensis)*
Laufhühnchen	*(Turnix suscitator)*
Javalerche	*(Mirafa javanica)*
Brahminenmilan	*(Haiastur indus)*
Perlhalstaube	*(Strebtopelia chinensis)*
Dschungelrabe	*(Corvus macrorhyncho)*
Reiher	*(Ardea sumatrana)*
Weißbauchseeadler	*(Haliaetus leucogaster)*
Sperbertäubchen	*(Geopelia striata)*
Wallnister, Großfußhuhn	*(Megapodius freycineti)*
Zebrafink	*(Taeniopygia guttata)*

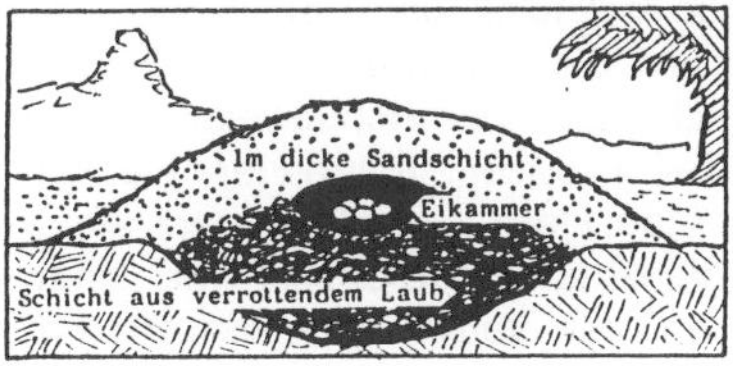

Querschnitt durch einen Bruthügel

al und abgefallenem Laub zusammen, der bis zu 10 m Durchmesser und 4 m Höhe haben kann. Diese ***Nesthügel*** entwickeln durch Gärung der Pflanzenstoffe soviel Wärme, daß die Eier ausgebrütet werden. Das "Nest" baut das Pärchen gemeinsam (manchmal sind es Gemeinschaftsbauten mehrerer Pärchen). Hat die Brutstätte durch den Gärungsprozeß genügend Wärme entwickelt, besteigt das Huhn den Hügel, gräbt eine bis zu einem Meter tiefe Röhre, legt ein Ei hinein und bedeckt es mit dem ausgehobenen Baumaterial. Dieser Vorgang wiederholt sich täglich, bis alle Eier (bis zu 10 Stück) gelegt sind. Die Eltern halten sich während der 8 bis 9 Wochen dauernden Brutzeit in der Umgebung des Hügels auf und kontrollieren mit ihrem Schnabel ständig die Bruttemperatur. Ist es zu kalt, wird mehr Laub auf die Eier gescharrt, ist es zu warm, wird etwas Baumaterial abgetragen.

Die Jungvögel sind frisch ausgeschlüpft schon selbständig und unabhängig, da sie bereits das endgültige Gefieder tragen und fliegen können. Auf dem Weg nach Poreng kann man auf Komodo zwei Megapode-Hügel sehen, schon seit Jahren benutzt und bereits sehr hoch gebaut.

Gewaltiger Bruthügel am Weg nach Poreng

Schlangen

Ungefähr zehn verschiedene Schlangenarten bevölkern Komodo und die zum Nationalpark gehörigen Inseln. Eine, die ***Russel-Viper,*** ist wohl die gefährlichste, die auf der Erde lebt. Im Falle eines Bisses stirbt man innerhalb von ein paar Stunden an ihrem Muskel- und Nervengift.

Von Einheimischen habe ich gehört, daß es ein Serum geben soll, bis jetzt habe ich noch nicht herausgefunden, welches das sein könnte. Abgesehen davon hat man es ja doch nicht zur Hand. Da ich Schlangen nicht gerade liebe, ist es mir gelungen, noch keine dieser Bestien lebend zu sehen. Aussehen sollen sie wie folgt: ca. 1,60 m lang. Auf dem Rücken und an den Flanken schmücken sie sich jeweils mit einer Reihe ovaler, rotbrauner Flecken. Diese Flecken sind schwarz eingegrenzt und noch einmal weiß eingefaßt. Mit Vorliebe fressen sie Frösche, Echsen und Vögel. Bei Wanderungen empfiehlt es sich, schon auf Grund dieser "freundlichen" Lebewesen, ***festes, hohes Schuhwerk*** zu tragen, daran beißt sie sich nämlich die Giftzähne aus.

Im "Laboratory" in Loh Liang steht eine Reihe von Spiritusgläsern mit Vertretern aller Schlangenarten Komodos, alle gefangen in (!) und vor den Häusern der Station. Also, bevor man sich ins Bett kuschelt, erst nachschauen.

Die zoologische Sammlung im "Laboratory" von Loh Liang

Wasserwelt

Im gesamten Komodo-Nationalpark und West-Flores sind der Küste wunderschöne ***Korallengärten*** vorgelagert. Diesen Riffen droht aber die Zerstörung, nicht nur durch Dynamitfischerei, sondern auch durch Touristen. Auf Grund von Unwissenheit oder Gleichgültigkeit werden Korallenstücke aus Riffen herausgebrochen, Fische harpuniert oder nach ganz "tollen" Muscheln getaucht.

Folgen werden oft nicht bedacht. Um das Problembewußtsein zum Thema Umweltzerstörung zu schärfen, folgt ein Artikel von *Erich Kimmich* (erschienen in der GLOBUS-Begleitmappe 9/85 zur Sendung vom 20.10.1985), herausgegeben von der WDR-Redaktion GLOBUS, Köln und dem BUND-Umweltschutzzentrum Stuttgart; siehe Exkurs.

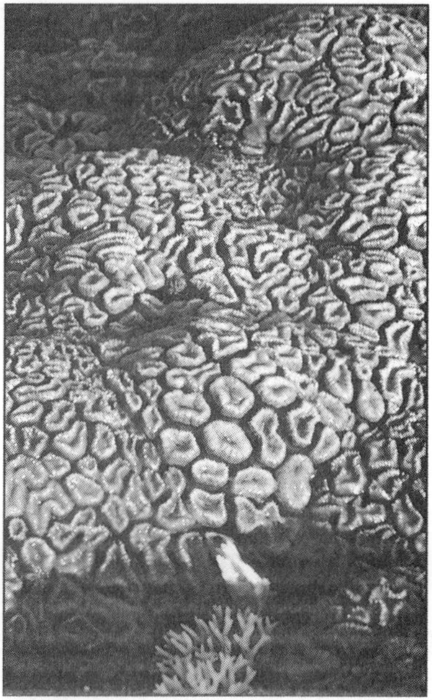

Hirnkorallen sind steinhart

Faszinierendes Korallenriff

Die Korallenriffe zählen zu den prächtigsten und faszinierendsten Lebensräumen der Ozeane. Der Unterbau der Riffe besteht aus den Skeletten toter Korallentiere. Die lebenden Tiere sitzen an der Oberseite des Riffs. Der von den Tieren produzierte Kalk häufte sich im Laufe vieler Millionen Jahre zu solch riesigen Kalksteinmassen, daß zum Beispiel aus der größten Ansammlung, dem Barrier-Riff vor der australischen Küste, 70 Millionen Cheopspyramiden gebaut werden könnten.

Die Lebensgemeinschaft der Korallenriffe wird zunächst von den Korallen selbst und von einer Vielzahl anderer Pflanzen und Tiere gebildet. Korallenriffe finden wir in warmen, tropischen Meeren, in denen die Wassertemperatur ständig über 25 Grad Celsius liegt. Die Korallen brauchen Sonnenlicht, da sie eine Lebensgemeinschaft mit einzelligen, kugeligen Algen (sogenannten Zooxanthellen) bilden. Diese kleinen "Untermieter" leben im Gewebe der Korallentiere. Sie ernähren sich von den Stoffwechselresten ihres Wirtes und geben ihm dafür Sauerstoff und andere lebenswichtige Stoffe, die sie wie die Blätter unserer Bäume mit Hilfe des Sonnenlichtes gewinnen. Nur dank dieser gegenseitigen Abfall-Entsorgung schaffen es die riffbildenden Steinkorallen, ausreichend Kalzium aus dem Meer zu ziehen und als Kalkkristalle auszuscheiden. Zooxanthellen enthaltende Korallenarten haben eine so hohe Kalkbildungsrate, daß sie Riffe bilden können.

Korallen sind koloniebildende Tiere. Sie vermehren sich sehr schnell, indem sie sich teilen und weitere Kolonien bilden. Jedes Tier hat ein Kalkskelett, das mit dem des Nachbarn eng verbunden ist. Zusammen bilden viele Tiere einen Korallenstock. Die Korallen ernähren sich von tierischem Plankton. Manche Korallenarten brauchen überhaupt nicht mehr zu fressen, da sie völlig von den Stoffwechselprodukten ihrer Lebenspartner (Symbionten) leben. Die Algen ziehen aus diesem Zusammenleben ebenfalls Nutzen, indem sie CO≈ (Stoffwechselverbrennungsprodukte der Korallentiere) bekommen, das sie für die Photosynthese brauchen. Die Unzugänglichkeit der Korallen garantiert den dort lebenden Tieren eine hohe Überlebenschance.

Zerstörung der Riffe

Tankerkatastrophen und immer stärker werdende Meeresverschmutzung haben den empfindlichen Lebensraum der Riffe schon erheblich geschädigt. Auch das Überfischen und besonders das Fischen mit Dynamit zeigen bereits deutliche Auswirkungen auf die Artenvielfalt in diesen Regionen.

Die vielleicht heimtückischste Bedrohung des Meereslebens erwächst aus dem Fremdenverkehr, der oft von ausländischen Investoren betrieben wird, die nur die Profite sehen und in ihre eigene Tasche stecken. Entlang der Küsten werden Hotels gebaut, deren Abwässer direkt in die See geleitet werden und oft die reichhaltigen Riffgebiete unter sich begraben. Touristen gehen in Scharen auf die Riffe los, fischen mit Harpunen und brechen sich Korallenstücke ab. Damit wird allmählich die gesamte Korallenkultur zerstört. In zunehmendem Maße ist das Riffsystem nicht mehr in der Lage, diesen Angriffen standzuhalten. Auch Fische und Schalentiere, die die flachen Riffe zur Nahrungssuche, zum Schutz und als Laichgrund benötigen, können hier nicht überleben.

In den letzten Jahren haben die Korallen noch einen weiteren ernst zu nehmenden Feind bekommen: Explosionsartig vermehrt sich ein Tier aus dem Lebensraum Riff, die Dornenkrone (Acanthaster planci), die sich ausschließlich von Korallentieren ernährt.

13armige Stachelwesen

Die Dornenkronen besitzen zwischen 9 und 23 Arme, die oberseits mit starken, kalkigen Stacheln besetzt sind. Die in zwei Reihen angeordneten Saugfüßchen haben eine stark entwickelte Saugscheibe, die es schwer macht, eine festgeheftete Dornenkrone von der Unterlage zu lösen. Dieser Seestern kann bis zu 60 cm Durchmesser groß werden. Seine Farben leuchten matt und variieren zwischen grün, braun, blau, rötlich und gelb. Die Lebensdauer der Dornenkrone beträgt über drei Jahre. Einzelne Exmplare werden bis zu acht Jahre alt.

Doch Vorsicht beim Tauchen: Die Stacheln der Dornenkrone sind giftig und können gefährliche Verletzungen hervorrufen.

Lebensraum und Verbreitungsgebiet

Die wenigen Arten der Gattung Acanthaster bewohnen ausschließlich die Korallenriffe des Pazifiks: Rotes Meer, Ostafrika und Madagaskar; Westpazifik: Australien, Philippinen bis Hawaii.

Lebensweise und Ernährung

Dornenkronen nehmen ihre Nahrung ähnlich wie andere Seesterne auf. Es sind große Räuber, die auf tierische Nahrung spezialisiert sind. Neben Weichtieren frißt die Dornenkrone vor allem Korallenpolypen. Wie eine Straßenkehrmaschine walzen sich die Dornenkronen über das Riff und fressen dabei den Untergrund radikal ab. Dabei kommt ihnen der Umstand zugute, daß sie ihren Magen teilweise ausstülpen können und so außerhalb des Körpers einen Teil der Nahrung aufnehmen und zersetzen (extraintestinale Verdauung). Dazu sondert das Tier starke Säuren ab. Zurück bleiben nun als Lebensraum unbrauchbar gewordene Korallenskelette. Denn durch das Fehlen der

Das ist der Bösewicht: die Dornenkrone

Korallenpolypen brechen viele Lebensbeziehungen und Austauschvorgänge im Riff ab. Prof. Dr. Endean schätzt, daß ein ausgewachsener Seestern pro Tag die Polypen von 110 bis 206 Quadratzentimetern verästelter Korallen abfressen kann. Das sind 0,65 Quadratmeter pro Woche. Ist ein Gebiet leergefressen, ziehen sich die Dornenkronen zurück, um ihr Vernichtungswerk an anderer Stelle fortzusetzen.

Mondlandschaft unter Wasser

Daß ein gehäuftes Auftreten der Dornenkronen-Seesterne zu großflächigen Zerstörungen der Rifflandschaft führen kann, wurde vor einigen Jahren besonders von Australien bekannt. Tausende von Dornenkronen zogen wie ein Heer geschlossen über die Riffe und hinterließen ein Bild der Verwüstung; die abgestorbenen Korallenäste wurden bald ein Opfer der Wellen und Gezeiten. Durch die Zerstörung der Riffe entzogen sich die Dornenkronen oft ihre eigene Lebensgrundlage, so daß dem Nachwuchs keine Chance zum Überleben blieb. Nahrungsmangel zwang auch die anderen Riffbewohner zum Auswandern. Vor der Karolinen-Insel Guam verschwand ein 36 Kilometer langes Saumriff, das von Dornenkronen zerstört worden war.

Wo aber ist der natürliche Feind der Dornenkrone, der es bis vor ungefähr 10 Jahren schaffte, die Vermehrung in Grenzen zu halten?

Natürliches Gleichgewicht gestört

Der Grund für die explosionsartige Vermehrung der Dornenkrone ist noch nicht genau bekannt. Wissenschaftler sind sich über die vielfältigen Zusammenhänge noch nicht im klaren. Ein wichtiger Feind der Dornenkrone ist die Harlekinsgarnele, die dem Seestern die Saugfüßchen abkneift. Versuche, die Garnelen in Mengen zu züchten, um sie als biologische Schädlingsbekämpfer einzusetzen, scheiterten an der langen Entwicklungsdauer, an mangelndem Wissen und fehlender Erfahrung über ihre Fortpflanzungsbiologie.

Problem Souvenirjagd

Die Triton-Schnecke (auch Tritonshorn oder Trompetenschnecke; lat. Charonia tritonis) ist ein weiterer Feind der Dornenkrone. Die Tritonshörner sind seit dem Altertum bekannt, da ihr leeres Gehäuse von Fischern, Seeleuten und vielen uferbewohnenden Stämmen als Signaltrompete oder auch schlicht als Sprachrohr verwendet wurde. Man schliff seitlich ein Blasloch in die große Schale, so daß man sie wie eine Querflöte benutzen konnte. Aber auch bei den Römern war die "Buccina" in Gebrauch, mit der man die Bürger zu den Waffen rief. In der Zeit des Rokoko sind Tritonshörner auf die vielfältigste Weise Ausstattungsgegenstände gewesen.

Die Tritonshörner kommen regelmäßig in Tiefen von 2-6 m vor. Sie sind jedoch auch schon in größeren Tiefen beobachtet worden. Die in nur wenigen Arten verbreiteten Schnecken, deren stattlichste Vertreter ein schönes, in Ausnahmefällen über 40 cm langes Gehäuse aufweisen können, übertreffen alle anderen marinen Weichtiere an Beute- und Freßgier. Sie ernähren sich hauptsächlich von Stachelhäutern (also Seesterne wie Dornenkrone). Der deutsche Zoologe Kaestner hat z.B. beobachtet, wie eine 28 cm lange Trompetenschnecke eine 20 cm lange Seegurke im Laufe von 4 Stunden in Gänze verschlang. Die Speicheldrüsen der Schnecke enthalten vierprozentige Schwefelsäuren, die den Kalkpanzer des Opfers auflösen. Eine große Tritonschnecke frißt in drei Tagen einen Dornenkronenseestern mit etwa 25 cm Durchmesser oder in derselben Zeit auch zwei kleinere mit etwa 18 cm Durchmesser.

Da die Tritonshörner in den tropischen Meeren als Feinde der Dornenkrone eine nicht unwichtige Rolle spielen, hat das durch Sammler übermäßig angekurbelte Abfangen der Tritonshörner zum schlagartigen Überhandnehmen der riffzerstörenden Dornenkronenseesterne geführt. Mittlerweile sind bedeutende Korallenformationen des Pazifiks vernichtet worden. Hinzu kommt noch die Regenerationsfähigkeit der Dornenkronen: Vom Napoleonfisch abgefressene Arme können (allerdings sehr langsam) von den Tieren neu gebildet werden. Außerdem hat das Absammeln der unter Souvenirjägern begehrten Tritonschnecke den Feind-Druck für die Dornenkrone herabgesetzt.

Bekämpfungsmaßnahmen

Man hat versucht, der Plage durch Absammeln und auf chemischem Wege Herr zu werden: Innerhalb von zwei Wochen wurden im Dezember 1969 von einem Saumriff in Westsamoa ca. 14.000 Dornenkronen abgesammelt. Bei den Fiji-Inseln sammelte man 1970 innerhalb von 10 Tagen 9860 Exemplare ab. Am Miyako Island Reef wurden 220.000 Dornenkronen abgesammelt. Solche Absammlungsaktionen waren in der Regel sehr erfolgreich und effektiv, um der Plage einigermaßen begegnen zu können. Die riesigen Zahlen zeigen dabei auf, wie groß das Überhandnehmen der Dornensterne war. Das Spritzen der Tiere mit Formalin führte demgegenüber zu unerwünschten negativen Nebenwirkungen in der vielfältigen Lebenswelt des Riffs.

Gründe der Massenvermehrung

Wie bereits erwähnt, sind die Wissenschaftler über den tieferen Grund dieser Populationsexplosion geteilter Meinung: Eine Erklärung liegt in der weitgehenden Ausrottung der Tritonschnecke durch Fischer und Schneckensammler. In Queensland wie auch in anderen Gebieten wurde das Sammeln intensiv seit dem zweiten Weltkrieg betrieben. Tausende von Tritonschnecken wurden während der 50er Jahre gesammelt und auf den Tritonmärkten gehandelt. In Fiji ist es seit 1971 per Gesetz verboten, Tritonschnecken zu sammeln. Nach der Einführung dieses Gesetzes tauchten die Tritonshörner dann auf den Märkten von Manus Island und den Suva Inseln auf ... Wie selten die Tritonschnecke in der Zwischenzeit geworden ist, läßt sich auf den Inselmärkten am Preis für Tritonschnecken ablesen: 1971 wurden halbgroße Tritonshörner für 65 Dollar gehandelt.

Doch die Tritonschnecke ist nicht alleine der begrenzende Faktor für die Dornenkronen-Population: Lediglich in kleinen Bereichen läßt sich in dieser Hinsicht eine direkte kausale Beziehung nachweisen: Auf den Karolinen (Kuob) waren im Zweiten Weltkrieg japanische Soldaten stationiert. Gleich nach Kriegsende registrierte man Massenvorkommen der Dornenkrone: Das Personal hatte die Tritonshörner als Nahrung und zur Zierde abgesammelt. Durch das Fehlen der Tritonshörner konnten sich nun die Dornenkronen übervermehren.

Einer weiteren Theorie zufolge hat die Meeresverschmutzung die Bedingungen verändert, die der Verbreitung des Seesterns auf natürliche Weise Einhalt geboten haben. Dabei spielt es eine Rolle, daß der Dornenkronenseestern im Gegensatz zu anderen Meerestieren von der Meeresverschmutzung weniger stark betroffen zu sein scheint. Er gedeiht sogar dabei. Seeigel, mit denen er eng verwandt ist, haben sich in der Nähe von Abwässerausflüssen an der Pazifikküste der USA stark vermehrt. Viele Massenvorkommen durch Dornenkronen sind in Regionen mit dichter menschlicher Bevölkerung (d.h. große ungeklärte Abwassermengen; Düngereffekt!) aufgetreten.

Ein Ausfall des Korallenfisches Abudefduf, der die Eier der Dornenkronen frißt, könnte ein weiterer Grund für deren Überhandnehmen sein. Doch auch diese Theorie ist nicht bewiesen.

Der Einfluß von Umweltgiften könnte eine weitere Ursache für das Verschwinden der Tritonshörner und die Zunahme der Dornenkronen sein. Vor allem Pestizide häufen sich bis zur letalen Dosis durch die Nahrungskette in den Tritons an. Insektizide, Schädlingsbekämpfungs- und Düngemittel, die vor allem beim Zuckerrohranbau verwendet werden, gelangen zum Teil in die Flüsse, die ins Meer fließen. Das auf den Zuckerrohrfarmen beliebte DDT wird von kleinen Fischen absorbiert und dann von einem räuberischen Lebewesen zum anderen in immer stärkerer Konzentration weitergegeben, bis diejenigen, die in der Nahrungspyramide weiter oben stehen, sterben oder fortpflanzungsunfähig werden.

Die leidige Frage, ob der Mensch eingreifen soll, kann erst beantwortet werden, wenn die Mechanismen des Massenauftretens der Dornenkrone geklärt sind. Oft hat der Mensch durch sein Eingreifen in die empfindlichen Mechanismen des ökologischen Gleichgewichts alles nur viel schlimmer gemacht, da er sich über die weitreichenden Folgen seines Handelns nicht im klaren war.

Erich Kimmich

Literaturhinweise:

- Grzimek's Tierleben, Bd. 3, Weichtiere und Stachelhäuter, Deutscher Taschenbuch Verlag, München 1979
- Gefährliche Meerestiere, de Couet/ Moosleitner/Nagelschmid, Jahr-Verlag, Hamburg 1981
- Das Meer (Reihe Lebendiges Wissen), Dr. Sandra Smith, Christian Verlag, München 1981
- Das Große Barrier Riff (Reihe: Die Wildnisse der Welt), Craig Mcgregor, Time-Life-Verlag, Amsterdam 1974
- Bestandsaufnahme eines Planeten, hrsg. v. Jacques-Yves Cousteau, Cousteau Umweltlesebuch 1, Klett-Cotta Verlag, Stuttgart 1983
- Biology and Geology of Coral Reefs, Vol. 2, Jones/Endean, Academic Press, New York and London, 1973
- Magazin DER TAUCHER, Heft 1/75, Verlag Naglschmid, Stuttgart
- Gefahr erkannt - Gefahr gebannt, Dr. Peter Schmid, Verlag S. Naglschmid, Augustenstraße 50, 7000 Stuttgart 1, 1985

Winker- oder Mangrovenkrabbe

Die Gattung der *Uca sp.* umfaßt 70 Arten, die in tropischen Zonen auf der ganzen Welt vorkommen. Insbesondere Mangrovensümpfe (zum Beispiel *Loh Buaya* auf Rinca) beherbergen oft Scharen dieser Tiere. Der Körper ist rechteckig, ausgerüstet mit ausfahrbaren Augen und zwei sehr unterschiedlichen Scheren. *Pierre Pfeffer ("Auf den Inseln des Drachen",* Stuttgart, 1965, Seite 153/154) beschreibt die Winkerkrabben sehr treffend:

Tausende von bunten Krabben, kaum größer als ein Markstück, ziehen schon von weitem den Blick des Reisenden an und scheinen ihn herbeizurufen, indem sie ständig ihre Scheren schwingen. Läßt man sich aber von dieser Einladung verführen, so wird man unfehlbar enttäuscht, denn beim Näherkommen muß man feststellen, daß die hübschen kleinen Krabben sofort in einer der Behausungen verschwinden, deren Eingänge die Oberfläche des Schlamms förmlich übersäen.

Nur wenn man sich niederkauert und etwa zehn Minuten regungslos wartet, wird man belohnt; denn jetzt erscheint am Eingang der Behausung zuerst auf einem langen Stiel vorsichtig ein Auge, dann, wenn ihm alles in Ordnung zu sein scheint, der Besitzer des Auges persönlich. Zunächst macht er eine kleine Runde vor seinem Bau und untersucht mit seinen Periskopen sorgfältig die Umgebung. Man darf sich ja nicht rühren, denn bei der geringsten Bewegung geriete das Schalentier wieder in Panik. Hat man aber ganz still gehalten, so kommt es näher, und man kann es mit Muße beobachten.

Dann stellt man fest, daß es nur eine große Schere hat, die fast ebenso umfangreich wie der ganze Leib und weiß gefärbt ist. Die andere ist sehr viel kleiner und dient der Krabbe nur dazu, ihr Schlamm zuzuführen, aus dem sie Algen und andere organische Nährstoffe aufnimmt. Das Tier, das man vor sich hat, ist ein Männchen, es hat einen türkisblau und rot oder orange gefärbten Leib. Das Weibchen, dessen Scheren beide kleiner sind, trägt ein schmuckloses, blasses Braun.

Jedes Männchen besitzt sein Territorium, einen kleinen Umkreis im Schlamm, den es heftig gegen seine Rivalen verteidigt. Im Kampf packen sich die beiden Krabben gegenseitig mit ihrer großen Schere und versuchen mit einer heftigen Bewegung, die Schere des Gegners zu zertrümmern. Wenn sich ein solcher Kämpfer nicht genügend im Boden festklammert, kommt es oft vor, daß ihn der andere fast einen Meter weit fortschleudert.

In der Mitte seines Territoriums gräbt das Krabbenmännchen einen schmalen, etwa vierzig Zentimeter langen Erdbau. Es arbeitet unaufhörlich an seiner Verbesserung und schichtet das ausgeworfene Erdreich zu einer senkrechten Säule auf, die sich manchmal ein wenig neigt wie der Turm von Pisa en miniature.

Aus Schlamm stellt es sich eine Art Pfropfen her, und wenn die Flut steigt, sucht es Zuflucht in seiner Behausung und macht die Tür hinter sich zu, um sie erst wieder zu öffnen, wenn sich das Wasser zurückgezogen hat. Hindert man eine solche Krabbe an der Herstellung dieses Deckels, dann wird man erleben, wie sie sich aufregt, wenn die ersten Wellen kommen, fieberhaft eine Schlammkugel herstellt und mit ihr den Bau verschließt.

Was aber schon lange die Aufmerksamkeit des Zoologen auf sich gezogen und den kleinen Tieren den Namen "Winkerkrabben" eingebracht hat, das ist ihre ständig wiederholte Gebärde. Die ständige Bewegung der großen Schere ist nämlich ein Ruf, der freilich nicht dem Reisenden gilt, sondern dem Weibchen. Da die Krabben beachtlich scharfe Augen haben, wird jedes Weibchen sofort ausgemacht, und alle Männchen ringsumher recken sich auf ihren Beinen so hoch wie möglich und schwingen ihre weißen Scheren rhythmisch in einem richtigen Ballett, bis die Schöne der Einladung eines der Herren folgt und sich in seine unterirdische Behausung mitnehmen läßt.

Bäume

Mangroven

Lat.: *Rhizophora, Avicennia, Bruguiera*

Mangroven sind ein komisches biologisches Phänomen. Sie wachsen im Wasser, trotz Salzgehalt, hoher Feuchtigkeit, nährstoffarmer Erde und starkem Wind. So etwas hält keine andere Pflanze aus. Man findet sie vorwiegend in flachen Küstengewässern mit schlammigem Grund. In Indonesien wächst vorwiegend die buschartige Sorte. Es gibt aber auch Arten, die bis zu 40 m in die Höhe wachsen und einen Meter Stammdurchmesser aufweisen.

Das ***Wurzelsystem*** wächst unter und über Wasser. Die Sprößlinge keimen direkt am Baum. Sind sie voll

Mangrove, deutlich zu sehen sind die aus dem Boden ragenden Wurzelsprossen zum Atmen

entwickelt, fallen sie hinab und bohren sich wie ein Speer dicht am Mutterbaum in den Boden oder sie treiben weg bis zu einer geeigneten Stelle, wo sie hängen bleiben, und schlagen dort Wurzeln.

Mangroven entwickeln sich mit Vorliebe an ***geschützten Küsten*** und an Flußmündungen oder Meeresarmen, die Gezeiten ausgesetzt sind. Sie bieten dem Land Schutz vor stürmischer See und festigen die Küstenstreifen. Die Mangrovendickichte sind Lebensraum für viele Tiere, zum Beispiel Fische, Krabben, Krokodile. Seevögel finden hier Futter und Ruhe, ihre Nester zu bauen.

Das ***Holz der Mangroven*** ist ein ideales Feuerholz mit hohem Brennwert und selbst dann leicht brennbar und nicht spritzend, wenn es frisch geschlagen ist. In Malaysia werden seit 1900 Mangroven als Feuerholz kultiviert.

Lontarpalme

Lat.: *Borassus flabellifer L.*
Indon.: *Rontal; Lontar*

Die für Komodo so charakteristische Lontarpalme ist vorwiegend in trokkenen Gebieten heimisch.

Die getrockneten ***Blätter*** dienten früher zum Erstellen von Büchern. Auf das ca. 3 x 13 cm große Blatt wurden Texte und Bilder mit Metallgriffeln geritzt. Um die Bilder sichtbar zu machen, rieb man die Blätter mit Rußöl ein, das anschließend wieder abgewischt wurde. Das in die geritzten Vertiefungen eingedrungene Rußöl machte die Zeichnungen, Schriftzeichen sowie medizinischen Illustrationen sichtbar. Diese Bücher werden heute noch hergestellt, z.B. in Tenganan (Bali). Weiterhin dienen Lontarblätter zum Flechten von Körben, Matten und zum Teil als Baumaterial.

Ein Buch aus Lontarblättern. Hier die *Ramayana-Story*, ein beliebtes Mitbringsel, auf Bali in jedem Souvenir-Shop erhältlich.

Die Insel Komodo

Was erwartet mich auf Komodo

Was man auf Komodo *nicht* findet, ist dichter undurchdringlicher Dschungel, tagelange Suche nach den einzigartigen dinosaurierähnlichen Wesen, wilden Kopfjägern auf der Suche nach Weißen für den Kochtopf. Diese Art Abenteuer haben vor unserer Zeit stattgefunden, in Büchern und Filmen kann man sie noch erleben.

Die *Realität* ist eine regelmäßige Fähre, die Komodo anfährt, Gästehäuser inklusive eines kleinen Restaurants; Kirche und Moschee wurden gebaut, beim P.H.P.A. (der Natur- und Waldschutzbehörde) liegt die Verwaltung und Organisation.

Seit Jahren werden ***Warane*** an einer bestimmten Stelle regelmäßig gefüttert, und somit ist ein fester Köderplatz entstanden, an dem man mit Sicherheit Warane sehen kann und das auch ohne das blutige Köderspektakel.

Auf Rinca ist das noch etwas anders. Es gibt keinen festen Köderplatz, an dem sich Warane mit absoluter Sicherheit aufhalten. Ganz dumm sind Warane aber auch nicht, insbesondere, wenn es um Fressen geht. Ihr glasklarer Verstand sagt ihnen, wo sich Touristen aufhalten, gibt es hin und wieder einen Leckerbissen. Also schaut der eine oder andere Waran immer mal wieder beim P.H.P.A.-Camp vorbei.

Einige Warane auf Komodo sind mittlerweile sogar so dreist geworden, daß sie zu den Guesthouses kommen, um ihr Futter einzuklagen,

zumindest aber ihr Mittagsschläfchen dort abzuhalten. Das bedeutet nicht, daß diese Tiere zahm oder ungefährlich geworden sind. Denn gerade diese an Menschen gewöhnten Tiere halten oft nur widerwillig die Sicherheitsdistanz ein.

Natürlich sind die Warane die unumstrittene Attraktion im Komodo-Nationalpark. Jedoch ist das nicht alles, was man hier sehen und machen kann. Komodo und Rinca eignen sich sehr gut für ***Wanderungen,*** denn es gibt dort auch noch reichlich andere wildlebende Tiere.

Und die zweite bislang vernachlässigte Attraktion ist das ***Meer*** in und um den Komodo-Nationalpark mit wunderschönen Korallengärten, bewohnt von unzähligen bunten Fischen, und mit zahllosen einsamen Inseln, die von schneeweißen Sandstränden umgeben sind.

Klima, Reisezeit

Je weiter man von Bali nach Osten reist, desto heißer und trockener wird das Klima (*Australisches Klima).* Das trifft natürlich auch auf den Komodo-Nationalpark zu. Einer relativ langen Trockenzeit von Mai bis November folgt die kurze Regenzeit von Januar bis April.

Besonders grün und üppig sind die Inseln zur ***Regenzeit.*** Allerdings ist genau das die Zeit mit starken, gefährlichen Strömungen rund um Komodo. Die Anfahrt mit *kleinen* Fischerbooten empfiehlt sich dann nicht. Man hört immer wieder Horrorgeschichten über diese Bootsfahrten, insbesondere während der Regenzeit. Zum Beispiel kann die Überfahrt von Lb. Bajo nach Komodo ca. 20 Stunden dauern (normalerweise 3 bis 6 Stunden), falls das Boot

P.H.P.A.-Unterkünfte

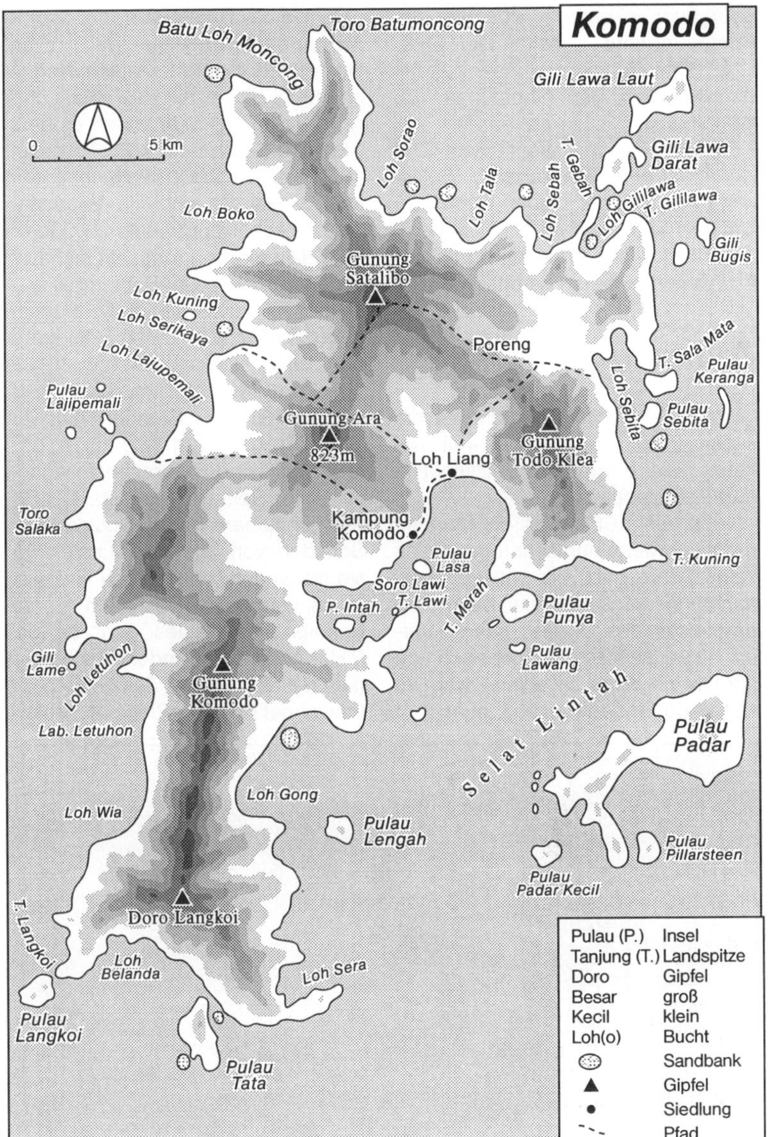
Komodo
Batu Loh Moncong
Toro Batumoncong
Gili Lawa Laut
Gili Lawa Darat
0 5 km
Loh Sorao
Loh Tala
Loh Sebah
T. Gebah
Loh Gililawa
T. Gililawa
Gili Bugis
Loh Boko
Gunung Satalibo
Loh Kuning
Loh Serikaya
Loh Lajupemali
Poreng
T. Sala Mata
Pulau Keranga
Loh Sebita
Pulau Sebita
Pulau Lajipemali
Gunung Ara
823m
Loh Liang
Gunung Todo Klea
Toro Salaka
Kampung Komodo
Pulau Lasa
T. Kuning
Soro Lawi
T. Lawi
P. Intah
T. Merah
Pulau Punya
Pulau Lawang
Gili Lame
Loh Letuhon
Gunung Komodo
Selat Lintah
Lab. Letuhon
Pulau Padar
Loh Gong
Loh Wia
Pulau Lengah
Pulau Pillarsteen
Pulau Padar Kecil
Doro Langkoi
T. Langkoi
Loh Belanda
Loh Sera
Pulau Langkoi
Pulau Tata
Pulau (P.) Insel
Tanjung (T.) Landspitze
Doro Gipfel
Besar groß
Kecil klein
Loh(o) Bucht
Sandbank
Gipfel
Siedlung
Pfad

überhaupt ankommt! - aber wer das Abenteuer liebt ... Selbst die Fähre, KMP Komodo, hat zu dieser Zeit mit den Strudeln und Strömungen zu kämpfen.

Die einfachsten Reisemonate sind während der ***Trockenzeit.*** Selbst dann kann es bei kleinen Booten zu Unfällen kommen, so z. B. am 26. Juli 1995. Vier Menschen ertranken, fünf weitere konnten gerettet werden.

Tourismus

Wegen der Komodo-Warane ist die kleine Insel Komodo weltweit bekannt. Sie erfreut sich mittlerweile großer Beliebtheit.

Noch bis 1982 war die Anreise recht schwierig und sehr teuer, da es keine Fähre gab. Die einzige Übernachtungsmöglicheit war beim Bürgermeister des Dorfes, was wiederum voraussetzte, Indonesisch zu sprechen. Alles in allem war es schwierig, unbequem und teuer.

Sehr einfach läßt sich die ***Tourismusentwicklung*** an den rasant steigenden Besucherzahlen festmachen. 1975 reisten 367 Besucher nach Komodo, 1976 waren es noch 350, 1982 bereits 450 Touristen, 1987 kamen 2500 Besucher, und mittlerweile hat sich die Besucherzahl auf schätzungsweise 20.000 erhöht. Die meisten tummeln sich dort in den Monaten Juni-September.

Einen Teil dieser Massen machen ***Kreuzfahrer*** aus. Diese Reisegruppen fallen in Gruppen von 30 bis 100 Personen auf Komodo ein, bleiben ca. 3 bis 5 Stunden. Serviert wird diesen Gästen eine kurze, perfekt organisierte Waranbesichtigung mit kalter Cola auf Wunsch. Die Bewohner haben weder Nutzen noch Schaden von diesen Touristen, da sie sie weder sehen, noch etwas an ihnen verdienen. Das Geld für die Permits und Guides geht an das P.H.P.A., d.h. die indonesische Regierung. Von Zeit zu Zeit können die Einwohner mal eine Ziege verkaufen.

Ankunft auf Komodo

Die zweite große Besuchergruppe sind die sogenannten ***Traveller*** oder Individualreisenden, die früher, bevor die indonesische Regierung das Gebiet dem P.H.P.A. unterstellte, im Dorf Komodo lebten, aßen, den Führer anheuerten und Ziegen kauften. Da die Unterkünfte, Guides und sonstiges nun vom P.H.P.A. gestellt werden, gibt es kaum noch eine Möglichkeit für Kontakte sozialer oder wirtschaftlicher Art mit den Einheimischen.

Die dritte Art Besucher sind sehr rar, jedoch durchgängig in der Tourismusgeschichte Komodos präsent. Die ***Wissenschaftstouristen,*** die alles Mögliche und Unmögliche untersuchten und untersuchen.

Alle Besucher brachten Opfer, nämlich ***Ziegen für die Warane.*** Das ging solange gut, bis die armen Viecher aus allen Nähten platzten. Seit 1993 bekommen die Warane nur noch einmal wöchentlich Ziegenfleisch, nämlich sonntags. Da sich solche Daten manchmal ändern, sollte man sich vorsichtshalber in Sape oder Labuan Bajo noch einmal nach den genauen Fütterungszeiten erkundigen.

Mittlerweile ist vielen Besuchern Komodo zu touristisch, und so wird ***Rinca*** als gute Alternative entdeckt. Guesthouses gibt es bereits seit 1986 auf Rinca, und die Anreise (von Flores) mit gecharterten Booten ist billiger.

An- und Weiterreise

Die An- und Weiterreise von Sape bzw. Lb. Bajo (Flores) nach ***Komodo*** kann mit den Fähren täglich außer Freitag erfolgen. Von Sape kommend, erreicht die Fähre Komo-

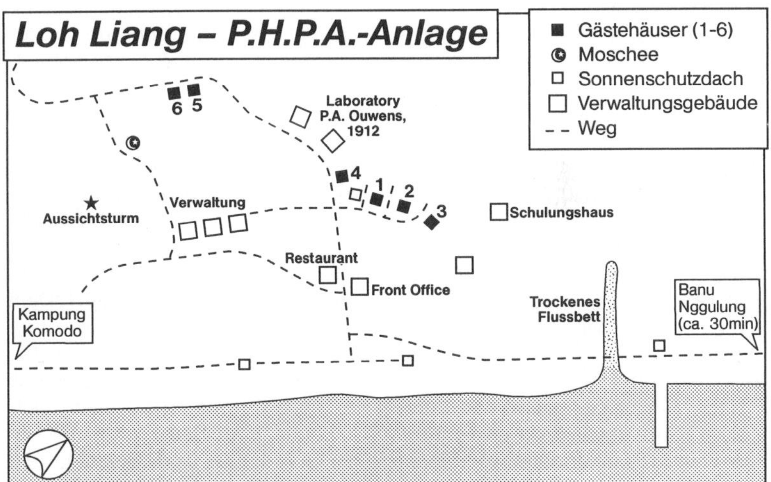

Eines der Gästehäuser in Loh Liang

do um ca. 15.00 Uhr, wenn sie von Lb. Bajo (Flores) kommt, ist sie schon um ca. 11.00 Uhr da.

Die großen Fähren können nicht am Strand bzw. dem Anlegesteg in *Loh Liang/Komodo* (Bucht mit Guesthouse) anlegen. Deshalb wird man vom P.H.P.A.-Boot abgeholt bzw. hingebracht.

Wer abreisen will, sollte dies den P.H.P.A.-Mitarbeitern früh genug mitteilen. Der Transfer ist nicht im Fährpreis inbegriffen. Es kostet noch einmal 1200 Rp pro Person.

Die andere Möglichkeit ist, ein Boot zu chartern. Am besten von Lb. Bajo auf Flores.

Nach ***Rinca*** gibt es keinen geregelten Fährverkehr. Man erreicht die Insel nur mit Marktbooten von Flores oder mit gecharterten Booten.

Die P.H.P.A.-Station

Das P.H.P.A. ist die Behörde, an der man auf keinen Fall vorbeikommt, begibt man sich in den Komodo-Nationalpark.

P.H.P.A. bedeutet eigentlich:
P. =*Perlindungan* (=Schutz),
H. =*Hutan* (=Wald),
P. =*Pengawetan* (=Erhaltung),
A. =*Alam* (=Natur).

Also das "Amt zum Schutz und zur Erhaltung von Wald und Natur". Dem *Minister of Forestry* in Jakarta/Java als oberste Behörde ist das P.H.P.A. unterstellt, und man findet es überall da, wo es etwas zu schützen gibt, Natur und/oder Tiere.

P.H.P.A.-Leute sind Beamte, und die scheinen auf der ganzen Welt gleich zu sein. Es gibt natürlich sehr nette und hilfsbereite P.H.P.A.-Menschen - einigen Beamten scheint jedoch jeder Schritt zuviel zu sein. Das ist natürlich sehr ungünstig, wenn so einer ein Guide für eine Tageswanderung ist. Alle scheinen froh zu sein, wenn man lediglich an der üblichen Waranbesichtigung in *Banu Nggulung* teilnimmt und dann so schnell wie möglich abreist.

Schwierig ist weiterhin, daß von den P.H.P.A.-Leuten nur wenige Englisch sprechen. Deutlich mehr Informationen erhält man, wenn man Indonesisch beherrscht. Aber das wird sich wohl bald ändern. Es laufen Schulungsprogramme für die Führer, damit sie mehr Wissen über die Warane und deren Lebensbedingungen vermitteln können, und zwar in Englisch.

Die Preise für Guides, Übernachtung und Essen sind im Komodo-Nationalpark festgelegt. Preistafeln hängen im P.H.P.A.-Anmeldungsbüro bzw. im Restaurant.

Unterkunft, Kosten

Früher mußten Komodo-Besucher beim *Kepala Kampung* im Dorf übernachten, seit 1983 hat sich das geändert. In der *Loh-Liang-Bucht* (etwa eine halbe Stunde Fußmarsch vom Kampung Komodo entfernt) wurde ein Camp nahe dem Strand gebaut, bestehend aus: Schlafhäusern, einem kleinen Restaurant, Küche, Bürohäusern, Waran-Museum (= *Laboratory)* und Unterkünften für die P.H.P.A.-Mitarbeiter.

Die ***Gästehäuser*** (insgesamt ca. 50 Schlafplätze) bestehen aus einem großen Gemeinschaftsschlafraum mit sechs Betten (Matratzen inklusive), getrennt durch Vorhänge, und einem abgetrennten Doppelbett-Schlafraum, einem Mandi sowie Aufenthaltsraum mit Tischen und Stühlen. Zur Hochsaison Juni, Juli und August muß man damit rechnen, auf dem Fußboden schlafen zu müssen.

Alle Gebäude stehen auf Stelzen. Der balinesische Architekt hat eine gelungene Mischung aus Bali-Häusern und *Rumah Pangun* gebaut - alles in allem eigentlich eine angenehme Atmosphäre.

Schade ist, daß die Häuser langsam verrotten. Es scheint weder Geld noch Personal vorhanden zu sein, um Reparaturen auszuführen. Etwas störend sind auch die lautstarken nächtlichen Rattenbesuche. In den doppelten Holzwänden scheinen Heerscharen von Ratten zu wohnen, die in der Nacht zum Leben erwachen. Man hat den Eindruck, diese Ratten würden quer durch das Bett laufen. Wer ängstlich ist, sollte sich ein Moskitonetz aufspannen und darunter verschanzen. Angeblich akzeptieren Ratten so ein Netz als Grenze. Kekse oder ähnliches Eßbares sollte man nicht herumliegen lassen, da sich diese Tiere sonst hemmungslos den Bauch vollschlagen.

Die ***Preise*** sind festgelegt. Bei Ankunft meldet man sich im Empfangsgebäude, bezahlt seine Eintrittsgebühr (das *Permit)* von 2000 Rp (die hat 7 Tage Gültigkeit) und bekommt ein Haus zugeteilt.

• Pro Person und Nacht 8.500 Rp, für ein Doppelzimmer 12.500 Rp.

Beim Anmelden muß ein Formular ausgefüllt werden: Name, Adresse, Nationalität, Paßnummer usw.

• Elektrizität wird mittels Generator erzeugt, der bei Einbruch der Dunkelheit angeworfen wird und von ca. 18.00 Uhr bis 10.00 Uhr morgens läuft, wenn man Glück hat.

Essen

Den Menschen, die immer schon mal eine Diät machen wollten, bietet sich auf Komodo eine günstige Gelegenheit. Für Leute, die normal essen, ist es etwas eintönig.

Die Speisekarte des ***Restaurants*** in Loh Liang ist nicht besonders vielfältig. Man hat die Wahl zwischen *Mie goreng*, *Nasi goreng* (gebratenen Nudeln und gebratenem Reis) und Banana Pancake. Corned Beef aus der Büchse steht zwar auch noch auf der Speisekarte, ist aber nicht immer vorrätig. Aqua, Tee, Kaffee, Sprite und Bier sind warm erhältlich.

Die Zigarettenmarken Comodore, Marlboro und Bentoel (Kretek) gibt es im Restaurant.

Im Dorf kann man Kokosnüsse, Tintenfisch, Trockenfisch, aber nur selten frischen Fisch und Gemüse kaufen. Gemüse nur gegen Ende der Regenzeit (Febr./März).

Obst und Gemüse, Kekse, Süßes, Fleisch oder Eier sind nicht vorhandene Luxusartikel, die man schon selbst aus Bima oder Labuan Bajo mitbringen muß.

Nasi/Mie goreng	2.500	Rp
Corned Beef	4.000	Rp
Tee/Kaffee	750	Rp
Aqua	2.500	Rp
Bier	4.000	Rp
Sprite	1.500	Rp

Wenn man sich Lebensmittel mitgebracht oder im Dorf besorgt hat, bleibt immer noch das Problem der Zubereitung. Gegen ein auszuhandelndes Entgelt bereitet der P.H.P.A.-"Chefkoch" die Nahrungsmittel zu.

Ärztliche Versorgung

Weder einen Arzt noch irgend etwas einer ärztlichen Versorgung ähnliches wird man auf Komodo und den umliegenden Inseln finden. Medikamente sind selbst mitzubringen. Bei Wanderungen reißt man sich schnell Wunden und Risse. Kleine Wunden können sich zu gemeinen Infektionen entwickeln, begünstigt durch das warme Klima.

Für "Schlangenfreunde" hat Komodo so einiges zu bieten. Neben 9 anderen Schlangenarten lebt die absolut tödliche "Russel Snake" auf Komodo, Padar und Rinca (siehe Kapitel Tiere). Seren sind weit und breit nicht vorhanden, ebensowenig wie Flugzeuge. Immerhin ist aber für eine Funkverbindung mit Bali, Sumbawa und Flores gesorgt. Um schnellstens Sumbawa oder Flores zu erreichen, besteht die Möglichkeit, ein Boot zu chartern. Bedenken sollte man jedoch: Gerät man in eine Notsituation, benötigt man Geld - viel Geld. Die Preise steigen entsprechend der Hilfsbedürftigkeit. (Und Traveller-Schecks sind hier noch nicht einmal das Papier wert, auf dem sie gedruckt wurden.)

Geld, Post, Telefon

Banken und Postämter gibt es weder auf Komodo noch auf Padar oder Rinca. Die letzte ***Geldwechselmöglichkeit*** ist in Bima und die nächste in Labuan Bajo (Flores). Also unbedingt daran denken, genügend Geld einzutauschen. Mit Traveller-Schecks kann man hier nichts ausrichten.

Die nächsten ***Postämter*** sind in Sape (Sumbawa) bzw. Lb. Bajo (Flores).

Telefon gibt es keins, nur eine ***Funkanlage,*** die dem P.H.P.A. gehört und oft "kaputt" ist.

Das Dorf Komodo

Die Insel Komodo besitzt nur ein Dorf, den ***Kampung Komodo.*** Das Dorf ist symmetrisch angelegt. Die ca. 140 Stelzenhäuser (siehe dort) sind in vier Reihen parallel zum Strand gebaut. Der "Hafen" ist schlickig und schwarz, einen Anlegesteg gibt es nicht.

Die ca. 720 Einwohner sind Moslems, die Moschee ist nicht zu übersehen. Tintenfisch, der nach Java und Bali geliefert wird, ist die Haupteinkommensquelle der Bewohner. Bereichert wird das Dorf weiterhin durch eine *Sekolah Dasar* (Grundschule) mit ca. 127 Schülern, und nicht zu vergessen, durch vier Warungs mit ihrem mäßigen Angebot.

Dorfschöne beim Bad im *Kampung Komodo*

Zum Beispiel kann man hier Nudeln *(Supermie),* Kaffee, Seife, Bonbons und Zigaretten (zwei verschiedene Sorten: *Comodore* und *Bentoel Estimewa)* erstehen. Gemüseanbau wird von zwei Familien betrieben. Wer Gemüse kaufen will, findet die Gärten, indem man von der P.H.P.A.-Unterkunft kommend, durch das Dorf geht, bis man auf einen kleinen Fluß trifft, dem man folgt (vorbei an der Dorfbadestelle). Links befindet sich jetzt die Kokosplantage. Folgt man weiter dem Fluß, trifft man auf einen Pfahlzaun, der die Gärten vor zudringlichen Tieren (Wildschweine, streunende Hunde, Ziegen) schützt. Die Bauern wohnen innerhalb dieser Gärten, der Verkauf geht rund um die Uhr. Fisch, Tintenfisch, Ziegen, Eier und Hühner kann man im Dorf kaufen; Fisch allerdings nur frühmorgens.

Früher lag das ***Dorf Komodo im Inneren der Insel,*** denn auf dem Weg zum *Gunung Ara* (siehe dort) findet man noch Dorfüberreste, z.B. Kokospalmen. Ein kleiner Fluß, der nur zur Regenzeit Wasser führt, hat anscheinend das Trinkwasser geliefert. Wann, wie lange und wie viele Menschen an diesem Ort gelebt haben, läßt sich nicht herausfinden. Ebensowenig ist feststellbar, seit wann der Kampung Komodo an der Küste tatsächlich existiert. Die unfruchtbare Erde und der Trinkwassermangel großer Inselteile machen mehr und größere Dörfer unmöglich. Oft reichen die Bergketten steil bis ans Ufer, so daß es schwierig ist, die Küste zu besiedeln.

Kampung Komodo

Neben der Ansiedelung Kampung Komodo hat es früher noch ***saisonbedingte Dörfer*** gegeben: *Loh Massenga, Tanjung Kuning* und *Loh Sebita.*

Wanderungen, Touren und Expeditionen

Bei Wanderungen im Komodo-Nationalpark sollte man folgendes beachten:

Guide

Alleine im Nationalpark Wanderungen zu unternehmen ist untersagt. Je nach Gruppenstärke muß man einen, zwei oder drei Guides als Begleitung mitnehmen *und* bezahlen. Seit dem Verschwinden des Schweizer Barons ist diese meines Erachtens sinnvolle Regelung eingeführt worden. Zum einen gibt es kaum Wege und Pfade (geschweige denn Wegweiser), nach denen man sich richten kann, die Orientierung geht im Gebüsch schnell verloren. Zum anderen vermitteln die Guides Wissenswertes über Pflanzen und Tiere, vorausgesetzt, man hat einen Englisch sprechenden Guide erwischt, oder man selbst spricht etwas Indonesisch. Nicht zu vergessen, so scheu die Warane auch sein mögen, bricht man sich etwa ein Bein, und niemand ist da, der hilft, hat man gute Chancen, Waranfutter zu werden. Außerdem leben hier (aggressive) Wildschweine, giftige Vipern und anderes Getier. Also bitte, keine "Alleingänge"!

Guidepreise für Wanderungen

• Kampung Komodo	3.000	Rp
• Banu Nggulung	3.000	Rp/Pers.
	bei 5-10 Pers.	
• Poreng	4.000	Rp/Pers.
• Loh Sebita	11.000	Rp/Pers.
• Gunung Ara	11.000	Rp/Pers.

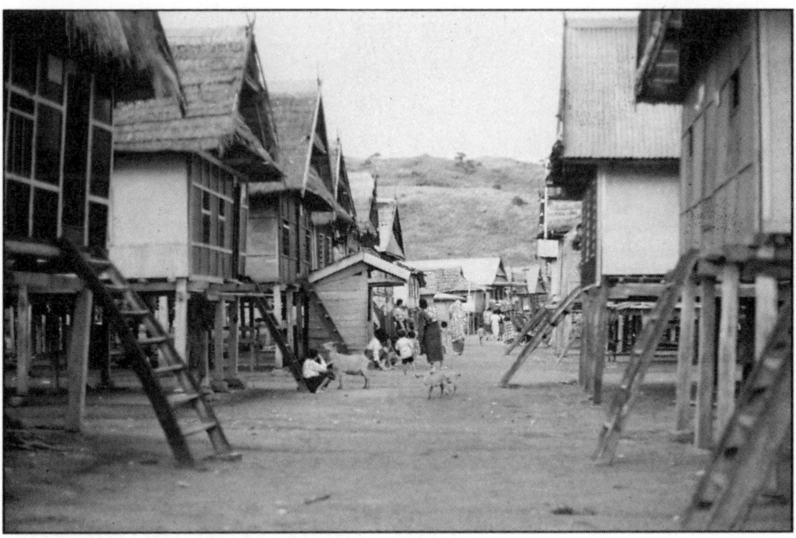

"Hauptstraße" im Kampung Komodo

Kleidung

Mit einer langen, festen Hose (Jeans) und einem langärmeligen Hemd ist man ausreichend geschützt vor Dornengebüsch, durch das man zwangsläufig gehen mußt. Feste Schuhe und Socken sollte man auch tragen. Sandalen sind ungünstig, da man ständig kleine Steine, Sand und sonstiges Gerümpel entfernen muß. Knöchelhohe Stoffturnschuhe (Jungle-Boots) sind für diesen Zweck ideal. Ein Sonnenhut oder eine Mütze ist unbedingt zu empfehlen (schützt das Klein- und Großhirn vor Sonnenstich). Die Sonne sollte man nicht unterschätzen, auch wenn man schon länger unterwegs ist, es gibt auf Komodo kaum Schatten. Daher sollte man Sonnenbrille und -öl für Leute mit empfindlichen Augen und Haut nicht vergessen.

Essen und Trinken

Minimum ist ein Liter Wasser (wenn möglich, mit etwas Zitrone) pro Kopf für eine Tageswanderung (ca. 8 Stunden). Ich habe festgestellt, daß es sich besser wandert, wenn man nicht zuviel trinkt. Mit dem Essen ist es das gleiche. Das muß aber jeder für sich selbst entscheiden. Als besonders geeignet haben sich die leichten, klein abgepackten, superschnell gekochten Nudeln (Marke: *Supermie)* herausgestellt. Ungekocht und trocken haben sie im Geschmack Ähnlichkeit mit Knabbergebäck für den Fernsehabend und sind sehr leicht. Erfrischend sind auch Bonbons.

Sonstiges

Ferngläser sind immer wieder eine Bereicherung, da die meisten Tiere ja doch nicht

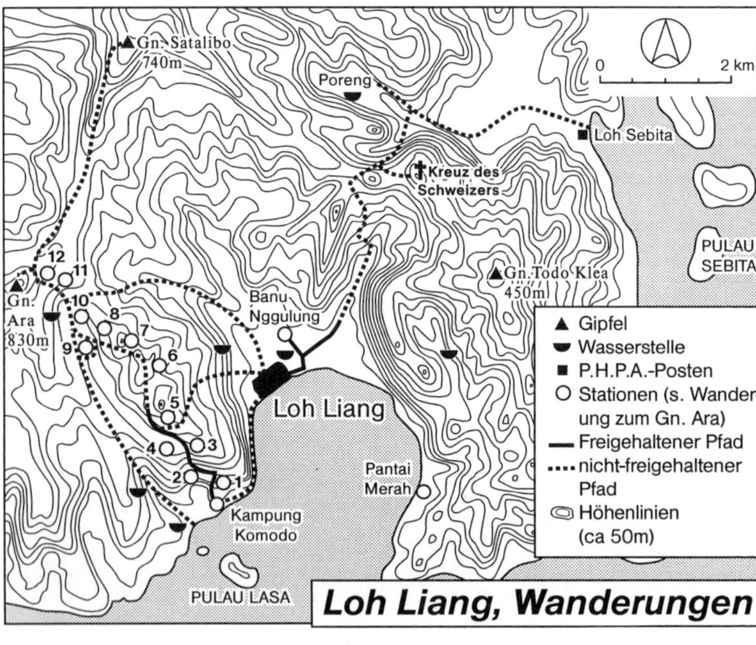

Loh Liang, Wanderungen

auf einen Meter herankommen. Wer ein *Parang* (Buschmesser) besitzt, kann es zum Freischlagen des Weges mitnehmen.

Zum Kampung Komodo

Das Dorf Komodo erreicht man in ca. 20 bis 30 Minuten Fußmarsch. Man benötigt einen P.H.P.A.-Guide. Vom P.H.P.A.-"Hotel" geht man direkt bis zum Meer und dann nach rechts am Ufer entlang, aber nur bei Ebbe. Während der Flut muß man über Steine und Felsen klettern (gilt auch für den Rückweg). Man sollte einigermaßen feste Schuhe tragen, in Badelatschen zerschneidet der Boden einem die Füße. Im schwarzen Strand am Kampung Komodo lassen sich riesige und winzige "Schnecken-Türen" finden (werden auch Auge-Mutter-Gottes genannt).

Immer wieder habe ich von Reisenden gehört, daß die ***Dorfbewohner*** sehr unfreundlich wären, und auch schon, daß Kinder mit Steinen geworfen hätten. Warum es immer wieder zu solchen Vorfällen kommt, weiß ich nicht. Ein Grund könnte sein, daß man den Besucher nicht einschätzen kann, nicht weiß, was der Fremde im Dorf will. Da man dort keine offizielle Funktion hat und niemanden besucht, fühlt sich kein Dorfbewohner verantwortlich, man ist sozusagen Freiwild.

Wenn man sich aber beim Betreten des Dorfes zuerst beim *Kepala Kampung* oder seinem Vertreter anmeldet, dort den Grund seines Besuchs angibt, steht man unter offiziellem Schutz. Wahrscheinlich wird das vor unangenehmen Vorfällen schützen. Ich selbst habe keine negativen Erfahrungen gemacht.

Diese Regel gilt im übrigen nicht nur für Kampung Komodo, sondern für alle abgelegeneren Dörfer, in denen Fremde eine Seltenheit sind.

Zum Köderplatz Banu Nggulung

Man verläßt das P.H.P.A.-Gelände Richtung Meer, dann links am Strand entlang, vorbei an der Bootsanlegestelle (ca. 5 bis 10 Minuten), bis man auf einen Schilderwald trifft: "Vorsicht Warane! No Smoking! Bitte keinen Abfall wegwerfen!" Sogar ein Picknick- und Ruheplatz ist für die Gebrechlichen unter uns angelegt. An dieser Stelle dem Weg links in ein Wäldchen folgen. Nach ca. 800 m trifft man erneut auf eine Weggabelung (15 Min.), rechts führt der Weg nach *Poreng* und links zum Köderplatz Banu Nggulung (30 Min., 1900 m). Unterwegs sieht man reichlich interessante Bäume mit lateinischen Beschriftungen und hin und wieder Warane in freudiger Erwartung einer Ziege, aber die sind ja leider rationiert worden. Der Köderplatz ist vorzüglich ausgebaut, mit einem überdachten Ruheplatz, Toilette und Sitzbänken zum Ausruhen. Der Waranplatz befindet sich ca. 5 bis 7 m steil abwärts in einem früheren, jetzt ausgetrockneten Flußbett. Hier tummelt sich das Gros der Warane.

Unsere erste ***Waranfütterung*** 1982 lief wie folgt ab:

Als wir um ca. 8.00 Uhr ankamen, lagen bereits ein paar Warane erwartungsvoll herum. Der Dörfler und ein Guide schlachteten die Ziege, gottseidank, denn das hätten wir selbst nicht gekonnt. (Wir haben uns übrigens die beiden Hinterbeine der Ziege zum Abendbrot zurückbehalten.) Bei den Todesschreien der Ziege schauten die Warane aufmerksam hoch, mir schien, mit einem Hoffnungsschimmer in den Augen. Die beiden Träger banden der toten Ziege ein dickes Plastikseil um den Hals und ließen sie an einem Baum herunter, ein anderes Mal hängten sie die Ziege an den Hinterbeinen auf. Kaum war die Ziege in Waran-Reichweite, tauchten 8 Warane aus den umliegenden Büschen auf, um sich an dem Festschmaus zu beteiligen. Die Tischsitten dieser Tiere sind völlig ungehobelt. Gierig rissen sie sich große Brocken Fleisch heraus, um sie zu verschlingen. Das Leckerste wurde gleich zu Anfang verspeist – die Innereien. Kleinere Warane (bis zu 1,50 m) stiegen auf die großen,

Banu Nggulung: oben Touristen, unten Warane an der Ziege (Regenzeit)

Waranspuren

um schneller an die guten Stücke zu gelangen. Binnen kurzer Zeit waren die Mäuler blutverschmiert, von Fliegen umschwärmt. Als nur noch der Ziegenkopf am Seil hing, verschluckte ein gieriger Waran den ganzen Schädel samt Hörnern, nicht bedenkend, daß das Seil noch nicht durchgetrennt war. Die Guides machten sich einen Spaß daraus, den Waran wie einen Fisch an der Angel hoch- und runterzuziehen, bis der es schließlich geschafft hatte, das Seil mit seinen Zähnen durchzusägen.

Gegen 11.00 Uhr war unsere Show beendet, der größte Teil der Warane verschwunden, bis auf zwei, die vollgestopft auf dem Bauch lagen und von den nächsten Ziegen träumten.

Heutzutage findet die ***Waranfütterung*** nur ***noch einmal wöchentlich sonntags*** statt. Das ist nur vernünftig, denn mit steigenden Tourismuszahlen auf Komodo stieg auch das Gewicht der am Köderplatz lebenden Warane in höchst ungesundem Maße. Die Ziegenmengen, die Anfang der 90er Jahre an die Oras verfüttert wurden, grenzten schon an Tierquälerei, und zwar für beide Tierarten. Die Naturschutzbehörde erließ daraufhin die Regelung, nur noch einmal wöchentlich eine Ziege zu verfüttern. Ansonsten hätte sich der Waranbestand wahrscheinlich auf Grund von Herzverfettung dezimiert. In der freien Wildbahn geht kein Waran jeden Tag auf Futtersuche. Im Gegenteil, hat er sich einmal den Bauch vollgeschlagen, nimmt er sich einige Tage Zeit für die Verdauung.

Wanderung nach Poreng

Bevor der Komodo-Nationalpark eingerichtet wurde, war Poreng der übli-

Warane am Köderplatz

che ***Waran-Köderplatz*** für Besucher. Das hatte seinen Grund, denn hier wurden die von der Bevölkerung gejagten Hirsche ausgeweidet und für den Transport ins Dorf zerteilt. Für die Warane war das eine ausgesprochen bequeme Methode, an Futter zu kommen. Auch heute noch soll man hier Warane ködern können (natürlich mit längeren Wartezeiten). Da die Strecke nach Poreng für Touristen angeblich zu weit ist, wurde *Banu Nggulung* eingerichtet.

Poreng ist eine große ***Wiese mit Wasserstellen*** und Baumgruppen. Gegen 16.00 Uhr kommen Hirsche und wilde Wasserbüffel dorthin, um zu trinken. Tagsüber halten sich die Tiere im kühleren Wald auf.

Auf dem Weg nach Poreng markiert ein Kreuz die Stelle, an der der Schweizer Baron 1974 spurlos verschwand. Warane sollen ihn verspeist haben. Weiteres siehe Kapitel "Der Mensch und die Warane".

Der erste Teil des Weges ist der gleiche wie der zum heutigen Köderplatz. Ca. 2,5 Stunden benötigt man für den ***Weg nach Poreng.*** Am Wegweiser "Poreng" (nach ca. 800 m) biegt man, wie das Schild besagt, rechts ab. Anfangs läuft man durch flaches Grasland und Gebüsch. Wasserstellen, Hirsch- und Waranfährten sieht man unterwegs. Nach 45 Minuten erreicht man ein Flußbett, dem man folgen muß. Büsche und Bäume bilden eine Art Tunnel, so daß es angenehm kühl wird. Im Flußbett sind oft auffällige Spuren von nach Nahrung suchenden Wildschweinen, hier und dort hört man Gegrunze im Gebüsch. Höhlen in Flußbettwänden können vielleicht Waran-Schlafplätze sein, die tagsüber natürlich leerstehen.

Das Kreuz des verschwundenen Schweizer Barons

An zwei ***Megapode-Hügeln,*** einem recht hohen von ca. 1,50 m und einem etwas kleineren, läuft man vorbei. Kurz hinter dem zweiten Hügel verläßt man dann das Flußbett und erreicht durch dichtes Gestrüpp offenes Grasland.

Etwas anstrengend ist der Aufstieg zum Hügel mit dem ***Kreuz des verschwundenen Schweizer Barons.*** Beim Hochlaufen sollte man sich Zeit lassen und hin und wieder die schöne Aussicht auf die Liang-Bucht genießen. Am Kreuz läßt es sich nett rasten. Das am Kreuz angebrachte Schild hat folgenden Text: "in Memory of Baron Rudolf von Reding Biberegg born in Switzerland the 8. August 1895 and disappeared on this island the 18. July 1974. He loved nature throughout his life." Häufig sieht man Adler und Falken am Himmel kreisen. Wer Lust und Atem hat, sollte auf keinen Fall versäumen, weiterzugehen. Nach ca. 5 Minuten biegt der Pfad (ausgeschildert) links nach Poreng ab (noch 20 Min.). Richtung Osten liegt Flores, unterhalb sieht man Urwald, der zum Meer hin in eine offene Sandfläche ausläuft. Dort befindet sich der P.H.P.A.-Posten Loh Sebita.

Der ***Rückweg*** nach Loh Liang ist ohne weiteres in weniger als zwei Stunden zu laufen, es geht bergab.

Wanderung nach Sebita

Für die Sebita-Tour würde ich ***zwei Tage*** ansetzen, einen Tag für den Hinweg und den zweiten für den Rückweg, wenn der Guide mitmacht.

Da Hin- und Rückweg identisch sind, kann man sich auch überlegen, ein ***Boot zu chartern,*** das einen von Sebita wieder abholt. Der Fußmarsch ab Loh Liang via Poreng nimmt ca. 4 Stunden in Anspruch. Der erste Teil der Strecke entspricht der Poreng-Wegbeschreibung. Von Poreng aus marschiert man noch ca. 1,5 Stunden ausschließlich bergab, durch schattiges Gebüsch (Wald), teilweise einem Flußbett folgend. Früher gab es auf der dem Posten vorgelagerten Insel *Pulau Sebita* ein Dorf. Die Reste des damaligen Friedhofes sollen nahe dem ***Posten Sebita*** zu finden sein. Ca. 10 Holzpflöcke sind noch zu sehen sowie zwei ***prähistorische Gräber,*** sogenannte *Kramat.* Die Gräber habe ich noch nicht gesehen - über weitere Informationen freue ich mich.

In den 80er Jahren wurde geplant, *Pos Sebita* für Touristenbesuche auszubauen. Ein Aussichtsturm sowie ein Haus wurden errichtet. Es scheint sich dann aber als sinnloses Projekt herausgestellt zu haben und wurde nicht weiter geführt.

Wer sich für die ***Bootsrückfahrt*** entschieden hat, sollte (bevor man die Tour beginnt) auf jeden Fall Preis und Abholzeit aushandeln. Im P.H.P.A.-Office kann man das mit den Guides besprechen.

Am besten bringt man sein eigenes (gechartertes) Boot von Flores aus mit.

Strandwanderung

Verläßt man den P.H.P.A.-Komplex (nachdem man um Erlaubnis gefragt hat) in Richtung Meer, kann man links am Strand entlang spazieren. Zeitlich ist diese Wanderung unbegrenzt, solange man Lust und Laune hat, kann man laufen, zwischendurch ein kühles Bad nehmen. Es wimmelt manchmal von jungen ***Haien*** (ca. 30 bis 50 cm groß). Drei oder vier kleine Dreiecke, die im Wasser kreisen, sind keine Seltenheit. Stellt man sich ruhig ins Wasser, kommen diese furchtbar neugierigen Tierchen ganz nah heran, aber kaum macht man eine Bewegung, zischen sie in alle Richtungen davon.

Häufig sind am Strand Fußabdrücke von Wildschweinen und Waranen zu sehen, hin und wieder hat man das Glück, diesen Tieren am Strand zu begegnen.

Auf dem Weg zum Gunung Ara

Zur Unterhaltung kann man diese oder jene Sammlung beginnen. Zum Beispiel habe ich eine Plastik-Spielzeug-Sammlung gestartet, Badelatschen in allen Größen und Farben sind zu finden (besonders häufig die linken) neben ganz "normalen" Muscheln. Der Plastikkram ist nicht von Komodo-Bewohnern oder Touristen, sondern wird von den umliegenden Inseln angespült. Muscheln dürfen im Komodo-Nationalpark nicht gesammelt werden.

Sonnenbäder bitte *nicht* alleine unterwegs, sondern *nur* am Strand vor dem P.H.P.A.-Komplex nehmen. Warane können nicht unterscheiden, ob ein lebender Sonnenanbeter oder toter Sonnenanbeter am Strand liegt.

Wanderung zum Gunung Ara

Für diese 8-km-Tour benötigt man mindestens 6 Stunden (Nichttrainierte mit Raucherlungen benötigen ca. 8 Stunden). Teilstücke des Weges sind sehr steil, und da man offenes Grasland durchqueren muß, wird es unterwegs auch sehr heiß. Die Mühe lohnt sich aber, denn die Aussicht, die man über Komodo und die angrenzenden Inseln hat, sind spektakulär. Diesen Trip kündigt man am besten zwei Tage vor Abmarsch im P.H.P.A.-Büro an, damit sich der Guide seelisch und geistig vorbereiten kann und damit das Frühstück auch früh genug serviert wird. Falls man kein Essen mit nach Komodo gebracht hat, haben die P.H.P.A..-Leute noch Zeit, welches zu organisieren oder mitzuteilen, daß man dies selber tun muß. Wichtig ist es, einen Hut und feste Schuhe zu tragen, Essen und Trinkwasser mitzunehmen. Ob Trocken- oder Regenzeit, man sollte frühmorgens um 7.00 Uhr starten.

Der Aufstieg zum Gunung Arab beginnt hinter der Schule des ***Kampung Komodo.*** Die Strecke ist aufgeteilt in 13 Abschnitte, jeweils markiert durch numerierte Pfosten (falls die noch dastehen). Es folgt die Wegbeschreibung von Pfosten zu Pfosten. In Klammern jeweils die Höhenmeter.

Station 1

Das erste Stück ist ziemlich steil, schon hat man den ersten Schweißausbruch. Man befindet sich allerdings erst 70 m über dem Dorf mit dem ersten kleinen Überblick.

Station 2

Das ist ein anstrengendes Stück Weg. Im Schatten der Bäume kann man sich ausruhen. Diese verstreuten kleinen Waldstücke bieten Vögeln und anderen Kleintieren Nistplätze und Schutz vor Feinden.

Station 3

An diesem Punkt liegt dem Betrachter fast der gesamte Nationalpark zu Füßen. Im Zentrum des Blickfeldes befindet sich Padar - zerklüftet und unbewohnt. Padar war beliebtes Hirschjagd-Gebiet. Heute leben keine Hirsche mehr auf der Insel. In der Panoramamitte liegt Rinca. Die kleinen umliegenden Inseln gehören auch zum Nationalpark. Die Küstengebiete von Flores kann man ganz links so gerade noch erkennen.

Station 4

Bald sind die ärgsten Steigungen geschafft. Unter dem großen Baum läßt es sich nett pausieren. An diesem Baum sollen je nach Saison direkt am Stamm eßbare Früchte wachsen. Kleinen, kletternden Säugetieren (Zibetkatze) und Vögeln dienen sie als Nahrung.

Station 5

Hier im offenen Grasland wachsen überall verstreut die für Komodo charakteristischen Lontarpalmen. Die Bewohner nutzen das Holz der Palme zum Hausbau, die Blätter zum Flechten von Körben und Matten. Die heruntergefallenen, frischen Nüsse sind ein beliebtes Nahrungsmittel der Wildschweine. Man hat gute Chancen, Wildschweine bei der Nahrungssuche zu beobachten.

Station 6a

Ca. 15 m rechts (östlich) vom Hauptweg ist ein kleiner Hügel, von dort kann man Loh Liang, Standpunkt des P.H.P.A., sehen. *Gunung Todo Klea* (ca. 559 m hoch) erhebt sich im Hintergrund. Die zerklüftete Hügelkette an der Ostseite der Bucht ist die Silhouette, welche man bei Sonnenaufgang von den Unterkünften aus bewundern kann. Das unterhalb liegende Flachland war früher Gartenland der Komodo-Bewohner. Ein wenig weiter links, zwischen zwei Hügelketten, liegt *Banu Nggulung,* der Köderplatz.

Station 6b

Nördlich breitet sich das größte Waldgebiet Komodos aus. Die höchste Erhebung ist der *Gunung Satalibo* (735 m). Auch diesen Berg soll man besteigen können. Warane sind dort selten (wahrscheinlich sind sie nicht schwindelfrei) gesehen worden.

Station 7

Über einen Hügelkamm erreicht man Station 7. Der Trockenwald ist schon sehr nahe. Das Besondere an diesem Wald ist, daß die Bäume einmal im Jahr ihre Blätter abwerfen, ähnlich wie bei uns im Herbst. Jeder Baum und Strauch entscheidet allerdings für sich, wann "Herbst" ist.

Station 8

Seltsamerweise sieht man in diesem Tal Bambus und Kokospalmen. Das sollen die Überreste der ersten Gärten Komodos sein. Hier (rechts unten) soll nämlich das ***Dorf der allerersten Komodo-Bewohner*** gestanden haben. Bei der nahe gelegenen Station 9 wird man sehen, daß es hier das ganze Jahr Wasser gibt. Gelebt haben die Urbewohner von Landwirtschaft und Hirschjagd.

Eine Erklärung dafür, warum die Einwohner an die wasserarme Küste gezogen sind, lautet: Die Bewohner des Dorfes seien von einer Krankheit (keiner weiß welche) befallen worden. Da sie glaubten, der Ort sei verwunschen, verließen sie das Dorf und zogen ans Meer. Ein neues Dorf bauten sie an der Stelle, wo der heutige Kokoshain steht. Wieder soll eine Seuche das halbe Dorf dahingerafft haben. So wechselte man noch

Guinea Gras

"Tannenzapfenblumen"

einmal den Standort, nähmlich zu dem Platz, an dem der heutige Kampung Komodo steht.

Station 9

Ein angenehmer Rastplatz an einem "Fluß". Die Felslöcher sind zu der Zeit entstanden, als es Wasser in Hülle und Fülle gegeben hat. Vermutlich haben starke Strömungen und Wasserwirbel die "Töpfe" in den Felsen gegraben. Der Entstehungsprozeß muß Zehntausende von Jahren in Anspruch genommen haben. Tiere finden hier auch während langer Trockenperioden Trinkwasser.

Station 10

Die ca. 600 m weiter westlich liegenden Quellen sollen diesen ältesten Pool speisen. Falls man erschöpft und müde ist, kann man sich an dieser Stelle überlegen, ob man das letzte Stück der Wanderung durch offenes Grasland und den steilen Aufstieg noch machen will. Innerhalb einer Gruppe könnte man sich hier gut teilen. Während ein Teil den Aufstieg zum Gunung Arab macht, kann der Rest warten oder schon langsam zurücklaufen.

Station 11

Das offene Grasland, das man nun betreten hat, war bevorzugtes Wilderer-Areal. Um die Voraussetzung für eine gute Jagd zu schaffen, wurde das Gras erst abgebrannt, da das hier wachsende Guinea-Gras Hirschen nur schmeckt, wenn es gerade frisch wächst. Hirschgruppen bis zu 100 Tieren sollen dann zum Grasen gekommen sein. Grund genug auch für die Warane, ihr Jagd-Glück hier zu probieren. Ab hier wird es schwierig, den Weg zu finden.

Station 12

Nach diesem harten Kampf befindet man sich auf der Kuppe der zentralen Hügelkette. Nordwestlich liegt die (trotz vorhandenem Süßwasser) unbewohnte Serikaya-Bucht. Am Horizont, schon außerhalb des Nationalparks, sieht man die Insel *Banta.*

Station 13

Von Norden hochkommend, betritt man bald das Waldstück der Zwillings-Bergkuppen des Gunung Ara. Zur Regenzeit wachsen am Boden rote Blumen, die Ähnlichkeit mit Tannenzapfen aufweisen. Die Südkuppe ist nur etwas höher und hat eine aufregendere Vegetation. Wie auch immer, kein Gipfel bietet einen wirklichen Aussichtspunkt. Der Wald wächst zu dicht.

Es gibt hier oben eine Hütte zum Übernachten. Wer zu schlapp ist und schlau genug war, genug Essen mitzunehmen (für sich und den Guide/die Guides), kann hier übernachten. Ein lohnenswertes Erlebnis.

Die Insel Rinca

Überblick

Rinca, die zweitgrößte Insel des Komodo-Nationalparks ist im Gegensatz zu ihrer Schwesterinsel kaum bekannt, obwohl auch hier seit ewigen Zeiten die sogenannten Drachenechsen leben. Die meisten Wissenschaftler und Journalisten untersuchten und veröffentlichten Berichte über die Warane auf Komodo und ließen die Insel Rinca links liegen.

Der Franzose *Pierre Pfeffer* bildet da eine Ausnahme. Er lebte fast zwei Monate auf Rinca, um Oras zu beobachten und zu filmen.

Die bislang wenig beachtete Insel Rinca soll aber in naher Zukunft die gleiche Bedeutung bekommen wie Komodo, zumindest sieht das der ***Tourismusplan der indonesischen Regierung*** vor. Die ersten Grundsteine für in- und ausländische Touristen sind bereits gelegt. Genau wie auf Komodo wurden Unterkünfte gebaut (im Kampung Rinca und Loh Buaya), die das P.H.P.A. verwaltet.

Eine Waran-Köderstelle, wie *Banu Nggulung* auf Komodo, ist in Loh Buaya zwar geplant, aber noch nicht eingerichtet. Das heißt, mit etwas Glück sieht man zwar ***Warane,*** aber da diese Tiere recht scheu sind, kommt man nur selten nahe an sie heran. ***Wanderungen*** auf Rinca sind aber viel spannender als auf Komodo, da man sehr viel mehr verschiedene Tiere sieht.

Die An- und Abreise ist bei weitem nicht so gut organisiert wie nach Komodo. Flora und Fauna ähneln der Komodos, nur leben hier noch unzählige Herden ***wilder Pferde*** und

Rinca
Pulau (P.) Insel
Nusa Insel
Tanjung (T.) Landspitze
Doro Gipfel
Besar groß
Kecil klein
Loh(o), Sok Bucht
Sandbank
Gipfel
Siedlung
Pfad
P.H.P.A.-Station
Pulau Sebayur Besar
Pulau Kanawa
Pulau Sebayur Kecil
Pulau Tatawa
Pulau Mesah
Pulau Siaba Besar
Flores
Pulau Margiatan
P. Siaba Kecil
Pulau Paparangan Besar
Pulau Paparangan Kecil
Lb. Bajo
Pulau Mauan
Warloka
Pulau Pengah Besar
Toro Sirada
L. Murodo
L. Binya
Selat Lintah
Pulau Pengah Kecil
Kampung Rinca
T. Koloh
T. Podoh
Tanjung Nggikok
Loh Buaya
Doro Raja
Doro Ndaloh
Loh Kimba
T. Tambi
Doro Tantura
Sok Tingker
T. Tingker
Sok Kima
Pulau Serai
Nusa Rohbong
Pulau Padar
Selat Molo
Loh Kerora
T. Tanturi
Loh Kerbau
Sok Binawa
L. Kerora
Tanjung Tambora
Pulau Pillarsteen
Pulau Muang
Loh Ginggo
Loh Baru
Tanjung Mbarata
Pulau Padar Kecil
Sok Soba
Tanjung Soba
Pulau Rinca
Tanjung Tangkir
Tanjung Peropa
Sok Prapat
Tanjung Watu
Toro Peropa
Tanjung Amara
Sok Natu
Tanjung Natu
Doro Ora 668m
Tanjung Sie
Tanjung Waingaja
Loh Dasami
Tanjung Waigada
Loh Udadasami
Tanjung Sapo
Tanjung Manta
0
5 km
Gili Dasami (Nusa Kode)
Tanjung Ntaulah

Komodo NP

Rinca

man trifft sehr viel häufiger auf wilde ***Büffel, Hirschrudel und Wildschweine.*** Die Informationen zu Geographie, Klima und Reisezeit, ärztlicher Versorgung, Verwaltung, Geschichte, Sprachen, Post, Geld und Telefon über Komodo gelten auch für Rinca.

An- und Abreise

Keine regelmäßige Fähre fährt die Insel Rinca an. Um *Kampung Rinca* zu erreichen, stehen zwei Möglichkeiten zur Wahl, um nach *Loh Buaya* zu kommen nur eine, nämlich ein Boot zu chartern.

Die billigste Art, Rinca zu erreichen, ist mit den normalen ***Marktbooten,*** allerdings nur dienstags. Man startet von Labuan Bajo (Flores) am Montagabend. Dann nämlich fahren Marktboote nach *Warloka,* einem kleinen Marktflecken südlich von Lb. Bajo (ca. 2 Stunden Fahrzeit). Dienstag früh treffen auch vom Kampung Rinca Boote ein, bleiben bis zum frühen Nachmittag in Warloka und fahren dann wieder zurück. Mit so einem Marktboot kann man normalerweise von hier das Dorf Rinca zum Normaltarif erreichen.

Schon bei der Ankunft sollte man jedem erzählen, daß man weiter nach Rinca will - irgendein Transport wird sich schon finden.

Um von ***Kampung Rinca nach Loh Buaya*** zu fahren, muß man ein Boot chartern. Es sei denn, das P.H.P.A. wechselt gerade seine Leute in Loh Buaya aus oder muß für Lebensmittelnachschub sorgen. Mit dem P.H.P.A.-Boot kann man sicherlich preiswert bis Loh Buaya kommen.

Die teurere und natürlich bequemere Lösung ist, ein Boot zu chartern, um Kampung Rinca und Loh Buaya zu besuchen. ***Boote chartern*** kann man in Labuan Bajo (Flores), siehe Kapitel *Komodo-Touren ab Labuan Bajo.*

Von Komodo nach Rinca oder umgekehrt fahren so gut wie keine Boote.

Das P.H.P.A. auf Rinca

Das P.H.P.A. auf Rinca hat natürlich die gleiche Funktion wie das auf Komodo (siehe dort), nämlich Natur, Wald und Tiere zu erhalten und zu schützen.

Auf Rinca existieren drei Posten. Ständig besetzt sind die Posten im ***Kampung Rinca*** und ***Loh Buaya.*** In ***Kerora*** trifft man so gut wie nie einen P.H.P.A.-Officer an.

Auch auf Rinca spricht (außer ein paar Brocken) niemand Englisch. Ansonsten sind die P.H.P.A.-Beamten sehr hilfsbereit und erfreut über eine Abwechslung in dem sonst recht eintönigen Alltag.

Kampung Rinca

Auf der Insel Rinca liegt die zweitgrößte Ansiedlung des Nationalparks: Kampung Rinca besteht aus

Markttag in Waraloka

"Empfangskomitee" auf Rinca

ca. 100 Stelzenhäusern, genauso symmetrisch angelegt wie Kampung Komodo. Hier leben ca. 700 Menschen (Moslems). Auch hier lassen sich weder Restaurants noch Warungs oder Verkaufsstände finden. Für Vergnügungssüchtige bietet das Dorf einen Fußball- bzw. Badmintonplatz. Fremde sind herzlich eingeladen mitzuspielen.

Obwohl auch Rinca Warane hat, stand es immer im Schatten Komodos. Darunter leiden insbesondere die Dorfchefs. Auch sie möchten ihre Insel so berühmt machen wie Komodo und vor allem etwas von dem vermeintlichen Reichtum der Touristen abbekommen.

Die Atmosphäre auf Rinca ist freundlicher auf Grund des bislang geringeren Touristenaufkommens. Man kann hier gut zwei bis drei Tage zubringen mit kleinen Wanderungen in die Umgebung.

Das zweite "Dorf" auf Rinca heißt ***Kerora,*** bestehend aus fünf Häusern. (siehe Wanderung nach *Kerora/Loh Buaya)*

Unterkunft, Essen

Im Kampung Rinca hat man nur zwei Übernachtungsmöglichkeiten:

Entweder beim P.H.P.A. oder im Haus des Kepala Kampungs, der letztere muß allerdings eine besondere Einladung aussprechen. Meistens wird man also zur P.H.P.A.-Unterkunft gebracht. Die Unterkünfte bieten keinerlei Luxus; weder das

Haus vom Kepala Kampung noch das P.H.P.A.-Haus hat eine Toilette oder ein Mandi. Diese Geschäfte werden am Strand erledigt. In *Loh Buaya* hat das P.H.P.A. noch weitere Häuser, in denen man übernachten kann (siehe dort).

Für die Mahlzeiten ist entweder der Kepala Kampung oder das P.H.P.A. zuständig. Auf jeden Fall sollte man Vollpension "buchen" und den Preis dafür vorher aushandeln. Leute, die weiter nach Loh Buaya fahren wollen, müssen sowieso ihre eigenen Lebensmittel mitbringen. Gegen etwas Geld wird sich ein Koch finden lassen. Hühner, Eier, Fisch kann man im Kampung Rinca kaufen, falls das noch nicht in *Labuan Bajo* (Flores) geschehen ist.

Loh Buaya

Loh Buaya ist eine ***Bucht,*** ca. 2 Std. Bootsfahrt vom Kampung Rinca entfernt. Die Bucht endet in einem breiten ausgetrockneten Flußbett, durch Mangrovenbüsche vom Meer getrennt. Ein fester Anlegesteg, an dem mehrere Boote anlegen können, ist mittlerweile gebaut worden.

Eine ***Süßwasserstelle*** zieht die in den umliegenden Hügeln lebenden Tiere aus der Umgebung in der Morgen- bzw. Abenddämmerung an. Neben wilden Pferden, Büffeln, Hirschen, Wildschweinen und Affen hat man gute Chancen, Warane zu beobachten. Einige Warane treiben sich gerne um das Camp herum; wahrscheinlich um Touristen zu besichtigen. Hier sind noch keine Köderplätze eingerichtet, aber schon seit zehn Jahren geplant.

Wer ***Wildlife*** liebt, sollte sich mindestens zwei Tage Zeit nehmen. So viele verschiedene Tiere wie hier kann man auf Komodo nicht sehen.

Das P.H.P.A. hat neben Wohnhäusern auch noch einen Aussichtsturm errichtet. Der Posten liegt rechts (westlich) von der Bootsanlegestelle auf einem kleinen Hügel.

Von Loh Buaya kann man sehr gut eine ***Tageswanderung nach Kerora*** unternehmen. Bis auf die mannshohen Kakteenwäldchen gleicht die Vegetation der auf Komodo.

Den Namen *Loh Buaya* gab man der Bucht, weil es hier früher Krokodile gegeben haben soll. Allerdings wurden seit ewigen Zeiten keine mehr gesichtet. Loh Buaya erreicht man von Labuan Bajo (Flores) in 2 bis 3 Stunden (direkt).

Der Bürgermeister von Rinca mit Frau

Loh Buaya/Rinca

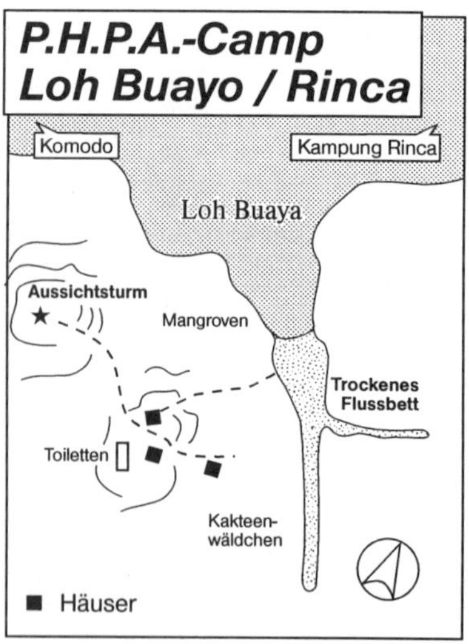

Der ***Eintritt ins Camp*** inklusive einer 3-stündigen Führung kostet 4000 Rp.

Übernachtung und Essen

Wohnen kann man wie gesagt in den vom P.H.P.A. verwalteten Häusern. Der Baustil ist der gleiche wie auf Komodo, nur sind sie etwas kleiner (mit nur sechs Schlafplätzen). Es gibt sogar ein Mandi, Toiletten, Betten und Matratzen. Eine Übernachtung inklusive Frühstück kostet 8.000 Rp.

Wer mehr als Reis essen möchte, muß für sein ***Essen*** selber sorgen, d.h. in Labuan Bajo bereits alle Lebensmittel einkaufen (Gemüse, Fisch, Fleisch, Kekse usw.), außerdem Zigaretten. Leicht ***verderbli-***

che Lebensmittel sollte man entweder lebendig oder schon gekocht bzw. gebraten mitnehmen (Fleisch, Fisch). Bei Fisch ist das kein großes Problem, da kauft man am besten gleich Trockenfisch. Bei Fleisch (zum Beispiel Huhn) ist das schon etwas schwieriger. Insbesondere die Haltung der lebendigen Nahrungsmittel. Bindet man Hühner z.B. fest, kann es durchaus sein, daß ein Waran auf die Idee kommt, sie zu verspeisen. Läßt man die Hühner frei herumlaufen, gibt es mit Sicherheit ein Tohuwabohu, um das Federvieh für den Topf einzufangen. Dazu *Pierre Pfeffer (Auf den Inseln der Drachen,* Stuttgart 1965, Seite 115/116), der die Situation sehr treffend schildert (mir ging es genauso): "*Da beginnt eine Verfolgungsjagd rund um das Lager, wie im schönsten alten Schwank, wir mit unseren Schmetterlingsnetzen und die Ruderer mit ihrem großen Schurz, den sie als Wurfnetz schleudern. Aber unsere Hühner haben Flügel und Beine! Die Federn stieben nach allen Seiten, aber das Geflügel, das gestern noch zutraulich war, verschwindet im Gebüsch oder in den höchsten Ästen der Bäume, von wo es uns mit blutunterlaufenen Augen vorwurfsvoll anblickt und empört begackert.*

Da ändern wir die Taktik. Rassi streut schön sichtbar Maiskörner aus und legt eine Nylonschlinge. Aber diese kindliche

Wilder Büffel auf dem Weg nach Kerora

List bewirkt nur ein einstimmiges Glucksen unserer Hühnerschar. "Nicht zu ändern; hol sie mit dem Karabiner herunter", meinte Guy ..."

Wer diese Probleme meiden möchte, sollte, falls er ein Boot chartert, "Vollpension" bzw. den Koch mitbuchen. Das vereinfacht so eine Fahrt doch erheblich.

Nach Kerora

Wer zwei bis drei Tage in Loh Buaya verbringt, kann eine Inseldurchquerung machen, Ziel: Kerora, ein kleiner Ort, bestehend aus fünf Hütten. Kerora liegt an der Ostküste, Laufzeit etwa sieben Stunden für den Hin- und Rückweg. Unterwegs begegnet man mit Sicherheit Hirschen, wilden Büffeln, Pferden und vielleicht auch Waranen.

In ***Kerora*** wird man in der Regel in eines der Dorfhäuser gebracht und den Bewohnern vorgestellt. Zigaretten und Bonbons und Lutscher zum Verschenken mitbringen!

Das P.H.P.A. hat auch hier einen Posten, ein Haus direkt am Strand. Die Badesachen nicht vergessen, man kann hier sehr gut schwimmen. Da die Strömung aber sehr stark ist, muß man aufpassen und dort nicht zu weit rausschwimmen!

Bei dieser Tour muß man kein Bergsteiger sein, sie ist auch für ungeübte Wanderer gut machbar, jedoch muß man auch hier einen Guide mitnehmen. Auf jeden Fall frühmorgens aufbrechen, den Hut, das Sonnenöl, Wasser und etwas zu essen nicht vergessen.

Die Insel Flores

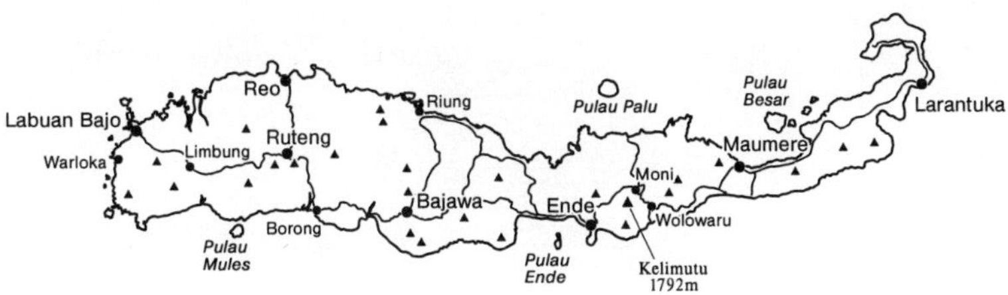

Überblick

Auf der Suche nach Gewürzen landeten die Portugiesen um 1544 auf Flores. Den Namen *"Capo das Flores"* (Kap der Blumen) gaben vorbeisegelnde Portugiesen bereits 1512 der Insel. Die Portugiesen brachten auch das ***Christentum.*** Noch heute sind 85 % der Bevölkerung Christen, meist Katholiken; nur 11 % sind Moslems und der Rest Hinduisten und Buddhisten. 1570 gründeten Dominikaner die erste christliche Gemeinde.

Mit dem Einzug der Holländer als neue Kolonialherren geriet die Missionierung vorerst ins Stocken. Mitte des 17. Jahrhunderts wurde der Bekehrungsfeldzug durch Ursulinen und Jesuiten weitergeführt. Larantuka wurde zum Stützpunkt der christlichen Kirche und Bischofssitz Ost-Indonesiens.

Die Insel Flores ist mit 17.000 Quadratkilometern etwas größer als ihre Nachbarinsel Sumbawa. Die Gesamtlänge beträgt ca. 360 km. Durch die Mitte der Insel zieht sich eine ***Vulkankette.*** Der berühmteste Vulkan ist der *Keli Mutu* mit drei verschiedenfarbigen Kraterseen.

Von Westen nach Osten wird die Landschaft trockener und weniger kultiviert. Während Ruteng z.B. noch 3350 mm ***Niederschlag*** pro Jahr erhält, sind es im äußersten Osten nur noch 770 mm. In Ende, das in der Mitte der Insel liegt, beträgt der Niederschlag 1140 mm.

Die ***Einwohnerzahl*** von Gesamtflores beträgt 1.350.000.

Bis 1986 lag Flores eher abseits aller touristischen Trampelpfade. Das ändert sich, seitdem wieder die Möglichkeit besteht, von Darwin (Australien) nach Kupang (Timor) zu

Umgebung von Ruteng (KB)

fliegen. Dort wurde ein Immigration-Office eingerichtet, d.h. man kann nun via Kupang nach Indonesien einreisen.

Durch die Öffnung dieser ***Einreisemöglichkeit von Australien*** ist es nun möglich, von dort zu Land und Wasser nach Bali zu gelangen. Die Folge ist, daß sehr viel mehr Individualreisende und Touristen auf den Inseln Flores, Komodo und Sumbawa unterwegs sind. Insbesondere Australier aller Schattierungen (von Punk bis Rentner) trifft man nun auf der Hauptroute Kupang-Ende-Ruteng-Lb. Bajo und weiter Richtung Bali.

Klima, Reisezeit

Als beste Reisezeit für Flores gilt ***April bis Oktober,*** während der Trockenzeit. Da die von West nach Ost führende Straße mittlerweile fast durchgängig asphaltiert ist, ist zur Regenzeit nur mit geringfügig längeren Fahrtzeiten zu rechnen. Hin und wieder ist schon mal eine Brücke weggeschwemmt, aber das ist in der Regel kein größeres Problem.

Das ***Meer*** ist zur Regenzeit erheblich unruhiger. Bootsfahrten, wie von Riung nach Reo, sind dann nicht empfehlenswert. Horrorgeschichten über nicht angekommene Boote hört man immer wieder.

Verwaltung

Flores gehört zur ***Provinz NTT*** *(Nusa Tenggara Timur)* mit dem Verwaltungssitz in *Kupang.*

Die Insel ist unterteilt in ***5 Distrikte*** *(Kebupaten)* mit entsprechendem regionalen Verwaltungssitz:

- Manggarai (Ruteng),
- Ngada (Bajawa),
- Ende (Ende),
- Sikka (Maumere),
- Flores-Timur (Larantuka).

Die einzelnen Kebupaten wiederum sind in Bezirke unterteilt, die *Manggarai* zum Beispiel in zwölf.

Geschichte

Flores unterlag jahrhundertelang sowohl sprachlich als auch kulturell unterschiedlichen Einflüssen, im Osten mehr dem melanesischen und im Westen dem malaiischen Einfluß. Zu jener Zeit stritten sich das Sulta-

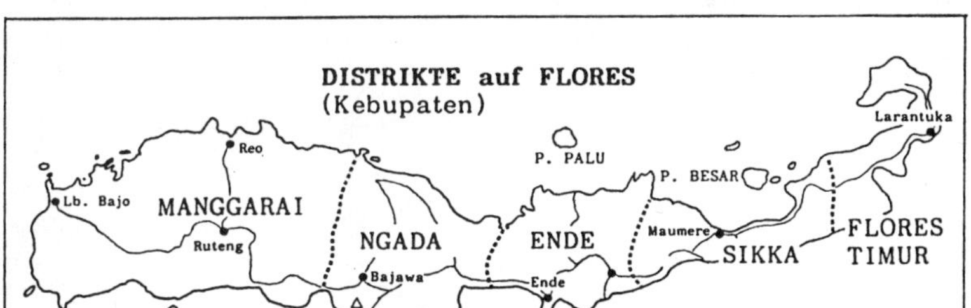

Flores

nat Bima (Sumbawa) und das Königreich Gowa (Süd-Sulawesi) um die Vormachtstellung auf Flores, neben Bugis und Makassar-Leuten (Seefahrer). Und später spielten dann die Portugiesen und Holländer eine große Rolle.

Lange bevor die Europäer auf Flores erschienen, nutzten ***Bugis*** und ***Makassaren*** Flores als Handelsstützpunkt. Handelsgüter waren Haifisch, Sandelholz, Zimt, Kokosnußöl, Baumwolle, die die Seefahrer gegen Porzellan, Elefantenzähne, Arbeitsmesser sowie Kupfer eintauschten. Ab ***1550*** traten die ***Portugiesen*** in das Handelsgeschäft auf Flores ein. Ende war der erste portugiesische Stützpunkt. Der Hafen blieb bis ins 19. Jahrhundert der Umschlagplatz für Sandelholz und Sklaven. Zunächst beschränkte sich der portugiesische Einfluß nur auf Küstengebiete, erweiterte sich dann aber durch Missionarsarbeit auf größere Teile der Insel. Bereits 1570 entstand in Larantuka die erste Missionarschule.

Die ***holländische Handelsgesellschaft VOC,*** deren Vormachtstellung in Indonesien immer größer wurde, nahm den Portugiesen

sowie den verbliebenen einheimischen Herrschern die Kontrolle und Macht über Flores ab. ***1618*** trat der Regent von Solor alle Handelsrechte an die VOC ab. Ende jenes Jahrhunderts erkannte auch das Königreich Gowa die holländische Vorherrschaft über Flores und Ost-Sumbawa an.

Den Holländern fiel es recht schwer, die endgültige politische und wirtschaftliche Kontrolle über die Insel zu erlangen, immer wieder entbrannten Aufstände und Stammeskämpfe. Es war ihnen ebenso unmöglich, den Sklavenhandel in Ende zu unterbinden. ***1838*** wurde Ende von holländischen Truppen zerstört, und 50 Handelsschiffe verbrannten. Erst ***1909*** konnten die Holländer durch eine großangelegte militärische Aktion Ruhe erzwingen und Flores sicher ihr "Eigentum" nennen.

Im Gegensatz zu den Holländern hat sich der ***christliche Glaube*** bis heute auf Flores gehalten. Immerhin sind 85 % der Bewohner von Flores Christen.

Bajawa (KB)

Bevölkerung, Religion

Nach einem Aufenthalt auf Sumbawa und Lombok sind die vielen Kirchen auf Flores besonders auffällig. In fast jedem Ort steht mindestens eine. Das hat seinen Grund, denn die größte katholische Gemeinde Indonesiens lebt auf Flores. Von den fast 14 Millionen Bewohnern sind ca. 85 % ***Christen*** (in Gesamt-Indonesien sind es nur ca. 10 %). Christliche Feiertage werden mit einer Ernsthaftigkeit begangen, die wir nicht mehr kennen. Der sonntägliche Gang zum Gottesdienst ist obligatorisch. Viele Christen auf Flores kennen die Religionsgeschichte besser als wir. Voller Begeisterung und Respekt wird man dem weißen Gast von den ersten Missionaren in der Region berichten.

In der *Manggarai* (West-Flores) zum Beispiel begann die Missionsarbeit 1920 mit drei Missionaren und 75 Gläubigen. Heute leben in der Manggarai 370.000 Christen. Viele Schulen und Krankenhäuser entstanden durch die Initiative der Priester und Schwestern. Auch wenn diese ausländischen Missionare das Land längst verlassen haben oder schon Jahrzehnte tot sind, werden sie nicht vergessen.

Larantuka in Ost-Flores ist der ***Bischofssitz*** Indonesiens. Besonders sehenswert ist die Karfreitags-Prozession. Zu diesem Tag strömen aus den umliegenden Dörfern und Gemeinden Tausende von Pilgern nach

Larantuka. Vom Abend bis in die frühen Morgenstunden des darauffolgenden Tages findet eine riesige Prozession statt, beleuchtet von unzähligen Kerzen.

Die zahlenmäßig stark unterlegenen ***Moslems*** leben hauptsächlich in Küstenorten.

Sprache

Auch hier gilt das gleiche wie für alle abgelegeneren Gebiete Indonesiens: Die verschiedenen Regionen haben ihre eigene Regionalsprache (zum Beispiel spricht man in der Manggarai *Bahasa Manggarai).*

Zusätzlich spricht der größte Teil der Bevölkerung ***Bahasa Indonesia.*** Englischsprechende Menschen findet man nur sehr selten. Gut ist es, ein paar Brocken Indonesisch zu lernen.

Webereien

Ikat

Flores ist bekannt für seine Webereien, insbesondere den ***Ikat.*** In Bali werden in den Touristenzentren Unmengen von "echt antiken" Floresdecken, Sarongs und Tüchern angeboten, zum Teil zu westlich orientierten Kleidungsstücken verarbeitet. Natürlich sind ein Großteil der angebotenen Stücke nicht wirklich alt, sondern antik-style, d.h. durch bestimmte Färbemittel und Prozesse bekommen die Stoffe ihre antike Patina. Früher wurden ausschließlich Pflanzen und Hölzer zum Färben benutzt. Nichtsdestotrotz sind auch die neuen Stoffe sehr schön und zum größten Teil handgewebt.

Ikat-Webereien werden folgendermaßen erstellt (*ikat* = binden, knoten): Das Webgarn wird an be-

Sarongverkauf auf dem Markt von Moni

stimmten Stellen fest und dicht umwickelt und dann gefärbt. Nach dem Färben und Trocknen öffnet man die abgebundenen Stellen, dort ist die ursprüngliche Farbe erhalten geblieben. Die Erfahrung, wo und wieviel man abbinden muß, um das gewünschte Muster zu erhalten, wird innerhalb der Familie von Mutter zu Tochter weitergegeben. Nach dem Färben beginnt dann der normale Webvorgang.

Songket

Der Songket wird mit einer anderen Webtechnik hergestellt: In den einfarbigen bzw. karierten Grund werden zusätzliche andersfarbige Schuß- und/oder Kettfäden eingewebt. Die zusätzliche Schußfadentechnik wird insbesondere in der *Manggarai* und *Ngada* benutzt. Das hängt wahrscheinlich mit der Geschichte von West-Flores zusammen, das früher von Bima (Ost-Sumbawa) beherrscht wurde. In ganz Sumbawa gehören heute noch Songkets zur traditionellen Frauen-Festtagskleidung.

Die Songkets auf Flores werden in bunten leuchtenden ***Farben*** gewebt, die Ikats hingegen in dunklen (dunkelbraun, rötlichbraun, dunkelblau). Als Webmaterial wird Baumwolle verwandt (unverarbeitete Baumwolle heißt *Kapas,* verarbeitete *Katun*).

Songkets werden in der Manggarai und Ngada gewebt, Ikat im Osten von Flores.

Die ***Manggarai-Songkets*** weisen eher geometrische Motive, wie Kreuze oder Rautenmuster auf, in denen

wiederum abstrakte Reptilien und menschenähnliche Wesen abgebildet sind. Das gesamte Tuch ist mit einem großen, durchgängigen Muster bedeckt, und den oberen Abschluß bildet eine Borte mit Variationen von geometrischen Motiven. Die leuchtend bunten Muster stehen im Kontrast zum schwarzen oder tiefblauen Untergrund.

Bei ***Ngada-Sonkets*** besteht das Gewebe entweder aus schwarzem oder blauschwarzem Grund oder aus Quadraten mit feinen roten Linien. Die Muster werden mit goldgelben, zum Teil ins Orange gehenden Schußfäden gewebt.

Songket- und Ikat-Sarongs bzw. Stoffe sind auch heute noch Bestandteil traditioneller Kleidung, die zu festlichen Anlässen getragen wird.

Reisen auf Flores

Vorbemerkung

Bei Reisen auf den ***Kleinen Sundainseln*** sollte man die Infrastruktur unbedingt in seine Überlegungen mit einbeziehen. Wie auch auf Sumbawa gibt es auf Flores eine Hauptstraße, die von West nach Ost führt. Die Straße ist nicht ganz so gut wie auf Sumbawa, doch während der Trockenzeit kann man sich recht gut auf die öffentlichen Verkehrsmittel verlassen.

"Sich Zeit nehmen" ist eine Grundvoraussetzung für alle Reisen auf den Kleinen Sundainseln. Man lernt den Reiz dieser Gegenden erst kennen, wenn man sich auf Inseln und Leute einläßt.

Da es nur wenig touristische Sehenswürdigkeiten gibt, ist man leicht versucht, auch Flores im Schnelldurchgang "zu machen". Flores ist aber genau wie Sumbawa eine Insel, die sich noch erforschen läßt. Das hängt natürlich von der Offenheit und Anpassungsfähigkeit des Reisenden gegenüber den Bewohnern ab.

Man sollte sich Zeit lassen für die Bewohner und die ***ungewöhnlichen Situationen.*** Wird man zum Beispiel gebeten, eine Englisch-Unterrichtsstunde zu halten, dann sollte man es einfach tun. Alle Beteiligten werden ihren Spaß haben. Diese Englisch-Stunde wird länger im Gedächtnis haften bleiben als 10 besichtigte balinesische Tempel.

Es gibt eine sehr einfache ***Grundregel*** für Reisen in wenig besuchte Gebiete, nämlich sich von den Situationen und Begebenheiten leiten zu lassen und nicht ständig mit einem

Kinder am Strand von Larantuka

Termin- oder Zeitplan im Kopf zu reisen. Auch wenn man nicht so sehr viel Zeit hat, geht das, indem man sich nämlich nicht vornimmt, drei Inseln komplett zu sehen, sondern sich auf kleine Gebiete beschränkt. Meine Erfahrung war bislang, je länger ich mich in einem Ort aufhielt, desto größer war die Chance, Leute und deren Leben kennenzulernen. Und das erwies sich im nachhinein immer als "mein schönstes Ferienerlebnis".

Anreise

Wer ***von Bali*** mit Bus und Fähre kommt, nimmt von Sape (Sumbawa) morgens die Fähre und erreicht am späten Nachmittag Labuan Bajo in Flores. Die Fahrzeit beträgt 7 bis 9 Stunden, je nach Strömung, Ebbe und Flut.

Von Kupang (Timor) fährt zweimal wöchentlich (Sonntag und Mittwoch) ein Schiff nach Larantuka (Ost-Flores). Die Fahrzeit beträgt 14 bis 16 Stunden.

Mit dem ***Flugzeug*** erreicht man täglich Maumere von Denpasar. Die anderen Orte werden mehrmals wöchentlich angeflogen und sind auch untereinander durch Flüge verbunden.

Essen

In den größeren Städten befinden sich ***Restaurants,*** die chinesisches, indonesisches bzw. *Padang*-Essen anbieten, und natürlich finden auch Nachtmärkte (*Pasar Malam)* statt, auf denen man immer auch die Spezialitäten der Region findet. Oft kann man in den Losmen oder Hotels auch essen. Entweder ist ein *Rumah Makan* (Restaurant) angeschlossen oder das Essen wird auf Bestellung zubereitet.

In kleineren Orten ist man auf die Gastfreundschaft der *Kepala Kampung/ Desa* angewiesen.

Das Angebot an ***Gemüse und Obst*** ist insgesamt nicht sehr reichhaltig.

Auf Wanderungen und längeren Fahrten sollte man immer einen kleinen ***Notproviant*** (Kekse, Bonbons) und Wasser mitnehmen.

Da wo das Christentum vorherrscht, wird auch gerne getrunken, und zwar ***Alkohol.*** *Sopi* zum Beispiel ist ein hochprozentiges Gebräu, das in der Gegend von Labuan Bajo hergestellt wird. Wer es pur nicht ertragen kann, sollte es sich mit etwas Sprite mischen oder auf *Banana Brandy* ausweichen.

Unterkunft

Genau wie auf Sumbawa befinden sich die ***Hotels*** und ***Losmen*** alle an der Hauptroute und fast ausschließlich in den größeren Städten. Die Losmen sind alle "bewohnbar" - es gibt natürlich bessere und schlechtere.

Übernachtungen sind oft teurer als etwa auf Bali, das sowieso die besten und billigsten Unterkünfte ganz Indonesiens bietet.

In Dörfern, Orten oder Ansiedlungen ohne Hotel ist der *Kepala Kampung* oder *Kepala Desa* (Dorfchef/ Bürgermeister) für die Unterbringung zuständig. Sofort nach der Ankunft im Dorf sollte man sich bei ihm melden und seine Wünsche vortragen. In der Regel bewohnt der Bürger-

Festmahl auf Flores

meister das größte Haus des Dorfes. Auch einheimische Gäste sind auf seine Gastfreundschaft angewiesen, über ausländischen Besuch freut er sich meistens besonders. Es ist üblich, eine Übernachtungsgebühr zu zahlen, über die man natürlich vorher verhandeln sollte/kann. Anspruch auf ein Bett, eigenes Zimmer oder ähnliches hat der Reisende nicht, aber man wird sich sicherlich Mühe geben, es dem Gast bequem zu machen.

Auch für ***Verpflegung*** wird man gerne sorgen. Die Preise werden dann meistens nicht pro Mahlzeit, sondern pro Tag berechnet und müssen natürlich vorher festgelegt werden. Wer etwas mehr bezahlt, bekommt (je nach Möglichkeit) auch besseres Essen.

In vielen Orten gibt es ***Priester*** und/oder ***Missionsstationen.*** Auch dort kann man nach Essen und Unterkunft fragen. Manchmal wird das kostenlos angeboten, aber man sollte dann zumindest eine Spende leisten, die dem Übernachtungspreis entspricht. Einige Missionare sind aber mittlerweile nicht mehr besonders erfreut, mehr oder weniger als Hotelbesitzer zu arbeiten. Andere lassen sich "christliche Nächstenliebe" gut bezahlen.

Ist man von einer Familie ***persönlich eingeladen*** worden, liegt es im Ermessen des einzelnen, ob man etwas bezahlen möchte. Da die Familien meist sehr arm sind, ist es in jedem Fall angebracht, Geschenke zu machen, wie zum Beispiel T- Shirts, Spielzeug für die Kinder oder Fotos, die man später schickt. Eine weitere Möglichkeit (gerade in abgelegeneren Gebieten) ist, Mangelware mitzubringen, wie z.B. Kaffee, Zucker u.ä. Das gilt auch als zusätzliche Bezahlung für Kepala Kampungs.

Kretekzigaretten (Nelkenzigaretten, *"Gudang Garam", "Bentoel")* sollte man immer in größeren Mengen bei sich tragen und gegebenenfalls verteilen.

Ärztliche Versorgung

Staatliche ***Krankenhäuser*** gibt's in Ruteng, Ende, Maumere und Larantuka.

In kleineren Orten sollte man im Notfall entweder nach ***Missionsstationen*** fragen oder nach dem ***Puskesmas.*** Das sind Krankenstationen, die personell und medizinisch leider nur sehr notdürftig ausgerüstet sind.

Im Ernstfall heißt das - mit dem nächstmöglichen Flugzeug nach Denpasar, Jakarta oder Singapur fliegen.

Bank, Geldwechsel

In Labuan Bajo, Ruteng, Ende und Maumere befinden sich Banken, die ***Travellerschecks*** akzeptieren. Auf Grund des geringen Touristenaufkommens in Flores haben die Bankangestellten kaum Erfahrung mit ausländischer Währung. ***Geldscheine*** sowie Travellerschecks werden im Grundsatz erst einmal mißtrauisch beäugt.

Orte auf Flores

Die Ortsbeschreibungen beginnen mit Labuan Bajo im Westen und enden mit Larantuka im äußersten Osten, mit den dazwischen liegenden Orten in geographischer Reihenfolge.

Man kann die Reise natürlich auch im Osten beginnen, indem man z.B. von Denpasar direkt nach Maumere fliegt und von dort langsam Richtung Bali zurückreist.

Labuan (Lb.) Bajo

Ausgangspunkt bzw. Ziel der Fähre *Sumbawa - Komodo - Flores* ist Lb. Bajo. Dieser ***Fischerort*** liegt am Westende von Flores in einer besonders bei Sonnenuntergang sehr hübschen Bucht. Die Haupteinnahmequelle der ca. 3000 Einwohner ist immer noch der Fischfang.

Die Mehrheit der Bewohner sind ***Moslems,*** die Minderheit Christen. Immerhin befinden sich hier eine evangelische Kirche, eine katholische Kirche sowie eine Kapelle und zusätzlich noch zwei Moscheen.

Bis Ende der 80er Jahre war Lb.Bajo nur selten von Touristen besucht. Der Ort war relativ isoliert durch die katastrophale Straße nach Ruteng. Früher rechnete man 12-24 Stunden für diese Strecke, heute noch ca. 6 Stunden. Zur Regenzeit steckte man manchmal tagelang in Lb. Bajo fest, weil die LKW's die Flüsse nicht passieren konnten. Heute entwickelt sich Lb.Bajo neben dem Keli Mutu zum ***Touristenort*** Nummer eins auf Flores. Restaurants, Losmen, Hotels und Bungalowanlagen sprießen aus dem un-

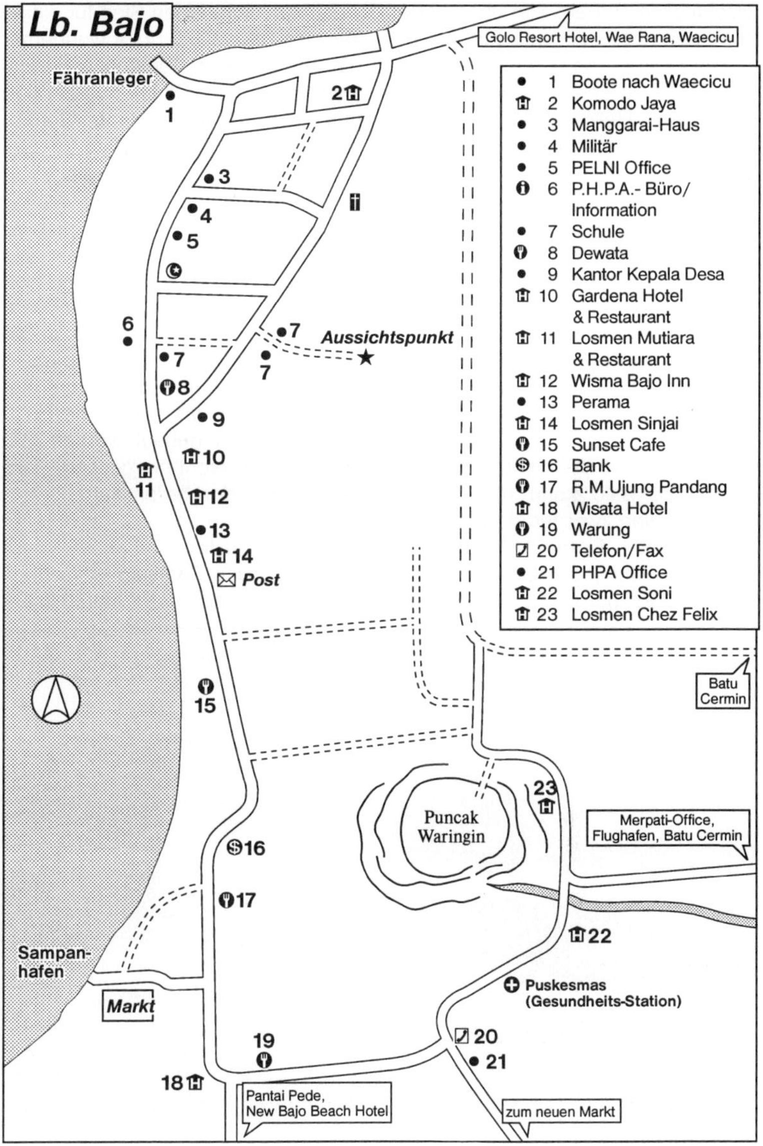
Lb. Bajo
Fähranleger
Golo Resort Hotel, Wae Rana, Waecicu
1 Boote nach Waecicu
2 Komodo Jaya
3 Manggarai-Haus
4 Militär
5 PELNI Office
6 P.H.P.A.- Büro/ Information
7 Schule
8 Dewata
9 Kantor Kepala Desa
10 Gardena Hotel & Restaurant
11 Losmen Mutiara & Restaurant
12 Wisma Bajo Inn
13 Perama
14 Losmen Sinjai
15 Sunset Cafe
16 Bank
17 R.M.Ujung Pandang
18 Wisata Hotel
19 Warung
20 Telefon/Fax
21 PHPA Office
22 Losmen Soni
23 Losmen Chez Felix
Aussichtspunkt
Post
Batu Cermin
Puncak Waringin
Merpati-Office, Flughafen, Batu Cermin
Sampan-hafen
Markt
Puskesmas (Gesundheits-Station)
Pantai Pede, New Bajo Beach Hotel
zum neuen Markt

Flores

fruchtbaren Boden. Hin und wieder hört man noch mal ein schüchternes "Hello Mister" von einem Kind. Aber die Zeiten, in denen man von einem ständigen Hello-Mister-Chor beim Ortsdurchgang begleitet wurde, sind vorbei.

An den zwei Hauptstraßen des Örtchens stehen rechts und links Holzhäuser auf Stelzen gebaut, ähnlich denen auf Sumbawa. Die Giebelabschlüsse bestehen oft aus ornamentalen Holzschnitzereien. Das traditionelle runde ***Manggarai-Haus*** findet man nur einmal im Ort (siehe Plan). Es steht auf dicken, niedrigen Pfählen. Den Dachabschluß bilden holzgeschnitzte Büffelhörner.

Von Lb. Bajo kann man ausgezeichnet eine zwar teure, aber dafür sehr schöne ***Komodo-Tour*** unternehmen. Fast jedes Losmen bietet eine eigene Tour an.

Es lohnt sich, einen Stop für einige Tage einzulegen. Es gibt wunderbar einsam am Strand gelegene Bungalowanlagen, ideal zum Ausspannen und zum Genießen von Sonne, Sand, Meer und Korallen.

Sehenswertes

Puncak Waringin

Vom Puncak Waringin, einem kleinen Hügel, hat man einen ***tollen Gesamtüberblick*** über die Labuan-Bajo-Bucht. Besonders zu empfehlen ist der Sonnenuntergang von hier oben. Es ist sogar eine kleine Hütte zum Ausruhen gebaut worden. Taschenlampe nicht vergessen, falls man abends dort herumläuft.

Markt/Einkaufen

Mittwoch und Samstag ist *Hari Pasar (Hari* = Tag, *Pasar* = Markt) in La-

Die Bucht von Labuan Bajo

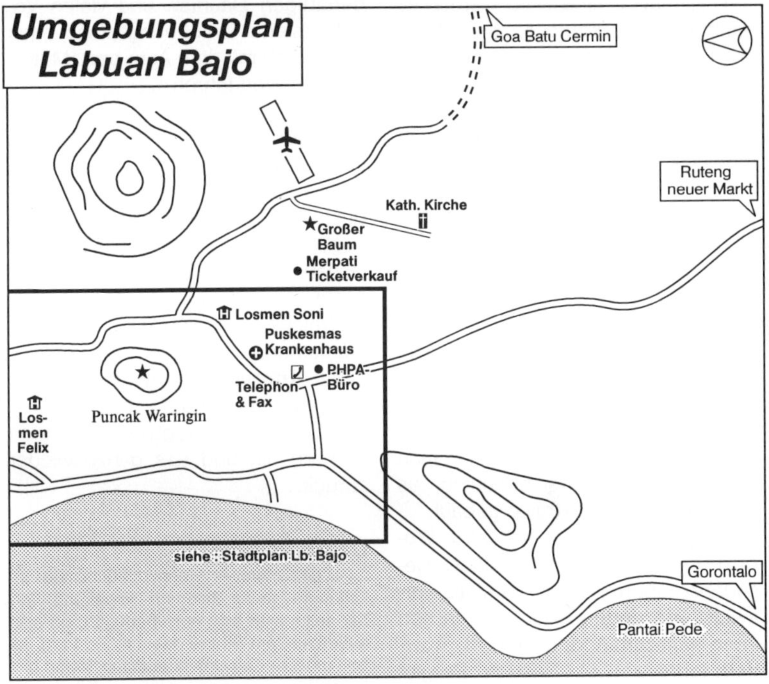

buan Bajo. Das Warenangebot besteht aus Gemüse, Fisch, Obst, Reis und anderem. Die ***Marktbesucher*** kommen von Komodo, Rinca und den umliegenden Inseln. Falls man eine Mitfahrgelegenheit sucht, hat man gute Chancen, Überfahrten zu normalen Preisen zu bekommen. Ansonsten muß man chartern.

Die schönen ***Floressarongs*** und Decken werden leider nicht angeboten. Die kann man nur in Privat-Haushalten finden oder durch seinen Losmenbesitzer besorgen lassen.

Pantai Pede

Pantai Pede ist ein Strand, ca. 2 km von Labuan Bajo entfernt. Der Strand ist mittelmäßig und das Wasser oft trübe. Die indonesische Regierung hat diesen Platz zum Erholungsort (*Tempat Rekreasi)* auserkoren. Sonn- und feiertags ist Pantai Pede ein beliebtes Ausflugsziel der Bewohner.

Goa Batu Cermin

(Goa = Höhle, *Batu* = Stein, *Cermin* = Spiegel): Das Äußere der Felsen hat die Bewohner veranlaßt, diese

Steinformation Goa Batu Cermin zu nennen. Eine ***Höhle*** liegt versteckt innerhalb von riesigen, auf einer Ebene stehenden Felsen. Die Außenseiten der Felsen weisen zum Teil weiße Flächen auf, so daß von weitem der Eindruck von großen, die Sonne reflektierenden Spiegeln entsteht.

Batu Cermin ist eine ziemlich beeindruckende Steinformation um einen "dachlosen Innenhof". Große, glatte Steine stehen im Innenraum, als ob es die Möbel für Riesen sind. Baumwurzeln, die sich einen Weg durch die Felsen gesucht haben, reichen wie straff gespannte Seile von hoch oben bis in die Erde. Klettert man in den Felsen herum, kann man Wurzeln als Geländer benutzen, als hätte das jemand extra so gebaut.

Batu Cermin ist ein beliebtes ***Wochenendausflugsziel.*** Einige Besucher haben sich mit Graffitis verewigt, und andere wiederum lassen ihren Müll zum Andenken dort. Trotzdem lohnt sich ein Besuch. Es gibt einen Parkplatz und ein Häuschen, irgendwann wird man dann wohl Eintritt bezahlen müssen.

Auf jeden Fall eine Taschenlampe mitnehmen, denn man kann eine ***Fledermaushöhle*** besichtigen. Mit ein bißchen Suchen ist der Eingang inmitten von Felsen zu finden. Im Eingang wohnen Geißelspinnen. Da diese Spinnenart sehr lichtscheu ist, muß man aber schon Glück haben, um sie überhaupt zu sehen.

Batu Cermin liegt ca. 5,5 km von Labuan Bajo entfernt. Wenn man gemütlich läuft, benötigt man ca. 1,5 Stunden. Die ***Wanderung*** führt durch steppenartiges Land mit eigenartigen Bäumen und vielen Vögeln (siehe Umgebungsplan). Man kann auch mit dem Auto bzw. Motorrad den Weg fahren.

Dataran Lemes / versteinerter Wald

Etwa zehn Kilomter südlich von Labuan Bajo gelegen, befindet sich ein sogenannter versteinerter Wald. Es lassen sich dort Stücke von versteinerten Baumstämmen finden und zahlreiche kleinere versteinerte Holzstückchen.

Die ***Anreise*** ist etwas mühsam. Entweder ein Auto chartern (ca. 80.000 Rp) oder etwa 3 Stunden Fußweg hin und das ganze wieder zurück.

Übernachtung

Es gibt mehrere Übernachtungsmöglichkeiten in Labuan Bajo und Umgebung. Vorher sollte man sich nur überlegen, ob man außerhalb, am Strand oder im "Zentrum" leben möchte. Die Unterkünfte am Strand bieten Vollpension und sind toll zum Erholen.

Es gibt relativ viele ***Mücken*** (und auch Malaria), insbesondere im Ort. Angeblich wurde die Anopheles-Mücke vor ca. zwei Jahren durch eine großangelegte DDT-Sprühaktion fast völlig ausgerottet. Dem würde ich aber keinen Glauben schenken. Man sollte sich mit reichlich Mückenschutzmittel eindecken. Zum Teil sind die Losmen mit Moskitonetzen bestückt. Ein eigenes Netz, vor allen Dingen ohne Löcher, ist besser.

- ***Gardena****, zentral, auf einer Anhöhe gelegen, einfache Bungalows mit Mandi, gemütliches Restaurant mit gutem Essen, Tour-Infos.
- ***Chez Felix****, etwas außerhalb gelegen, sehr nette *Ibu,* gemütlich, einfache Zimmer mit und ohne Mandi.
- ***Losmen Soni*.*** Das Losmen Soni wird geführt von einer ausgesprochen netten *Ibu,*

liegt etwas außerhalb. Man kann sich bekochen lassen bzw. Vollpension bekommen.

●***Losmen Mutiara****. *Pak Leo Katy* besitzt und führt dieses Losmen und Restaurant seit ewigen Zeiten. Es gibt 20 Doppelzimmer, einige mit eigenem Mandi. Zum Teil befinden sich die Zimmer über dem Restaurant im zweiten Stock mit guter Aussicht über einen Teil des Hafens. Das Hotel mit Restaurant befindet sich mitten im Dorf direkt am und zum Teil über dem Wasser. Mit Wasser ist in diesem Fall nicht Strand gemeint, dazu ist das Wasser zu schlammig, schlickig und müllig.

●***Wisma Bajo Inn*+**.*** Ein recht nettes Losmen. Unterschiedliche Zimmer zu unterschiedlichen Preisen, zum Teil mit Mandi, zum Teil ohne, manche groß, manche klein. Alles recht sauber und ordentlich.

●***Gambira Homestay****, zentral gelegen, einfach, sauber mit Restaurant.

●***Losmen Sinjai****, Zimmer mit Mandi, Fan und Frühstück, zentral, Restaurant.

●***Hotel Wisata*****, 25 Zimmer sind in einem Rechteck um einen abgeschirmten Innenhof gebaut, Zimmer mit Fan und Frühstück, sauber, kostenloser Zubringerservice zur Fähre bzw. Flughafen.

●***Golo Resort Hotel*****, auf einem Hügel mit guter Aussicht über die Bajo-Bucht gelegen, Restaurant, sauber, freundliche Leute, alle Zimmer mit Mandi, zum Teil auch mit kleiner Terrasse. Es gibt ein VIP-Haus mit mit AC, heißem und kaltem Wasser und Kühlbox, 60.000 Rp/2 Personen.

●***New Bajo Beach Hotel***, Tel. 41047, 41069, ca. 2 km (südlich) von Labuan Bajo entfernt, Zimmer mit Van, Bad, Terrasse und Frühstück, am Strand gelegen, Restaurant, DZ ab 40.000 Rp.

Essen

Im Ort gibt es momentan sieben Restaurants bzw. Warungs. ***Frischer Fisch*** ist übrigens nicht immer erhältlich, das verwundert einen doch sehr, wenn man bedenkt, daß die meisten Bewohner vom Fischfang leben. Das liegt am Mond. Bei Neumond gibt es in der Regel reichlich Fisch, da die Fischer mit Lampen die Fische an die Meeresoberfläche locken können. Bei Vollmond ist es nachts insgesamt so hell, daß die Lampen keine Wirkung zeigen.

●***Sunset Cafe*** bietet zu den grandiosen Sonnenuntergängen mit bester Aussicht leckeren Fisch und andere Meeresfrüchte. Die Einrichtung erinnert eher an eine Gerümpelkammer.

●Dem ***Gardena*** ist ein gemütliches Restaurant mit gutem Essen angegliedert.

●Im ***Dewata*** werden europäische, indonesische, balinesische und chinesische Gerichte serviert.

●Dem ***Mutiara*** ist ein Restaurant angeschlossen. Vom oberen Stockwerk hat man eine wunderbare Aussicht auf die Bucht.

Im Norden von Labuan Bajo

Auf einer ***Halbinsel*** nördlich von Labuan Bajo befinden sich mehrere Wohnmöglichkeiten (Batu Gosok, Wae Rana und Waecicu). Die Halbinsel hat in der Länge eine Ausdehnung von ca. 4 km und in der Breite von ungefähr 3 km.

Hier kann man essen

Flores

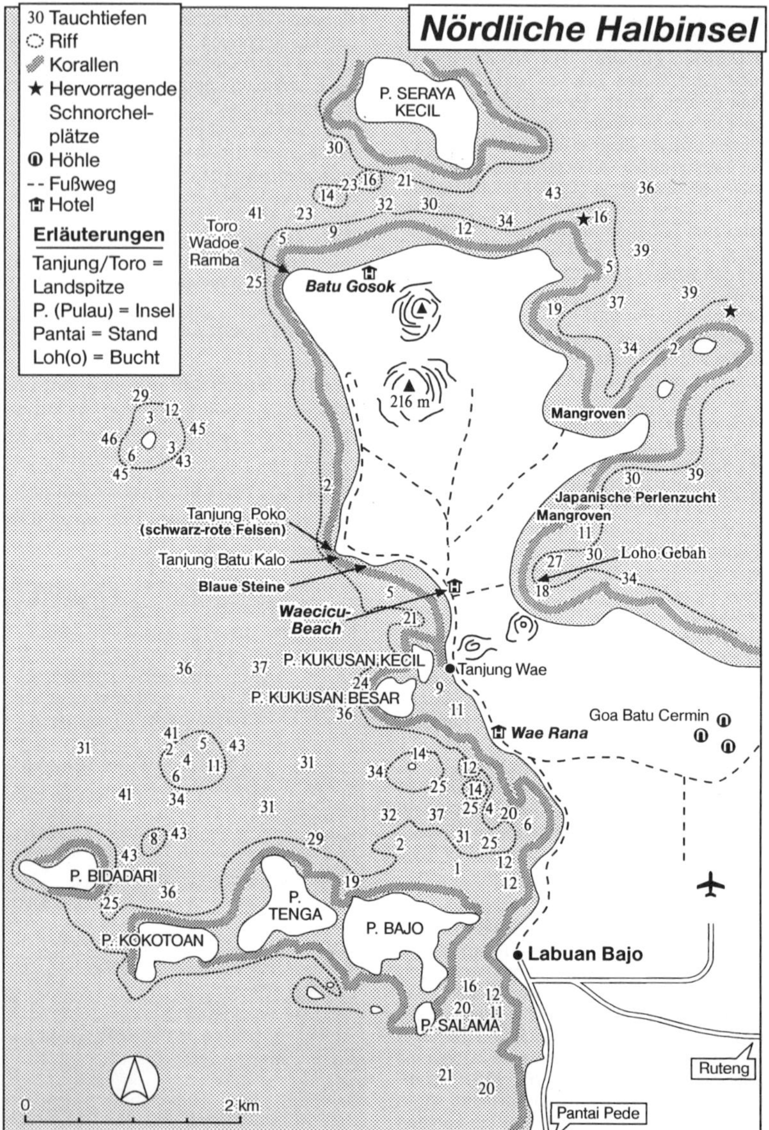
Nördliche Halbinsel
30 Tauchtiefen
Riff
Korallen
Hervorragende Schnorchelplätze
Höhle
Fußweg
Hotel
Erläuterungen
Tanjung/Toro = Landspitze
P. (Pulau) = Insel
Pantai = Stand
Loh(o) = Bucht
P. SERAYA KECIL
Toro Wadoe Ramba
Batu Gosok
216 m
Mangroven
Japanische Perlenzucht
Mangroven
Loho Gebah
Tanjung Poko
(schwarz-rote Felsen)
Tanjung Batu Kalo
Blaue Steine
Waecicu-Beach
P. KUKUSAN KECIL
P. KUKUSAN BESAR
Tanjung Wae
Goa Batu Cermin
Wae Rana
P. BIDADARI
P. KOKOTOAN
P. TENGA
P. BAJO
P. SALAMA
Labuan Bajo
Ruteng
Pantai Pede
0
2 km

Wer Strand, glasklares Wasser, Korallen, bunte Fische, Natur, Tiere, Ruhe und nette Menschen liebt, wird das alles auf der Halbinsel finden.

Diese Halbinsel bietet für jeden etwas. Der Faulenzer-Typ kann den ganzen Tag am Strand in der Sonne liegen. Wem das zu langweilig ist, der kann in der Umgebung viel erforschen. Angefangen bei den vorgelagerten Korallenbänken, zum Beispiel in der ***Waecicu-Bucht:*** einfach ins Wasser gehen, nach ca. 50 m geht es schon los! Bunte Fisch-Schwärme, Seeanemonen, Korallen. Der Robinson-Typ wird eine der vielen ***unbewohnten Inseln*** erforschen wollen. Eine Strandwanderung wird den ***Muschelsammler-Typ*** zufrieden stellen. Man muß nur darauf achten, nicht zuviel zu sammeln, man kann das ganze Zeug ja doch nicht mit nach Hause schleppen - es ist viel zu schwer. Selbst der ***Tierliebhaber*** kann sich hier bequem auf die faule Haut legen und, am Strand liegend, Seeadler kreisen sehen oder auf die "krabbenfressenden Affen" warten. Weiterhin gibt es Wildpferde, Biawaks (Bindenwarane, völlig ungefährlich), Hirsche und viele Vögel! Auch Delphine wurden hier schon gesehen. Dem Frühaufsteher empfehle ich, die kleinen Hügel zu erklimmen, um den Sonnenaufgang zu genießen. Sonnenuntergangsliebhaber haben es sehr viel einfacher. Die brauchen sich bloß abends an den Strand zu setzen. Nur der Disko-Typ kommt hier zu kurz - weit und breit weder Disko noch Kneipe.

Hat man seine Bucht erforscht, geht das Abenteuer erst richtig los. Man kann von hier verschiedene ***Wanderungen,*** die ***Komodo-Tour*** sowie ***Schwimm- und Schnorchel-Ausflüge*** unternehmen.

Man sollte übrigens nichts Eßbares in den Bungalows herumliegen lassen, es sei denn, man möchte eine Studie über Ratten machen.

Es folgt noch das leidige Thema ***Nacktbaden*** und Oben-ohne-Sonnenbaden. Ich möchte dringlichst darum bitten, es *nicht* zu tun. Man verstößt gegen die dortigen Moralvorstellungen und Sitten! Auch wenn es dort so wunderbar einsam ist und nur die Leute vom Losmen da sind – deren Moralvorstellung unterscheidet sich nicht von anderen Indonesiern, auch wenn sie sich so locker im Umgang mit Weißen geben. Wir sind die Gäste in diesem Land und haben somit nicht das Recht, unsere Bedürfnisse gegen die Wertvorstellungen der Indonesier durchzusetzen.

Unterkunft

- ***Batu Gosok******, etwa 40 Bootsminuten von Labuan Bajo entfernt. Eine Bucht, in der bereits 15 Bungalows entstanden sind und weitere 40 geplant sind. Ein gutes Restaurant ist vorhanden. Die Bungalowanlage ist für Gruppenreisen geplant. Vom Anlegesteg aus kann man ins Wasser. Das Wasser direkt am Strand ist schlickig.
- ***Aman Beach****, auf der sonst unbewohnten Insel Bajo gelegen, zur Zeit drei Bungalows, kein Restaurant, aber Vollpension im Preis inbegriffen. Wer dort wohnen möchte, sollte im Fährhafen herumfragen, wenn man nicht sowieso schon angesprochen wurde.
- ***Wae Rana*+*****, ca. 15 Bootsminuten von Labuan Bajo entfernt, ca. 8 Bungalows, Vollpension möglich (sehr einfaches Essen), gute Korallen recht nah am Strand.
- ***Waecicu Beach*,*** ca 20 Bootsminuten, (bei Ebbe) zu Fuß 30 Minuten von Labuan

Bajo entfernt. 28 Bungalows, preiswert mit Vollpension, man trifft hier garantiert nette Leute, gute Atmosphäre. Manchmal läßt der Service zu wünschen übrig, das hängt von der jeweiligen "Besatzung" ab. Wenn die Wasserversorgung nicht zusammengebrochen ist, gibt es Bungalows mit funktionierendem Mandi. Shop, der Kekse und Zigaretten verkauft, ist vorhanden. Komodo, Rinca und sonstige Touren werden von Waecicu aus organsiert.

Dreimal täglich fährt kostenlos ein Boot von Waecicu nach Labuan Bajo und zurück. Anlegestelle siehe Labuan Bajo Stadtplan.

●Auf ***Pulau Kanawa**** befinden sich zur Zeit zehn Bambushütten mit Mandi. Der Übernachtungspreis ist inklusive Frühstück und Überfahrt. Es gibt eine Küche mit Aufenthaltsraum. Die Insel besteht aus einem kleinen Berg und weißem Strand. Vom Strand oder Kanu aus kann man am flach auslaufenden Riff schnorcheln.

Wanderungen von Waecicu

Diese beiden Wandervorschläge sind nur zwei von vielen Möglichkeiten. Auch von den übrigen Standorten kann man ähnliche Touren unternehmen.

Strandwanderung

Man laufe von der Waecicu-Bucht nach Norden los, und zwar bei Ebbe oder beginnender Ebbe. Der Sandstrand endet nach ca. 10 Minuten und wird von schwimmbad-blauen Felsen abgelöst. Besonders im Wasser wirken die Steine tiefblau-grün. Mit ein bißchen Klettern erreicht man das Felskap, das man ins Meer ragen sieht. Die schwarzen Felsen sind zum Teil mit blutroten Adern (Achat) durchzogen. Diese Ecke könnte gut Kulisse für einen Fantasy-Film sein. Nach weiteren "mittelschweren" Kletterpartien erreicht man wieder einen weißen Strand, es folgen Mangroven, wieder weißer Strand, und so geht es weiter. Für eine "Kap"-Umrundung rechnet man einen halben bis einen ganzen Tag. Man sollte Turnschuhe oder zumindest feste Sandalen tragen. Trinkwasser und Essen nicht vergessen, wenn man länger unterwegs sein möchte. Ein Sonnenhut ist auch nicht zu verachten.

Wanderweg im Halbinselinnern

Wieder rechts dem Strand folgen, bis man auf ein kleines ausgetrocknetes Flußbett trifft (noch vor den blaugrünen Felsen). Zuerst folgt man diesem ca. 5 Minuten leicht bergauf, dann das Flußbett verlassen und nach links auf den Hügel bis zur halben Höhe steigen. Toller Ausblick auf die Bucht. Dann nach rechts den Tierpfaden folgen, immer seitlich am Hügel entlang. Nach ca. 10 Min. erreicht man ein Plateau, bleibt darauf, bis man links auf ein Wäldchen trifft. In dieser Gegend sieht man insbesondere nachmittags recht häufig wilde Pferde, Hirsche, Wildschweine und sonstiges Getier. Das Wäldchen Richtung Meer durchqueren. Man trifft dann wieder auf die schwarzen Felsen mit den roten Adern, danach auf die schwimmbad-blauen Steine und sieht auch schon das Losmen. Diese Tour dauert ca. 2 Stunden.

Bei beiden Wanderungen sollte man sich vorher erkundigen, wann die günstigste Tageszeit ist. Bei Flut kommt man nicht um die schwarzen Felsen. Man sollte eine lange Hose anziehen und Turnschuhe oder feste Sandalen. Auf jeden Fall die Badesachen mitnehmen. Innerhalb der Halbinsel ist es sehr heiß, so daß ein Hut ganz gute Dienste leistet.

Bootstouren

Von Labuan Bajo kann man ausgezeichnet Bootstouren unternehmen. Fast jedes Losmen bietet solche an, entweder nach Komodo oder Rinca oder zu den umliegenden Inseln. (Zu den Bootstouren siehe die Komodo-Karte in der vorderen Umschlagklappe)

Das Meer birgt eine vielfältige Unterwasserwelt. Kenner behaupten, die Korallen hier seien genauso schön wie im Roten Meer. Wer Taucherbrille und Flossen monatelang vergeblich mitgeschleppt hat, wird sich nun glücklich schätzen. Man kann halbtägige Bootstouren zu bestimmten Korallengärten machen oder auch Mehrtages-Touren nach Komodo unternehmen mit Stops an Meeressehenswürdigkeiten oder einsamen Inseln. Ich beschreibe einige lohnenswerte Tagesziele, die zum Teil aber auch bei den beiden Komodo-Komplett-Touren angefahren werden.

Man sollte sich mindestens einen Tag, bevor man eine Tour beginnt, um ein Boot kümmern. Und vorher klären, wer für das leibliche Wohl zuständig ist. Bei Kurztrips ist das nicht so notwendig, aber für Mehrtages-Touren sehr sinnvoll.

Pulau Bidadari

(*Pulau* = Insel, *bidadari* = Engel); eine ***unbewohnte Insel,*** umgeben von weißem Sandstrand. Diese Insel soll Erholungsgebiet für Einheimische und Touristen werden bzw. sein. Glasklares Wasser und vorgela-

Bootsausflug zum Schwimmen und Schnorcheln

Flores

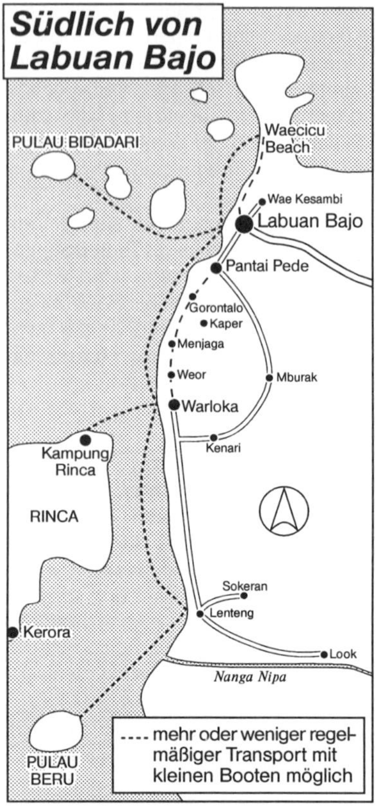

gerte Korallenbänke garantieren einen angenehmen Tagesausflug. Östlich der Anlegestelle ist die Strömung (nach Westen) relativ stark. Man kann bis zum Ende des Strandes laufen, dort die ca. 10-12 m zum drop-off (Steilabfall unter Wasser) schwimmen und sich wieder zur Anlegestelle treiben lassen. Weiter östlich um den Felsvorsprung herum läuft die Strömung dann aus.

Ein Boot kostet ca. 35.000 Rp, man benötigt für die Strecke ca. 40 Minuten. Essen und Trinken nicht vergessen.

Waraloka

Ein **Marktflecken** mit ca. 100 Einwohnern ungefähr zwei Stunden Bootsfahrt südlich von Lb. Bajo gelegen und eine halbe Stunde vom Kampung Rinca (Rinca). Dienstags ist Markttag. Die Bewohner der in den Bergen verstreut liegenden Dörfer treffen aber bereits am Montagabend in Waraloka ein. Von Lb. Bajo starten die normalen Marktboote am Montagabend. Kaufen kann man das übliche Marktsortiment: Reis, Fisch, Hühner, Gemüse und Popcorn, falls diese höllische Popcornmaschine noch nicht das Zeitliche gesegnet hat. Wer genug vom Markt gesehen hat, kann einen Rundgang von einer Stunde zu seltsamen Steinsäulen und -tischen sowie zu Ausgrabungsstätten alter chinesischer Gräber machen. Zu diesem Zweck muß man einen Führer mieten.

Pulau Monyet

(*monyet* = Affe): Direkt dem Losmen *Mutiara* gegenüber liegt die ausschließlich **von Affen bewohnte Insel** Pulau Monyet. Neben den häufig vorkommenden schwarz-grauen Affen leben hier große Horden der Crab Eating Macaque (krabbenfressende Affen). Sie hocken am Strand, brechen die Krabbenschalen mit Steinen auf und fressen das Fleisch. Bei Ebbe kann man die Affenbanden auf andere Inseln wechseln sehen.

Die Insel ist nur mit einem gecharterten Boot erreichbar.

Pulau Kanawa

Die Insel besteht aus einem kleinen Berg und weißem Sandstrand. Außerdem kann man hier eine ***Perlenzucht*** besichtigen und am flach auslaufenden Riff Napoleonfische, Muränen und Adlerrochen ***erschnorcheln.*** Preis für die Überfahrt mit einer Übernachtung inklusive Frústück 10.000 Rp.

Pulau Saboloh

Lohnenswert für Taucher, da es sich, besonders im westlichen Teil, um ein Flachsaumriff mit einem strandnahen drop-off zwischen 8 bis 11 m handelt. Adlerrochen wurden schon gesichtet. Im flachen Wasser kommen kleine Steinfische vor. Weiter westlich, nach Ende des Sandstrandes, wird das Wasser tiefer. Hier (und nur hier) sollen Haie vorkommen. (Haie sind Strömungsjäger und besonders in den Stunden der Abenddämmerung aktiv.) Am östlichen Teil des Sandstrandes liegen vereinzelt große Korallenblöcke. Hier ist der Wellengang etwas höher, und die etwas stärkere Strömung treibt einen bis zum westlichen Teil. Ein Boot kostet 40.000 Rp, benötigt für eine Strecke ca. 1 Stunde und kann bis zu 6 Personen aufnehmen.

Pulau Kalong

(= Insel der fliegenden Hunde) Diese Insel ist ausschließlich mit dem gecharterten Boot zu erreichen; aber es lohnt sich! Die nur aus Mangroven bestehende Insel ist bewohnt von Zehntausenden Fliegender Hunde, hier *Kalongs* genannt. Kurz vor Einbruch der Dunkelheit verlassen die riesigen Feldermäuse lautlos ihren Wohnort. Ca. 20 Minuten lang fliegen nicht endenwollende Schwärme Richtung Flores auf der Suche nach Obstplantagen. Hat man das Glück, diese Insel bei Vollmond zu besuchen, erlebt man ein absolut eindrucksvolles Schauspiel: Die Sonne verschwindet hinter der Mangroveninsel und färbt den Himmel rot, hinter den im Rücken liegenden Bergen schiebt sich der Mond als Scheibe hoch, und genau in diesem Augenblick schwärmen die "Vampire" los, dicht über dem Boot. Man gewinnt den Eindruck, daß irgendwo ein Regisseur sitzt, der alles auf die Sekunde genau abgestimmt hat.

Die Insel liegt dicht vor Rinca, man kann den Besuch gut mit einer Rinca-Tour verbinden.

Komodo-Touren ab Lb. Bajo

Ein paar Tage auf einem Boot bei knallblauem Himmel, strahlendem Sonnenschein oder sternklarem Himmel sind Situationen, die man aus Filmen kennt. So etwas selbst zu machen ist normalerweise unerreichbar teuer.

Die Touren die hier angeboten werden, sind jedoch bezahlbar, wenn man sich mit ein paar Leuten zusammentut. Unterwegs kann man angeln, ausgiebige Sonnenbäder nehmen, Korallen laden zum Schnorcheln ein, zwischendurch kann man unbewohnte Inseln erforschen. Eine kleine Crew sorgt für Essen, Trinken und alles, was nötig ist. Es sind natürlich keine Luxusboote mit Schlafkabinen, Bar und Disko, die man chartert, sondern größere Fischerboote mit Sonnenschutzdach, Führerhaus und einem Notsegel. Ich habe einige Touren gemacht, und jede war auf ihre Weise ein Erlebnis. Hin und wieder geht mal etwas schief. Falls das Benzin ausgeht, wird gesegelt. Läuft man auf eine Sandbank, wird allgemeines Freischieben angeordnet - es passiert jedesmal etwas anderes. Manchmal klappt aber auch alles.

Mitnehmen sollte man Bade-, Wasch- und Schnorchelsachen, Taschenlampe, Mückenschutzmittel, Sarong, lange Hose, langärmeliges Hemd und feste Schuhe.

Die Standardtour beinhaltet Komodo und Rinca und diverse Schnorchelstops. Es handelt sich um eine 2-Tages-Tour mit einer Übernachtung. Die Preise sind unterschiedlich. Das Essen ist im Preis inbegriffen, aber wer nicht auf dem Boot, sondern lieber in den P.H.P.A.-Häusern übernachtet, muß das zusätzlich bezahlen. Ab sechs Teilnehmern findet die Tour statt.

Die ***Komodo/Rinca-Tour*** findet ungefähr so statt:

- Schnorcheln und schwimmen an einem der vielen tollen Korallenriffe und/oder am Pantai Merah auf Komodo.
- Nachmittags in Loh Liang (P.H.P.A.-Camp) auf Komodo. Übernachtung in P.H.P.A.-Häusern. Morgens zu den Waranen laufen.
- Am späten Vormittag Richtung Rinca starten. Man errreicht Rinca am frühen Nachmittag.
- Kurz vor Sonnenuntergang zur Pulau Kalong aufbrechen (liegt nahe an Loh Buaya), dort den Sonnenuntergang und Tausende von Fledermäusen beobachten (siehe oben). Dann zurück nach Labuan Bajo.
- 2 Tage/1 Nacht ab 6 Personen pro Person 35.000 Rp.

Die ***Rinca-Tour*** könnte folgendermaßen aussehen:

- Stop am vorgelagerten Korallenriff der Insel Sebayur, schnorcheln, schwimmen.
- Korallenriff, glasklares Wasser, schnorcheln und schwimmen bei Pulau Papagarang.
- Loh Buaya (siehe auch Kapitel "Rinca"), übernachten in P.H.P.A.-Häusern. Am nächsten Tag die Umgebung erforschen und versuchen, Warane sowie andere Tiere zu beobachten. Nachmittags weiterfahren in Richtung Pulau Kalong (Fledermaus-Insel).
- Bei Sonnenuntergang Riesenfledermäuse angucken (siehe oben "Pulau Kalong"), dann zurück nach Labuan Bajo.
- Eine 2-Tages-Tour nach Rinca kostet 70.000 Rp/Boot.

Wer alleine fahren möchte und sich lieber eine eigene Tour zusammenstellt, kann sich ein Boot mit Crew chartern.

Vorschlag für eine 5-Tages-Tour

Für eine ganz gemütliche Bootstour sollte man sich 5 Tage Zeit lassen. Die Fahrt könnte folgendermaßen aussehen:

- 1. Tag: Anfahrt Loh Buaya auf Rinca mit Zwischenstops zum Schwimmen und Schnorcheln.
- 2. Tag: Loh Buaya erkunden oder nach Kerora laufen.
- 3. Tag: Weiterfahrt nach Loh Liang, Komodo, wieder mit Zwischenstops zum Schwimmen und Schnorcheln.
- 4. Tag: Warane in Banu Nggulung anschauen und den restlichen Tag faulenzen, schwimmen, zum Dorf laufen oder eine Strandwanderung machen.

- 5. Tag: Wanderung von Loh Liang zum P.H.P.A.-Posten Sebita, am Kreuz des verschwundenen Schweizers und dem alten Köderplatz Poreng vorbei (entsprechende Beschreibungen befinden sich unter "Komodo, Wanderungen"). Nach vorheriger Absprache läßt man sich in Sebita vom Boot abholen und fährt Richtung Heimat. Falls die Zeit paßt, kann man noch vor *Pulau Kalong* ankern und das Schauspiel der fliegenden Hunde bei Sonnenuntergang anschauen. Labuan Bajo erreicht man dann in der Dunkelheit.

So eine Tour ist nicht gerade billig, aber mit mehreren Leuten kann man sich so etwas schon mal leisten (geteiltes Leid ist ja bekanntlich halbes Leid).

Natürlich kann man sich auch eine eigene Tour ausdenken, wie zum Beispiel *Klaus Polak,* der auf Anregung von *Pak Naser* (Waecicu Beach) auf Krokodilsuche ging (siehe Exkurs S. 310).

Adressen

- Das ***P.H.P.A.-Office*** bietet wie viele Losmen auch Bootstouren nach Komodo und zu anderen Zielen an. Manchmal kann man dort T-Shirts bzw. Mützen mit aufgedruckten Komodo-Waranen kaufen.
- Eine ***Tourist Information*** gibt es nicht. Die meisten Hotel- und Losmenbesitzer haben diese Funktion übernommen, wie z.B. die Leute von ***Waecicu Beach*** oder ***Bajo Beach Inn***. Die wichtigsten Ausflüge in die Umgebung sind in diesem Buch beschrieben.
- ***Merpati Office***, siehe Plan, Öffnungszeiten: Mo-Sa 8.00-13.00 und 16.00-17.00 Uhr, So 8.00-13.00 Uhr.
- ***Telefon/Fax,*** siehe Plan, 24 Stunden geöffnet, pro Seite nach Deutschland ca. 10.000 Rp.

Transport

Mit dem Bus nach Osten

Die Strecke nach ***Ruteng*** fahren Busse. Für den 127 Kilometer langen Weg benötigt man 4-6 Stunden. Morgens gegen 8 Uhr und gegen Mittag starten mehrere Busse,

Noch ist der Einbaum für einen Familienausflug das übliche Verkehrsmittel (NM)

Flores

Terang – eine Crocodile-Dundee-Tour

(Bericht von *Klaus Polak*)

- Maximal 6 Personen plus Crew.
- 40.000 Rp pro Person.
- Dauert mindestens 2 Tage, 1 Nacht, gesamte Fahrzeit für 1 Strecke etwa 4 Stunden.
- Die Abfahrtszeit von Waecicu Beach und Abfolge der Zwischenstops bzw. Übernachtungen müssen genau kalkuliert werden, da der Fluß nach Terang nicht 2 Stunden vor und nach der Ebbe befahren werden kann. Übernachten kann man wahlweise auf Pulau Hataming (moskitofreie Zone), 2 Stunden vor Terang, mit Lagerfeuer an einem Sandstrand oder auf dem Schiff in Terang. Auch eine Übernachtung beim *Kepala Desa* ist möglich. Dies ist in der Regenzeit mit erhöhtem Moskitoaufkommen (Malariagebiet: d.h. Autan, lange Kleidung, Moskitonetz und Knoblauch) empfehlenswert – ein kleines Geschenk ist dann erforderlich. Die Tochter des Bürgermeisters und der Dorflehrer sprechen ein wenig englisch. Kontakt mit dem Wasser des toten Seitenarms, an dem Terang liegt, ist tunlichst zu vermeiden, da alle Abwässer – deutlich zu identifizieren – direkt eingeleitet werden. Da es keine Beleuchtung gibt, ist eine starke Taschenlampe nötig. Dreimal am Tag fährt ein Bemo von Ruteng (4 Stunden, 4000 Rp) über eine sehr schlechte Straße nach Terang. Eine direkte Verbindung nach Labuan Bajo gibt es noch nicht.

Im Ort können schmackhafte Krebse und je nach Saison auch Krabben gekauft werden. Jeden Mittwoch findet ein großer Markt statt, zu dem auch oft Waldmenschen (die Indonesier selbst nennen sie respektlos "orang hutan") aus den umliegenden Höhenzügen zum Warentausch eintreffen.

Im chinesischen *Toko* sind warmes Bier und Limonade sowie Medikamente erhältlich. Direkt daneben befindet sich seit kurzem ein Billardsaal mit 2 Tischen. Wer gerne Pool spielt, findet hier schnell Kontakt zu den Jugendlichen des Dorfes (3 Spiele 1000 Rp).

Nach 3 Stunden entlang der Nordküste ist das Flußdelta des Nanga Kali Terang erreicht. Nun wird der Motor auf halbe Kraft gestellt, und Kapitän *Ali,* der jahrzehntelange Erfahrung hat, manövriert den 20 m langen Kutter vorsichtig haarscharf an den in weitem Bogen aufgestellten, richtungsweisenden Holzstangen entlang. Nur wenige Meter entfernt sammeln Kinder in knietiefem Wasser Muscheln. Auf der anderen Bootsseite stehen Wattläufer auf einer Untiefe. Im Mündungsbereich des Flusses haben sich abgestorbene Bäume zu Barrieren aufgehäuft. Langsam öffnet sich ein Einlaß in das Labyrinth des Mangrovendschungels. Kleine Fischerboote tuckern entgegen. Erstaunt wird registriert, daß orang putih an Bord sind. Kurze Zeit später zeigt uns Kapitän Ali, was er wirklich kann. Ein enger Bogen in einem Seitenarm scheint für den Kutter das Ende zu sein. Der Motor wird kurz abgestellt, die Strömung der Flut zur Richtungsänderung genutzt, und weiter geht es im ersten Gang. Ein alter Mann am Flußrand schlägt sein Brennholz und grüßt winkend mit dem Buschmesser. Einbäume gleiten vorbei, in einem hat eine ganze Familie mit fünf Kindern Platz gefunden. Erst später werde ich merken, daß zwei Einheimische und zwei Europäer das Boot bereits an seine Grenze bringen (siehe Foto; man achte auf die Höhe des Wassers an der Bootskante!).

Der Landungssteg von Desa Terang kommt in Sicht, und der Motor verstummt. Stakend werden die letzten Meter zurückgelegt. Noch haben die Dorfbewohner nicht so richtig mitbekommen, wer an Bord ist. Das ändert sich endgültig in dem Augenblick, als wir an den Bootssteg treiben, die ersten Kinder haben uns erspäht. Während einige mit offenen Mündern staunend dastehen, laufen andere Richtung Dorf. Meine Ahnung erweist sich innerhalb weniger Minuten als richtig. Der Bootssteg ist so voll geworden, daß ich mir mühselig einen Weg über die einzelnen Planken bahne. Hallo Mister. *Darimana? Kemana?* – Woher kommst du? Wohin willst du? Immerhin kein *ada gula, gula?* oder *ada pen?*. Mit Händen und Füßen und ein paar Brocken *bahasa Indonesia* einigen wir uns gemeinsam darauf, daß die Kinder mir den Weg zum Haus des Bürgermeisters zeigen.

Während einige respektvoll Abstand halten, nimmt mich ein 12jähriger stolz an die Hand und führt mich quer durch das Dorf. Unangemeldet, aber immerhin mit einem Empfehlungsschreiben von *Pak Naser,* stehe ich vor dem Haus des *Kepala Desa.* Der Bürgermeister liest das Schreiben aufmerksam, und die Fragen wiederholen sich. Welch ein Glück, daß *Simon Höness* aus Mainz diese Tour mitmacht. Er hat in wenigen Monaten in Deutschland Indonesisch gelernt und managt die ganze Angelegenheit souverän. Nach einem Eintrag in das goldene Buch der Stadt stellen wir fest, daß wir die ersten weißen Touristen sind. Es folgt die Vorstellung der Dorfältesten und der gesamten Verwandtschaft. Nach Erklärungen, wer und woher wir sind, was wir machen, ob wir verheiratet sind, wie viele Kinder (allgemeines Gelächter bei dua puluh) und vieles mehr, kommen wir endlich zu unserem Anliegen. Es soll hier Brackwasserkrokodile im Mangrovensumpf geben - und die möchten wir gerne sehen.

Erst vor wenigen Wochen wurde durch die Fürsprache von *Pak Naser* in kürzester Zeit das Gebiet zu einem Reservat erklärt, nachdem in Labuan Bajo bekannt wurde, daß eine größere Anzahl von Krokodileiern gefunden wurde. Der stellvertretende Gouverneur, *Bapak Antonis,* wurde alsbald beim *Kepala Desa* vorstellig, um ihm das Projekt vorzustellen. So soll das Abholzen des Mangrovensumpfes zur Feuerholz- und Landgewinnung sowie das Einsammeln der Krokodileier unterbunden werden.

In diesem Sinne sind wir die ersten Botschafter. 2 Einbäume (nicht wasserdicht, alte Kleidung anziehen) mit Führern sind schnell gefunden. Sie erinnern sich recht gut, daß der Gouverneur davon sprach, drei Stunden Touristen durch den Sumpf zu paddeln und Krokodile aufzustöbern kann ebensoviel einbringen wie ein ganzer Tag Arbeit.

Nach ca. 30 Min. ist das Gebiet von Nanga Rosok erreicht. In diesem Areal sind die Krokodile *(buaya)* vorwiegend anzutreffen. Ein regelrechtes Labyrinth erschließt sich uns. Im Schlick zwischen den Mangrovenwurzeln verstecken sich bei unserem Nahen leuchtend blaue und rote Kleinkrebse. Aber nicht um sie zu schonen, sondern aus anderen Gründen bitte ich darum, nicht zu dicht am Ufer entlang zu fahren. Immerhin sollen es hier die ausgewachsenen Leistenkrokodile auf 1 m bringen.

Es ist ein eindrucksvolles Erlebnis, über die ruhigen Wasserwege zu gleiten und nur das Eintauchen der Paddel, gelegentliches Knacken im Unterholz und Schreie unbekannter Vögel zu hören. Störche und Pelikane haben hier ein Rückzugsgebiet gefunden, blau- und grün-metallisch glänzende Eisvögel mit gelbem Brustgefieder tauchen nur wenige Meter vom Boot entfernt nach Leckerbissen. Auf einer Sandbank hat sich eine Affenfamilie versammelt. Die Abstammung ist offensichtlich, die Kleinen ärgern die Großen, und die wollen es sich auf Dauer nicht gefallen lassen. Also ist ein munteres Jagen und Gejagtwerden im Gange, während Mutter sich eine Morgentoilette gönnt. Dies ist die beste Zeit, da sich Krokodile wie auch Warane vor der Jagd mit einem Sonnenbad auf Betriebstemperatur bringen müssen.

Alle Liegestätten werden angefahren, und ein Führer begibt sich sogar an Land, um versteckt liegende Tiere für uns aufzuscheuchen. Leider hatten wir keinen Erfolg bei den Eltern, dafür haben wir die Nachkommen betrachten können - noch in Schale und etliche Zentimeter tief im Sand versteckt. Geblieben ist ein einmaliges Erlebnis und schmerzendes Rückfleisch - die Sitzbretter im Einbaum sind halt (noch) nicht gepolstert.

genaue Abfahrtszeiten gibt es nicht. Nach ca. zwei Stunden Fahrt wird eine Pause gemacht. Ca. 1 Stunde vor Ruteng verschlechtert sich die Straße, wird dann aber kurz vor der Stadt wieder besser. Man kann zwar Plätze reservieren, d.h. aber nicht unbedingt, daß man sie auch bekommt.

- Labuan Bajo - Ruteng 4.000 Rp

Mit dem Bus nach Westen

Das Busunternehmen *P.O.Langsung* Indah verkauft direkt am Fährhafen Tickets für Schnellbusse. Die Busse warten in Sape (Sumbawa) am Hafen.

- Mataram 35.000 Rp
- Denpasar (1 Tag + 1 Nacht) 53.000 Rp
- Jakarta (2 Tage + 2 Nächte) 105.000 Rp

Fliegen

Den Flughafen Labuan Bajo können zur Zeit ***nur kleine 16sitzer*** anfliegen. Die Lande- und Startbahn wurde irgendwann verlängert, so daß auch größere Maschinen dort landen können. Das hat dann auch ein wagemutiger Flugkapitän versucht, allerdings nur einmal. Die Qualität der Rollbahn war so schlecht, daß es diesem Helden nur Dank Allahs und Gottes Hilfe gelang, die Maschine zu landen und auch wieder zu starten.

Weiter muß man hinzufügen, daß im Grundsatz die Maschinen nach Plan fliegen, außer wenn schlechtes Wetter ist (die kleinen Maschinen werden auf Sicht geflogen), außer wenn eine der beiden Maschinen kaputt ist und das Ersatzteil wochenlang auf sich warten läßt , außer wenn eine der beiden Maschinen abgestürzt ist. Die Praxis zeigt, daß ***oft Flüge ausfallen.*** Wenn es keine Pannen gibt, muß man immer noch mit ausgebuchten Maschinen rechnen. Bei der Reiseplanung sollte man immer soviel Zeit einkalkulieren, daß man notfalls auch die Fähre oder den Bus nehmen kann.

Nach Bali fliegt man mit einer *Twin Otter* oder *Fokker* (16sitzer) bis Bima (Sumbawa). Dort steigt man dann in ein größeres Flugzeug, das Denpasar (Bali), mit einem Stopover in Mataram (Lombok), anfliegt. Die Flugzeit beträgt mit Zwischenlandungen und Umsteigen ca. 4 bis 5 Stunden.

Flugtickets kann man beim Merpati-Büro in Labuan Bajo (siehe Plan) kaufen. Man sollte sich frühzeitig um Tickets bemühen. Der Merpati-Chef ist ausgesprochen nett und hilfsbereit. Man kann sich aber auch an den Losmenbesitzer wenden, der sich dann um ein Ticket kümmert.

Den ***Flughafen*** erreicht man mit einem Bemo.

- ***Nach Osten***

Ruteng (Mi, Do, Fr)	50.000 Rp
Ende (Mo, Di, So)	110.500 Rp
Kupang (Mi, Do, Fr mit Zwischenstop in Ruteng, (Mo, Di, So) mit Zwischenstop in Ende	204.000 Rp

- ***Nach Westen***

Bima (täglich)	61.000 Rp
Mataram (täglich)	159.500 Rp
Denpasar (täglich)	200.000 Rp

Mit dem Schiff nach Westen

- Täglich (außer Feitag) geht eine ***Fähre über Komodo nach Sape.*** Die Fähre startet morgens um 8.00 Uhr. In Sape (Sumbawa) warten bereits Busse bei der Fährankunft auf Passagiere nach Bima. Weiteres siehe Sape/Fährhafen.

Komodo	2.700 Rp
Sape/Fährhafen	9.000 Rp

- Zweimal im Monat stoppt das ***PELNI-Schiff Awu*** in Labuan Bajo. Von Labuan Bajo fährt die Awu nach Lb. Bebas (Sumbawa), Benoa (Bali) und weiter nach Banjuwangi (Jawa).

Mit dem Kutter nach Lombok

(von *Klaus Polak*)

Von Labuan Bajo gibt es die Möglichkeit, eine 6 Tage und 5 Nächte dauernde Tour nach Lombok zu machen. Die Boote sind nicht besonders luxuriös. Je nach Boot können 12-15 Passagiere plus Crew mitfahren. Für Essen und Tee sorgt die Besatzung. Durchgeführt werden die

Fahrten von der *Sea Cooperation Kud Budi Komodo.* Das Büro befindet sich gegenüber dem Hafenausgang in dem sechseckigen Gebäude. Die gleiche Tour von Lombok aus organisieren *Lombok Independent* und die *Nomad Group* in Ubud. Mit beiden arbeitet die *Kud Budi Komodo* zusammen.

- Die Tour umfaßt folgende Stops: Pulau Bidadari, Pulau Rinca (Warane), Pantai Merah (Red Beach), Komodo (Warane), Pulau Laba, Pulau Banta, Wera (ein Dorf, in dem Boote traditionell gebaut werden), Pulau Satonda, Pulau Moyo, Pulau Sulat und Labuan Lombok.
- Die Stops werden an besonders schönen Schnorchel- und Schwimmstellen gemacht. Es wird nur tagsüber gefahren und nachts geankert. Einige Kritikpunkte zu diesen Touren befinden sich im Kapitel "Komodo-Schiffstouren ab Lombok".
- Von Flores kostet die Tour 75 US-$, von Lombok aus 110 US-$.

Mit dem Schiff nach Osten

- Auch zweimal monatlich fährt das ***PELNI-Schiff Tatamailau*** Labuan Bajo auf der Strecke nach Irian Jaya an. Von Labuan Bajo fährt das Schiff nach Larantuka (Flores), Dili (Timor) und mit vielen Stops weiter nach Jayapura.
- Von Labuan Bajo ***nach Reo*** (nördlich von Ruteng) fahren ***Marktboote,*** jedoch nur unregelmäßig. Die Fahrzeit beträgt zwischen 6 und 10 Stunden, die Fahrt soll je nach Seegang angenehm bis sehr unangenehm sein.

Von Reo fahren dann Busse/LKW's nach Ruteng.

Ruteng

Ruteng ist der ***Verwaltungssitz*** der *Manggarai.* Der Ort liegt ***inmitten von Bergen*** auf einer Höhe von ca. 1700 m. Das Klima ist recht kühl und

Irgendwo zwischen Labuan Bajo und Ruteng – eine Beschreibung aus der Vor-Asphaltzeit

Bei der achten (!) "Pause" interessiert Dich kaum noch der Grund. Dir ist nämlich mittlerweile egal, ob der Reifen wieder einmal ein Loch hat oder "nur" eine Brücke fehlt.

Deine Gefühle schwanken zwischen Freude und Ärger über den erneuten Stop. Glücklich bist Du, Dein malträtiertes Hinterteil lüften und die eingeschlafenen Beine endlich mal wieder bewegen zu können, und ärgerlich über die Aussagen Deiner Mitleider *"nanti sebentar".* Im Wörterbuch steht: *nanti* heißt "später" und *sebantar* "gleich", das macht zusammen "gleich später". Aber in den sieben "Pausen" vorher hast Du schon die wahre Bedeutung kennengelernt - es kann sich nur um Stunden handeln! Zum achten Mal stehst Du nun im Schlamm und betrachtest das Fahrzeug, das Dich schlappe 127 Kilometer weit fahren soll, und dann springt Dir plötzlich ein Schriftzug ins Auge, obwohl Du doch geglaubt hast, schon jede Schraube, Beule, ja sogar jeden Rostflecken zu kennen.

VICTORY (= Sieg); diese Buchstaben hattest Du bislang übersehen. Entweder fühlst Du Dich zum Narren gehalten und wanderst schon mal voraus, darüber sinnierend, ob der Besitzer auch die Bedeutung dieses Wortes kennt. Oder *VICTORY* flößt Dir neues Vertrauen und Hoffnung ein. Die Namensgebung erscheint Dir plötzlich logisch: Dieser arme, heruntergekommene, gebeutelte Truck hat bereits ungezählte Male den Sieg über diese verdammte Strecke davongetragen und sich redlich diesen Namen verdient.

Wenn Du nett bist, hilfst Du ein weiteres Mal mit, den Truck aus dem Dreck zu schieben und ärgerst dich nicht darüber, daß Du für diese Arbeitsleistung auch noch bezahlst, nämlich den Fahrpreis.

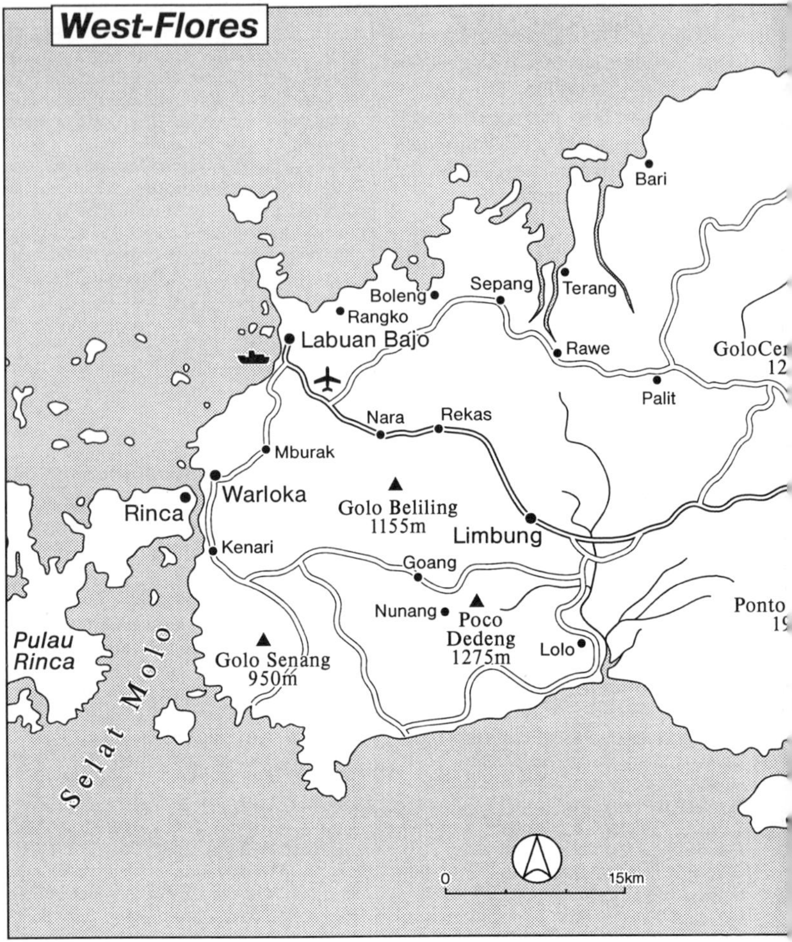

dadurch sehr angenehm zum Wandern und für ausgedehnte Spaziergänge. Nachts wird es so kühl, daß man einen Pullover benötigt. In den Losmen bekommt man warme Decken für die kalten Nächte.

In der Umgebung von Ruteng wird ***Kaffee und Reisanbau*** betrieben. Es ist die Reiskammer von Flores.

Um den Stadtkern breiten sich weitläufige, moderne Gebäude aus, die alle möglichen Stilrichtungen auf-

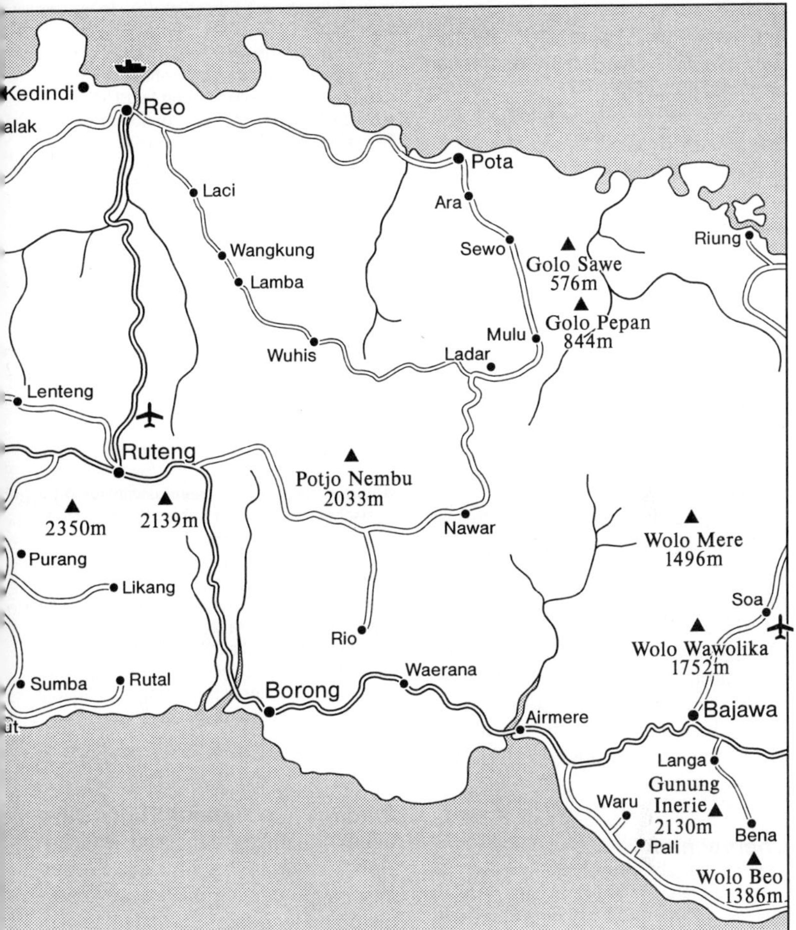

weisen. Das Zentrum mit zahlreichen kleinen Shops ist sehr betriebsam. Auffallend sind die vielen Schuhgeschäfte und die Foto-Express-Entwicklungsläden.

Sehenswertes

Markt

Neben dem üblichen Gemüse-, Fisch- und Haushaltswarenangebot findet man in Ruteng auf dem Markt auch **Sarongs** der Region. Es werden vorwiegend blaue und schwarze Sarongs und Schals (oft reichhaltig bestickt) verkauft.

Die Preise variieren stark zwischen 25.000 und 50.000 Rp für einen Sarong, Schals kosten zwischen 7.000 und 15.000 Rp.

Solche **Preisunterschiede** entstehen auf Grund der Qualität der Stickerei (feine und schwierigere Muster, exakte, gleichmäßige Muster) und der Qualität des Stoffes (fein oder grob gewebt, welches Material). Dichte, aus feinem Garn gewebte Stoffe fühlen sich weicher an als unregelmäßig gewebte. Eine weitere Rolle spielt die Größe des gewebten Sarongs bzw. Schals.

Anfangs bekommt man die teuren Webereien angeboten, weil das Beste für reiche weiße Menschen gerade gut genug ist.

Zwei "Fachausdrücke" für Webereiverhandlungen: *halus* = fein, *kasar* = grob.

Wer die Webereien lieber beim Hersteller kaufen möchte, sollte sich die Weberei Tuna Jaya in der Jalan Ranaka ansehen.

Übernachten

In Ruteng gibt es mehrere Losmen. Die teureren bieten teilweise heißes Wasser. Das ist schon manchmal erstrebenswert, wenn man sich länger in Ruteng aufhält

- ***Wisma Agung I**-****** , Tel. 21080, liegt am Stadtrand, ca. 15 Minuten zu Fuß vom Zentrum entfernt. Von hier kann man wunderbar spektakuläre Sonnenaufgänge sehen. Da das Losmen öfter für Schulungen von Indonesiern benutzt wird ist es häufiger voll. Ein kleines, preiswertes Restaurant ist angeschlossen.
- ***Wisma Agung II***** , Tel. 21835, im Zentrum gelegen, mit Frühstück (Ei, Toast und Tee), sauber.
- ***Wisma Agung III****** , Tel. 21083, recht neu, mit Restaurant, es gehört dem gleichen Besitzer wie das Agung I und II.
- ***Hotel Sindha*-****** , Jl. Yos Sudarso 26, Tel. 0385-21197, Fax 21104, inklusive Frühstück, sehr gepflegt, mit angeschlossenem Restaurant und harten Matratzen. Der Manager *Stefanus* organisiert auf Wunsch auch Ausflüge in die Umgebung, Busplätze für die Weiterreise usw. Kartentelefon vorhanden. Neue sog. VIP-rooms werden z.Z. gebaut.
- ***Dahlia**-******* , Tel. 21377, Zimmer teilweise mit TV und heißem Wasser, Restaurant.
- ***Losmen Karya**** , sehr einfach, Gemeinschaftsmandis.

Essen

Wer nicht im Losmen essen, sondern lieber mal ausgehen möchte, dem sei folgendes empfohlen:

- ***Dunia Baru***, eine Riesenauswahl an indonesischer und chinesischer Küche. Nicht billig, aber große Portionen und gut, außerdem noch leckere Süßigkeiten.
- Schräg gegenüber vom Markt gibt es den ausgezeichneten Rumah ***Masakan Padang Simpang Raya***, Jl. Mongindi. Hervorragendes Rindfleisch und prima Fisch. Hier gibt es auch *Daging kerbau paru* (gebratene und getrocknete Büffellunge, schmeckt wie getrocknete Pilze).

Einkaufen

Sarongs. Die ***Weberei Tunas Jaya*** befindet sich an der Jalan Ranaka. Dort kann man Frauen beim Weben zuschauen und natürlich auch die typischen Manggarai-Sarongs kaufen.

Ausflüge

Kampung Ruteng

Traditionelles Dorf. Ein Spaziergang (3 km), der sich lohnt; unterwegs hat man schöne Aussichten. Zu sehen ist auch eine Art Stein-Al-

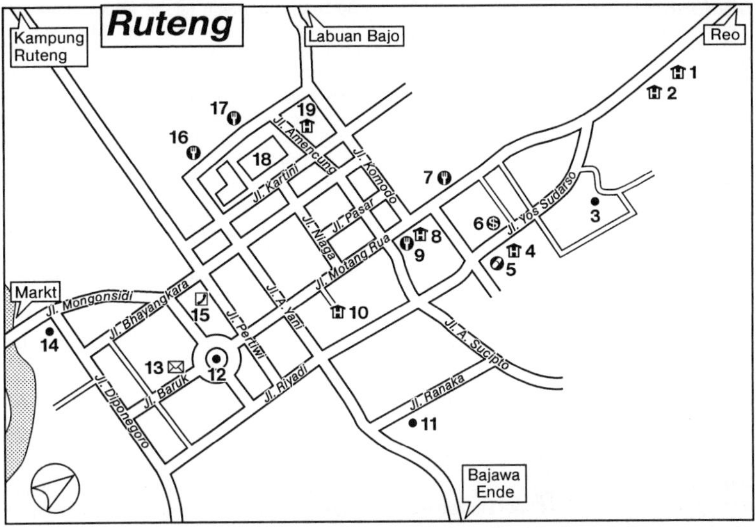

🏨	1	Wisma Agung III
•	2	Wisma Agung I
•	3	Merpati
🏨	4	Wisma Sindha
	5	Apotheke
	6	Bank
	7	R.M. Padang
🏨	8	Losmen Karyo
	9	Restaurant Dunia Bara
🏨	10	Wisma Agung II
•	11	Weberei Tunas Jaya
•	12	Rumah Adat (traditionelles Haus)
✉	13	Post
•	14	Buchladen (indon. Bücher)
	15	Telefon
	16	R.M. Simpang Raya
	17	Restaurant Garuda
	18	Busstation/Markt
🏨	19	Losmen Dahlia

tar. Allerdings muß man eine Gebühr von 2000 Rp bezahlen, um das gute Stück zu sehen, und noch einmal soviel, um ein Foto machen zu dürfen.

Cancar

ist ein traditioneller Kampung, ca. 15 km von Ruteng entfernt, den man mit Bussen und Trucks erreicht. Es gibt dort eine große Leprastation. Kampung Cancar ist aber nicht sehenswerter als z.B. Kampung Ruteng. Wer nicht ernsthaft an der Arbeit einer Leprastation interessiert ist, sollte nicht dorthin fahren.

Wae Garet

ist ein Ausflugsort, ca. 5 km von Ruteng entfernt, landschaftlich sehr schön gelegen. Man kann dort in einem See baden. Übrigens ist dort auch Rutengs Wasserwerk.

Madonnenaltar

Einen Super-Blick auf Ruteng hat man vom "Madonnenaltar". Vom *Wisma Agung I* der Hauptstraße Richtung Reo ca. 10 Minuten folgen, nach der Brücke rechts abbiegen und dann links hochlaufen.

Benteng Jawa

In Benteng Jawa und der umliegenden Region werden Manggarai-Sarongs hergestellt. Dort soll teils noch mit handgesponnenen und pflanzengefärbten Garnen gewebt werden.

Für die 50 Kilometer lange Anreise benötigt man ca. 5 Stunden hin und weitere 5 Stunden wieder zurück.

Adressen

- ***Merpati***, Tel. 21147, befindet sich an einer namenlosen Straße, die von der Jalan Yos Sudarso abzweigt (siehe Plan). Von der Jalan Yos Sudarso bis zum Merpati-Büro sind es ca. 1,5 km.
- ***Bank:*** Die Bank liegt schräg gegenüber vom *Hotel Sindha,* die Wechelkurse sind in Ordnung. Öffnungszeiten: Montag-Freitag 8.00 bis 12.00 Uhr, Samstag 7.30 bis 11.00 Uhr.
- ***Post:*** Jalan Baruk 6. Öffnungszeiten: Montag-Donnerstag 8.00 bis 14.00 Uhr, Freitag 8.00 bis 11.00 Uhr, Samstag 8.00 bis 12.30 Uhr.
- ***Telefon:*** An der Jalan Kartini befindet sich das Kantor Telefon. Es ist täglich 24 Stunden geöffnet.
- ***Motorradverleih:*** Motorräder können bei Pacific Motors und im Hotel Sindha geliehen werden.

Transport

Busse

Morgens fahren zahlreiche Busse nach Osten und Westen. Wenn man sich das

Von Ruteng nach Reo

Ticket einen Tag vor der Abreise besorgt, wird man vom Losmen abgeholt. Ansonsten einfach an die Straße stellen, die Busse kurven ständig herum auf der Suche nach Fahrgästen.

Nach Osten

Die Fahrt (120 km) nach ***Bajawa*** dauert ca. 5-7 Stunden. Nach 2 Stunden ist eine Pause. Nach weiteren 3 Stunden verschlechtert sich die Straße. Es wird gebaut an diesem schlechten Wegstück. Ca. 3 km vor dem zentralen Busbahnhof endet die Fahrt. Bemos bringen die Fahrgäste dann zum gewünschten Ziel.

- Bajawa 4.500 Rp

(+ Bemo 500 Rp)

Die 175 km nach ***Ende*** schafft man in ca. 10 Stunden harter Strecke. Tickets sollte man am besten schon einen Tag vorher kaufen und eine Sitzplatzreservierung machen. Abfahrtszeit ca. 8.00 Uhr morgens.

- Ende 7.000 Rp

Nach Westen

Labuan Bajo (127 km), 4-6 Stunden Fahrt mit einer Pause.

- Labuan Bajo 4.000 Rp

Nach Norden

Nach ***Reo*** fahren regelmäßig Trucks und nur unregelmäßig Busse vom Busterminal. Die Fahrzeit beträgt ca. 4 Stunden (ohne Reifenpannen). Die Strecke ist landschaftlich recht schön, aber die Straße ist der Horror, größtenteils nicht geteert und schlammig. Die asphaltierten Stücke bestehen größtenteils aus Schlaglöchern. Während der Regenzeit ist die Strecke wohl nur mit Trucks befahrbar.

- Reo 3.000 Rp

Fliegen

Der Flughafen von Ruteng befindet sich in Stadtnähe. Manche Hotels und Losmen schicken bei Ankunft der Flugzeuge einen Wagen. Wenn man im Hotel des Wagenbesitzers wohnt, muß man den Transport nicht bezahlen. Ansonsten fahren Bemos (500 Rp).

Nach Osten

- Kupang (täglich) 136.900 Rp

Nach Westen

- Labuan Bajo (täglich) 50.000 Rp
- Bima (täglich) 97.300 Rp
- Mataram (täglich) 192.400 Rp
- Denpasar (täglich) 206.700 Rp
- Surabaya (täglich) 293.300 Rp

(mit Stops in Mataram, Denpasar, bei manchen Flügen auch noch in Bima und Labuan Bajo)

Reo

Reo ist ein kleines Städtchen nahe der Nordküste von Flores. Der Ort ist umgeben vom Fluß *Waipessi,* in dem angeblich noch Krokodile leben. Gesehen hat man allerdings schon lange keine mehr. Nachmittags verwandelt sich der Fluß in die Auto-Waschanlage, Waschmaschine bzw. Bade- und Duschanstalt des Ortes.

Reo hat 3000 Einwohner, fast alle sind Katholiken. Das ganze Dorf wirkt ziemlich heruntergekommen, überall liegt Dreck und Abfall.

Der eigentliche Hafenort heißt ***Kedindi*** und liegt ca. 2 km von Reo entfernt. Wer mit dem Schiff/Boot ankommt oder weiter will, also mit Gepäck reist, sollte die Strecke mit dem Truck fahren. Ohne Gepäck ist der Weg auch ganz gut zu laufen.

Sehenswertes in Reo und Umgebung

Kedindi

Der Hafen von Reo ist gleichzeitig ein kleines Dörfchen. Man hat drei Möglichkeiten, dorthin zu gelangen: entweder mit dem Truck oder zu Fuß

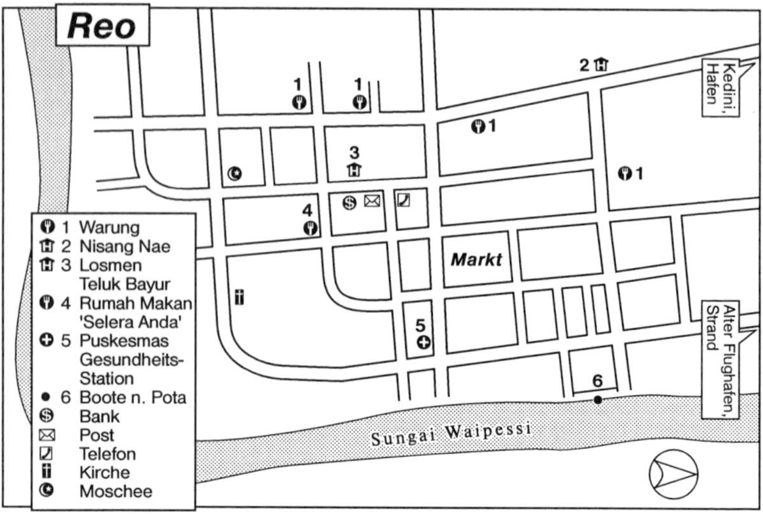

die geteerte Straße entlang. Die Straße führt durch Reisfelder, umgeben von Bergen.

Der dritte Weg führt am Strand entlang. Man sollte in Reo nach dem ehemaligen Flughafen *(Lapangan Terbang)* fragen, denn von dort führt ein Weg direkt zum Strand. Fragt man nach dem Strand, wird man grundsätzlich zur geteerten Straße geschickt. Der "Flughafen" wurde von den Holländern gebaut. Heute ist es nur noch eine große Wiese, auf der Wasserbüffel in großen Schlammlöchern liegen. Einfach am Strand entlang laufen, dann erreicht man Kedindi.

Pota

ist ein kleines Dörfchen östlich von Reo, gelegen in einer Bucht. Erreichen kann man Pota mit Booten, denn mittwochs ist dort Markttag. Frühmorgens starten dann Boote dorthin, die Fahrzeit beträgt drei Stunden. Die normalen Marktboote fahren erst Donnerstag früh zurück nach Reo. Man kann in Pota entweder beim *Kepala Kampung* wohnen oder bei einem Pater.

Von Februar bis Juli stehen die Felder rund um Pota in Blüte, rot und weiß. *Tanjong* heißen die Früchte, die dort angepflanzt werden.

Die Bootsanlegestelle für Schiffe nach Pota in Reo ist unten am Fluß, siehe Stadtplan.

Zum Wasserfall

(Air Terjun) Von Reo aus beträgt die reine Laufzeit ca. 4 Stunden. Man folgt der Straße von Reo in Richtung Ruteng, nach ca. 1 km

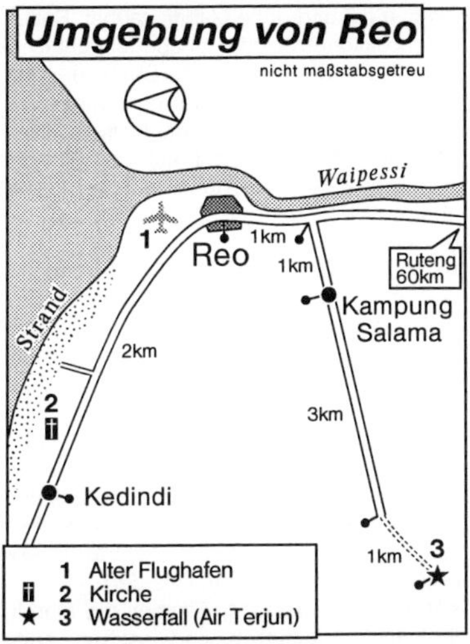

rechts in die Straße nach Salama abbiegen, von dort einfach die restlichen 4 km dem Weg folgen.

Wenn man Glück hat, fährt gerade ein Truck von Reo nach Salama oder umgekehrt. Es ist ein einfacher Spaziergang bis auf das letzte Stück, da geht der Pfad steil hoch. Frühmorgens starten, sonst wird es zu heiß.

Übernachten

In Reo gibt es zwei Losmen. Beide sind recht einfach.

- ***Teluk Bayur**** ist sehr heruntergekommen, muffig, und die Leute sind sehr unfreundlich.
- ***Nisang Nae**** ist bedeutend besser, aber häufiger voll.

Essen

Das Essen in den Rumahs Makan ist insgesamt nur dazu da, um nicht zu verhungern.

- ***Rumah Makan Selera Arda,*** ist das empfehlenswerteste Eßlokal unter den schlechten.

Transport

Busse/Trucks

Die Strecke ***nach Ruteng*** dauert bei relativ guten Straßenverhältnissen 4 Stunden mit dem Bus oder Truck. Bei guter Wetterlage gibt es täglich Fahrgelegenheiten.

- Ruteng 3.000 Rp

Schiffe

Wer mit dem Boot ***nach Lb. Bajo*** will, braucht Zeit und muß in der Hafengegend fragen.

Nach ***Riung über Pota*** fährt einmal die Woche ein Marktboot. Die Fahrzeit beträgt ca. 7 Stunden mit einem Stop in Pota, da muß man das Boot wecheln.

- Riung 5.000 Rp

Bajawa

Bajawa ist ein kleiner Ort mit 12.000 Einwohnern in den Bergen. Das heißt, es ist recht kühl dort. Der höchste Vulkan bei Bajawa ist der ***Gunung Inerie*** (2245 m).

In der Umgebung Bajawas, der ***Region Ngada,*** befinden sich verschiedene traditionelle Kampungs, deren Bewohner noch heute Animisten sind und gleichzeitig praktizierende Katholiken. Die meisten Ngada-Bewohner befolgen noch immer die Gesetze, die ihre Urahnen festlegten: 1. hart und planvoll zu arbeiten, 2. nicht streitsüchtig und gut zu seinen Freunden sein, 3. nicht schlecht über andere reden, 4. den Glauben an den Gott (oben) und den Erdgott bewahren. Die Bewohner gehören zu zwei Clans. Jeder Clan

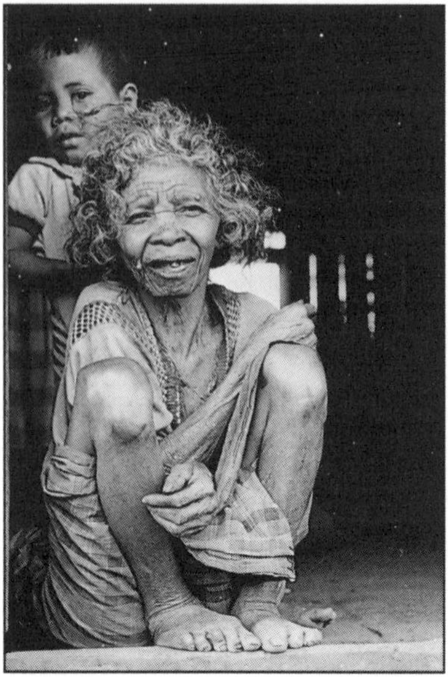

Alte Kampung-Frau (AS)

hat einen "Vorsteher" mit einem Ältestenrat. Dieser "Vorstand" löst und regelt Probleme, die bei Landstreitigkeiten, Beerdigungen, Hochzeiten und ähnlichem auftreten.

Obwohl fast alle Bewohner dem katholischen Glauben angehören, werden die Ahnen immer noch verehrt. Katholizismus und Animismus sind hier in echt indonesischer Manier verquickt.

Übernachten

Es gibt reichlich Losmen in Bajawa. Die Preise sind fast überall gleich.

● ***Losmen Johnny****, Jalan Gajah Mada, Tel. 21079, Zimmer mit Mandi, nette Leute.

● ***Losmen Korina*****, Jalan A.Yani, schräg gegenüber Restaurant Camilla, Tel. 21162, Zimmer mit und ohne Mandi, sauber, Betten mit Moskitonetzen, der Inhaber spricht Englisch, Holländisch und etwas Deutsch.

● ***Losmen Sunflower****, Jalan H.Wuruk, Tel. 21236, abgenutzte Zimmer, schmale Doppelbetten, tolle Aussicht auf den Vulkan, gemütliche Terrasse, unfreundliche Leute, aber man trifft hier gute Guides, wie z.B. die beiden *Lukas*.

● ***Losmen Kembang*****, Jl. Diponegoro 18, Tel. 21072, kein Nachlaß bei Einzelreisenden. Großzügige Zimmer mit weichen Betten, großes Bad. Ruhig gelegen, nahe am Zentrum.

● ***Hotel Virgo*****, Jalan Panjaitan, Tel. 21061, sauber und nett.

● ***Wisma Elisabeth*****, (so hieß der erste Gast), sehr familiär, mit tollem Frühstück und leckerem Brot. Mittagssnack und Abendessen kann man bestellen. Tickets für Busse und Flüge können besorgt werden.

● ***Hotel Nusantara*****, Zimmer mit Mandi, Frühstück, gemütlich und sauber, nette Leute.

● ***Hotel Kambera*****, Jalan El Tari, Tel. 21166, gleich neben dem Nusantara, hier ist man gut gebettet, große, holzgeschnitzte Dornröschen-Betten.

● ***Anggrek*****, Jalan Haryono, Tel. 21162, sauber, sehr freundliche Leute.

Essen

Viele Hotels bieten Essen, manche ausschließlich auf Bestellung.

H	1	Hatel Kamicong/Arzt
H	2	Losmen Johnny
H	3	Hotel Virgo
H	4	Hotel Anggrek
H	5	Losmen Kembang
H	6	Hotel Nusantara
H	7	Hotel Kambera
R	8	Restaurant Kasih Bahagia
●	9	Merpati Airlines
H	10	Losmen Sunflower
R	11	Restaurant Camilla
H	12	Losmen Korina
		Telefon
		Kirche
		Moschee

Alle Warungs bzw. Restaurants haben so lange geöffnet, wie Gäste da sind. Allerdings sollte man vor 21.00 Uhr essen gehen, ansonsten ist die Küche geschlossen oder der Schlüssel zum Kühlschrank verschwunden.

- ***Warung Kasih Bahagia***, Nähe Kreisverkehr Zentrum, sehr gute *Guakamole* (Avocadomus mit Tomaten, Zwiebeln und Krabbenbrot), guter Fisch (mitten in den Bergen!) und *Sirsak* (eine leckere Frucht, die nach allem gleichzeitig schmeckt) je nach Saison im Fruchtsalat.
- ***Restaurant Hotel Kambera***, im ersten Stock des Hotels, gutes Essen, sehr scharf!
- ***Restaurant Camilla***, beliebter Touristentreffpunkt, Lasagne (5.000 Rp), Spaghetti Bolognese mit Hühnchenfleisch (4.000 Rp), Frühlingsrolle und ein paar indonesische Standardgerichte. Qualität durchschnittlich.

Ausflüge

Ngada-Dörfer

Wer Lust hat, traditionelle Ngada-Dörfer zu besuchen, kann das entweder selbst organisieren oder mit einem Guide machen. Zwei ***Guides***

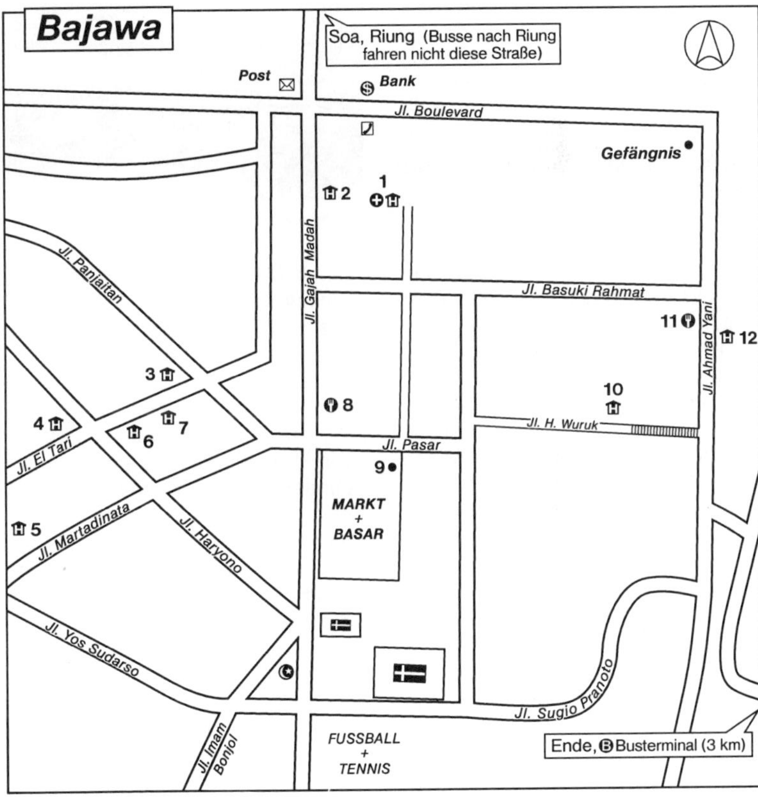

Flores

möchte ich empfehlen. *Lukas* und *Lukas Dua* machen sehr gute und informative Touren. Beide sprechen ein wenig Deutsch, ansonsten aber fließend Englisch. Die Preise für eine Tour liegt bei 14.000 Rp/Person. Die Gruppe sollte nicht mehr als 8-10 Personen umfassen, das entspricht einem Bemo. Ein traditionelles Essen ist im Preis inbegriffen.

Beide Guides findet man im Losmen *Sunflower. Lukas* kann man morgens um ca. 9.00 Uhr dort treffen und *Lukas Dua* um 19.00 Uhr.

Lukas bietet übrigens auch Gunung-Inerie-Besteigungen an. Der Aufstieg dauert ca. 4 Stunden.

Bajawa-Markt innen

Langa und Bena sind zwei traditionelle Dörfer mit Geister- und Totenhäuschen.

Bena gilt als das traditionellste Dorf der archaischen Ngada-Kultur. Der Ort besteht aus zwei gegenüberliegenden Reihen traditionell gebauter Häuser. Bislang ziert noch keines ein Wellblechdach. Die Kastenzugehörigkeit symbolisieren die Zeichen auf dem Dach. Ein kleines Haus auf dem Dach bedeutet eine hohe Kaste, ein Männchen die mittlere Kaste und gar nichts die unterste Kaste.

In der Mitte des Dorfes stehen die ***Ahnen.*** Die männlichen Clanahnen sehen aus wie Schirme (*ngaduh*) und die weiblichen Clanahnen wie Bambushäuschen (*bhaga*) auf Stelzen. Die *Ngaduh* und *Bhaga* werden gepflegt und versorgt, denn würde man die Vorfahren vernachlässigen, brächte es großes Unglück über das Dorf. Im Zentrum des Dorfes steht *Peo*, ein Megalith. Dieser Stein ist zur Kommunikation mit den Ahnen da.

Die größeren Megalithenansammlungen dienen als Versammlungsplätze. Hier können die Weisen des Dorfes in Harmonie mit den Naturgewalten wichtige Entscheidungen treffen.

Direkt gegenüber dem Ahnenplatz befindet sich die Kirche, denn die Bewohner sind ja auch noch Katholiken.

Jeder Besucher muß eine ***Gebühr*** von 2500 Rp bezahlen, mit diesem Geld wird das Dorf instand gehalten.

Vom höchsten Punkt am Ende des Dorfes hat man einen phantastischen Blick in ein steil abfallendes Tal. In der Ferne ist das Meer zu sehen. Im quer verlaufenden Tal links fließt ein ***heißer Fluß.*** Man erreicht den Fluß wandernd in 1,5-2 Stunden oder in 20 Minuten mit dem Bemo. Der Fluß hat seinen Ursprung im Kratersee, der sich zur Regenzeit immer wieder auffüllt und dann einen natürlichen Ablauf bildet. In dem aufgestauten Fluß kann man ein Bad nehmen, im Oberlauf soll das Wasser so heiß sein, daß man darin Eier kochen kann.

Feste, die von rituellen Handlungen und Tänzen begleitet werden, finden Ende Dezember (*Reba)* statt, in der Pflanzzeit (im September und Oktober), und in der Erntezeit (April und Mai).

Langa ist 6 km von Bajawa entfernt und Bena 16 km. Langa kann man zu Fuß erreichen. Von der Straße Richtung Ende führt nach ca. 3 km rechts eine mäßig asphaltierte Straße nach Langa. Man kann aber auch einfach ein Bemo nehmen.
Wer nach Bena möchte, muß zuerst nach Langa. Von dort führt die Straße am Fuß des Gunung Inerie nach Bena weiter.

Soa (26 km) ist ein noch recht traditioneller Ort, in dem einmal in der Woche ein großer Markt stattfindet. Aus den umliegenden Dörfern strömen die Käufer und Verkäufer herbei.

Das Jahresereignis ist das vier Wochen dauernde *Paruwitu* (Mitte Oktober bis Mitte November). Das wichtigste Ereignis ist dabei die Hirschjagd. Die Männer des Dorfes reiten, mit Speeren bewaffnet, zur Jagd. Die Frauen waschen ihre Hände im Blut der getöteten Hirsche.

Von der Busstation Bajawa fahren an Markttagen (Donnerstag) regelmäßig Trucks. Ca. 6 km von Soa entfernt soll man ***Air Panas*** (heiße Quellen) besuchen können. Dort soll eine Bungalowanlage entstehen.

Besteigung des Gunung Inerie

Für den Aufstieg zum Kraterrand des 2245 m hohen Gunung Inerie benötigt man 3-4 Stunden, je nach Kondition. Wer auf die Bergspitze will, muß noch einmal eine knappe Stunde dazurechnen. Der längste Teil des Weges führt durch Gras, das letzte Stück ist feines Lavageröll.

Entweder nimmt man sich einen Guide aus Bena oder Bajawa, oder man macht es alleine. Im Sunflower in Bajawa bieten sich welche an. Mit dem Bemo Richtung Bena fahren. Wenn man dem Bemofahrer Bescheid sagt, läßt er einen an der richtigen Stelle aussteigen. Zwischen Langa und Bena führt ein recht gut sichtbarer Pfad den Berg hinauf, anfangs noch durch Felder. Dann sollte man immer wieder nachfragen, bis man wieder auf den Pfad trifft. Wasser, Sonnenhut und etwas zu essen nicht vergessen.

Transport

Busse

Busse fahren morgens zwischen 7.00 und 8.00 Uhr nach Ende, Riung und Ruteng ab. Der Busterminal befindet sich 3 km außerhalb der Stadt. Man erreicht ihn mit einem Bemo (300 Rp).

Nach Westen

- Ruteng (5-7 Std) 4.500 Rp

Nach Osten

Die Straße nach Ende ist in recht gutem Zustand, jedoch schmal. Hin und wieder

Straßenarbeiten. Die Busse enden am westlichen Busterminal Ndao am Stadtrand Endes.

- Ende (5-7 Std) 5.000 Rp

Nach Norden

Von Bajawa erreicht man Riung mit einem kleinen Bus, der gegen 7.00 Uhr morgens vom Busterminal startet. Die Straße ist relativ schlecht. Man wird bis zum Losmen in Riung gebracht. Sonntag und Montag fahren keine Busse nach Bajawa zurück.

- Riung (4-5 Std) 4.000 Rp

Fliegen

Der Flugplatz Bajawas liegt ca. 25 km nördlich der Stadt bei Soa. Man erreicht ihn mit einem Merpati-Bus für 5.000 Rp.

Nach Westen

- Bima (Di, Fr) 97.300 Rp

Nach Osten

- Ende (Di, Fr, So) 50.000 Rp
- Kupang (Di, Fr, So) 133.600 Rp

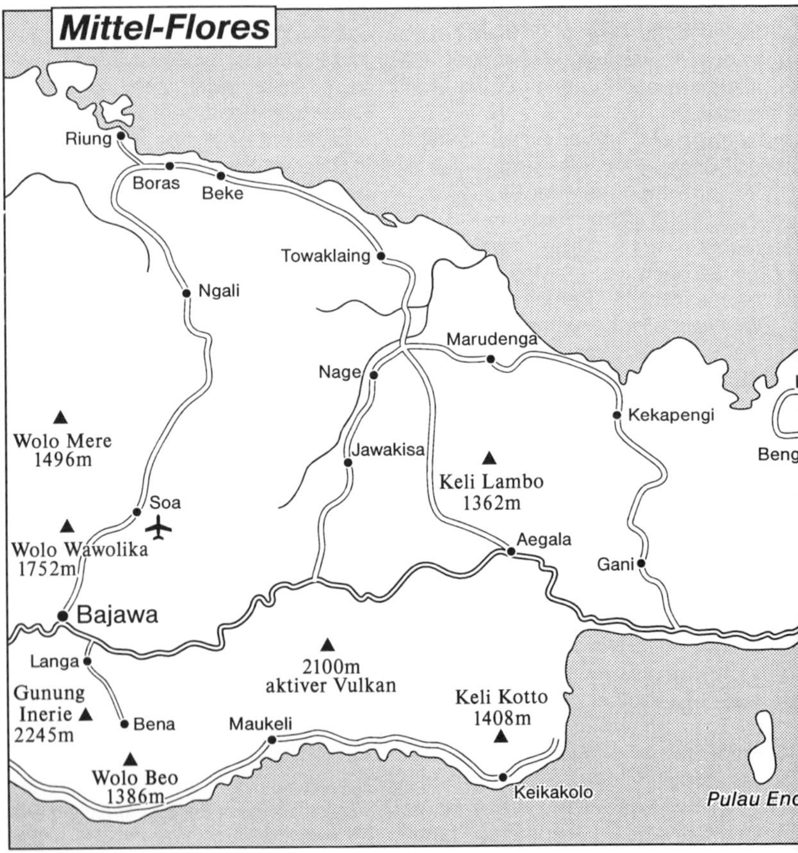

Riung

Riung ist ein kleiner, ruhiger Ort mit ca. 1500 netten Bewohnern. Montag nachmittag und Freitag morgen ist Markt. Das Dorf liegt nicht direkt am Meer.

Durch einen Palmenhain führt eine Straße zum Meer. Dort ist ein kleines moslemisches Fischerörtchen mit Pfahlbauten in Strandnähe.

In Riung selbst ist eigentlich nicht viel los. Aber der Küste vorgelagert sind über 20 kleine Inseln, mit teilweise schneeweißen Stränden und türkisblauem Wasser, die zum Schwimmen und Schnorcheln einladen. Schöne, unzerstörte Korallengärten, soweit die Taucherbrille

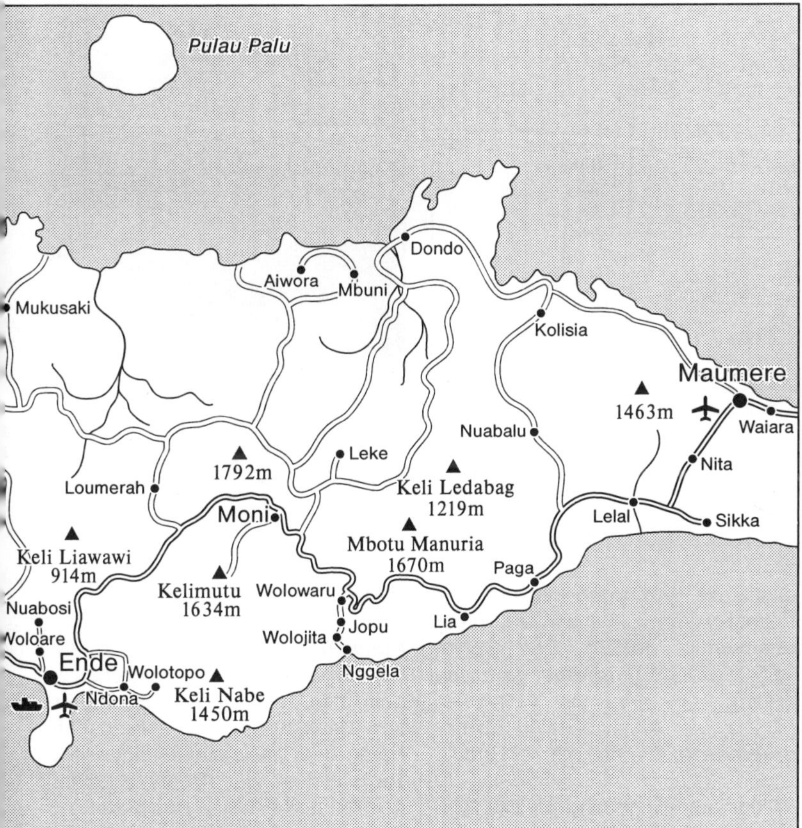

Flores

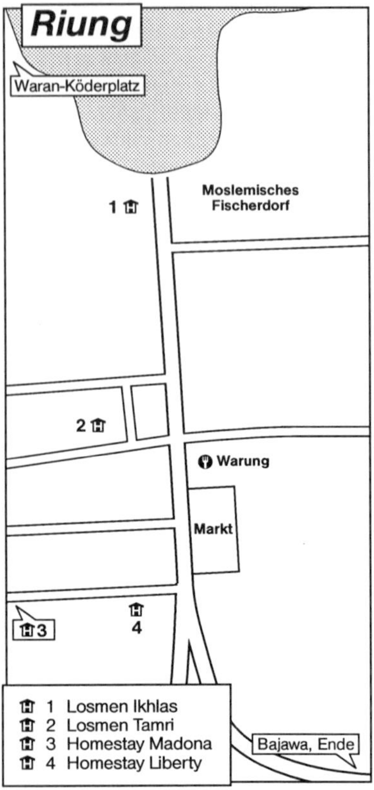

reicht, die unzähligen Fischen eine Heimat bieten. Die Inseln sind unter Naturschutz gestellt. Das Gebiet heißt ***Pulau Tujuhbelas*** (siebzehn Inseln).

Die zweite Attraktion sind ***Komodo-Warane,*** die man mit viel Geduld ködern kann.

Riung und Umgebung gilt als ***Malariagebiet.***

Sehenswertes/Ausflüge

Pulau Tujuhbelas

Um die wunderschönen Inselchen zu besuchen, muß man ein Boot chartern. Danach kann man entweder am Hafen oder im Losmen fragen. Pro Tag kostet ein Boot zwischen 20.000 und 30.000 Rp. Maximal 6 Personen können mitfahren. Weitere

500 Rp/Pers. muß man an das P.H.P.A. zahlen, denn diese Region steht unter Naturschutz. Man muß vorher abklären, ob Mittagessen und Schnorchelausrüstung im Preis inbegriffen sind. Trinkwasser muß man ohnehin selber mitbringen.

Wie auch im Komodo-Nationalpark gibt es hier eine Fledermausinsel. Etwa eine halbe Stunde nach Sonnenuntergang fliegen die Flughunde zu Tausenden los. Ein beeindruckendes, fast lautloses Schauspiel.

Dragon Place

In der Umgebung von Riung sollen auch ***Komodo-Warane*** leben. Wer diese Warane sehen möchte, muß allerdings 2-3 Tage Köderzeit einkalkulieren und kann sich auch dann nicht sicher sein, daß wirklich ein Waran auftaucht. Als Köder muß man sich einen Hund oder eine Ziege besorgen, das Tier am Köderplatz töten und auslegen. Das P.H.P.A. muß die Erlaubnis dazu geben und organisiert auch die Tour zum Köderplatz.

Übernachten/Essen

In Riung gibt es einige Losmen, alle sind sauber und in Ordnung. Alle kosten 7.500 Rp inklusive Vollpension. Alle servieren ausgesprochen abwechslungsreiches Essen: Fisch, und Fisch, Fisch und Reis, Reis und Fisch, Fisch usw.

- ***Losmen Ikhlas*** ist das einzige mit Meeresblick, direkt am Hafen gelegen, sauber, einfach, mit Balkon auf der 1. Etage, sehr hellhörig.
- ***Losmen Tamri*** hat einen sehr originellen Hausaltar.

Transport

Busse

Jeden Morgen zwischen 7.00 und 8.00 Uhr fährt ein Bus ***nach Bajawa***. Es gibt zwar eine direkte Straße nach Bajawa, die aber in so einem üblen Zustand ist, daß fast alle Busse den Umweg über Mbay (halbe Strecke nach Ende) fahren.

- Bajawa 4.000 Rp

Nach Ende fährt ein Bus über Aegala. Die Fahrzeit beträgt 5 Stunden. Nach 2 Stunden wird in Mbay eine längere Pause eingelegt. Einmal wöchentlich findet in Mbay ein Pferdemarkt statt.

- Ende 4.500 Rp

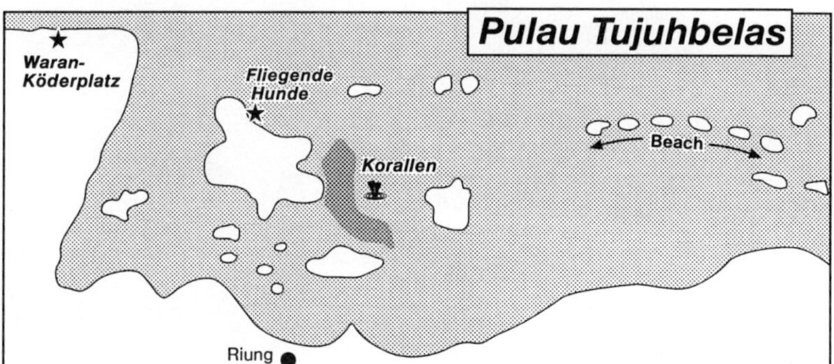

Schiffe

Nach Reo fährt jeden Dienstag um 7.00 Uhr morgens ein Schiff. Mit einem kleinen Kanu wird man zum größeren Boot gebracht. Die Fahrt geht zuerst bis **Pota** (4 Stunden), dort steigt man dann um in das Schiff nach Reo. Die Fahrzeit beträgt ca. 7 Stunden. Es ist eine angenehme Fahrt entlang der fast unbewohnten Küste.

Ende

Flores. Mächtig, gebirgige, wiederum fruchtbare Insel. Hafen und Hauptdorf: Endeh. Hier bleibe ich eine Weile. Zwischen Tauchern und Haien schafft mich die Barkasse an Land, während sich die anderen Passagiere über die Narretei unterhalten, in Flores zu bleiben, ohne dazu gezwungen zu sein.
Aus: *"Heitere Tage mit braunen Menschen"* von *Richard Katz,* 1930 Ullstein, Berlin.

Die recht große Stadt (ca. 60.000 Einwohner) ist der **Verwaltungssitz** des in Zentral-Flores gelegenen Distrikts Ende. Die Stadt hat keine besonders großartigen Attraktionen, sondern bietet sich eher als letzter Zwischenstop vor dem *Keli Mutu* an.

Man kann den Keli Mutu zwar von Ende aus als Tagestour erreichen (mit einem gecharterten Auto), schöner ist es jedoch von Moni aus. (Das Dörfchen liegt ca. 3 Stunden von den Keli-Mutu-Kraterseen entfernt.)

Wer sich für handgewebte **Sarongs** interessiert, sollte in Ende den Markt besuchen.

Die Bewohner Endes und der Umgebung waren, bevor Missionare dort auftauchten, Animisten. *Johannes Elbert* hat sich auf seiner Sunda-Expedition in Mittel-Flores aufgehalten und einiges zu *"Götter-, Geister- und Seelenkult in Mittel-Flores"* sowie *"Ehegebräuche der Bewohner Ndonas und Reas"* geschrieben (siehe Exkurs).

Straßenszene in Ende (KB)

Noch heute ist die Weltanschauung der Bewohner Zentral-Flores' durchsetzt mit animistischen Glaubenselementen. Die folgende Beschreibung von *J. Elbert* aus dem Jahre 1911 haben daher noch aktuellen Bezug. *Elbert* schreibt über das Gebiet zwischen Ende und Wolowaru:

Götter-, Geister- und Seelenkult in Mittel-Flores

Auf Flores bestehen ähnliche Beziehungen zwischen dem Geisterglauben, der Seelenverehrung und dem Totenkult wie bei den Bewohnern von Celebes. Auf der Expedition begegnete mir jedoch bis jetzt kein Land, in welchem die Leichenbestattung in so mannigfaltigen Arten vertreten ist wie in den Landschaften Rea und Ndona von Mittel-Flores.

Der Tote wird im allgemeinen nach 2, bei Reichen 3 Tagen und bei Armen möglichst schnell, also am Sterbetage der Erde übergeben. An manchen Orten, z.B. Geni in Rea, wartet man jedoch bis zum 4., an anderen, wie Ana Soku und Nua Kotta in Ndona sogar bis zum 6. Tage. Die Leiche wird bei den Bergbewohnern Reas nicht, wie sonst allgemein üblich, gleich nach dem Ableben gewaschen, sondern sofort in schöne und möglichst bunte Gewänder eingewickelt. Nachdem ihr in Rea die Arme mit den Händen auf den Schultern am Oberkörper und in Ndona auch die Beine mit dem Rumpfe zusammengeschnürt (mate tane) sowie ihr irgend eine kleine Kostbarkeit, meist Ohrringe, in den Mund gesteckt sind, bestattet man sie auf der Seite liegend, das Gesicht zum Seelenorte, dem Ija-Vulkan, und zwar in Puu Mere-wawo nach Osten, in Ndona nach Westen (Kopf nach Süden auf der linken Seite), und in Geni, am Fuße des Nira Djawa nach Süden (Kopfende im Westen) gewandt. Als eine besondere Auszeichnung gilt es, nicht in Hockerstellung, sondern ausgestreckt beerdigt zu werden, eine Ehre, die im allgemeinen nur im Krieg Gefallene genießen. Als erstes Anzeichen des muhamedanischen Einflusses von Seiten der Endenesen mag das Waschen des Toten in Ndona, z.B. in Nua Kotta und Ana Soku gelten, jedoch bettet man ihn hier immer auf schiefer Ebene, in Rea (Puu Mere) auf horizontaler Fläche.

Die Gräber (rate) erhalten meist nur die Tiefe eines bis an die Hüften darinstehenden Mannes. Um sie vor dem Aufwühlen durch Schweine zu schützen, werden sie mit Felsstücken belegt. Diese Maßnahme mag wohl den ersten Anlaß zur Errichtung großer Denkmäler gegeben haben. In Ndona finden sich sogar monumentale Megalithen ähnlich wie auf der Insel Sumba. Sie bestehen aus bis zu 1 1/2 m hoch aufgepackten, rechteckigen Steinhaufen oder einer Pflasterung zu ebener Erde und einem kastenartigen Aufsatz aus einer horizontalen Platte, ruhend auf zwei bis vier senkrecht stehenden als Stützen, bezw. einem mächtigen, schön viereckig behauenen Block. Andere haben eine runde Form, einige im Kreise aufgestellte Steinpfeiler mit einer Deckplatte und erinnern an die der Donggos von Bima, und auch hier wird bei der Bestattung die darunter liegende Grube nach unten zu etwas länglich ausgehöhlt. Die oft kunstvoll zusammengefügten Grabdenkmäler dienen außerdem zur Aufnahme der Opfergaben für die Seele, die zu Zeiten erscheint und bei Krankheiten von den Familienangehörigen angerufen wird.

Hervorragende Menschen (ata meri), wie Dorfhäupter und Priester, genießen besondere Vorzüge; sie werden nähmlich in der Landschaft Rea in Hockerstellung an einen Baum gebunden (mata reda = aufgehängte Tote), den Kopf nach oben, und mit Arenfasern umwickelt, z.B. in Tanda, Puu Mere. In Ndona erhalten sie, ähnlich wie bei den Maronene von Südost-Celebes, einen Sarg, der in einer Hütte neben dem Hause auf ca. 1 1/2 m hohen Beinen ruht. Er besteht aus einem ausgehöhlten Baumstamm von der Gestalt eines Pferdes, mit Kopf und Schwanz, und sein Deckel ist mit Kalk bis auf einige Löcher zum Abzug der Fäulnisgase gedichtet. Nach erfolgter Auflösung des Fleisches werden die Knochen in einen ähnlich geformten kleinen Sarg bezw. Kasten gelegt, in den sie gerade hineinpassen. Man stellt diesen auf ein Gestell, ebenfalls von der Form eines Pferderückens, wohl um anzudeuten, daß auch die Seele des Verstorbenen sich noch dieses Tieres bedienen möge, um ins Seelenreich zu gelangen.

Die Zeichnung (siehe Abbildung) gibt ein derartiges Totenhäuschen (leda ata mata) eines Priesters wieder, das auf einem grabartigen Hügel steht und auf einem Steinpfeiler ruht.

Während der Aufbahrung der Leiche auf einer Matte im Hause bestehen nun noch folgende Gebräuche in Ndona. Neben ihr essen am ersten Tage nach dem Tode die Angehörigen, um die bösen Geister zu bannen, lautklagend eine Kokosnuß, deren Schale man zum heiligen Baum bringt (moi re-katju mere = aufbewahrt im großen Baum). Dann folgen während der

Megalith-Gräber, Knochenkiste auf einem Pferderücken-Gestell sowie ein Altar mit den beiden Steinpfeilern des Sonnen- und Mondgottes; im Vordergrund ein urnenartiger, kleiner Opferpfahl mit Umzäunung für die Traumgeister. (Skizze von Gründler)

nächsten 6 Tage trotz des fürchterlichen Gestankes im Hause Schmausereien und Trinkgelage. Je nach Reichtum verzehren die Leidtragenden Hühner, Ziegen, Schweine, Büffel und Pferde. In Rea, wo man die Zeremonie des Kokosnußessens nicht ausübt, ist das Totenfest (ngua nbapu) am dritten Tage, also gleich nach der Beerdigung, bis zu welcher das abtropfende Leichenwasser in Bambusröhren aufgefangen wird, und dauert, wie in Ndona, 2 Tage.

Vor der Bestattung lebt, wie mir die Floresen von Geni berichtet haben, die Seele (mae) in der Ecke des hinteren Hausgiebels, wo sie abends beim Dunkelwerden Sirihpinang, Fleisch, gekochten Reis und Palmwein vom Festmahle erhält. Sie wandert am vierten Tage ins Seelenreich (oro mala Ija) zum Ija-Vulkan bei Ende. In diesem wohnt nähmlich nach dem Glauben der Rea- und Ndona-Leute der Dewa Konde, der Gott der Erde. Er trennt die guten Seelen (mae mata) von den bösen (mae bada), weist den ersten eine weiße Abteilung der Unterwelt und den zweiten eine rote, mit Feuer erfüllte, an. Aus dem Dorf Kota in Ndona erhielt ich eine höchst bemerkenswerte Mitteilung, welche sich mit einem von Gründler überbrachten Bericht von Ngadja im Gebiet des Mutu-Vulkans, den man dort als Seelenort bezeichnet, deckt. Dewa Konde besitzt nämlich noch für die nicht ganz schlechten Menschen einen dritten blauen Aufenthaltsort, den der Reinigung. In diesem müssen die Seelen zur Strafe im Meere stehen, bis ihre bösen Taten abgebüßt sind, erst dann werden auch ihnen die Pforten des Himmels geöffnet. Diese Vorstellung erinnert also an die katholische Auffassung vom Fegefeuer, scheint aber wohl kaum dem Einfluß der Missionare von Sika zuzuschreiben sein, doch ist eine nähere Untersuchung jedenfalls sehr erwünscht. Gründler fügt seiner Darstellung noch hinzu, daß alle im Kampf Gefallenen in ein grünes (statt weißes) Reich kommen und auch die bösen Menschen, nach Verbüßung ihrer Strafe im Mutu-Vulkan ebenfalls zum großen Versammlungsorte der Seelen im Ija- Vulkan zugelassen werden.

Dem Dewa Konde, dem Beherrscher der Unterwelt, stehen als ausführende Organe und Wächter die Djimu (Mal: djin), die Geister, zur Seite. Sie haben die Seelen des Menschen zu entführen, deren Körper dadurch erkranken, und vor den Gott zu bringen. Dieser entscheidet dann, ob die Seele zurückgebracht werden, die Krankheit des Menschen also wieder verschwinden oder ob sie in Totenreich geschickt, der Mensch also sterben soll. Er bestimmt auch die Zeitdauer der Reinigung im Feuer bezw. die Untertauchung in Wasser (die Leute in Kota glaubten, 2 bezw. 5 Tage würden wohl genügen!). Das Seelenland im Ija-Berge denkt man sich wie das irdische eingerichtet und so groß, daß alle Menschen dorfweise gesondert und in derselben Art wie im Leben darin wohnen können.

Die Seelen siedeln nach Ansicht der Reanesen nach dem Begräbnis und der Beendigung des Totenfestes ins Reich des Dewa Konde über und irren bis dahin auf der Erde umher. Bleibt aber die Leiche unbestattet z.B. im Walde liegen, so spuken sie in diesem und ängstigen die Menschen. Von Zeit zu Zeit, vor allem am Jahrestage nach ihrem Ableben, besuchen sie ihr Grab und genießen auch von den dort aufgestellten Speisen des Totenmahles. Sie bleiben überhaupt jederzeit den Angehörigen nahe und deren Bitten zugänglich, falls diese auf dem Opferstein des Begräbnisplatzes Gaben niederlegen, z.B. um für einen Kranken Gesundheit, eine reiche Ernte, überhaupt ihren Segen zu erlangen. Zu den Seltenheiten scheint es aber in Mittel-Flores zu gehören, daß den Seelen (wie allgemein auf den weiter östlich liegenden Inseln) ein geschnitztes Menschenbild auf das Grab gesetzt wird. Als auffallend möchte ich jedoch an diesem die Zweizahl der Köpfe, die Gabelung (sanga), die ich sonst nur von Opferpfählen für die Gottheiten kenne, bezeichnen.

Außer den Seelen der Verstorbenen werden in dem von mir besuchten Gebiete von Mittel-Flores folgende Götter verehrt: Ein Gott der Sonne und des Mondes,

Deo-dewa (Das Wort Deo-dewa ist eine zweifache Bezeichnung für Gott; "deo" leitet sich von dem sanskritischen Stamm "deo" ab, es deutet die Mehrzahl an.) Wura Rara in der Landschaft Rea, bezw. Deo-dewa Wula Ladja (wula = wura, d.i. Mond, rara = ladja, d.i. Sonne) in Ndona, 2. Dewa Magerani, der Gott des Morgensterns, und zwar als höchster in Puu Mere-wawo, umgekehrt wie in Geni.

Dem deo-dewa Wula Ladja bauen die Floresen in Ndona einen Felsenaltar ("tubu kangga", die Hand Gottes) und fassen den Sonnengott als männlich, den Mondgott als weiblich auf. Auf einem Steinhaufen erheben sich zwei nebeneinander errichtete Obelisken, ein großer für die Sonne und ein kleiner für den Mond, z.B. in Nua Kotta. Vor ihnen befindet sich eine flache Gesteinstafel. Auf diese legt man die üblichen Gaben oder hängt an eine aufgestellte Bambusstange (ngara) noch einen besonderen Opferbüschel (karo), einen glockenähnlichen Kranz mit langen Fransen und gelegentlich einem in der Mitte befindlichen klöppelartigen Kreuz. In Rea dagegen errichten die Leute zwei schön geschnitzte Holzpfeiler und versehen sie oben gern mit einem kleinen Schiffchen, z.B. in Geni, jedoch sollen dieselben im westlichen Gebiet der Südküste verfertigt werden und daher auch die Bootsform und den Namen "kadju gana", d.i. "Stamm mit dem Boot", erhalten haben. Sie legen auf diesen Opferplatz (oro Deo-dewa Wura Rara), besonders zu Beginn der Ackerbestellung, Ende November oder Dezember, genannten Kranz auf, an dessen zackenbesetzten Bambusträger sie hauptsächlich Früchte befestigen. Die Felsplatte vor den Pfeilern soll hier nur als Sitzgelegenheit ("ora nambe", d.i. Sitzplatz oder "ora nata", von "nata", d.i. halb-hoch) für Rastende dienen.

Diesen Opferpfählen für den Sonnen- und Mondgott fügen die Bewohner von Rea gewöhnlich noch den heiligen Steinpfeiler ("tubu musu", musu, d.i. Feind) für den Kriegsgott Deo-dewa Sawa Naga hinzu, der als Beschützer von Haus und Hof gilt und besonders bei bevorstehenden Kämpfen verehrt wird. Wie sein Name ("sawa", in Ndona auch "saga" und "sage", d.i. die Schlange, "naga" in Ndona auch "naka") sagt, weist er auf die hinduische Naga-Schlange hin, von welcher man sich, wie des öfteren berichtet, ähnliche Vorstellungen macht.

Auffallenderweise verglichen die Leute wie auf Buton bei ihrer Beschreibung die Schlange mit einer echten kleinen giftigen ("sawa" zum Unterschiede von der langen Python "nipa") und fügten hinzu, das Tier sähe teilweise auch dem Gecko (teke) ähnlich, denn es besitze Füße. Die Naga ähnelt also teils der hinduischen Schlange, teils dem chinesischen Drachen. In Ndona befindet sie sich wie auf Buton zum Schutz gegen böse Geister sowie Menschen an Fenstersockeln und Türschwellen und gilt hier mehr als Werkzeug des Kriegsgottes, welchen man Senda ndale nennt. Dieser wird wie in Rea angerufen, wenn die Männer in den Kampf ziehen oder größere Waldwanderungen unternehmen. Ihm errichten die Leute ebenfalls einen Steinpfeiler (tubu musu), welcher jedoch zu den genannten "tubu kangga" des Sonnen- bezw. Mondgottes in keiner direkten Beziehung steht.

Auch Jacobsen und später ten Kate berichten von einer Art "Götzenbilder" bzw. "afgodsbeelden" aus der Landschaft Sika, welche sie als Fetische mit beschirmender Kraft ansehen. Ten Kate fügt dann hinzu: "Als das Gleiche fasse ich auch die bei meinem Besuch von Ritpuang genannten menschenförmigen Türpfostenverzierungen auf, wie auch die vielen mit hölzernen Hähnen verzierten Pfähle, die man so oft in den Dörfern der Reiche Sika und Lio findet. Ich halte diese "siga" oder "saga manu" eher für Bewacher der Dörfer als für "Kriegstrophäen", durch die dann auch die bei diesen Pfählen verrichteten Opfer erklärt werden." An anderer Stelle sagt derselbe Forschungsreisende von den Schnitzwerken an Häusern: "Die Naga-Figur mit drachenförmigem Kopf kam des öfteren vor, u.a. auf einem Türpfosten."

Die Bezeichnungen: "saga, siga", oder "sawa" bedeuten nun nach meinen Feststel-

Ein Opferbaum in Ndona mit dargebrachten Gaben (Früchten, Töpfen mit der Nachgeburt, Paketen mit Fäzes von Neugeborenen etc.)

lungen "Schlangenpfahl", und auf dessen Ende werden die verschiedensten Dinge wie Hühner und selbst die Naga angebracht, je nach dem besonderen Zweck, welchen der Eingeborene mit ihm verbindet. Diese Pfeiler können also sowohl dem Kriegsgott, dem Dewa Naga oder Sendandale, wie dem Sonnengott Dewa Rara (in Rea), Ladja (Ndona), Lero (Lio, Sika) und Mondgott Dewa Wura (in Rea) oder Wula (Ndona, Lio, Sika) errichtet werden.

Außer den genannten Göttern kennen die Floresen von Rea und Ndona noch einen Jagdgeist, den Dewa Nitu-pai. Dieses Wesen, das sie sich klein von Körper vorstellen, wohnt in einem großen Baum im Walde, und wenn die Leute zur Jagd ausziehen, so pflegen sie erst dort eine handvoll Reis auszustreuen.

Eine ganz besondere Verehrung genießen in Mittel-Flores auch die Traumgeister Djimu nipi (auch ninipi), welchen überall nahe dem Wohnhause ein urnenförmiger niedriger Holzpfahl, meist mit einem flachen Stein davor zur Aufnahme der Opfergaben, beides umgeben von einem Zaun, errichtet wird. Falls nämlich der Florese Böses träumt, z.B. daß er krank würde oder ein böser Geist käme oder, daß er aus Unvorsichtigkeit einen als unberührbar (pemali) geltenden Ort betreten, oder gar etwas Schlechtes, Verbotenes gegessen habe, so ruft er die Geister um Verzeihung und Abwehr des drohenden Unheils an.

Gewöhnlich steht außerdem in der Nähe eines jeden Dorfes ein großer heiliger Baum (moi re-kadju mere), ein Ort, an dem die Götter und Geister mit den Menschen in Verkehr treten, der Ore pire, der große Götterort. An seinem Fuße befinden sich die verschiedensten Arten von Opferpfeilern, besonders für Traumgeister, und in seine Luftwurzeln und Äste hängt man allerlei Opfergaben, Eßwaren auf einem Pfahl mit Bambustablett (tubu tenda) oder einer Opferampel (tenda dju; entspricht dem "dewa-kai" der Donggos; "dju" ist die sanskritische Nebenform von "dewa".) an Fäden, die Nachgeburt u.A. Unter ihm wird auch das mysteriöse Fruchbarkeitsfest gefeiert, über welches ich leider nichts Näheres erfahren konnte.

Wie überall im Archipel, so wendet sich auch hier der Eingeborene in allen möglichen großen und kleinen Angelegenheiten an die Seelen, Geister und Götter, und falls seine eigenen Mittel nicht den gewünschten Erfolg zeitigen, so nimmt er seine Zuflucht zum Priester (ata mari), dem großen Mann, denn dieser genießt das Vorrecht, direkt mit den Göttern in Verbindung treten zu können.

Außer den genannten höheren Wesen kennen die Floresen noch die Werwölfe, die Budiana longon banggan. Diese Geister, welche die Leibesfrucht der Mutter mit ihren Krallen zerreißen und das Neugeborene (bis zum 10. Tage) töten wollen, glauben die Frauen in den Wehen zu sehen. Sie werden bei Krankheiten des Kindes durch Hunde vertrieben und von den Reanesen, wie es scheint, mit dem Geiste der Nachgeburt identifiziert, welche diesem, wie später bei Behandlung der Ehegebräuche erörtert werden soll, am heiligen Baum geopfert wird.

Mehr noch als bei den westmalayischen Völkern spielen im ganzen östlichen Gebiete des Archipels die Verbote, die bekannten Pemali, eine besondere Rolle. Vielerlei Orte dürfen nicht betreten, bestimmte Bäume nicht gefällt, Tiere nicht getötet oder nicht gegessen werden. Da der Europäer sie beim ersten Besuch nicht sofort alle kennen kann, aber doch Verbote beachten will, wird das Reisen dadurch sehr erschwert. Außerdem lieben es die Eingeborenen, den Fremden, um ihn aus irgendwelchen anderen Gründen von einem Platze fernzuhalten, mit dem Wort Pemali ihr "veto" entgegenzurufen.

Es würde keinen Zweck haben, hier solche verbotenen Plätze aufzuzählen. Wie auf Celebes verwenden die Eingeborenen auf Flores zum Markieren ihrer Ländereien Grasbüschel oder einzelne auf Fäden aufgereihte Blätter der Kokospalme und andere Grenzzeichen (teo). Die Floresen bedienen sich aber gern außerdem noch Verbotszeichen (ruu), des bekannten Matakau (im Molukken-Malayisch), um andere am Betreten von Kultstätten der Familie oder an einem Diebstahl zu verhindern. So versuchen sie vor allem die Gärten- und Kokospflanzungen durch "Matakau" zu schützen, welches den Dieb warnen bezw. ihn der Strafe der bösen Geister überliefern soll. Dies besteht in Mittel-Flores aus allerlei Nachbildungen, meist Geflechten, hauptsächlich Tieren, u.a. einem Fische ("ruu ika", der "ngaro" genannten Art im Süßwasser), einem Seevogel (ruu manu sama), einer Krabbe (ruu kodjo) und Assel ("ruu djoga", Mal: nakal), einem Affen ("ruu roa", dem grauen Makaken) und einer goldenen Kette (ruu wea), welche den Dieb in die Fesseln der Geister schlagen soll. Als beliebtes Schutzmittel für Kokospflanzungen gilt ferner ein kleines Päckchen Rinde von dieser Palme, das an den Stamm oder weit sichtbar, zusammen mit anderen Dingen, an einem zwischen 2 Bäumen ausgespannten Tau aufgehängt wird.

Mit den vielen Platzverboten, die selbst auf Grund von Träumen zustande kommen, schränken die Eingeborenen ihre

Bewegungsfreiheit oft sehr ein. Manche Leute aber scheinen solche direkt zu erfinden, um ihre Mitmenschen von irgend einem Walde mit guten Frucht- oder Harzbäumen, einer Höhle oder einem für sie selbst wichtigen Dinge fernzuhalten. Dieses Sichbange-machen hat in vielen Gegenden eine allgemeine Pemali-Furcht hervorgerufen, vor allem auf Wetar, wie wir später sehen werden.

Ehegebräuche der Bewohner Reas und Ndonas

Zieht der Brauch bei den Malayen in bezug auf das Sexualleben schon ziemlich weite Grenzen, so gestattet er den Floresen einen zwanglosen Verkehr beider Geschlechter; gilt doch ein solcher, selbst wenn er Folgen hat, durchaus nicht als Schande. Selbst verheiratete Männer halten sich zu Zeiten der Schwangerschaft oder Krankheit ihrer Ehefrau ein junges Mädchen als Maitresse und zwar mit Vorwissen von deren Eltern. Diese erhalten dafür eine Bezahlung oder ein Geschenk, z.B. einen silbernen oder goldenen Ohrschmuck, für einmaligen Dienst auch ein Huhn. Sie betrachten die Vermietung der Tochter sogar als ein Erwerbsmittel. Der Eintritt der Geschlechtsreife gilt hier ferner nicht als Zeichen der Heiratsfähigkeit, sondern es genügt, daß die Brüste des Mädchens groß und schön genug geworden sind. Da die Bewohner Reas keine direkten Abortivmittel zu kennen scheinen wie die Malayen, so gehen aus dem Verhältnis häufig Kinder hervor. In solchem Falle soll allerdings oft der leibliche Vater zu einer Heirat schreiten, falls er das Brautgeld entrichten kann oder sich zu Arbeitsdiensten bei den Eltern des Mädchens verpflichten. Kein Mann würde jedoch irgend einen Anstoß nehmen, wenn die Frau bereits einen Sprößling mit in die Ehe bringt.

Die Gebräuche bei der Eheschließung ähneln den von Sumbawa geschilderten. Der Jüngling schickt den üblichen Brautwerber (ata hai rara) mit dem Verlobungsgeschenk (mandi wunuheu, moke, manu, Bringen von Sirihpinang, Palmwein, Huhn) zu den Eltern und läßt um das Mädchen anhalten. Bei der Annahme stellt er sich als Knecht den Brauteltern zur Verfügung und wohnt in deren Hause, jedoch außerhalb des Familienschlafgemachs. Ein Jahr lang, bisweilen auch zwei oder drei, hat er nun die Felder seiner Schwiegereltern zu bebauen, falls das Heiratsgut nicht direkt entrichtet werden kann. Trotzdem dasselbe eigentlich immer vor der Hochzeit bezahlt sein soll, bekommt der Florese doch seine Frau häufig auch auf Abzahlung. Er verpflichtet sich dann nur bis zur Abtragung der Schuld für die Brauteltern zu arbeiten oder leiht sich das Nötige von anderen zusammen. Das Brautgut hat hier ursprünglich nicht als Bezahlung sondern als Geschenk gegolten und nennt sich daher noch "Wati ine kai, are naraki", d.h. "Sirih sei für die Mutter, Reis für die Geschwister". Es besteht außer den genannten Dingen heute allgemein aus einem Elefantenzahn und bei Reichen noch aus Schmuck in Gold oder Silber für Vater und Mutter bezw. den Bruder der Braut. Mit der Übergabe tritt der Jüngling "rite" in die Rechte des Ehemannes, doch ist der rechtmäßige Weg auf Flores nicht gerade der gewöhnlichste.

Erst einige Zeit später, wenn alles zum Fest bereitet ist, findet die Hochzeitsfeier statt, zu welcher der junge Gatte einen Büffel oder ein Pferd, die Eltern der jungen Frau ein Schwein stellen. Aus diesem Grunde trägt sie auch den Namen: "Wata ane poke kamba, ine ame wera wawi", d.h. "Der Bruder des Mädchens erlegt den Büffel, der Schwiegervater schlachtet das Schwein."

Die Zeremonie der Eheschließung vollziehen zwei ältere verheiratete Leute, einer aus der Verwandtschaft des Mannes und einer aus derjenigen der Frau mit den Worten: "Mae tiuru kau nee akiku pangami pawe-pawe", d.h. "Wendet Euch nicht voneinander, Eheleute, und haltet stets treu zusammen!"

Ist das Heiratsgut bezahlt, so dürfen die Neuvermählten nach 5 Tagen ihr eigenes

Haus beziehen, wenn sie nicht ein hergerichtetes Zimmer im Hause der Brauteltern bewohnen wollen. Sie empfangen Geschenke von den Brauteltern ("ine ame pati ruka rawo", d.h. "Mutter und Vater schenken die Bekleidung"). Als Eigentum erhalten sie die Äcker und Palmenpflanzungen, welche der Bräutigam in der Verlobungszeit angelegt hat, und falls noch keine solchen bestehen, Ländereien und Haustiere vom Vater des Mannes; arme Leute leihen sich das Notwendige. Zu einem Hausstande gehört hier ja herzlich wenig, ein paar kräftige Hände genügen, um schnell aus dem Wald einen Acker zu machen, und die Hauptarbeit fällt der Frau zu.

Das Weib gilt hier zu Lande weniger als z.B. bei den Maronene von Celebes, ist das Arbeitstier, steht überhaupt bei den Männern nicht sonderlich in Ansehen. Wenn jemand nur den notwendigen Elefantenzahn den Eltern bringt oder bei temporärer Verbindung einige gute Hühner schenkt, gibt man sich zufrieden. Jeder Mann darf so viele Frauen nehmen, wie er Elfenbein geben kann, denn ernähren müssen sich diese so gut wie selbst. Arme Leute haben nur 1 bis 2 Frauen, aber man findet floresische Dorfhäupter, welche bis 5 besitzen. Die zum Frauenkauf nötigen Elefantenzähne gehören insofern zu den auffallenden Erscheinungen, als diese Dickhäuter auf Flores selbst nicht leben. Da sie ein sehr altes Aussehen haben, dürfte die Einführung dieses Zahlmittels auf frühere Zeit zurückgehen.

Ehescheidung: Ebenso leicht wie die Ehen in Flores geschlossen werden, sind sie zu trennen. Es gehört nicht zu den Seltenheiten, daß jemand seine alt gewordene Ehehälfte fortschickt. Durch deren Entlassung geht er nur des Heiratsgutes verlustig, welches im umgekehrten Falle die Frau zurückgeben muß, wenn sie ihrem Manne davonläuft. Die Geschiedene hat bis zur Wiederverheiratung ca. 2 Monate oder im Schwangerschaftsfalle bis zur Geburt des Kindes zu warten. Es herrscht allgemein das Vaterrecht und ein ähnlicher Brauch, wie er von Sumbawa beschrieben ist.

Anders liegt jedoch der Fall, wenn der Familienvater stirbt. Nach dem Erbrecht kann die Witwe nicht wieder heiraten, denn sie gehört mit ihren Kindern dem Bruder ihres Mannes, welcher für sie zu sorgen hat. Der Schwager aber muß diese Verpflichtung, Frau und Kinder als die Seinigen anzuerkennen, annehmen. Existiert jedoch ein solcher nicht, so kann die Witwe eine neue Ehe eingehen, nur hat der zweite Gatte entweder die Kinder zu sich zu nehmen oder ihnen das übliche Kaufgut zu zahlen, zu dessen Entrichtung ihn das Dorf zwingen kann. Dieses oder Anverwandte übernehmen im anderen Falle den Unterhalt der Nachkommen.

Geburtsgebräuche: Wie bei der Mehrzahl der Völker Indonesiens kann ich auch von denen in Mittel-Flores nichts berichten, was von den gewöhnlichen Gebräuchen abweicht. Zu den Entbindungen wird häufig eine Hebamme (ata mari) zugezogen, deren ganze Kunst im Kneten beruht. Sie besorgt nach Erscheinen der Nachgeburt das Abschneiden des Nabelstranges mit einem Bambusmesser ohne vorherige Abbindung, badet das Kind in temperiertem, auf Zitronenblätter gebrühtem Wasser und wäscht auch die junge Mutter warm ab. Diese nimmt am vierten Tage ein Reinigungsbad im Fluß, ohne daß demselben jedoch eine besondere religiöse Bedeutung zuzukommen scheint. An diesem Tage findet auch die Namensgebung des Kindes, verbunden mit einem Festessen statt.

Zu den besonderen Feierlichkeiten gehört das Aufhängen der Nachgeburt (funi) im früher genannten großen, heiligen Baum, einem Waringin (puu lele). Man wäscht zuerst die Placenta, umwickelt sie mit einem Stück Zeug und legt sie nach Ablauf eines Tages in einen Tontopf (Dorf Nua Kota) oder in eine Kokosnuß (Dorf Geni) und opfert sie dem Geist der Nachgeburt. Dieser Gabe werden in Ndano seltsamerweise noch die Fäzes (pari tahi) des Kindes aus der Zeit der ersten 24 Stunden hinzugefügt; sie sind sorgfältig auf Kokosfasern gesammelt und mit Zeug und Flechtwerk umhüllt. In Rea scheint jedoch ein Opfer für diesen Geist unbekannt zu sein, denn falls das Neugeborene erkrankt, ruft man, wie früher von Ndona erwähnt, einen Hund, um den Werwolf zu vertreiben. Die vielen Paketchen zwischen den Luftwurzeln des Baumes, die zahlreichen Töpfe, Opferkränze (karo) und -tabletts, welche mit Früchten als Bitte um Fruchtbarkeit für Frauen belegt sind, sowie die zum Treiben hingestellten Kokosnüsse gewähren einen eigenartigen Anblick.

Über mancherlei andere Sitten, welche im malayischen Archipel vorkommen, z.B. eine Absonderung der Frauen in eigenen Häusern zur Zeit der Menstruation oder der Geburt ließ sich nichts feststellen. Das Gewohnheitsrecht verlangt nur von den Floresen, daß die Ehegatten nach einer Geburt nicht eher zusammen schlafen dürfen, bis das Kind zu laufen beginnt. Eine besondere Feier der Pubertät von Knaben und Mädchen scheint nicht zu bestehen, wohl aber werden den Kindern beiderlei Geschlechts schönheitshalber, wie schon gesagt, die Haare bis auf einen Büschel um den Wirbel oder bis auf eine Mähne in der Mitte über dem Scheitel kurz geschoren. Älter gewordene Mädchen tragen statt dessen krause Stirnlocken und entfernen sorgfältig die Achselhärchen, während Männer und Frauen die Schamhaare stehen lassen.

Das ganze Leben des Kindes scheint bei den Floresen des Gebirges, abgesehen von der Namengebung, ohne jede Feierlichkeit zu verlaufen, und eine Beschneidung ist unbekannt. Nur in Ndona, vielleicht schon infolge muhamedanischen Einflusses von Seiten der Endenesen, sollen einige Leute eine Incision, wie auch Riedel bereits erwähnt, ausführen lassen und reiche sogar bei dieser Gelegenheit ein Fest veranstalten.

Flores

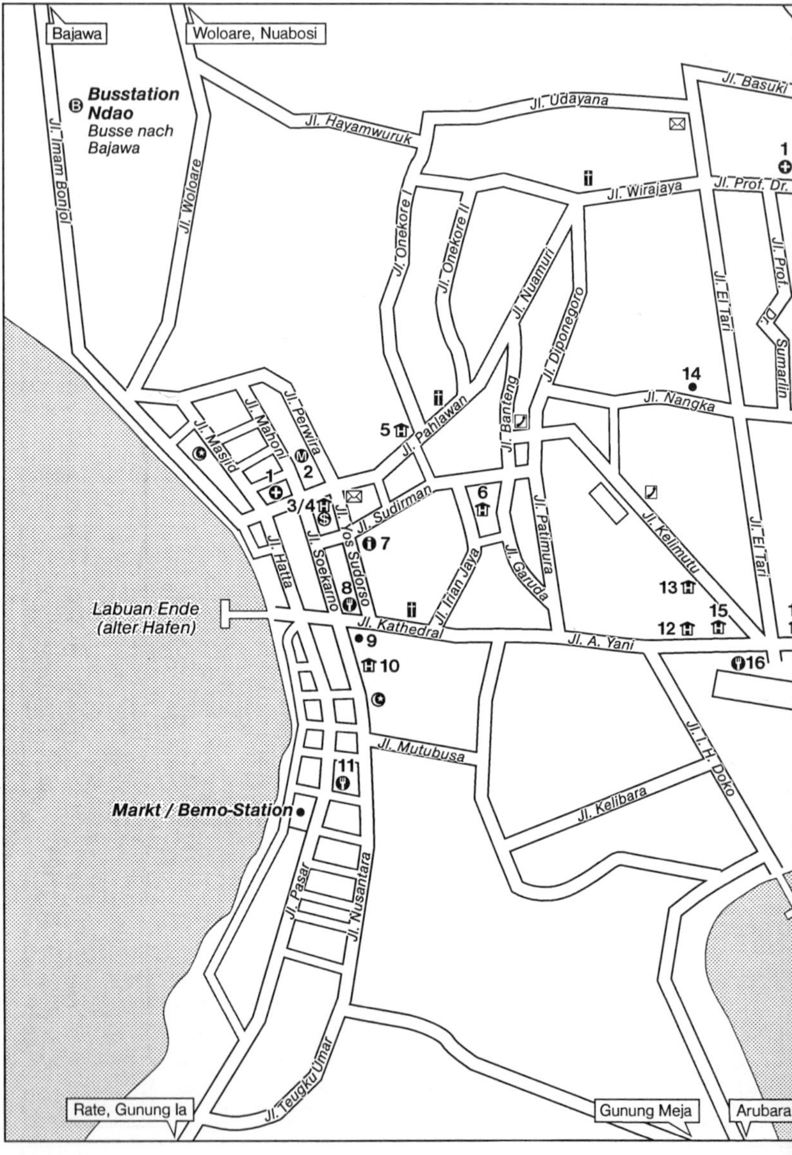
Bajawa
Woloare, Nuabosi
Busstation Ndao
Busse nach Bajawa
Jl. Imam Bonjol
Jl. Woloare
Jl. Hayamwuruk
Jl. Udayana
Jl. Basuki
Jl. Wirajaya
Jl. Prof. Dr.
Jl. Onekore I
Jl. Onekore II
Jl. Nuamuri
Jl. Diponegoro
Jl. El Tari
Jl. Prof. Dr. Sumarlin
Jl. Nangka
Jl. Banteng
Jl. Pahlawan
Jl. Perwira
Jl. Mahoni
Jl. Masjid
Jl. Sudirman
Jl. Yos Sudarso
Jl. Soekarno
Jl. Hatta
Jl. Patimura
Jl. Kelimutu
Jl. Irian Jaya
Jl. Garuda
Labuan Ende (alter Hafen)
Jl. Kathedral
Jl. A. Yani
Jl. Mutubusa
Jl. I. H. Doko
Jl. Kelibara
Markt / Bemo-Station
Jl. Pasar
Jl. Nusantara
Jl. Teugku Umar
Rate, Gunung Ia
Gunung Meja
Arubara
1
2
3/4
5
6
7
8
9
10
11
12
13
14
15
16

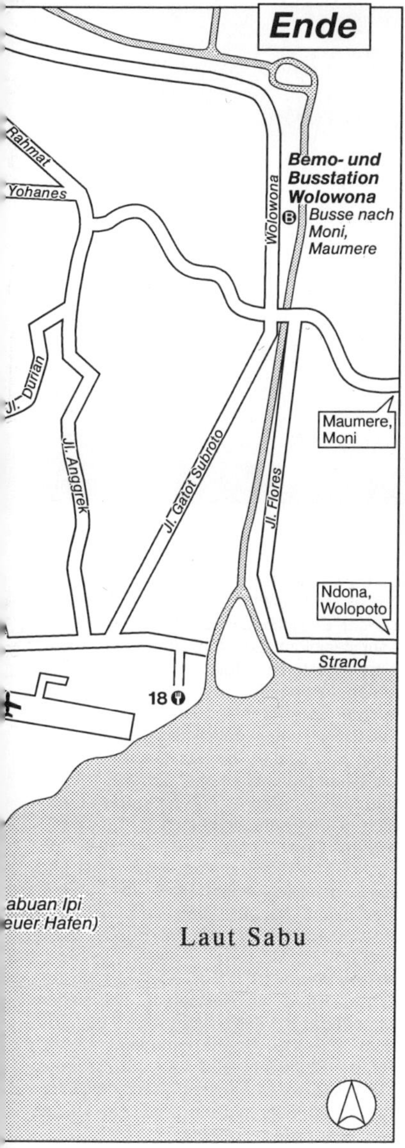

- 1 Krankenhaus/Rumah Sakit
- 2 Situs Bung Karno
- 3 Hotel Dewi Putra
- 4 Bank BRI
- 5 Hotel Nirwana
- 6 Hotel Flores
- 7 Touristen Information
- 8 Minang Baru
- 9 PELNI
- 10 Hotel Sandalwood
- 11 Istana Bambu
- 12 Hotel Safari
- 13 Hotel Wisata
- 14 Merpati Airline
- 15 Losmen Ikhlas
- 16 Restaurant Merlin
- 17 Hotel Melati
- 18 Bitta Beach Cottage
- Post
- Telefon
- Bus
- Kirche
- Moschee

Sehenswertes

Sonntagsausflug

Der Ausflugsort für viele Ende-Bewohner ist der ***Sandstrand des Bitta Cottage,*** Bitta Beach Road. An dem schwarz-grauen, mit Steinen durchsetzten Strand wird gepicknickt und gebadet.

Situs Bung Karno

Der spätere erste Präsident *Sukarno* wurde in den Jahren 1934-1938 nach Ende verbannt. Die Holländer glaubten sich so vor größeren nationalistischen Auswüchsen schützen zu können. Das Haus, in dem Sukarno lebte, wurde restauriert und ist heute ein kleines ***Museum.*** Man solllte allerdings nichts Großartiges erwarten (siehe Stadtplan).

Kinder in Ende (KB)

Webereien

Sarongs findet man entweder in umliegenden Dörfern, wie Nggela, Ndona, Woloare, Wolotopo oder aber auch in guter Auswahl auf dem großen Markt in Ende.

Es wird unterschieden in *Lawo* (Frauenstoffe), *Ragi* (Männerstoffe) und *Semba* (Schals). Die Preise variieren zwischen 30.000 und 400.000 Rp. Letzterer Preis bezieht sich auf alte Stoffe.

Übernachten

Es gibt zahlreichliche preiswerte Unterkünfte in Ende. Da bis in die frühen Abendstunden ständig Bemos fahren, ist es kein Problem, nicht direkt im Zentrum zu wohnen.

● ***Losmen Ikhlas*+*****, Jl. Ahmad Yani, Tel. 0381-21695, mit Restaurant, Zimmer mit und ohne Mandi, ohne Frühstück, die ruhigeren Zimmer liegen nach hinten raus. Der Travellertreffpunkt. *Pak Jamal,* der Besitzer, spricht Englisch und Deutsch und ist die Touristeninformation schlechthin. Er organisiert Tagestouren, Teilnehmer bis zu 6 Personen, für ungefähr 100.000 Rp.

● ***Hotel Safari**+*****, Jalan Ahmad Yani 65, Tel. 21997, neben dem Ikhlas gelegen, neu, ruhig und sauber, die Zimmer liegen rund um einen grünen Innenhof, Zimmer mit Fan und Mandi, inklusive Frühstück; Restaurant; alles in allem sehr angenehm.

● ***Hotel Dewi Putra***, Jl. Yos Sudarso 27, Tel. 0381-21685, zentral neben Post und Bank gelegen, neues Hotel mit großem Restaurant, sauber, groß und hell. Fan 25.000 Rp/DZ, AC 45.000 Rp/DZ, Suite 125.000 Rp/DZ.

● ***Hotel Flores**-*****, Jl. Sudirman 28, Tel. 0381-21075, mit Restaurant, hat sieben Motorräder im Verleih zwischen 80 und 250 ccm (25.000 Rp/12 Stunden, 12.500 Rp/6 Stunden) und 4 ISUZU-Jeeps (150.000 Rp/24 Stunden). Nach dem internationalen Führerschein wird gefragt, er wird aber nicht kontrolliert.

•***Melati Hotel*****, Jalan Ahmad Yani, nichts Besonderes.
•***Hotel Nirvana*****, Jalan Pahlawan, etwas schmudddelig, große Zimmer.
•***Hotel Sandalwood*+*****, Jalan Kemakmuran, mitten im Marktviertel und Hafennähe, Zimmer ohne Mandi und Zimmer mit Mandi und AC.
•***Hotel Wisata**+*****, Jalan Keli Mutu, Tel. 21368, große Zimmer mit Mandi, manche mit Dusche; Restaurant.

Essen

Man wird in Ende keine feinschmeckerischen Höhepunkte finden. Hier eine kleine Restaurant-Auswahl:
•***Restaurant Merlin***, Jl. Gatot Subroto, Tel. 0381-21667. Etwas teuerer und edler, ausgezeichnete *Cumi-cumi.* Bieten Menüs mit bis zu acht Gängen zwischen 3.500 und 10.000 Rp. Man kommt sich in dem Riesensaal etwas verloren vor.
•***Istana Bambu Restaurant***, Jl. Pasar 39, hat leckeren und preiswerten Fisch und gute *Fu Yung Hay.*
•***Restaurant Minang Baru***, Jl. Soekarno 2. Die softe Jazzbarmusik im Hintergrund ist etwas unpassend. Es gibt *Padang-Essen,* sehr guten Ananassaft, guten Fisch und auf Bestellung sogar gekochte Kartoffeln *(kentang rebus).*
•Der ***Pasar Malam*** (Nachtmarkt) mit preiswertem und gutem Essen schließt um 21 Uhr.
•***Bitta Beach Cottage***, Bar, Restaurant, Disco und Singing Hall, Bitta Beach Road, Tel. 0381-21965, direkt am Meer gelegen. Die Disko findet samstags statt, Karaoke täglich. Jl. Gatot Subroto, Richtung Wolowona Station, 200 m hinter der Tankstelle rechts.

Ausflüge

Nuabosi

Der Ort liegt westlich von Ende auf einer Hochebene (700 m). Nuabosi ist ein traditionelles Dorf mit dem entsprechenden Clan-Haus und einem Altar, bestehend aus Steinen. Der Altar ist die Opferstelle für Kühe, Büffel, Schweine und Ziegen bei bestimmten Zeremonien.

Von Ende führt eine fast durchgängig asphaltierte Straße nach Nuabosi. Man erreicht zuerst ***Woloare*** nach 3 km. In diesem Ort kann man traditionelle Schmieden und Webereien besichtigen. Folgt man weiter der Straße, hat man nach ca. 1 km einen herrlichen Ausblick auf Ende und die Bucht. Mit viel Glück und Ausdauer kann man weiße Paradiesvögel beobachten. Charakteristisch für diese Tiere sind die langen Schwanzfedern, die die Körperlänge übertreffen. Nach weiteren 5 km erreicht man Nuabosi.

•Täglich fahren 4-5 Bemos nach Nuabosi, 500 Rp.

Motorradausflug

Folgt man der Straße in Richtung Wolowona-Station, so findet man kurz vor dem Terminal rechts eine Flußbrücke. Ist sie überquert, so erreicht man nach 8 km ***Ndona.*** Hinter Ndona vor der großen Kirche der Asphaltstraße scharf nach links oben folgen. Die Straße ist noch weitere 6 km asphaltiert und geht dann in eine ca. 6 km lange, immer abenteuerlichere Schotterpiste über. Atemberaubende Schluchten und Steilhänge, an deren Vorsprüngen vereinzelte Bambushütten kleben. An den steilen, tief eingeschnittenen Bergflanken hat sich noch Primärwald halten können. Die Piste führt wieder auf die Hauptstraße Ende – Moni.

Tagestour zum Keli Mutu

Für Leute mit wenig Zeit und etwas mehr Geld bietet es sich an, ein Auto zu chartern. Im Losmen Ikhlas und im Hotel Dewi Putra kann man Autos mieten, mit und ohne Fahrer/Guide. Die Preise liegen bei ca. 150.000 Rp für 6 Personen. Gestartet wird um 3.00 Uhr morgens, damit man bei Sonnenaufgang auf dem Keli Mutu ist.

Adressen

- ***Geldwechseln:*** Die Bank Rankyat Indonesia befindet sich im gleichen Haus wie das Hotel Dewi Putra und hat Mo-Fr 7.30 bis 12.00 und 14.00 bis 15.00 Uhr geöffnet. Die Kurse sind günstiger als in Ruteng oder Bajawa.
- ***Postgebäude*** befinden sich an der Jalan El Tari und Jalan Yos Sudarso. Öffnungszeiten: Montag-Donnerstag 8.00 bis 14.00 Uhr, Freitag 8.00 bis 11.00 Uhr und Samstag 8.00 bis 12.00 Uhr.
- ***Auto/Motorradverleih:*** Das Hotel Dewi Putra verleiht sieben Motorräder zwischen 80 und 250 ccm (25.000 Rp/12 Stunden, 12.500 Rp/6 Stunden) und 4 ISUZU-Jeeps (150.000 Rp/24 Stunden). Nach dem internationalen Führerschein wird gefragt, er wird aber nicht kontrolliert. Im Losmen Ikhlas kann man sich ein Auto mit Fahrer für Tagesausflüge chartern (80.000 Rp/Tag/bis zu 6 Personen). Ein englischsprechender Guide kostet 20.000 Rp.
- ***Telefonieren:*** kann man vom Kantor Telepon, Jalan Keli Mutu.
- ***Krankenhaus:*** Das Rumah Sakit Umum befindet sich an der Jalan Prof. Dr. W. Z. Johanes.
- ***Merpati Airline***, Jalan Nangka, Tel. 21355, geöffnet von 8.00 bis 13.00 Uhr und von 16.00 bis 18.00 Uhr. Besser vorher anrufen, ob auch wirklich jemand da ist.
- ***PELNI,*** Jalan Kathedral, am alten Hafen.
- ***Touristeninformation***, Jalan Yos Sudarso.

Transport

Busse

Es fahren täglich mehrere Busse nach Westen und Osten ab. Die in Richtung Westen starten von der Busstation Ndao, in Richtung Osten vom Terminal Wolowona.

Die Terminals erreicht man mit Stadtbemos (300 Rp). Von Touristen werden auch gerne mal 1000 Rp verlangt. Die Bemofahrer sind bekannt dafür, daß sie gerne reichlich nehmen.

Man sollte bedenken, daß sich jeder Busfahrer wünscht, seinen Bus absolut voll zu haben. Deshalb fährt er solange durch die Stadt, bis auch der letzte Millimeter besetzt ist. Das kann durchaus eine Stunde Stadtrundfahrt bedeuten.

Nach Westen

Von der Station Ndao fahren Busse nach Bajawa um 7.00 und 11.00 Uhr, nach Riung um 6.00 Uhr, nach Ruteng um 7.30 Uhr und nach Labuan Bajo um 7.00 Uhr.

• Bajawa	4.500 Rp
• Riung	4.000 Rp
• Ruteng	8.500 Rp
• Labuan Bajo	12.000 Rp

Nach Osten

Vom östlichen Terminal Wolowona fahren Busse nach Moni zwischen 6.00 und 14.00 Uhr fast stündlich, nach Maumere um 8.00 und 15.00 Uhr, Nggela um 7.00 Uhr und Larantuka um 8.00 Uhr.

Für die landschaftlich schönen 55 km von Ende ***nach Moni*** benötigt der Bus ca. 2 Stunden. Die erste Hälfte der Strecke ist schmal und gut, die zweite Hälfte besteht aus Schlaglöchern, Piste und Asphalt.

• Ndona	400 Rp
• Moni	2.000 Rp
• Nggela	2.600 Rp
• Maumere	5.000 Rp
• Larantuka	8.500 Rp

Schiffe

Das ***PELNI-Schiff KM Keli Mutu*** fährt alle 14 Tage die Strecke Waingapu (Sumba) (18.000 Rp, jeden 2. Samstag 19.00 Uhr), Bima (25.000 Rp), Lb.Lembar (37.000 Rp), Benoa (45.000 Rp), Banyuwangi (50.000 Rp) und in entgegengesetzter Richtung nach Kupang (21.000 Rp), Kalahabi (Alor) (26.000 Rp). Die Preise gelten für die preiswerteste Klasse.

Die Keli Mutu fährt vom neuen Hafen Labuan Ipi ab.

Fähren

- Ende - Sumba (Di) 12.000 Rp
- Sumba - Ende (Fr)
- Ende - Kupang (Sa) 16.000 Rp
- Kupang - Ende (Mo)

Fliegen

Der ***Flughafen*** befindet sich am Stadtrand Endes. Vom Terminal zur Straße mit regulären Bemos sind es ca. 50 m. Es ist also nicht nötig, sich mit den Bemoleuten wegen überhöhter Transportgebühren zu streiten. Einfach zur Straße gehen und ein normales Bemo anhalten (300 Rp).

Auch in Ende kann man sich nicht sicher sein, an dem gewünschten Flugtag wegzukommen. Wer schon in Ende einen Flug von Ruteng nach Lb. Bajo bzw. Bima bucht, muß sich darüber im klaren sein, daß eine versprochene ***Reservierung*** zu 80 % nicht durchgeführt wird. Die Agenten kassieren lediglich die Provision.

Nach Westen

• Bajawa (Di, Fr, So)	50.000 Rp
• Labuan Bajo (Mo, Di, Sa, So)	110.000 Rp
• Bima (täglich)	97.000 Rp
• Mataram (Mo, Di, Fr, So), außer So über Bajawa u. Bima	192.400 Rp
• Denpasar (Mo, Di, Do, Fr, So), Do über Bima, ansonsten Bajwa, Bima, Mataram	219.900 Rp
• Surabaya (siehe Denpasar)	321.600 Rp

Nach Osten

Kupang (täglich, außer Sa) 97.300 Rp

Moni/Keli Mutu

Das Örtchen ***Moni*** ist ein guter Ausgangspunkt, um den Keli Mutu mit seinen drei verschiedenfarbigen Kraterseen zu besichtigen, sowie für Wanderungen.

(AS)

Es ist recht frisch in Moni, ein Pullover ist wichtig, und eine warme Decke für die kalten Nächte kann man im Losmen bekommen.

Der Keli Mutu mit seinen drei Kraterseen

Wer bislang glaubte, die Entstehung der drei verschiedenfarbigen Kraterseen hätte etwas mit Vulkanen, Eruptionen und Erdverschiebungen zu tun, der hat sich mächtig geirrt. Die Bewohner dieser Gegend kennen nämlich die wahre ***Entstehungsgeschichte,*** die sich folgendermaßen zugetragen hat:

Es war einmal ein Königspaar, daß zwei nette Kinder hatte. Der Name des Sohnes war *Konde,* die Tochter hieß *Meja* und die Köni-

Frau beim Kaffee-Rösten (AS)

gin-Mutter *Bupu*. Ihren Lebensunterhalt verdiente die Familie durch Anbau von *Nggoli* (eine rote Nußsorte). Die immer sehr reiche Ernte tauschten sie gegen Gold und häuften so immer mehr Reichtümer und Schätze an. Die beiden Kinder waren sehr folgsam, zum Beispiel halfen sie den Eltern bei der Arbeit auf dem Feld. Die beiden verstanden sich außerdem ausgezeichnet, nie hörte man Streit oder Zank.

Dieser Familie ging es also rundherum gut, sozusagen eine Bilderbuchfamilie. Doch das Unheil nahte:

Konde und *Meja* wuchsen heran und verliebten sich ineinander. Anfänglich konnten die beiden ihre Liebe noch geheimhalten, doch als *Meja* schwanger wurde, erfuhr natürlich die gesamte Familie von dieser tiefen Zuneigung. An eine Hochzeit oder Legalisierung dieser Verbindung war gar nicht zu denken, denn eine Schwester-Bruder-Liebe bedeutete großes Unheil und ein Leben in Furcht vor Bestrafung und Qualen, Donner und Blitz.

Meja bekam ihr erstes Kind, einen Sohn, den sie *Ano Kalo* nannte. *Konde* und *Meja* konnten nicht aufhören, sich zu lieben, und so folgten zum Entsetzen der restlichen Familie noch zwei weitere Kinder, zunächst *Bara Konde* und später *Pere Konde*.

Beim dritten Kind riß der Familie der Geduldsfaden, es mußte etwas geschehen. Bevor eine Katastrophe über die Familie hereinbrechen würde, wollte der König die Bestrafung lieber selbst in die Hand nehmen. Er berief eine Versammlung ein und gab folgende Anweisung: *Meja* und *Konde* mußten eine Grube schaufeln, in der sie alles Gold und die letzte Nußernte versenkten, dann hatten sie sich an einem etwas weiter entfernten Platz aufzustellen und abzuwarten. Der König selber nahm die drei Kinder mit zu einem anderen Platz, und alle warteten ab, was geschehen würde.

In der Nacht brach ein großes Unwetter herein, mit Donner, Blitzen und unmäßigem Regen. Drei Tage und Nächte hielt das Spektakel an. Als das Unwetter endlich vorbei war, hatten sich drei Seen gebildet mit unterschiedlichen Farben.

Der erste See war rot. Hier hatten *Konde* und *Meja* das Gold und die Ernte (rote Nüsse) hineingelegt. Den See nannte man *Tiwu Ata Polo (Tiwu* = See, Teich).

Der *Tiwu Ata Koo Fai-Nuwa Muri* (=Jugendteich) hatte blaues Wasser und war an *Mejas* und *Kondes* Aufenthaltsort entstanden.

Der Ahnenteich *(Tiwu Ata Bupu)* war weiß und befand sich genau dort, wo der König mit den Kindern gestanden hatte.

Das Volk erfuhr erst viele Jahre später von der Geschichte und den drei Seen. Daraufhin entstand folgender Volksglaube:

Wenn ein Mensch stirbt, trennt sich die Seele vom Körper. Die Seele von Leuten, die im Leben nur Gutes getan haben, geht zum weißen Ahnenteich. Dort ist nämlich der Platz des ewigen Glücks.

Menschen, die in ihrem Leben nur Böses angerichtet haben, werden nach ihrem Tod mit Qualen und Leid bestraft, denn ihre Seelen wandern zum roten See. Es ist der Platz, an dem *Meja* und *Konde* das Gold und die Nüsse vergraben hatten.

In dem blauen See herrscht ein ziemliches Gedränge, weil sich hier die Seelen aufhalten, die sowohl Gutes als auch Böses getan haben. Damit es keine Bevölkerungsexplosion gibt, braucht man im *Tiwu Ata Koo Fai-Nuwa Muri,* dem Jugendteich, nur eine begrenzte Zeit bleiben. Die Aufenthaltslänge richtet sich nach der Menge der guten und bösen Taten.

Das Wort ***Keli Mutu*** bedeutet übersetzt *Keli* = Berg und *mutu* = Seelengruppe. Wer nun die oben erzählte Geschichte nicht glauben will, muß eben weiterhin denken, daß der Keli Mutu mal ein riesiger Vulkan gewesen ist, dem durch eine gewaltige Eruption die Kuppe weggerissen wurde.

Die drei Kraterseen haben leider mittlerweile ihre ***Farbe geändert.*** Der rote See (bis 1965) ist grün, der blaue türkis, und der weiße ist schwarzrot geworden. Ob das nun am schwindenden Glauben der Bevölkerung oder durch chemische Prozesse verursacht worden ist, weiß niemand. Die Bevölkerung ist zumindest guter Hoffnung, daß sich die ursprünglichen Farben wieder einstellen werden.

Sehenswertes

Samstagvormittag ist ***Markt.*** Schon vor dem Sonnenaufgang kommen die Bewohner der umliegenden Dörfern gelaufen, um ihre Stände aufzubauen. Obst, Gemüse, manchmal auch Medizin für jedwede Krankheit und viele Sarongs werden angeboten. Gegen 11.00 Uhr ist der Markt zu Ende.

Links neben dem chinesischen *Toko* kann man dem kleinen Weg etwa 150 m folgen. Dort findet jeden Tag um 17 Uhr eine ***traditionelle Musikveranstaltung*** statt, zu der noch nicht viele Touristen erscheinen.

Übernachten

In fast jedem Haus kann man übernachten und Essen auf Bestellung bekommen. Das Essen ist gut und reichhaltig (2.000-2.500 Rp/Mahlzeit). Die Homestays sind fast alle sehr einfach. Die gemütlicheren befinden sich in Woloara.

- ***Hidaya Hoomestay*,*** einfach, sauber, Moskitonetze, inklusive Frühstück, umgeben von Reisfeldern, mit kleinem Blumengarten, 4 Zimmer.
- ***Ragal Jaya Homestay****, soll die besten Matratzen im Ort haben.
- ***Nusa Bunga Homestay****, mit Moskitonetzen.
- ***Arwanty Homestay****, Zimmer mit Mandi, sehr sauber.
- ***Silvester Homestay****, Moskitonetze, gute Aussicht.
- ***Losmen Friendly****, schräg gegenüber vom Markt in Moni, zwar ein schöner Innenhof, aber alles ziemlich muffig.
- ***Losmen Daniel****, sauber.

●***Losmen Maria*****, befindet sich neben dem Friendly.

●***Wisata Sao Ria**+******, ca. 2 km vor Moni aus Ende kommend, im Regierungsbesitz. Gepflegte Anlage mit herrlichem Ausblick. 10 großzügige Bungalows

●***Watugana Bungalows****, liegt etwas unterhalb vom Ankermi Restaurant.

In Woloara

Woloara erreicht man, indem man (zu Fuß) der Straße nach Maumere folgt. Nach ca. 5 Minuten erreicht man eine Kreuzung. Der Weg nach rechts führt nach Woloara. Dem Busfahrer muß man sagen, man möchte an der Kreuzung *Jalan Cabang Jopu* raus. Nach 10 Minuten Fußmarsch erreicht man Woloara. Dort gibt es zwei sehr schöne Homestays.

●***Original Homestay****, das Homestay befindet sich rechts oberhalb der Straße. Ruhig und sehr gemütlich. Um einen Gemeinschaftsraum gruppieren sich 5 DZ; Tee, Kaffee und Kekse kostenlos den ganzen Tag, schöne Zimmer, viele Spiele, Bücher, kleiner Shop, frische Badetücher, saubere Decken. Etwas weit entfernt von Moni. Leckeres Essen auf Bestellung (3.000 Rp).

●***Losmen Palm Homestay****, 5 einzelne im Garten gelegene Bambusbungalows mit Mandi. Sehr nette Leute. Links unterhalb von Original Homestay.

Essen

●***Keli Mutu Mushroom Palace***, befindet sich 100 m unterhalb vom Wisata Sao Ria.

●***Ankermi Restaurant & Pub***, liegt etwas außerhalb von Moni in Richtung Maumere, etwas oberhalb der linken Straßenseite. Ab 18.00 Uhr (dann wird der Generator angeworfen) kann man hier Reggae und Rockmusik hören. Schöne Aussicht.

●Das ***Buffet*** für 2500 Rp im kleinen Guesthouse rechts vom chinesischen *Toko* ist exzellent!

Ausflüge

Keli Mutu

Warum es die drei Seen gibt, ist klar, es folgt nun die Beschreibung, wie man sie findet.

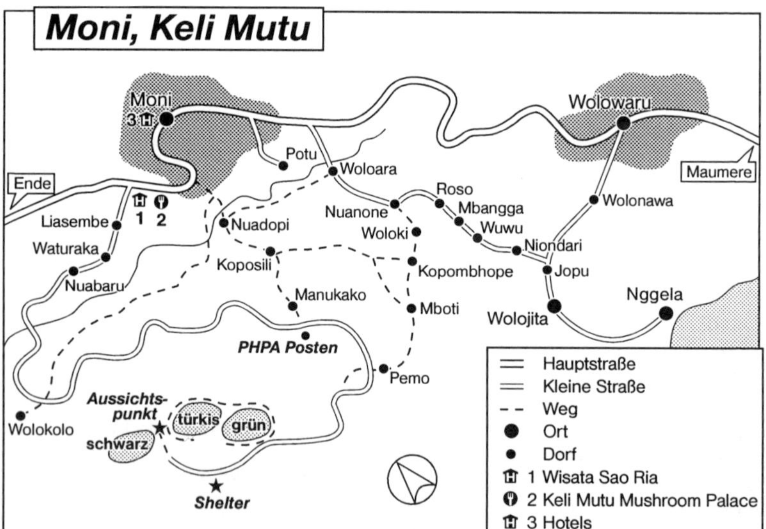

Vom Keli Mutu zurück nach Moni

Von Moni zum Keli Mutu sind es insgesamt 14 km. Jeden Morgen um 4.00 Uhr fährt ein ***Truck*** (3000 Rp) zum Keli Mutu hoch. Wenn man im Losmen Bescheid sagt, wird man abgeholt. Die Fahrzeit beträgt ca. 1 Stunde. Auf halber Strecke hält man beim P.H.P.A.-Posten und muß 1000 Rp Gebühr bezahlen. Die letzten Meter, 20 Minuten, muß man selber laufen. Unbedingt warme Sachen anziehen. Es ist nicht nur frisch, sondern windig und kalt.

Besonders beeindruckend sind die Seen mit der bizarren und geheimnisvollen Umgebung ***bei Sonnenaufgang.*** Leider hüllen sich die Seen sehr oft in Wolken, so daß man nur Teilstücke zu sehen bekommt. Häufig ist der Vulkan ab 9.00 Uhr morgens wolkenverhangen. Wer dann noch dort oben herumwandert, verliert leicht die Orientierung.

Den ***Rückweg*** kann man bequem laufen. Entweder man geht die Straße zurück, das sind ca. drei Stunden Fußweg. Die schönere Alternative ist ein Pfad, der durch kleine Dörfer führt, in denen jede Frau zu weben scheint. Wenn man sich nicht mehr sicher ist, in welche Richtung man laufen soll, einfach fragen *"Dimana ke Moni?"* Dann wird man wieder auf den richtigen Pfad zurückgelotst. Der Weg ist zwar länger (4-5 Stunden), aber deutlich schöner. Man findet den Pfad, indem man vom Kraterrand des Keli Mutus den Weg ca. 15 Minuten Richtung Moni läuft. Dann biegt ein Pfad rechts ab ins Dickicht.

Wer ***Wanderungen*** oben am Keli Mutu vorhat, sollte sich auf jeden Fall einen Guide nehmen. 1994 verschwand ein Holländer, der alleine reiste. Trotz vieler Suchtrupps wurde er nicht mehr wiedergefunden. Die Bewohner vermuten, daß er in einen der Seen gestürzt ist.

Wanderung nach Wolowaru

Eine Wanderung, für die man einen ganzen Tag ansetzen sollte, kann man in Moni starten, sie führt über verschiedene Dörfer, zum Teil noch mit traditionellen Häusern, nach Wolowaru.

Man läuft zuerst die Straße Richtung *Maumere* entlang, bis nach ca. 1,5 km ein Weg rechts abgeht. Das erste Dorf, das man durchquert, heißt ***Woloara,*** nach ca. 800 m folgt das Dorf ***Nuaone.*** Der Weg schlängelt sich durch schöne Landschaft.

Die Straße nach Maumere

Die Bewohner der Dörfer sind sehr freundlich.

Nach weiteren vier Kilometern trifft man auf eine Gabelung, links führt der Weg nach *Wolowaru,* rechts zu den Dörfern ***Jopu, Wolojita*** und ***Nggela.*** In allen drei Dörfern werden Sarongs und Schals (Ikat) gewebt. Bis vor nicht allzu langer Zeit wurden hier ausschließlich Naturfasern mit Pflanzenfarben gefärbt. Mittlerweile gibt es chemische Farben, die den gleichen Effekt haben. Als Laie wird man Schwierigkeiten haben, einen "echten" Stoff von einem "unechten" zu unterscheiden. Das macht eigentlich auch gar nichts aus, denn die Stoffe sehen so oder so gut aus. Die Anfangspreise, die man zu hören bekommt, sind meist völlig überhöht, und es erfordert z.T. ausdauernde Verhandlungen, um einen guten Preis zu erzielen.

Wer keine Lust hat, diese lange Wanderung für Webereien auf sich zu nehmen, muß sich auf den Märkten in *Ende, Moni* oder *Wolowaru* umschauen, dort werden auch Stoffe angeboten.

Von der Gabelung bis zum letzten Dorf Nggela sind es ca. 8 km. Die gleiche Strecke muß man natürlich nochmal zurück und noch weitere 4 km gehen, bis man ***Wolowaru*** erreicht. Von dort kann man gegen Abend wieder mit einem Bus o.ä. zurück nach Moni fahren. Die Tour ist einerseits ziemlich anstrengend, andererseits aber auch sehr schön.

Wer keine Lust hat zu laufen oder zumindest nicht die ganze Strecke laufen möchte, kann auch mit einem Bus bis ***Wolojita*** fahren. Von Wolojita nach ***Nggela*** führt ein schöner, kleiner Pfad durch den Regenwald. Aber nur mit Glück bekommt man ein Bemo zurück. Einfacher ist es, einen Wagen für diese Tour zu chartern. Übernachten kann man im *Nggela Homestay**. Das Essen ist sehr einfach.

Transport

Busse/Trucks:

Von Moni ***nach Maumere*** und ***Ende*** fahren täglich mehrmals Busse und teilweise Trucks.

Nach Westen

Wer von Moni ***nach Ende*** will, kann in Busse aus Maumere zusteigen, die um die Mittagszeit (12.00-15.00 Uhr) durchfahren. Zwei Busse pro Tag starten in Wolowaru, zwischen 7.30 und 9.00 Uhr morgens sind sie in Moni und fahren dann weiter nach Ende. Die Fahrzeit nach Ende beträgt ca. 5 Stunden.

- Ende 2.000 Rp

Nach Osten

Nach ***Maumere*** fahren Busse zwischen 9.00 und 13.00 Uhr vormittags. Sie kommen aus Ende und fahren über Moni. Die beiden Nachtbusse aus Ende kommen zwischen 19.00 und 20.00 Uhr abends in Moni an. Man kann dann zusteigen. Die Strecke von Moni nach Maumere (ca. 3 Stunden) ist landschaftlich sehr schön und ausgesprochen kurvenreich, zumindest die ersten zwei Stunden. Die Busse fahren den westlichen Terminal Madawat an. Von dort muß man mit dem Bemo in die Stadt fahren (300 Rp).

- Paga 2.000 Rp
- Maumere 4.000 Rp

Die Strecke ***Wolowaru, Jopu*** und ***Wolojita*** fahren zwei Busse pro Tag. Die Busse starten um 5.00 bzw. 7.00 Uhr morgens in Ende, erreichen Moni um 7.30 bzw. 9.30 Uhr und sind um 9.00 Uhr bzw. 12.00 Uhr mittags in Wolojita.

Dort werden die Gefährte wieder vollgepackt und fahren die gleiche Strecke zurück.

Paga

Auf halber Strecke zwischen Maumere und Moni liegt am Meer das Örtchen Paga. Hier ist ein sogenanntes Beach Resort entstanden. Wer dort aussteigen möchte, sollte dem Busfahrer Bescheid sagen, er läßt einen dann an der entsprechenden Stelle raus.

- ***Paga Beach Cottages****, Tel. 0382-21032, hübsche, ruhige Anlage mit Häusern im traditionellen Stil, Essen muß bestellt werden. In der Anlage leben außer Touristen auch Affen, Stachelschweine und Echsen, die frei herumlaufen. Der Besitzer ist ein netter, hilfsbereiter Chinese, der gerne Tips zu Tagesausflügen gibt.

Maumere

Maumere, gelegen an der Nordküste von Flores, ist der ***Verwaltungssitz*** des Distriktes Sikka. Die Stadt ist relativ klein und überschaubar. Man kann von hier Ausflüge in besuchenswerte Dörfer unternehmen. Wer ausschließlich den Keli Mutu besuchen möchte, kann das auch von Maumere aus tun.

Die Nordostküste der Maumere-Bucht galt bis zum großen Erdbeben 1992 als das ***Top-Tauchgebiet Indonesiens.*** Nach der großen Katastrophe (siehe Exkurs) sagen Tauchexperten, das einige Tauchstellen zwar immer noch gut sind, aber lange nicht mehr so üppig und fischreich wie zuvor. Das Nachwachsen der Korallen soll nach Naturkatastrophen in rasanter Geschwindigkeit erfolgen, in 4-6 Jahren. Bei Zerstörungen durch Menschen dauert es Jahrzehnte. Ob die alte Unterwasserpracht erneut nachwächst, wird sich in ein paar Jahren zeigen. Ca. 13 km von Maumere entfernt sind zwei Hotels mit Tauchausrüstung und Diveguides.

Sehenswertes

Neuer Markt

Interessant ist der Markt. Neben dem üblichen Gemüse, Obst, Fisch und sonstigem Allerlei lassen sich Ikat-Webereien der Region finden.

Es gibt einen neuen Markt an der Jalan Nong Meak. Der alte, zentral gelegene Markt wurde im April 1995 in Brand gesteckt. Anlaß zu diesem Vorfall soll folgendes gewesen sein: Ein Moslem drang in eine Kirche Maumeres ein und warf Hostien auf den Boden, um sie zu zertrampeln. Er wurde daraufhin vom Gericht verurteilt. Die katholische Bevölkerung fand die Strafe zu niedrig. Im April 1995 protestierte ein Teil der katholischen Bevölkerung gegen das geringe Strafmaß. Im Verlauf der Demonstration steckten einige Teilnehmer den Markt und Bemos in Brand. Insbesondere Jugendliche beider Seiten hatten sich an diesen Ausschreitungen beteiligt. Letztendlich wurde vom Gouverneur Militär zur Beendigung der Unruhen eingesetzt. Es soll auch mehrere Tote gegeben haben.

Museum Blikon Blewut

In Ledalero ist ein katholisches Priesterseminar der Steyler Missionare, dem auch ein kleines, randvol-

Bei Maumere

Am 12. Dezember 1992 erschütterte ein Erdbeben den Nordosten von Flores. Es folgte eine durch das Beben ausgelöste Flutwelle (Tsunami). Und als ob es noch nicht genug Zerstörung und Tote gegeben hätte, wütete einen Monat später ein Zyklon in Ost-Flores.

Die der Maumere-Bucht vorgelagerten Inseln wurden von den verheerenden Folgen am stärksten getroffen. Das Beben löste eine 14-17 m hohe Flutwelle aus, dabei wurde die vorgelagerte Insel Babi weggespült. Alle Bewohner der Inseln kamen ums Leben. Auf anderen Inseln, wie Pulau Kecil und Pulau Besar, rasierte die Welle alle Stelzenhäuser ab und schob die Reste des Dorfes in einem nahe gelegenen Palmenhain zu einem Schutthaufen zusammen. Fast keiner überlebte.

Erzählt wird die Geschichte von einer Fischerfamilie, die wie durch ein Wunder gemeinsam überlebte: Die große Welle überraschte einen Fischer, der gerade in seinem Boot saß. Die Welle hob das Boot hoch und kippte es um. Als der Fischer wieder auftauchte, befand er sich dicht neben seinem Boot und sah nicht weit entfernt seine Frau mit dem Kind im Wasser treibend. Sie hatte sich kurz vorher noch im Haus aufgehalten. Das Boot diente allen dreien als Rettungsinsel, so daß alle überlebten.

An der Nordostküste von Flores wurden Barackensiedlungen errichtet, um den Überlebenden der kleinen Inseln ein vorübergehendes Heim zu bieten. Zum Teil werden die Inseln schon wieder bebaut.

Die Welle traf auch die Stadt Maumere. Glücklicherweise zu einem Zeitpunkt, an dem sich viele Bewohner außerhalb der Häuser aufhielten. So hatten die Schulen gerade Pause. Nur deshalb sind in Maumere nicht noch mehr Todesopfer zu verzeichnen.

Heute sieht man kaum noch das Ausmaß der Zerstörung. Einige Häuser sind noch nicht wieder aufgebaut und die meisten Kirchtürme stark beschädigt. Bei dieser verheerenden Katastrophe verloren über 2500 Menschen ihr Leben.

les, sehenswertes ***Museum*** angeschlossen ist. Zu sehen sind dort Webereien, Elfenbeinschnitzereien, Schmuck, Muscheln und Porzellan der Ming-Dynastie sowie eine Münzsammlung. Anfang der 60er Jahre hat man begonnen, dieses Museum aufzubauen. Da es leider keine englischen Erklärungen gibt, ist es sehr hilfreich, mit *Pater Piet Petu,* dem Museumsdirektor, durch die Ausstellung zu gehen. Er spricht Englisch und kann Erklärungen und Informationen zu den Ausstellungsstücken sowie zu Geschichte, Sitten und Gebräuchen von Flores geben. Leider trifft man ihn nicht immer an. Öffnungszeiten 7.30-14.00 Uhr, So ab 10.00 Uhr. Eine Spende von mindestens 500 Rp wird erwartet.

Ledalero ist ca. 9 km von Maumere entfernt, mit dem Bemo ist man in ca. 20 Minuten da.

Folgt man der Straße weitere zwei Kilometer, erreicht man das Örtchen ***Nita***. Jeden Dienstag ist Markt bis ca. 10.00 Uhr morgens.

In Nita kann man, nach Absprache mit *H. E. daSilva,* einem Angehörigen der lokalen Königsfamilie, noch einige alte ***Elefantenzähne*** besichtigen. Seit Generationen sind die Elfenbeinzähne im Besitz der lokalen Königsfamilie. Früher war Elfenbein ein Teil des Brautpreises.

Zum Teil werden heutzutage Elefantenzähne zum Kauf angeboten. Geld ist wichtiger geworden als der Besitz von Elfenbeinzähnen. Man kann so einen Zahn zwar recht gün-

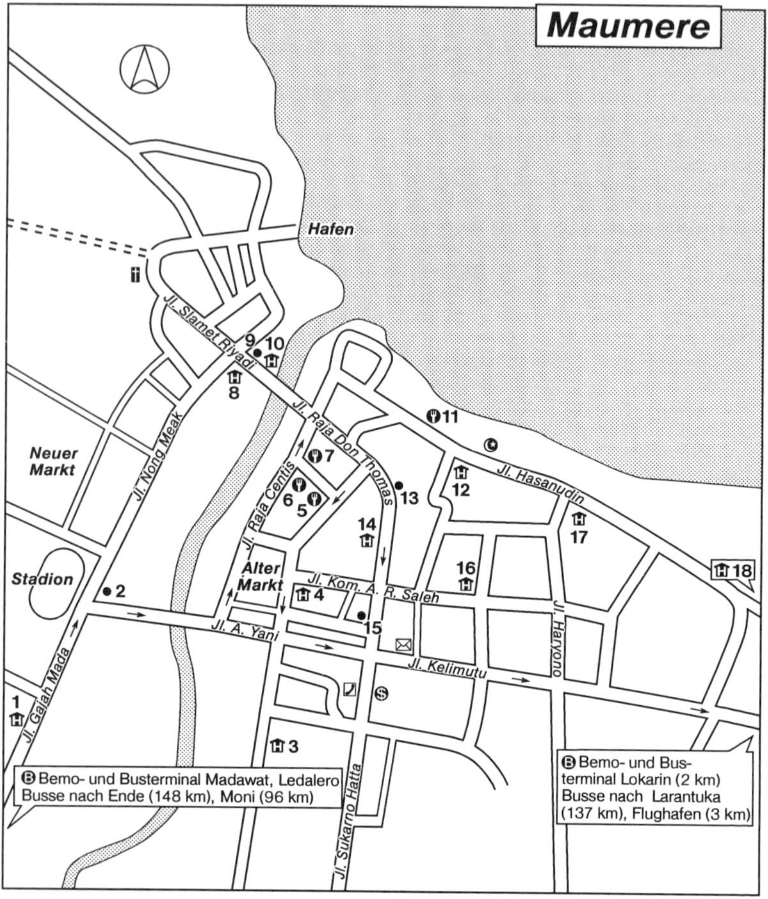

1	Hotel Wini Rae	Hotel
2	Motorradverleih	
3	Losmen Beng Goan III	Hotel
4	Beng Goan I	Hotel
5	Rumah Makan Shanti	Restaurant
6	Rumah Makan Bangkalan	Restaurant
7	Stevani Pub	Restaurant
8	Bogor I	Hotel
9	PELNI	
10	Bogor II	Hotel
11	Golden Fish Restaurant	Restaurant
12	Losmen Jaya	Hotel
13	Merpati	
14	Hotel Maiwali	Hotel
15	Bouraq Agent	
16	Losmen Gardena	Hotel
17	Senja Wair Bubuk Hotel	Hotel
18	Permata Sari	Hotel
	Post	
	Bank	

stig kaufen, nur ist die Einfuhr von Elfenbein nach Deutschland nicht gestattet.

Übernachten

Es gibt mehrere gute und preiswerte ***Losmen*** im Ort. Wer ein Zimmer mit AC nimmt, muß damit rechnen, das abends der Strom und damit die Kühlung ausfällt.

- ***Hotel Maiwali***, Jalan Don Thomas, Tel. 21220, das beste und teuerste im Ort, die Zimmer liegen rund um einen Innenhof, sauber, mit Restaurant. Die einfachsten Zimmer kosten 14.000 Rp, mit AC und TV bis 86.000 Rp.
- ***Bogor I*+****, Jalan Slamet Riyadi, Tel. 21191, gleich hinter der Brücke in Richtung Hafen, kleine Zimmer.
- ***Bogor II*****, Jalan Slamet Riyadi, gegenüber vom Bogor I, ähnlich wie dieses, alles etwas angegammelt.
- ***Senja Wair Bubuk Hotel**-******, Jl. Yos. Sudarso, nette Leute, familiär, gemütliche Terrasse vor dem Haus.
- ***Beng Goan I*-*****, Jalan Pasar, gegenüber dem alten Markt gelegen, einfache Zimmer, nette Leute.
- ***Beng Goan III****, Tel. 21284, dunkle Räume.
- ***Wini Rae***, Jl. Gajah Mada, Tel. 21388, mit Autoverleih (100.000 Rp/Tag mit Fahrer), Zimmerpreise von 25.000 Rp bis 60.000 Rp je nach Standard.
- ***Losmen Jaya**+*****, Jl. Sultan Hassanudin 26, Tel. 21292, kleines, neues Hotel, nette Leute.
- ***Losmen Gardena**-******, Jl. Patirangga 5, Tel. 21489, ruhig, Zimmer mit Mandi, ohne Frühstück.
- ***Permata Sari***, Jalan Sudirman 1, Tel. 171249, 2 km außerhalb gelegen, mit Restaurant, von 25.000-80.0000 Rp.
- ***Nogo Beach Losmen****, 10 km nordwestlich von Maumere, mit dem Bemo Nr. 5 (300-500 Rp) erreichbar, neben der Siedlung mit den Überlebenden der Flutkatastrophe.

Essen

Fast jedes Losmen bereitet Essen auf Bestellung zu. Viele kleine ***Rumah Makans*** befinden sich am alten Markt.

- ***Rumah Makan Depot Shanti***, Jalan Manggis, hat gutes indonesisches und chinesisches Essen.
- ***Rumah Makan Bangkalan***, Jalan Manggis serviert gutes Padang Essen.
- ***Restaurant Luciana***, Jl. Gajah Mada, Tel. 21679, schräg gegenüber des westlichen Terminals Madawat, bietet gute indonesische, chinesische und europäische Küche.
- ***Stevani Restaurant & Pub,*** Jl. Raja Centis, Tel. 0382-21273, mitten im Zentrum in einer schönen Gartenanlage mit Pavillons gelegen, umfangreiche Speisekarte, man sollte allerdings Ohrstöpsel mitbringen, wenn wieder einmal ein Karaoke-Abend stattfindet. Man kann dann sein eigenes Wort nicht mehr verstehen.
- ***Golden Fish Restaurant,*** Jalan Hasanudin, frische Fische und Lobster, Preise je nach Größe und Gewicht.

Adressen

- ***Geldwechseln:*** Bank BRI. Öffnungszeiten: 8.00-15.00 Uhr geöffnet, Mittagspause ist Mo-Do 12.00 bis 13.00 Uhr, Fr von 11.45 bis 13.00 Uhr. Während in Kuta 1592 Rp für 1 DM gezahlt wurden, bot man mir hier nur 1150 an! Der Dollar war mit 2100 dagegen "nur" knapp 100 Rp weniger wert.
- ***Motorradverleih:*** John Sunur, Jl. Nong Meak 59 B (kleine Werkstatt), gegenüber dem Stadion, ist vermutlich der einzige, der Motorräder verleiht. Normalpreis 25.000 Rp/12 Stunden. Man kann ihn bei 7 Tagen auf einen Gesamtpreis von 100.000 Rp herunterhandeln. Unbedingt die Telefonnummer geben lassen, falls man unterwegs liegen bleibt.
- ***Autoverleih:*** Im Hotel Wini Rae, Jalan Gajah Mada, Tel. 21388, kann man sich ein Auto mieten, ca. 100.000 Rp pro Tag mit Fahrer.
- ***Post:*** Das Hauptpostamt liegt an der Jalan Pos, Öffnungszeiten: Mo-Do 8.00 bis 14.00 Uhr, Fr 8.00 bis 11.00 Uhr, Sa 8.00 bis 12.30 Uhr
- ***Touristeninformation:*** Jalan Wair Klau, sehr abgelegen, man fragt besser im Hotel nach Infos.

Straßenszene in Maumere

- **Merpati**, Jl. Don Thomas 19, Tel. 21342, hat von 9 bis 13 Uhr und 19 bis 21 Uhr geöffnet.
- **Bouraq**, Jalan Dr. Sutomo 9, Tel. 21605, im Büro *Panama Tours und Travel.*
- **Tankstelle:** Es gibt in Maumere nur eine Tankstelle. Diese liegt an der Ausfallstraße nach Ende, kurz vor dem Terminal Madawat auf der gegenüberliegenden Seite.

Ausflüge

Die Umgebung von Maumere mit öffentlichen Verkehrsmitteln zu erforschen ist teilweise recht mühsam. Die schönen Ausblicke kann man nicht genießen, da der Bus natürlich nicht anhält.

Geliting

Das Dorf liegt an der Hauptstraße in Richtung Larantuka, ca. 10 km östlich von Maumere. Jeden Freitag findet hier der größte **Wochenmarkt** der Region statt. Aus den umliegenden Dörfern kommen Händler und Käufer, die meisten in wunderschöne, handgewebte Sarongs gekleidet. Frühmorgens dort hinfahren, der Markt endet bereits mittags. 500 Rp mit dem Bemo.

Watublapi

liegt 10 km südlich von Geliting. Der Ort ist ein Zentrum für **Ikat-Webereien.** Manchmal finden hier auch

Webvorführungen und Tanzaufführungen für Gruppenreisen statt. Mit dem Bemo oder Truck 1500 Rp.

Nach weiteren 6 km erreicht man ***Bola***. An der Kreuzung kann man nach links in Richtung Ipi (2 km) abbiegen.

Ipi

In diesem rein katholischen Ort sind alle Häuser aus Bambus gebaut und grasgedeckt. Die hier erstellten ***Sarongs*** werden fast ausschließlich aus handgesponnenen Garnen hergestellt, die mit natürlichen Farben eingefärbt wurden.

Sikka

liegt an der Südküste ca. 27 km von Maumere entfernt. Es ist einer der ersten Orte, in denen die Portugiesen auf Flores landeten und wo katholische Missionare ihre Bekehrungsarbeit begannen. Sikka gilt als ein bedeutendes ***Webzentrum*** der traditionellen Webereien dieser Region. Kaum betritt man das Dorf, wird man umringt von Mädchen und Frauen, die ihre Ikats zum Verkauf anbieten.

Interessant ist die über hundert Jahre alte ***Kirche.*** Die Kirchenwände sind bemalt mit Ikatmotiven der Königsfamilie.

Cirka 4 Kilometer, bevor man Sikka erreicht, durchfährt man ***Lela.*** Lela ist eines der katholischen Zentren dieser Insel mit einer großen Mission.

Mit dem *Colt* benötigt man ca. 1 Stunde für die Strecke Maumere - Sikka (900 Rp).

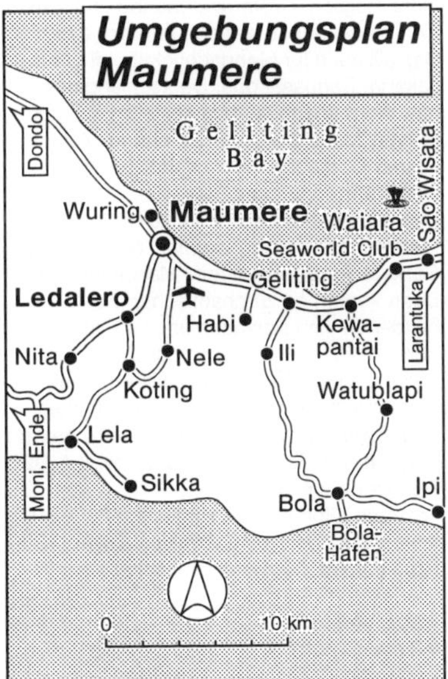

Ausflüge mit dem Motorrad

Richtung Larantuka zweigt kurz nach der Flughafenpiste eine zunächst asphaltierte Straße über Ili nach ***Bola*** (ausgeschildert) ab. Die zweite Hälfte der 26 km ist eine breite, großzügige Piste, die für die Asphaltierung vorbereitet wird. Die Straße steigt stetig an, und man hat großartige Ausblicke auf die Geliting-Bucht bei Maumere.

Vorsicht, viele ***Kinder*** möchten einen begrüßen und haben eine unangenehme Eigenart entwickelt: Sie halten ihre Hände zum Abklatschen hin. Bei den meisten erfolgt dies ganz zart, aber unter hundert ist immer einer, der auch mal richtig mit "Schmackes" zuschlägt. Dabei habe ich mir eine Rißwunde am Handgelenk zugezogen und das Uhrarmband zerrissen. Wir haben auch Kinder beobachtet, die Steine und Stöcke bereithielten. Gerade bei größeren Ansammlungen ist daher Zurückhaltung und Voraussicht geboten.

Nach Bola fällt die Straße steil zum ***Hafen*** und dem Küstenortsteil ab. Die sehr schmale küstennahe Straße endet nach ca. 8 km als Sackgasse in ***Ipi*** (sehr einsam und weit ab von jeder Touristenroute).

Zurück in Bola, fährt man an der Kirche, die auf dem höchsten Punkt steht, rechts vorbei und kann nun auf einer schmalen Piste über ***Watublapi*** Richtung Geliting wieder auf die Hauptstraße Maumere - Larantuka bei Kewapantai gelangen (siehe Skizze). Diese Strecke wird offensichtlich von Touristen nur selten befahren.

Westlich von Maumere, der Nordküste folgend, zieht sich auf 40 km eine gut asphaltierte Straße entlang. Von ***Dondo*** aus läßt sich dann über eine sehr schlechte Piste (möglichst Geländemaschine) Moni erreichen. In der Trockenzeit ca. 5-6 Stunden. Sehr einsam, von Touristen noch nicht entdeckt.
(von *Nick Polack*)

Transport

Busse

Es gibt die beiden Busstationen ***Madawat*** (für die Busse nach Westen) und ***Lokarin*** (für die Busse nach Osten). Mit Bemos für 300 Rp kann man von der einen zur anderen fahren.

Nach Westen

Ende (Fahrzeit ca. 5 Stunden) und ***Moni*** (3 Stunden). Die Busse starten morgens zwischen 8.00 und 10.00 Uhr, die Nachtbusse starten um 16.00/17.00 Uhr. Auf der linken Seite hat man die bessere Aussicht.

- Moni 4.000 Rp
- Ende 5.000 Rp

Nach Osten

Für die 136 km nach ***Larantuka*** benötigt man sechs Stunden. Nach 2,5 Stunden wird eine Pause gemacht. Die ersten 50 km sind asphaltiert, dann schließt sich eine gute Piste bis zum Paß an. Nach dem Paß wird die Strecke schlecht, aber es wird daran gearbeitet. Die letzten 40 km bis Larantuka wird die Straße wieder gut. Es fahren mehrere Busse über den ganzen Tag verteilt. Bevor nicht der letzte Millimeter besetzt ist, fährt sowieso kein Bus los.

- Larantuka 4.000 Rp

Fliegen

Auch in Maumere kommt es immer wieder zu Schwierigkeiten bei den Flugterminen. ***Reservierungen*** von anderen Merpatistellen sind entgegen deren Behauptungen nicht möglich. (Trotz Telefonanruf findet man sich hier in der Liste nicht unbedingt wieder. Das gilt auch für Mehrfachtickets, die man in Jakarta, Denpasar oder Deutschland gekauft hat. Wer behauptet, man sei jetzt im Computer von Maumere, lügt. Es gibt in Maumere keinen Computer.) Am besten ist es, rechtzeitig (um sicher zu gehen, eine Woche vorher) und nur hier das Ticket zu kaufen.

Allerdings fallen wegen ***technischen Schwierigkeiten*** öfter Maschinen aus. Dann kommt es zu chaotischen Zuständen, bei denen man sich auch um die Plätze "prügelt". Wohl dem, der dann Bahasa Indonesia spricht. Einen Tag vorher sollte man an die Rückbestätigung (reconfirmation) denken.

Der ***Flugplatz*** liegt 3 km vom Zentrum entfernt. Ein Taxi in die Stadt kostet 5.000 Rp. Wer nicht zuviel Gepäck hat, kann den knappen Kilometer bis zur Hauptstraße auch laufen und dort ein normales Bemo (300 Rp) nehmen. Die Stadt liegt links.

Nach Westen

- Bima (täglich) 120.000 Rp
- Mataram (täglich) 215.000 Rp

• Denpasar (täglich)	207.000 Rp
• Jogyakarta (Di)	320.000 Rp
• Surabaya (tägl. außer Mi)	260.000 Rp
• Jakarta (Mo, Mi, Fr, Sa) mit Bouraq	420.000 Rp

Nach Osten

• Kupang (täglich)	77.000 Rp

Nach Norden

• Ujungpandang (Sulawesi) (tägl. außer Mi, Fr)	143.000 Rp
• Balikpapan (Kalimantan) (tägl. außer Mi, Fr)	309.000 Rp

Schiff

Alle zwei Wochen montags und samstags legt das ***PELNI-Schiff Keli Mutu*** in Maumere an. Samstags fährt die Keli Mutu nach Ujungpandang (Sulawesi) und ist montags wieder in Maumere. Von dort fährt sie dann folgende Route:
Maumere - Kalabahi (Alor) - Dili (Timor) (23.500 Rp) - Kupang (Timor) (38.500 Rp) - Ende (49.500 Rp) - Waingapu (Sumba) - Bima (66.500 Rp) - Lembar (80.500 Rp) - Surabaya - Banjarmasin - Surabaya - Benoa (87.500 Rp) - Bima - Waingapu - Ende - Kupang - Dili - Kalahabi - Maumere.

Zwischen Maumere und Larantuka

Waidra Cottages

(Jalan Nai Roa, Tel. 21570) 13 km östlich von Maumere befindet sich der ***Sea World Club.*** Man kann in Bungalows am weißen Strand wohnen, in Ruhe baden, schnorcheln und tauchen. Die Anlage gehört der katholischen Mission und wird von *Pater Heinrich Bollen* geführt. Der deutsche Pater lebt schon sehr lange in Indonesien und kann somit sehr viel über Land, Leute und Kultur erzählen. Zimmerpreise je nach Standard zwischen 10 und 35 US-$. Essen kann man im Restaurant.

Man kann dort ***Schnorchel- und Tauchtouren*** unternehmen.

- Schnorcheltour inkl. Essen, Ausrüstung und Boot 30.000 Rp.
- Tauchen inkl. 2 Tanks, Essen und Boot 70 US-$.

Folgende ***Tagesausflüge*** mit einem Minibus werden vom Sea World Club organisiert (Minimum 6 Personen):

- Zum Keli Mutu 125.000 Rp.
- Watublapi 35.000 Rp.
- Nach Sikka, Ledalero, Wuring 35.000 Rp
- Transfer zum/vom Flughafen 10.000 Rp.

Sao Wisata

Ca. 1 km weiter östlich liegt das Hotel Sao Wisata (Jalan Sawista, Waiara Maumere, Tel. 21555, Fax: 21666). Die Anlage besuchen fast ausschließlich ***Taucher,*** die Ausrüstungen und das Boot sollen sehr gut sein, ebenso die Tauch-Guides.

- Preisbeispiel: 4 Nächte/3 Tage inklusive 2 Tauchtagen kosten 465-530 US-$, je nach Standard des Zimmers.
- Man kann hier auch einen CMAS-Tauchschein machen. Der 4-Tage-Kurs kostet 400 US-$.

Wodong

26 km östlich von Maumere (Richtung Larantuka) ist das *Pondok Wisata Wodong* entstanden. Die Besitzer sind der Belgier *Guy* und seine indonesische Frau *Mary.* Seit Anfang August 1995 kann man in Bungalows aus Holz und Bambus wohnen. Die Häuschen stehen in einem Palmenhain. Es gibt Gemeinschaftsmandis, Sitzgruppen, die in dem Areal verstreut sind, eine zentrale Bar und einen Aufenthaltsraum mit Küche. Im August 95 war ein junger Weißkopf-

seeadler, der mit Insekten aufgepäppelt wurde, die Attraktion.

Geplant ist ein Kulturprogramm mit örtlichen Künstlern in den Bereichen ***Musik, Malerei, Weberei, Schnitzerei und Flechten.*** Für Touristen sollen Kurse zum Erlernen des lokalen Kunsthandwerks angeboten werden.

- Pro Übernachtung im Bungalow 16.500/DZ mit Frühstück.
- Vom östlichen Busterminal von Maumere mit dem Bemo ca. 45 Minuten in Richtung Larantuka, 700-1.000 Rp je nach Gepäck.

Flores Froggies

ist eine weitläufige, liebevoll gestaltete ***Bungalowanlage*** unter Bäumen direkt am Meer. Die Besitzer sind die Französin *Valerie* und der Korse *Michel*. Hier wird Englisch, Französisch und ein wenig Deutsch gesprochen. Die Anlage betritt man über eine abenteuerliche Hängebrücke. Man lebt inmitten eines kleinen Zoos: Gänse, Enten, eine Äffin und ein junger querschnittsgelähmter Affe, der hier sein Gnadenbrot findet.

- Zur Zeit gibt es 30 DZ, davon 25 Einzelbungalows, zwei davon mit eigenem Mandi, 9.500 Rp bzw. 17.500 Rp (Honeymoon Suite). Keine Elektrizität. Im Restaurant gibt es leckere lokale Gerichte. Gegen 21.00 Uhr wird das Restaurant geschlossen.
- Vom östlichen Terminal mit dem Bemo 28 km in Richtung Larantuka. 700-1.000 Rp je nach Gepäck, Fahrzeit ca. 45 Minuten.

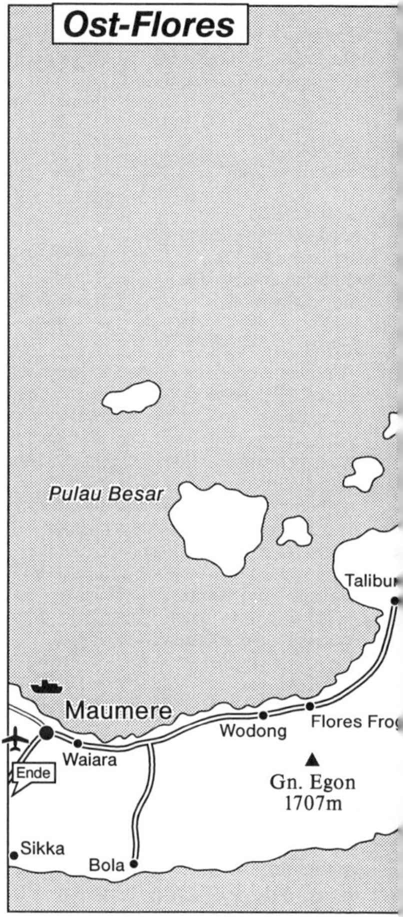

Folgende ***Ausflüge*** kann man von Flores Froggies aus machen:

Es gibt einen langgezogenen grauschwarzen Sandstrand. Ein ***kleines vorgelagertes Riff*** ist 30 m vom Strand entfernt, bei Bungalow Nr. 7 geradeaus ins Meer gehen. Es ist allerdings nur mäßig interessant.

Ausflug zu den ***vorgelagerten Inseln*** mit dem Boot, 49.000 Rp/Boot. Mäßige Schnorchelgelegenheiten, einige Korallenstöcke an der langen weißen Landzunge, die zuerst angelaufen wird. Der Drop-off (unterseeischer Steilabfall) ist aber überwiegend nur noch Schutt. Hier

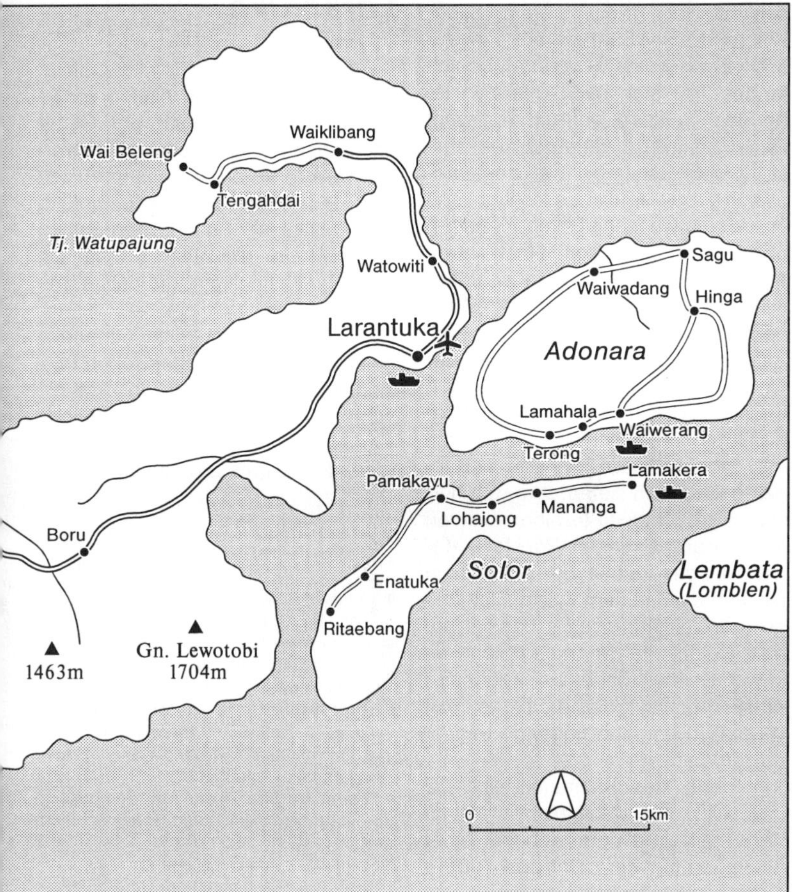

herrschen starker Wellengang und eine starke Strömung, die kaum ohne Flossen zu bewältigen sind. Beim zweiten Halt gibt es einen Traumsandstrand mit Kokospalmen und allerlei Strandgut, aber unter Wasser nur Seegraswiesen. Essen und Trinkwasser nicht vergessen.

Ausflug in den ***Regenwald***, Kosten für Wagen und Guide belaufen sich auf 30.000 Rp.

Besteigung des aktiven ***Vulkans Egon*** kann vom Froggies organisiert werden.

Wie weit der Animismus noch verbreitet ist, zeigt eine kleine Geschichte von *Michels* erstem Guide. Während einer Führung auf den Gunung Egon wurde er von den begleitenden Touristen nach den dort lebenden Geistern gefragt. Auf dem Gipfel bestritt er vehement die Existenz von Geistern. Erst beim Abstieg erzählte er, daß es nicht gut sei, in der Anwesenheit von Geistern über sie zu sprechen. Nach ihrem Aussehen gefragt, meinte er unbestimmt, man würde sie schon erkennen.

Nur zehn Minuten später blieb der Guide wie angewurzelt stehen. Ein hagerer greiser Herr, mit schlohweißen Haaren, vorgebeugt auf seinen Stock gestützt, näherte sich ihnen und sprach sie an. Wie sich herausstellte, handelte es sich um einen alten europäischen Priester, der nach langer Zeit in der Nähe eine Bekannte aufsuchen wollte. Der Guide soll sich erst wieder bewegt haben, als der alte Herr außer Sichtweite war. Seitdem hat er nie wieder den Aufstieg gewagt, und die Gegend ist vermutlich um eine Legende reicher geworden.

In Höhe des Kilometersteins 32 (aus Richtung Maumere), direkt an der Straße, befindet sich bei einer Flußmündung eine ***schöne kleine Sandbucht***, die links von einem Palmenwald und rechts von einem Mangrovengürtel gesäumt wird. Zwar gibt es keine Korallen, wohl aber ein ***türkisblaues natürliches Schwimmbecken***.

Larantuka

Larantuka ist ein kleiner verschlafener Hafenort im Osten von Flores. Es ist der Ausgangspunkt, um weiter nach Osten in das ***Solor-*** und ***Alor-Archipel*** bzw. nach Kupang zu reisen. Bis 1859 gehörte Larantuka den Portugiesen, dann übernahmen die Holländer die Stadt. Es war ein wichtiger Handelsplatz im ostindonesischen Raum.

Wie Maumere ist auch Larantuka eine der frühen portugiesischen Missionen. Heute ist hier der katholische ***Bischofssitz.*** Die alljährliche Karfreitagsprozession ist das herausragende Ereignis Larantukas.

Übernachten

Es sind vier sehr preiswerte ***Losmen*** am Ort.

- ***Losmen Rulies Inn*****, Jl. Yos Sudarso 40-41, Tel. 0383-21198, ohne Frühstück, große, helle und gemütliche Zimmer, Moskitonetze, nette Leute, gutes Essen, Infos zu Tagesausflügen.
- ***Hotel Tresna**-*******, Jl. Yos Sudarso 43, Tel. 21072, Zimmer mit und ohne AC, inklusive Frühstück und Nachmittagskaffee bzw. Tee, begrünter Innenhof.
- ***Wisma Kartika****, nahe der Bemostation und nahe dem alten Hafen, etwas schmuddelig.
- ***Salom*****, Jalan Lalamentik 35, Tel. 21464, etwas außerhalb am Berg gelegen, ruhig und sauber, Essen auf Bestellung möglich, Zimmer mit und ohne Mandi.

Essen

Wer keine Lust hat, im Losmen zu essen, kann es einmal mit folgendem Rumah Makan versuchen:

- Der Rumah Makan ***Depot Nirwana*** serviert gute Hühnergerichte. Mitten im Zentrum an der Hauptstraße gelegen.

Karfreitagsprozession in Larantuka

Die Woche vor Ostern und der Karfreitag sind der Höhepunkt für alle Katholiken dieser Region. Aus den umliegenden Dörfern und anderen Regionen Indonesiens kommen die Bewohner gepilgert, um an der Prozession teilzunehmen. Tage vorm Karfreitag beginnen die Vorbereitungen. Alles wird gefegt und geputzt, der Prozessionsweg mit Bambuszäunen begrenzt und Reliquien aus den umliegenden Dörfern nach Larantuka überführt. Zwei Tage vor Karfreitag wird zum Beispiel eine Wasserprozession durchgeführt, bei der eine Reliquie (keiner wußte genau, was sich in dem schwarzen Kasten befand) mit einer kleineren Prozession mit Booten nach Larantuka in die Kathedrale überführt wird. Zur Prozession wird die Mutter-Gottes-Statue gewaschen und in ein dunkelblaues Samtkleid gehüllt. Das dann heilige Wasser wird gesammelt, um es als "Medizin" für kranke Kinder und Schwangere zu verwenden.

Die Karfreitagsprozession beginnt mit einer Messe. Da die Kathedrale nicht ausreichend Platz bietet, nehmen Tausende von Gläubigen auf dem Vorhof der Kathedrale an der Messe teil. Per Mikrofon und Lautsprecher können die Gläubigen dem Gottesdienst folgen. Die Liturgie wird in Portugiesisch abgehalten (bei allen Messen in Larantuka), es ist das Portugiesisch aus dem 17. Jahrhundert, das heutzutage keiner mehr spricht und versteht, selbst Portugiesen nicht. Kurz vor der Dämmerung ist die Messe beendet, und die große Mutter-Gottes-Statue sowie der Sarg Christi werden herausgetragen. Sie führen die Prozession an.

Keiner weiß, wie die Statue nach Larantuka gekommen ist, alle sind sich einig, daß sie an den Strand gepült wurde. Manche glauben, daß ein Bewohner Larantukas im Traum eine Offenbarung hatte, bei der ihm gesagt wurde, wann und wo er eben diese Statue am Strand finden konnte.

Der schwarze Kasten mit Religien Christi wird von vier weiß Vermummten mit roten spitzen Hüten getragen. Es handelt sich um Personen, die für irgendeine große Sünde büßen, aber nicht erkannt werden möchten. Die Büßer melden sich freiwillig. Sie tragen während der gesamten Prozession, und das sind fast zehn Stunden, einen schwarzen Kasten, in dem Reliquien aufbewahrt sind. In früheren Zeiten waren die Büßer auch noch barfuß.

Fast alle Prozessionsteilnehmer tragen brennende Kerzen, der Prozessionsweg wird davon erleuchtet. Der Menschenzug ist sehr langsam, und ständig wird an kleinen Altären angehalten, manchmal weil Stationen des Leidensweges Christi erzählt bzw. nachgespielt werden, manchmal auch ohne einen für uns ersichtlichen Grund. Während der gesamten Nacht bis in die frühen Morgenstunden wird gebetet und gesungen. Die Prozession endet da, wo sie begann, an der großen Kathedrale.

Die *Konfreria* organisiert und führt die Vorbereitungen für die Osterprozession durch. Diese religiöse Organisation wurde von den Portugiesen im 17. Jahrhundert gegründet. Sie kümmert sich seitdem um den Erhalt der Kirchen und Kapellen sowie der heiligen Statuen und Reliquien. Ihre Mitglieder geben Katechismus-Unterricht. Das Büro der *Konfreria* erteilt Fremden bzw. Touristen die Erlaubnis, an der Karfreitags-Prozession teilzunehmen und Fotos zu machen. Jeder Gast bekommt ein Ansteckkärtchen, das ihn als Außenstehenden ausweist. Das berechtigt den Gast zum Beispiel, die Prozession zu überholen, um Fotos zu machen, solange er keinen Gläubigen oder gar die Prozession stört. Man ist hier sehr stolz auf diese alte Tradition und läßt deshalb gerne Fremde daran teilnehmen.

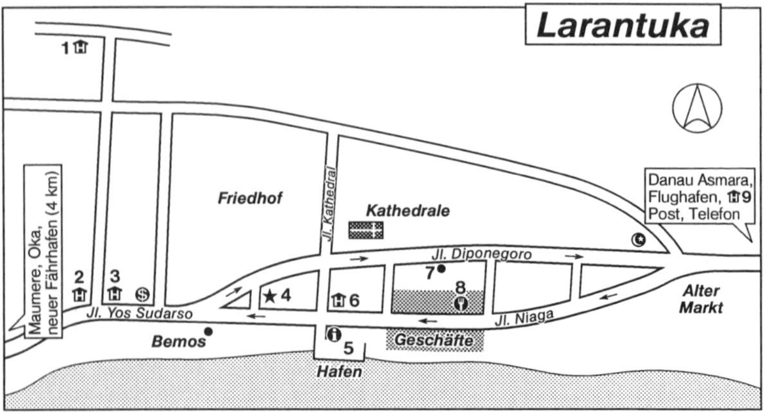

●Wer nicht im ***Losmen Rulies*** wohnt, kann dort trotzdem essen gehen.

Adressen

●***Post:*** Das Post-Office befindet sich ziemlich weit außerhalb hinter dem Hauptmarkt. Öffnungszeiten: Montag-Donnerstag 8.00 bis 14.00 Uhr, Freitag 8.00 bis 11.00 Uhr. Man kann mit den Stadtbemos zur Post fahren.

●***Geldwechseln:*** BRI, Jalan Yos Sudarso, neben Losmen Rulies, sehr schlechter Kurs.

●***Tankstelle:*** Schräg gegenüber der Post befindet sich eine Tankstelle.

●Die ***Tokos*** schließen hier gegen 20 Uhr.

●***Merpati***, Jalan Diponegoro 64, in der Nähe der Kathedrale.

🏨	1	Hotel Salom
🏨	2	Hotel Tresna
🏨	3	Losmen Rulies Inn
★	4	Statue
ℹ	5	PELNI, Ticketverkauf, Infos, Boote nach Lembata, Adonara, Solor, Alor
🏨	6	Wisma Kartika
●	7	Merpati
🍴	8	Depot Nirwana
🏨	9	Hotel Fortuna
$		Bank
☪		Moschee

Sehenswertes/Ausflüge

Weri Beach

Ca. 2 km nördlich von Larantuka befindet sich der herrliche lange weiße ***Sandstrand*** Weri Beach mit Flachriff und guter Schnorchelmöglichkeit. Auf keinen Fall zu weit herausschwimmen, da die Strömung sehr stark ist! Mit dem Bemo 300 Rp.

Danau Asmara (Wai Beleng)

Ca. 46 km entfernt, über Waiklibang (ca. 25 km) und Riangpuho (ca. 40 km), befindet sich ein ***See, in dem angeblich Leistenkrokodile*** leben, unter anderem ein weißes Krokodil. Allerdings hat bislang noch keiner eines dieser Tiere gesehen.

Zwischen Waiklibang und Riangpuho ist die Straße bis auf 10 km noch in einem sehr schlechten Zustand. Mit dem Bemo benötigt man knapp 1,5 Stunden.

Die Landschaft wechselt zwischen trockener Savanne und Regenwald in den höheren Lagen, ist sehr interessant, aber nicht so schön wie die Strecke Maumere - Larantuka. Der Blick auf die Nordküste zeigt die verheerenden Bergstürze nach dem Erdbeben. Traditionelle Dörfer sind den Reihensiedlungen der Notunterkünfte gewichen, in denen viele der Obdachlosen aus den vorgelagerten Inseln untergekommen sind. Der Danau Asmara, in der Lokalsprache Wai Beleng genannt, befindet sich links unterhalb der Straße und hat die runde Form eines Maares. Der Abstieg dauert etwa 10 Min. Am Rande des Sees blühen wunderschöne Seerosen. Obwohl bislang keiner diese Krokodile wirklich gesehen hat, sollte man sicherheitshalber auf ein kühlendes Bad verzichten.

Oka

Von Larantuka aus ist eine Rundfahrt um den "Hausberg" über Oka möglich. Man trifft dann südlich von Larantuka wieder auf die Hauptstraße nach Maumere. In Oka gibt es ***heiße Quellen,*** (die allerdings zu heiß zum Baden sind) und einen langen, ***schwarzen, von Palmen gesäumten Strand.*** Mit dem Bemo ca. 15 Minuten bis Oka (250 Rp).

Walfang auf Lembata

Von Larantuka aus kann man das für seinen Walfang bekannte Dorf ***Lamalera*** auf Lembata besuchen. Zweimal die Woche (So u. Do) geht eine Fähre nach Alor, die u.a. einen Stop in Lamalera und Lewoleba macht.

Die Fahrt (8 Std.) ist sehr angenehm, mit Aussicht auf die umliegen-

Messeteilnehmerinnen

den Inseln, oft begleiten Delphine das Schiff, und/oder man sieht Schwärme von fliegenden Fischen. Bevor das Boot Lembata erreicht, hält es noch bei den ***Inseln Adonara*** und ***Solor.*** Die Passagiere werden mit kleinen Booten vom großen Schiff zum Festland gebracht.

Lamalera ist einer der Orte, in denen die Bewohner auf ***Walfang*** gehen. Und zwar Mensch gegen Tier, und das Auge in Auge. Diese Orte sind von den Greenpeace-Aktionen "Rettet die Wale" ausgenommen, da die Bewohner Wale *(Ikan Paus)* ausschließlich zum eigenen Gebrauch fangen und das seit ewigen Zeiten. Man kann mit den ganz normalen Walfängerbooten mitfahren (15.000 Rp). Frühmorgens zwischen 6.00 und 7.00 Uhr starten die Boote und kehren erst am Nachmittag heim, oft ohne irgendetwas gefangen zu haben. Es werden nicht nur Wale gejagd, sondern auch große Haie oder Mantas.

Ein ***Walfangboot*** ist ca. 10-15 m lang und völlig aus Holz ohne auch nur einen Nagel. 12-15 Mann befinden sich in einem Boot. Die Boote haben sowohl Segel als auch Ruder. Ein mit einer 3 m langen Harpune bewaffneter Mann steht vorne, bereit, auf den gesichteten Wal zu springen. Treffen die Fänger auf einen Wal, werden die Segel heruntergelassen, und das Boot wird mit vereinten Kräften zum Wal gerudert. Der Mann mit der Harpune springt auf den Wal und sticht ihm in den Rücken. Die Harpune ist mit einem Seil am Boot festgebunden, so daß der Fisch an der Angel hängt. Da der Wal oft nur verletzt ist, beginnt eine oft stundenlange Jagd. Der Wal zieht das Boot so lange hinter sich her, bis er ermüdet und die Fänger ihn mit Messern endgültig töten können.

Der Wal wird dann zum Dorf gezogen und dort am Strand zerlegt. Fast jeder Dorfbewohner erhält ein Stück des Fanges, da es irgendeine verwandtschaftliche oder andere Beziehung zu den Walfängern gibt. Der Erbauer des Bootes und natürlich die Mannschaft eingeschlossen. Der übriggebliebene Teil wird verkauft, um mit dem Geld Reis, Fleisch, Gemüse u.ä. einkaufen zu können.

In einer guten Walfangsaison werden durchschnittlich 15-20 Wale erlegt.

- In Lamalera befinden sich zwei ***Losmen,*** das *Label Bending* und *Guru Ben Ebang.* Beide kosten 7000 Rp/Person inklusive 3 Mahlzeiten.

Zweimal wöchentlich fährt ein Schiff nach Larantuka. Wer noch Lust auf einen weiteren Stop hat, sollte in ***Lewoleba*** (Lembata) aussteigen. Hier gibt es einsame, weiße Strände und jeden Montag den größten Markt der Region mit wunderbaren Webarbeiten.

- Wohnen kann man im ***Hotel Rejeki I und II*+*****, Jalan Lembata 1193.

Transport

Busse

Mit Bussen kann man nur wieder zurück in Richtung Westen reisen. Nach ***Maumere*** fahren täglich zwischen 8.00 und 10.00 Uhr morgens mehrere Busse. Die Fahrzeit beträgt ca. 5 bis 6 Stunden. Die Stadtbemos kosten 250 Rp.

- Maumere 4.000 Rp

Fliegen

Der **Flughafen** liegt ca. 10 Kilometer außerhalb des Zentrums. Merpati bietet einen Flughafen-Taxiservice an.

Von Larantuka geht jeden Donnerstag eine Maschine nach ***Lewoleba*** (auf Lembata) und dann weiter nach ***Kupang.*** Auf diese Angabe sollte man sich nicht verlassen, denn häufig findet der Flug nicht statt.

- Kupang 92.000 Rp

Schiff

Es gibt zwei Häfen, der alte befindet sich im Ort Larantuka, der neue liegt ca. 3 km von Larantuka entfernt in Richtung Maumere. Der Inselverkehr wird vom ***neuen Hafen*** abgewickelt.

Sonntag und Donnerstag zwischen 7.00 und 8.00 Uhr morgens geht ein Schiff ***nach Alor*** (24 Std) mit folgenden Stops: Adonara, Lembata (Lewoleba, Lamalrea und Balauring), Baranusa (Pontos), Alor. Tickets kauft man an Bord.

- Lewoleba 4.000 Rp
- Lamalera 5.000 Rp
- Nach ***Lamalera*** (Lembata) fährt freitags morgens um 8.00 Uhr ein Schiff, 4.000 Rp.
- Nach ***Kupang*** geht jeden Dienstag und Freitag eine Fähre (14 Std.), 12.500 Rp.
- Alle zwei Wochen samstags oder donnerstags fährt das ***PELNI-Schiff Tatamailau*** Larantuka an. Donnerstag führt die Route weiter nach Labuan Bajo, Ujung Pandang, Badas, Surabaya usw. Samstag geht es nach Dili, Saumlaki, Tual, Dobo, Merauke usw.
- Weitere Infos zu Schiffen ***Richtung Solor- und Alor-Archipel*** bekommt man im Hafenmeister-Büro am Hafen im Zentrum Larantukas.

Stürmische Begrüßung (AS)

Anhang

Glossar landestypischer Begriffe

Adat traditionelle Sammlung von Vorschriften
Agama Religion
Air indonesisch für Wasser (oft Teil von Ortsnamen)
Air Panas heiße Quellen
Alun Alun zentraler Platz in größeren Städten
Arak hochprozentiger Schnaps, destilliert aus Reis: Arak Beras; aus Tuak: Arak Tuak
Arenpalme Zuckerpalme, aus deren Saft man den roten Palmzucker (Gula Merah) und Tuak herstellt
Babi Guling Spanferkel
Bahasa Sprache
Bahasa Indonesia Indonesisch
Bahasa Bima die Sprache der Bima
Bagan Auslegerboote, mit einer festen Plattform. In der Mitte der Plattform befindet sich ein Loch, in das man beim Nachtfischen eine Lampe hineinhängt. Licht lockt die Fische an. Besonders gute Fänge erzielt man bei Neumond. Wenn alles dunkel ist, zieht eine einzige Lampe Schwärme von Fischen an.
Balé überdachter Pavillon
Balé Gede "Wohnzimmer", in diesem offenen Pavillon werden Gäste empfangen
Balé Kembang Pavillon, der von Wasser umgeben ist
Balian Heilkundiger, Naturheiler
Banjar dörfliche Selbstverwaltung auf Bali
Banyan die Würgefeige (ficus bengalensis), die durch Luftwurzeln gigantische Ausmaße erreicht
Bapak "Vater", höfliche Anrede gegenüber älteren Männern
Batik Färbetechnik, bei der durch aufgetragenes Wachs jeweils nicht einzufärbende Stoffpartien abgedeckt werden
Becak Fahrrad zum Personentransport (Dreirad)
Bejaj Kleinsttransporter (Dreirad) im Innenstadtbereich
Bemo (Becak Motor) Sammeltaxis, die überall in Indonesien den Nahverkehr abwickeln
Ben Hur (Dokar), Kutsche, die von einem Pferd gezogen wird, traditionelles Nahverkehrsmittel
Bensin Benzin
Beras geschälter Reis, ungekocht
Bioskop Kino
Bis Bus
Bis malam Nachtbus
Bu Kurzform für Ibu
Bukit Hügel
Bupati Verwaltungschef eines Kebupaten
Cabang Zweigstelle (z.B. einer Bank)
Camat Verwaltungschef eines Kecamatan
Dokar (Lombok) Kutsche, die von einem Pferd gezogen wird, tradit. Nahverkehrsmittel
Colt Markenname eines Kleinbusses japanischer Bauart, wird oft für Minibus allgemein verwendet
Dalang Schattenspieler
Danau Süßwassersee
Desa Verwaltungseinheit, normalerweise gehören einer Desa mehrere Dörfer (siehe Kampung) an
Dokar Cidomo
Donats rundes Fettgebäck, mit Margarine bestrichen und bunten Zuckerstreuseln
Doppelter Ikat sehr komplizierte Webtechnik, sowohl Schuß- als auch Kettfäden, werden vor dem Weben eingefärbt und ergeben nach dem Weben ein äußerst kompliziertes Muster, siehe Ikat
Doro Gipfel
Dukun siehe Balian
Durian Stinkfrucht
Gang kleine Seitengasse
Garuda 1. mythologischer Göttervogel 2. indonesische Fluglinie
Gereja christliche Kirche
Gili kleine Insel
Goa Höhle
GOLKAR Regierungspartei
Gringsing rituelles Tuch, das speziell gewebt wird, siehe Doppelter Ikat
Gubernor Gouverneur, Chef einer Propinsi
Gunung Api Vulkan
Gunung Berg (Abk. Gn.)
Guru Lehrer
Harga biasa üblicher Preis
Harga pas nicht verhandelbarer Preis
Harga Turis Touristenpreis (normalerweise überhöht)

Hari Pasar Markttag (hari=Tag, pasar=Markt)
Hari Raya Feiertag
Hati Hati Achtung, Vorsicht
Homestay kleine, normalerweise von einer Familie betriebene Pension
Hutan Wald
Ibu "Mutter", höfliche Anrede für ältere Frauen
Idul Fitri Ende der Fastenzeit (siehe auch Ramadan)
Ikat spezielle Webtechnik, bei der der Kett-Faden vor dem Weben so eingefärbt wird, daß hinterher ein Muster entsteht. Siehe Doppelter Ikat
Jalan Straße (Abk. Jl.)
Jalan Jalan spazierengehen
Jimmny Name eines jeepähnlichen, aber äußerst unbequemen Kleinwagens
Kain Stoff
Kali Fluß
Kampung Dorf (auch Nachbarschaft)
Kantor Pos Postamt
Kantor Imigrasi Einwanderungsbehörde
Kantor Büro
Kapal Terbang Flugzeug
Karaci Kampfsport mit Keulen auf Sumbawa
Kebupaten Jede Provinz ist in Unterverwaltungen (Kebupaten) eingeteilt, denen der Bupati versteht.
Kecamatan Verwaltungsbezirk des Kebupaten
Kepala (eigentlich Kopf), Chef einer Behörde
Kepala Desa Bürgermeister, Vorsteher einer Desa
Kepala Kampung Dorfvorsteher
Kepeng Alte chinesische Münzen, die früher einmal Zahlungsmittel waren, heute aber nur noch rituell als Opfergeld verwendet werden. Kepengs werden zu diesem Zweck mittlerweile in großer Menge neu hergestellt.
Kereta Api Eisenbahn
Ketupat in einem "Körbchen" aus Palmblättern gekochter Reis, der zu einer Art "Block" zusammenkocht
Kijang "Hirsch", so heißt ein komfortabler Kleinbus japanischer Bauart, der zu mieten ist
K.M. Motorboot (kapal=Boot, Schiff, Motor=Motor)
KPM (Kapal Prahu Motor) siehe Prahu
Kretek indonesische Zigarette, die neben Tabak bis zu 50% Gewürznelken beinhaltet
Kris malaiischer Dolch, bekannt wegen seiner oft geschwungenen Klinge
Labuan Hafen, oft auch Teil eines Ortsnamens
Lambung tradit. Reisspeicher, häufig auf Stelzen
Lapangan Terbang Flugplatz
Laut Meer
Leyak böser Geist, der sich hauptsächlich auf Friedhöfen herumtreibt
Loh Bucht
Loket Schalter zum Ticketverkauf
Lontar besondere Palmenart, deren Blätter als "Papierersatz" benutzt wurden, Lontar heißen auch die so entstandenen "Bücher".
Lontong in Bananenblätter eingewickelter Reis, gefüllt z.B. mit Banane und dann gargekocht
Losmen kleines indon. Hotel, in Java und Sumatra Bezeichnung für Bordell
Lumbung Vorratshaus, Reisspeicherhaus
Majapahit letzte große Hindu-Dynastie Javas
Malam Nacht
Mandi das indonesische Bad (mit Kippdusche)
Merpati indonesische Fluglinie
Mesjid islamische Moschee
Naga mythologische Schlange
Nasi gekochter Reis
Nasi bungkus Reisgericht zum Mitnehmen (nasi=Reis, bungkus=Verpackung). Es handelt sich je nach Restaurant um Reis mit verschiedenen Gemüsesorten, Ei, Soyaprodukten und Fleisch.
Nusa größere Insel
Nusa Tenggara Barat das Verwaltungsgebiet (Provinz) Lombok und Sumbawa
Nusa Tenggara Timur das Verwaltungsgebiet (Provinz) Flores, Timor und Sumba
Orang Mensch
Padi Reispflanze (daher englisch "paddy-field")
Pak Kurzform für Bapak
Pamor das Muster, das die Kris-Klinge aufweist (Damazener-Stahl)
Pantai Strand
Parang Arbeits- und Buschmesser
Pasar Markt
Pasar Malam Nachtmarkt (Essensstände)
PELNI staatliche indonesische Schiffahrtsgesellschaft

Perisai Kampfsport mit einer Peitsche auf Sumbawa und Flores
Perisean Kampfsport der Sasak
Pertamina staatliche indonesische Erdölfirma
Pesangrahan Regierungsunterkünfte, in denen man wohnen kann, solange kein Offizieller sie benötigt. Die Holländer bauten während ihrer Kolonialzeit diese Unterkünfte an schönen Stellen, oft mit Swimming Pool.
P.H.P.A. P=Perlindungan=Schutz
H=Hutan=Wald
P=Pengewetan=Erhaltung
A= Alam=Natur
Es handelt sich um die Naturschutzbehörde, die u.a. für alle Belange der Nationalparks und Naturreservate Indonesiens zuständig ist.
Pos Posten, Stützpunkt
Prahu Holzschiff
Prahu Layar Holzschiff mit Segeln
Prahu Motor Holzschiff mit Motor
Propinsi Provinz (größter Verwaltungsbezirk)
Puasa islamische Fastenzeit, siehe Ramadan
Pulau Insel
Puncak Gipfel
Puri Palast
Puskesmas Krankenstation
Rajah Sultan, König, Herrscher
Rama der Fürstensohn in der Ramayana, der zum Schluß das Böse besiegt
Ramadan islamischer Fastenmonat
Ramayana Eine der großen indischen Erzählungen. Viele Tänze und Schattenspiele basieren auf dieser Legende.
Rattan Siehe Rotan
Rawana der Dämonenfürst in der Ramayana
Rotan Rattan (Liane, aus der man u.a. Möbel macht)
Rumah Makan Restaurant
Rumah Pangun auf Stelzen stehendes Haus
Rumah Sakit Krankenhaus
Sakti die magische, spirituelle Kraft
Sampan traditionelles Auslegerboot
Sapi Putih weiße Kühe (Sapi=Kuh/Rind, putih=weiß), die insbesondere im Nordosten Sumbawas gezüchtet werden
Sarong Tuch, das rockartig um die Hüften gebunden wird. Kleidungsstück für Männer und Frauen
Sasak die eigentlichen Einwohner der Insel Lombok
Sate Fleischspieße mit Erdnußsoße
Sawah Reisfeld
Sekolah Schule
Sirih Betelnuß, wird mit anderen Zutaten als mildes Rauschmittel gekaut
Sita Ramas Frau in der Ramayana
Solar Diesel
Songket silber- und goldfarben durchwirkter Sarong
Sultanat Königreich
Sungai Fluß
Taman Wassergarten
Tanjung Landspitze
Tanjung Kap (Abk. Tj. oder Tg.)
Telaga, Teluk Bucht
Tempat rekreasi Erholungsort
Toko Geschäft, Laden
Tuak alkoholisches Getränk aus vergorenem Palmsaft (Arenpalme)
Uang Geld
Wairingin siehe Banyan-Baum
Wallace-Linie Von *A. R. Wallace* entdeckte Linie, die die Verbreitung der Arten kennzeichnet. Sie trennt die Fauna Asiens und Australiens und verläuft genau zwischen Bali und Lombok.
Wartel "Warung Telepon", kleines Telefonamt
Warung Verkaufsbude für alles, oft auch mit warmer Küche. Aus Steuergründen nennen sich auch luxuriöse Touristenrestaurants so.
Warung Telepon siehe Wartel
Wayang Kuli Schattenspielfiguren
Wayang Topeng Dramaartige Vorführung. Die Schauspieler tragen Holzmasken (Topeng).
Wayang Wong Ramayana-Schauspiel
Wetu Telu Mischreligion Lomboks (Islam/Hinduismus)
Wisma besseres Hotel

... und noch etwas Bahasa Indonesia

Als Deutschsprachiger ist das Erleben der indonesischen Sprache nicht schwer. Die Aussprache ist fast identisch, ebenfalls die Wortstellung. Außerdem gibt es so gut wie gar keine grammatikalischen Schwierigkeiten (z.B. keine Zeiten, keine Konjugation von Verben, das Hilfsverb "Sein" fehlt). Dem Erlernen steht also nicht viel im Weg.

Indonesische Sätze sind im folgenden zweimal ins Deutsche übersetzt. Die eine Übersetzung ist jeweils eine getreue "Wort-für-Wort-Übersetzung", die es ermöglicht schnell eigene Sätze zu bilden, der andere ist der entsprechende deutsche Satz.

Der indonesische Satz ist stets richtig formuliert, was man von der direkten deutschen Übersetzung nicht behaupten kann. Aber so ist es einfacher, die Strukturen der Sprache zu durchschauen und zu lernen.

Die nachfolgenden Wörter bzw. Sätze reichen natürlich für eine Konversation nicht aus. Auf jedebn Fall sollte man sich eins der überall in Indonesien erhältlichen Miniwörterbücher kaufen.

Wer mehr Indonesisch lernen möchte, kann sich den im Peter-Rump-Verlag erschienenen Sprachführer "Indonesisch Wort für Wort" kaufen. Er kostet 14.80 und ist von Gunda Urban geschrieben worden.

Aussprache und Betonung

Auf die richtige Aussprache muß besonders geachtet werden. Schon bei kleinen Aussprachefehlern, kann es Mißverständnisse geben, weil Wörter und Sätze eine andere Bedeutung bekommen.

Normalerweise wird die vorletzte Silbe betont, z.B.: na***si*** (Reis) oder di***ma***na? (wo?). Enthält die vorletzte Silbe aber ein "stummes" ***e,*** betont man im allgemeinen die letzte Silbe, z.B.: ke***cil*** (klein). Das "stumme e" ähnelt unserem e in laufen. Wird ein ***e*** gesprochen, kennzeichnen wir es im Text mit einem Akzent ***(é).***

Im Gespräch oder durch Zuhören bekommt man ziemlich schnell ein Gefühl dafür, wann was zu betonen ist, später geht's dann automatisch.

Bei den Vokalen und Konsonanten gibt es kaum Schwierigkeiten. Bis auf die unten aufgeführten werden sie wie im Deutschen gesprochen.

c	wie tsch "Ma***tsch***"	***cinta*** (Liebe), ausgesprochen: tschinta (früher wurde anstatt **c,** ***tj*** geschrieben).
é **e**	d**e**nken denk**e**n	ich bezeichne dieses **e** durch Akzent. Im Indonesischen gibt es den nicht. das "unbetonte" **e** wird häufig ganz verschluckt: ***berapa***, Aussprache: brapa.
j	wie dsch "***Dsch***ungel"	***Jakarta***, ausgesprochen: Dschakarta, (alte Schreibweise: ***dj***).
ch	wie unser "ch"	alte Schreibweise ***kh***
ngg	wie unser "ng" "Sä***ng***er"	***tanggal*** (Datum), ausgesprochen: tangal
ny	wie "nj"	***nyonya*** (Frau), ausgesprochen: njonja
p	oft wie "f"	z.B. ***inpluénza*** = influenza
r	wie "rrr"	immer "rollend"
s	wie "ss" Ka***ss***e	immer "scharf"
u	wie unser "u"	alte Schreibweise: ***oe***
w	wie im englischen "***w***ater"	***waktu***
y	wie unser "j" "***J***äger	***yang*** (welche), ausgesprochen: jang

Drei wichtige Wörter

Mit den drei nun folgenden Wörtern kann man eine Menge Situationen meistern.

"Ada"

"Ada?" heißt "gibt es?". Verwenden kann man diese Frage wie im Deutschen, zum Beispiel:

Ada kamar, ...losmen, ...teh, ...susu, ...makanan, ...minuman?
Gibt es Zimmer, ...Losmen, ...Tee, ...Milch, ...Essen, ...Trinken?

Man kann alles einsetzen, was denn gerade benötigt wird. Die entsprechenden Wörter sucht man sich aus dem Wörterbuch. Das ist zwar nicht immer ein korrektes Indonesisch, aber man wird mit Sicherheit verstanden.
Die drei möglichen Antworten:

ya, ada = ja gibt es
tidak ada = nein, gibt es nicht

Oder ein unverständlicher Wortschwall bricht auf einen herein. Aber man kann gleich mit dem zweiten Brocken kontern, der nun folgt:

Mau

Saya mau kamar, ...losmen, ...teh, ...susu!
Ich möchte (will) ....s.o.!

oder
Saya tidak mau ...
Ich nein möchte (wollen)

Dimana ada setasiun bis?
Wo gibt-es Station Bus?
Wo ist die Busstation?

Mit diesen beiden Wörtern kann man also schon Fragen stellen und Wünsche äußern – so einfach ist das.

Das dritte wichtige Wort ist ***"dimana"*** =wo.

Höflichkeitsformen

grüßen

In islamischen Gegenden wird häufig die islamische Grußformel *Salam aleikum"* (kurz *"Salam"*, entspricht unserem "Grüß Gott") benutzt. Die Indonesier haben aus *"Salam"* *"Selamat"* gemacht.

Selamat kann man in allen Kombinationen anwenden. Hier jetzt mal die Standardmöglichkeiten:

Selamat pagi	Guten Morgen
Selamat siang	Guten Mittag
Selamat soré	Guten Nachmittag
Selamat malam	Guten Abend
Selamat jalan	"Guten Weg", sagt derjenige, der bleibt.
Selamat tinggal	"Gutes Hierbleiben", sagt derjenige, der geht.
Selamat datang	Herzlich Willkommen

bitten

Das deutsche Wort "Bitte" hat viele Bedeutungen, für die es im Indonesischen verschiedene Wörter gibt:

silakan oder *mari*	Im Sinne von "Bitte setzen Sie sich" (= *silakan duduk)* oder "Bitte essen Sie" (= *mari makan)*
tolong	Als Verstärkung beim Bitten "Helfen Sie mir – bitte!" auch "Hilfe!"
*minta***	um etwas betteln, z.B.: *"minta uang!"* = "Bitte Geld!"
kembali	als Erwiderung auf "Danke"
apa?	Im Sinne von "Wie bitte?"
*mohon ma'af**	um Entschuldigung ersuchen

* Wenn man mal etwas ganz "Schreckliches" gemacht hat (jemanden beleidigt oder ähnliches) ist es angebracht die höflichste Formulierung *mohon ma'af* zu benutzen.

Saya mohon ma'af
Ich ersuchen Entschuldigung.
Ich bitte tausendmal um Entschuldigung.

** *Minta* heißt zwar auch betteln, wird aber anstelle von "möchten" im alltäglichen Sprachgebrauch benutzt.

Minta satu téh.
Erbitte einen Tee.
Ich möchte einen Tee.

Redewendungen

Apa khabar?	Wie geht's?	Was Nachricht?
Khabar baik.	Gut.	Nachricht gut.
Semua berés!	Alles in Ordnung!	Alles gut.
Bagaimana?	Wie ist es?	Wie?
Terima kasih.	Danke	
Sama-sama	Danke auch	
Ma'af	Entschuldigung	
Permisi	Entschuldigung (im Sinn von "Gestatten Sie?"). Sagt man auch zu den Bleibenden, wenn man selbst den Raum verläßt.	

Terima kasih (Danke)

terima	empfangen, erhalten
kasih	Liebe, Zuneigung

terima kasih heißt also in etwa: "Ich habe Liebe bzw. Zuneigung erhalten" oder besser gesagt "Ich nehme ihre Zuneigung an". Wer ganz besonderen Dank aussprechen möchte, sagt: *Terima kasih banyak* oder *Banyak terima kasih.*

Tidak apa apa (keine Ursache), *kembali* (gleichfalls) oder *sama sama* (ebenfalls) wären die möglichen Erwiderungen.

Familie

pamili, famili	Familie
keluarga	Familie, Verwandtschaft
sanak saudara	Familienmitglieder (pl), Verwandte
Ibu, Bu	Mutter
isteri	Ehefrau
nenek perempuan, datuk	Großmutter
Bapak, Pak	Vater
suami	Ehemann
nenek laki, kakek	Großvater
dewasa	Erwachsene
anak	Kind
anak anak	Kinder
anak perempuan	Mädchen
anak laki	Junge
kakak perempuan	ältere Schwester
adik perempuan	jüngere Schwester
kakak laki	älterer Bruder

adik laki	jüngerer Bruder
bibi	Tante
paman	Onkel
sepupu perempuan	Cousine
sepupu laki	Cousin

Folgende Fragen hört man immer wieder:

Sudah punya berapa anak?
Schon besitzen wieviel Kinder?
Wieviel Kinder haben sie schon?

Berapa umur?
Wieviel alt?

Persönliche Fürwörter

saya	ich, gebräuchliche Form
aku	ich, wird bei Kindern, Verwandten oder engen Freunden benutzt
kamu, *engkau*	du, sehr vertraulich. Beide Anredeformen werden nur im Bekannten-, Freundes- und Familienkreis benutzt
anda	du, neutrale, höfliche Anrede. Da es für uns Besucher häufig schwierig ist, die passende Form zu finden, bedient man sich am besten dieses Wortes.
dia	er, sie
kami *kita*	wir, wenn der Angesprochene ausgeschlossen ist wir, wenn der Angesprochene mit einbezogen ist
meréka	sie, (Mehrzahl)

Oft werden anstelle von persönlichen Fürwörtern Titel benutzt:

Bapak	Vater/Herr	ersetzen das höfliche "Sie"
Nyonya	Frau	
Nona	Fräulein	
Ibu	Mutter	
adik	Bruder	diese Ersatzwörter werden als vertrauliche Anreden im Sinne von "Du" benutzt
kakak	Schwester	
mas	Mann, Bruder	

Essen + Trinken

makanan	Essen; Gericht
makan	essen
minuman	Getränk
minum	trinken
énak	wohlschmeckend; köstlich
sedap	köstlich; herrlich
pasar malam	Nachtmarkt
warung	Essensstand
rumah makan	Restaurant
daftar	Speisekarte
pelayan	Kellner; Ober
bayar	bezahlen
piring	Teller
gelas	Glas
cangkir	Tasse
pisau	Messer
garpu	Gabel
séndok	Löffel
panas	heiß; warm
dingin	kalt
pedas	scharf (gewürzt)
manis	süß
asam	sauer
asin	salzig
goréng	gebraten
rebus	gekocht
masak	reif, gekocht
masakan	Gekochtes
busuk	verdorben
sedia	fertig, bereit

Fleisch (daging)

daging sapi	Rindfleisch
daging babi	Schweinefleisch
daging domba	Lammfleisch
daging kambing	Ziegenfleisch
daging ayam	Hühnerfleisch
daging bébék	Entenfleisch
hati	Leber
otak	Gehirn
jantung	Herz
merpati	Taube

Wassertiere (ikan)

ikan danau	Süßwasser-Fisch (*danau* = See)
ikan laut	Salzwasser-Fisch (*laut* = Meer)
udang	Krabben
udang karang	Lobster (*karang* = Koralle)
tiram	Auster
apitan	Muschel

für Vegetarier

tanpa daging	ohne Fleisch
sayur	Gemüse
saja	bloß; nur
sayur sayuran	gemischtes Gemüse
mie, bihun, bakmie	Nudeln
roti	Brot, Kuchen

Früchte (buah)

mangga	Mango
durian	Durian
nangka	Jackfruit
manggis	Mangosteen
apél	Apfel
pisang	Banane
nanas	Ananas
jeruk manis	Apfelsine
jeruk asam	Limone
kelapa	Kokosnuß
pepaya	Papaya
arbai; arbén	Erdbeere
buah-buahan	Fruchtsalat
masak	reif

Getränke (minuman)

panas	heiß
dingin	kalt
és	Eis
brem	balinesischer Reiswein
air putih	Wasser
air minum	Trinkwasser
téh; kopi	Tee, Kaffee
– manis	– mit Zucker
– susu manis	– mit Milch und Zucker
– pahit, tawar	– schwarz
– jahé	– mit Ingwer
coklat	Trinkschokolade
mabuk	betrunken
bir	Bier

Gewürze (bumbu)

lombok	Chili
garam	Salz
merica, lada	Peffer
kécap	Soja-Sauce
mentéga	Butter
madu	Honig
gula	Zucker
jahé	Ingwer

Kleinigkeiten

kué	Kuchen; Biskuit
kacang	Erdnüsse
gula gula	Bonbons; Süßigkeiten
telur rébus	Ei – gekocht
telur goréng	Ei – gebraten
telur mata sapi	Spiegelei (*mata* = Auge, *sapi* = Kuh)
éskrim	Speiseeis

Gerichte (makanan)

nasi putih	weißer, gekochter Reis
nasi goréng	gebratener Reis, oft mit Gemüse
nasi campur	Reis mit Gemüse und Fleisch
nasi sayur	Reis mit Gemüse
mie goréng	gebratene Nudeln, manchmal mit Gemüse und Ei
mie rébus	gekochte Nudeln
mie kuah	Nudelsuppe
soto; sop; gulai	Suppe
martabak	Pfannkuchen mit Gemüse und Fleisch oder süß zubereitet
cap cai	versch. Gemüsesorten, angebraten in einer Sauce
saté	am Spieß gegrilltes Fleisch mit unterschiedlichen Saucen
fu yung hai	Omlett mit Fleisch und Gemüse
gado gado	Gemüsesalat mit Erdnußsauce – kalt

Zahlen

0	*nol*		
1	*satu*	30	*tiga puluh*
2	*dua*	31	*tiga-puluh-satu (3-10-1)*
3	*tiga*	40	*empat puluh*
4	*empat*	50	*lima puluh*
5	*lima*	55	*lima-puluh-lima (5-10-5)*
6	*enam*	60	*enam puluh*
7	*tujuh*	100	*seratus*
8	*delapan*	200	*duaratus*
9	*sembilan*	300	*tigaratus*
10	*sepuluh*		u.s.w.
11	*sebelas*	1000	*seribu*
12	*duabelas*	2000	*duaribu*
13	*tigabelas*	3000	*tigaribu*
14	*empatbelas*	10.000	*sepuluh ribu*
u.s.w.		100.000	*seratus ribu*
20	*dua puluh*	1.000.000	*sejuta*

165743 = *seratus enam puluh lima ribu tujuh ratus empat puluh tiga*

- *belas* = - zehn
- *puluh* = - zig
- *ratus* = - hundert
- *ribu* = - tausend
- *juta* = - million

(*satu* wird zu *se-*, also *seribu* und nicht *satu ribu*).

Rund um's Boot

Wann geht die nächste Fähre nach ...?
Kapan ada feri ke ...?
Wann gibt-es Fähre nach ...?

Um wieviel Uhr erreichen wir ...?
Jam berapa kami tiba di ...?
Stunde wieviel wir erreichen in ...?

Wieviel Stunden benötigen wir von hier bis dort?
Berapa jam kami perlu dari sini ke sana?
Wieviel Stunden wir benötigen von hier nach dort?

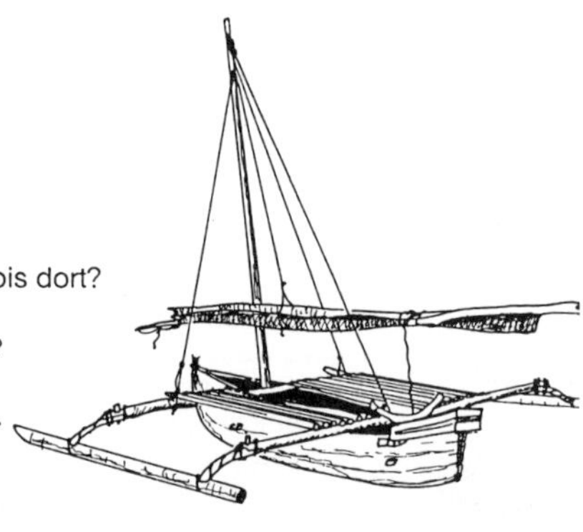

Ich möchte für zwei Tage nach Komodo.
Saya mau ke Komodo untuk dua hari.
Ich möchten nach Komodo für zwei Tage.

Wo kann ich ein Boot chartern?
Dimana bisa charter bot?
Wo chartern Boot?
(Das Wort *charter* versteht mittlerweile jeder in Sape, Komodo oder Labuan Bajo.)

Wieviel kostet eine Tour nach Komodo und zurück?
Harganya berapa ke Komodo p.p.?
Preis wieviel nach Komodo weggehen nach-Hause-kommen?
(*p.p. = pergi/pulang* = weggehen/nach-Hause-kommen.)

Das ist viel zu teuer.
Itu terlalu mahal.
Das zuviel teuer.

Das Boot ist zu klein/groß.
Bot itu terlalu kecil/besar.
Boot dieses zuviel klein/groß.

Wie lange dauert es?
Berapa lama?
Wieviel lange?

Müssen wir Essen mitnehmen?
Kami harus bawa makanan sendiri?
Wir müssen tragen Essen selber?

Literatur

Komodo

●*Auffenberg, Walter:* ***The Behaviour Ecology of the Komodo Monitor,*** University Presses of Florida, U.S.A., 1981, ca. 130 DM.

Das Buch schlechthin für Waran-Interessierte. Die wissenschaftlichste und ausführlichste Publikation über den Komodo-Waran; nur in Englisch erhältlich.

●*Douglas Burden, W.:* ***Drachenechsen, Eine Forscherfahrt zu den Waranen auf Komodo,*** F.U. Brockhaus, Leipzig, 1930.

Nett zu lesen, ist aber mehr ein abenteuerlicher Reisebericht als ein wissenschaftlich ernst zu nehmendes Werk. Im Buchhandel nicht mehr erhältlich, über Bibliotheken jedoch beziehbar.

●*Pfeiffer, Pierre:* ***Auf den Inseln der Drachen,*** Schwabenverlag, Stuttgart, 1965.

Wie auch Burdens Werk: angenehmer, zum Teil sehr witzig geschriebener Reisebericht. Gute Lektüre für unterwegs. Im Buchhandel nicht mehr erhältlich, über Bibliotheken beziehbar.

●*Hoogewerf Bogor, A.:* ***34. Dienstrapport; Rapport over een naar Komodo, Padar en Rintja (Kleine Sunda Eilanden) gemakte dienstreis van 21. Mei – 6. Juli 1953.***

Dieser Dienstbericht behandelt Komodo, Padar und Rincas Vegetation, Bevölkerung, Geologie, Büffel, Pferde, Vögel, Hirsche und auch den Komodo-Waran, leider in Holländisch geschrieben. Im Report sind ausschließlich Originalfotos eingeklebt. Es gibt nur wenige Exemplare dieses Werkes. Eine Ausgabe befindet sich in der "Bibliothek" im P.H.P.A.-Camp auf Komodo. Da aber der Schlüssel zum Bücherschrank meistens gerade nicht da ist, hat man nur selten das Glück, den Report in die Hand zu bekommen.

●*Weiglein, Werner/Zahorka, Herwig:* ***Expeditionen durch Indonesien,*** ztv-Verlag, Frankfurt, 1986.

Berichte über verschiedene Regionen Indonesiens, auch über Komodo und seine Warane. Ein schönes Buch mit vielen Fotos und angenehm zu lesen. Großformat, preiswert!

●*Sis, Peter:* ***Komodo! Wo die letzten Drachen wohnen,*** Carl Hanser Verlag, München, 1994, ca. 25 DM.

Ein wunderbares Kinderbuch.

Flores

Als der Himmel den Menschen einmal nah war. Erzählungen aus Flores.

Indonesien, allgemein

●*Donn F. Draeger, Charles E. Turtle Company:* ***Weapons and Fighting Arts of the Indonesian Archipelago,*** Japan, 1972.

Das Buch beschäftigt sich mit Waffen und Kampfarten in Indonesien (Englisch).

●*Achjadi, Judi:* ***Pakin Dearah Wanita Indonesia/Indonesian Women's costumes,*** Pernerbit Djembatan, 1981.

Ein Buch über Festtagskleidung in den verschiedenen indonesischen Regionen (Schwerpunkt Frauenbekleidung) mit Abbildungen, Schnittmustern und Erklärungen (Indonesisch/Englisch).

●*Suwati Kartiwa M.S.c., Dra.:* ***Kain Songket Indonesia/Songket Weaving in Indonesia,*** Penerbit Djembatan, 1986.

Das Buch setzt sich mit den unterschiedlichen Songket-Webereien in verschiedenen indonesischen Regionen auseinander (Englisch/Indonesisch).

●*Mackinnon, Kathy:* ***Alam Asli Indonesia, Flora, Fauna dan Keserasian,*** Penerbit, PT Gramedia, Jakarta, 1986, ca. 25.000 Rp.

Dieses Buch behandelt die Flora und Fauna sowie besondere Tiere Indonesiens. Dieses Buch ist mit Unterstützung der *Yayasan Indonesia Hijau* (der indonesischen Umweltschutzorganisation) entstanden. Leider in Bahasa Indonesia geschrieben. Tolle Fotos, Großformat.

●*Siebert, Rüdiger:* ***5 mal Indonesien,*** Serie Piper, München, 1987, 26,80 DM.

Indonesien auf die verschiedenste Art und Weise beleuchtet. Dieses Buch sollte auf keinen Fall im Reisegepäck fehlen, ist aber auch als Vor- und Nachbereitung einer Reise gut geeignet.

- *Draine, Cathie/Hall, Barbara:* ***Kultur-Knigge Indonesien,*** Verlag Simon & Mageria, Nördlingen, 1988.

Ein wichtiges Buch für jeden Indonesien-Reisenden. Es erklärt die fremde Kultur und das damit für uns oft sehr fremde Verhalten. Zusätzlich wird die Stellung des Weißen (Reisenden) innerhalb Indonesiens berücksichtigt sowie das daraus resultierende Verhalten. Leider behandeln die Autoren fast ausschließlich die javanische Kultur.

- ***Indonesien verstehen,*** erhältlich bei "Studienkreis für Tourismus und Entwicklung", Kapellenweg 3, 82541 Ammerland, Tel. 08177/1783, Fax 08177/1349
- *Elbert, Dr. Johannes:* ***Die Sunda Expidition,*** Frankfurt, 1911.

Ein 2-bändiges Werk über Lombok, Sumbawa, Flores, Wetar und Celebes. Man bekommt einen Eindruck, was früher Reisen in Indonesien bedeutet hat. Elberts Beschreibungen zu den Bewohnern sind mit Vorsicht zu genießen und natürlich im zeitlichen Zusammenhang zu sehen. Das Werk ist nur noch über Bibliotheken zu beziehen.

- *Vatter, Ernst:* ***Ata Kiwan, Unbekannte Bergvölker im tropischen Holland,*** Bibliographisches Institut A.G., Leipzig, 1932.

Ein Bericht über Flores, Adonara, Lomblen, Jolor und Alor.

Reiseführer

Andere Reiseführer, die sich speziell mit Nusa Tenggara befassen, gibt es nicht, aber jeder Indonesien-Reiseführer enthält eine Kurzbeschreibung über diese Region. Für Leute, die nicht ausschließlich die Kleinen Sunda-Inseln besuchen, hier noch ein Hinweis:

- *Rump, Peter/Urban, Gunda:* ***Bali & Lombok mit Java,*** Reise Know-How Verlag Peter Rump, Bielefeld, 1995

Wer auch Java, Bali und Lombok bereisen möchte, sollte sich diesen Reiseführer auch noch zulegen.

Sonstiges

- *Truelove/Pentes:* ***Reisen mit Kindern in Indonesien,*** Reise Know-How Verlag Peter Rump, Bielefeld.

Zwei Frauen berichten, wie man mit Kindern, Windeln und Schnuller in Indonesien reisen kann. Ihre Erfahrungen auf den mehrmaligen Reisen mit ihren eigenen Kindern verarbeiten sie zu einem sehr praktischen Reisehandbuch, das es auch anderen Eltern ermöglicht, die Kinder mitzunehmen.

- *Werner, David:* ***Wo es keinen Arzt gibt,*** Reise Know-How Verlag Peter Rump, Bielefeld, 1995.

Das medizinische Gesundheitshandbuch zur Hilfe und Selbsthilfe auf Reisen gibt alle nur erdenklichen Tips zum Thema Gesundheit, Hygiene und Tropenkrankheiten. Es ist besonders hilfreich in medizinisch unterversorgten Gebieten (wie zum Beispiel den Kleinen Sunda-Inseln).

- *Hermann, Helmut:* ***Die Welt im Sucher,*** Reise Know How Verlag Helmut Hermann, Markgröningen.

Ein ausgezeichnetes Handbuch für bessere Fotos und sensibles Fotografieren. Ein Muß für alle Fotointeressierten und Liebhaber der Reisefotografie.

- *Adler, Christian:* ***Achtung Touristen,*** Reise Know-How Verlag Peter Rump, Bielefeld.

Anmerkungen eines Verhaltensforschers zum Thema Ferntourismus nebst Anregungen zum besseren Verhalten im Ausland. Eines der wichtigsten Bücher zum Thema "Sanftes Reisen".

Reise Know-How

Reise Know-How Bücher werden von Autoren geschrieben, die Freude am Reisen haben und viel persönliche Erfahrung einbringen. Sie helfen dem Leser, die eigene Reise bewußt zu gestalten und zu genießen. Wichtig ist uns, daß der Inhalt nicht nur im reisepraktischen Teil „Hand und Fuß“ hat, sondern daß er in angemessener Weise auf Land und Leute eingeht. Die Reihe **Reise Know-How** soll dazu beitragen, Menschen anderer Kulturkreise näherzukommen, ihre Eigenarten und ihre Probleme besser zu verstehen. Wir achten darauf, daß jeder einzelne Band gemeinsam gesetzten Qualitätsmerkmalen entspricht. Um in einer Welt rascher Veränderungen laufend aktualisieren zu können, drucken wir bewußt kleine Auflagen.

SACHBÜCHER:

Die Sachbücher vermitteln KNOW-HOW rund ums Reisen: Wie bereite ich eine Motorrad- oder Fahrradtour vor? Welche goldenen Regeln helfen mir, unterwegs gesund zu bleiben? Wie komme ich zu besseren Reisefotos? Wie sollte eine Sahara-Tour vorbereitet werden? In der Sachbuchreihe von **Reise Know-How** geben erfahrene Vielreiser Antworten auf diese Fragen und helfen mit praktischen, auch für Laien verständlichen Anleitungen bei der Reiseplanung.

Welt

Achtung Touristen
DM 16,80 ISBN 3-922376-32-0
Äqua-Tour (Rad & Bike)
DM 28,80 ISBN 3-929920-12-3
Auto(fern)reisen
DM 34,80 ISBN 3-921497-17-5
Die Welt im Sucher
DM 24,80 ISBN 3-9800975-2-8
Fahrrad-Weltführer
DM 44,80 ISBN 3-9800975-8-7
Motorradreisen
DM 34,80 ISBN 3-921497-20-5
Um-Welt-Reise (Reise Story)
DM 22,80 ISBN 3-9800975-4-4
Wo es keinen Arzt gibt
DM 26,80 ISBN 3-89416-035-7

REISE STORY:

Reise-Erlebnisse für nachdenkliche Genießer bringen die Berichte der **Reise Know-How Reise Story**. Sensibel und spannend führen sie durch die fremden Kulturbereiche und bieten zugleich Sachinformationen. Sie sind eine Hilfe bei der Reiseplanung und ein Lesevergnügen für jeden Fernwehgeplagten.

STADTFÜHRER:

Die Bücher der Reihe **Reise Know-How City** führen in bewährter Qualität durch die Metropolen der Welt. Neben den ausführlichen praktischen Informationen über Hotels, Restaurants, Shopping und Kneipen findet der Leser auch alles Wissenswerte über Sehenswürdigkeiten, Kultur und „Subkultur“ sowie Adressen und Termine, die besonders für Geschäftsreisende wichtig sind.

Europa

Amsterdam
DM 26,80 ISBN 3-89416-231-7
Baltikum – Estl./Lettl./Litauen
DM 39,80 ISBN 3-89416-196-5
Bretagne
DM 39,80 ISBN 3-89416-175-2
Budapest
DM 26,80 ISBN 3-89416-212-0
Bulgarien
DM 39,80 ISBN 3-89416-220-1
England, der Süden
DM 36,80 ISBN 3-89416-224-4
Estland
DM 26,80 ISBN 3-89416-215-5
Gran Canaria
DM 36,80 ISBN 3-927554-24-3
Großbritannien
DM 39,80 ISBN 3-89416-617-7
Hollands Nordseeinseln
DM 24,80 ISBN 3-89416-619-3
Irland-Handbuch
DM 36,80 ISBN 3-89416-194-9
Island
DM 39,80 ISBN 3-921497-35-3
Lettland
DM 26,80 ISBN 3-89416-216-3
Litauen mit Kaliningrad
DM 29,80 ISBN 3-89416-169-8
London
DM 26,80 ISBN 3-89416-199-x
Madrid
DM 26,80 ISBN 3-89416-201-5
Mallorca
DM 29,80 ISBN 3-927554-17-0
Mallorca für Eltern und Kinder
DM 24,80 ISBN 3-927554-15-4
Oxford
DM 26,80 ISBN 3-89416-211-2
Paris
DM 26,80 ISBN 3-89416-200-7
Polen: Ostseeküste/Masuren
DM 36,80 ISBN 3-89416-613-4
Prag
DM 26,80 ISBN 3-89416-204-X
Provence
DM 36,80 ISBN 3-89416-609-6
Pyrenäen
DM 36,80 ISBN 3-89416-610-X
Rom
DM 26,80 ISBN 3-89416-203-1
Schottland-Handbuch
DM 36,80 ISBN 3-89416-179-5
Skandinavien – der Norden
DM 36,80 ISBN 3-89416-191-4
Südtirol/Dolomiten
DM 36,80 ISBN 3-89416-612-6

Europa

Tschechien
DM 36,80 ISBN 3-89416-600-2
Ungarn
DM 32,80 ISBN 3-89416-188-4
Warschau/Krakau
DM 26,80 ISBN 3-89416-209-0
Wien
DM 26,80 ISBN 3-89416-213-9

Deutschland

Berlin mit Potsdam
DM 26,80 ISBN 3-89416-226-0
Frankfurt/Main
DM 24,80 ISBN 3-89416-207-4
Mecklenburg/Vorp. Binnenland
DM 19,80 ISBN 3-89416-615-0
München
DM 24,80 ISBN 3-89416-208-2
Nordfriesische Inseln
DM 19,80 ISBN 3-89416-601-0
Nordseeinseln
DM 29,80 ISBN 3-89416-197-3
Nordseeküste Niedersachsens
DM 24,80 ISBN 3-89416-603-7
Ostdeutschland individuell
DM 32,80 ISBN 3-921838-12-6
Ostfriesische Inseln
DM 19,80 ISBN 3-89416-602-9
Ostharz mit Kyffhäuser
DM 19,80 ISBN 3-89416-228-7
Oberlausitz/Zittauer Gebirge
DM 24,80 ISBN 3-89416-165-5
Ostseeküste/Mecklenburg-Vorpom.
DM 19,80 ISBN 3-89416-184-1
Wasserwandern Mecklenburg/Brandenburg
DM 24,80 ISBN 3-89416-221-X
Rügen/Usedom
DM 19,80 ISBN 3-89416-190-6
Freistaat Sachsen
DM 26,80 ISBN 3-89416-177-9
Schwarzwald
DM 24,80 ISBN 3-89416-611-8
Land Thüringen
DM 24,80 ISBN 3-89416-189-2
Westharz mit Brocken
DM 19,80 ISBN 3-89416-227-9

Afrika

anische Reise
: Story)
26,80 ISBN 3-921497-91-4
abenteuer Afrika
& Bike)
28,80 ISBN 3-929920-15-8
h Afrika
56,80 ISBN 3-921497-11-6
ten individuell
36,80 ISBN 3-921838-10-x
ihrer Ägypten: Kairo
32,00 ISBN 3-921838-91-6
ihrer Ägypten: Luxor, Theben
29,80 ISBN 3-921838-90-8
ir, Marrakech
der Süden Marokkos
32,80 ISBN 3-921497-72-8
, Luxor, Assuan
26,80 ISBN 3-921838-08-8
erun
39,80 ISBN 3-921497-32-9
a
39,80 ISBN 3-921497-45-0
en
39,80 ISBN 3-921497-05-1
agaskar, Seychellen,
ritius, Réunion, Komoren
39,80 ISBN 3-921497-62-0
okko
44,80 ISBN 3-921497-81-7
ria – hinter den Kulissen
: Story)
26,80 ISBN 3-921497-30-2
sien
44,80 ISBN 3-921497-74-4
siens Ferienzentren
29,80 ISBN 3-921497-76-0
afrika
49,80 ISBN 3-921497-02-7
Volken der Wüste
: Story)
24,80 ISBN 3-89416-150-7
abwe
39,80 ISBN 3-921497-26-4

Asien

Bali & Lombok mit Java
DM 39,80 ISBN 3-89416-604-5
Bangkok
DM 26,80 ISBN 3-89416-205-8
China Manual
DM 44,80 ISBN 3-89416-167-1
China, der Norden
DM 39,80 ISBN 3-89416-229-5
Indien, der Norden
DM 44,80 ISBN 3-89416-223-6
Reisen mit Kindern in Indonesien
DM 26,80 ISBN 3-922376-95-9
Israel/Jordanien
DM 36,80 ISBN 3-921838-14-2
Jemen
DM 39,80 ISBN 3-921497-09-4
Kambodscha
DM 29,80 ISBN 3-89416-219-8
Komodo/Flores/Sumbawa
DM 36,80 ISBN 3-89416-060-8
Ladakh und Zanskar
DM 36,80 ISBN 3-89416-176-0
Laos
DM 29,80 ISBN 3-89416-218-x
Malaysia & Singapur mit Sabah & Sarawak
DM 39,80 ISBN 3-89416-178-7
Myanmar (Burma)
DM 32,80 ISBN 3-9800464-4-3
Nepal-Handbuch
DM 36,80 ISBN 3-89416-193-0
Phuket (Thailand)
DM 29,80 ISBN 3-89416-182-5
Saigon und der Süden Vietnams
DM 32,80 ISBN 3-389416-607-X
Singapur
DM 26,80 ISBN 3-89416-210-4
Sri Lanka
DM 39,80 ISBN 3-89416-170-1
Sulawesi (Celebes)
DM 36,00 ISBN 3-89416-172-8
Taiwan
DM 39,80 ISBN 3-89416-614-2
Thailand Handbuch
DM 36,80 ISBN 3-89416-171-X
Tokyo
DM 36,80 ISBN 3-89416-206-6
Vereinigte Arabische Emirate
DM 39,80 ISBN 3-921497-22-1
Vietnam-Handbuch
DM 39,80 ISBN 3-89416-620-7
Neuseeland Campingführer
DM 24,80 ISBN 3-921497-92-2
Neuseeland (Reise Story)
DM 24,80 ISBN 3-921497-15-9

Ozeanien

Bikebuch Neuseeland
(Rad & Bike)
DM 36,80 ISBN 3-929920-16-6

Rad & Bike:
Reise Know-How Rad & Bike sind Radführer von lohnenswerten Reiseländern bzw. Radreise-Stories von außergewöhnlichen Radtouren durch außereuropäische Länder und Kontinente. Die Autoren sind entweder bekannte Biketouren-Profis oder „Newcomer", die mit ihrem Bike in kaum bekannte Länder und Regionen vorstießen. Wer immer eine Fern-Biketour plant - oder nur davon träumt - kommt an unseren Rad & Bike-Bänden nicht vorbei!

Amerika

Atlanta & New Orleans
DM 28,80 ISBN 3-89416-230-9
Durch den Westen der USA
DM 39,80 ISBN 3-927554-20-0
Durch die USA mit Flugzeug und Mietwagen
DM 39,80 ISBN 3-927554-10-3
Amerika von unten (Reise Story)
DM 22,80 ISBN 3-9800975-5-2
„Und jetzt fehlt nur noch John Wayne..." (Reise Story)
DM 22,80 ISBN 3-927554-18-9
USA/Canada (Rad & Bike)
DM 46,80 ISBN 3-929920 17-4
USA/Canada NO
DM 44,80 ISBN 3-927554-19-7
Canada Ost/USA
DM 39,80 ISBN 3-927554-22-7
Durch Canadas Westen m. Alaska
DM 36,80 ISBN 3-927554-03-0
Hawaii
DM 36,80 ISBN 3-89416-860-9
Argentinien/Urug./Parag.
DM 44,80 ISBN 3-921497-51-8
Costa Rica
DM 36,80 ISBN 3-89416-166-3
Ecuador/Galapagos
DM 39,80 ISBN 3-921497-55-8
Guatemala
DM 36,80 ISBN 3-89416-214-7
Honduras
DM 36,80 ISBN 3-89416-608-8
Mexiko
DM 36,80 ISBN 3-9800975-6-0
Panama
DM 36,80 ISBN 3-89416-225-2
Peru/Bolivien
DM 36,80 ISBN 3-3929920-20-4
Radabenteuer Panamericana
(Rad & Bike)
DM 28,80 ISBN 3-929920-13-1
Traumstraße Panamerikana
(Reise Story)
DM 24,00 ISBN 3-9800975-3-6
Trinidad & Tobago
Barbados, St. Lucia, Grenada, St. Vincent & die Grenadinen
DM 36,80 ISBN 3-89416-174-4
Venezuela
DM 39,80 ISBN 3-921497-40-X

Adrienne Truelove, Tina Pentes

Reisen mit Kindern in Indonesien

224 Seiten, ca. 100 Abb. und Fotos,
10 Karten, Register, DM 26.80

Wie man ***mit Kindern*** sicher, preiswert und ohne Stress durch eines der kinderliebsten Länder Südost-Asiens reist, erklären zwei Mütter, die "es getan" haben.

Ein Reiseführer besonderer Art, der Eltern einen Leitfaden bietet, mit ihren Kindern (ab 1 Jahr) die Faszination dieses exotischen Landes zu erleben.

Sie hätten gerne ein indonesisches Kindermädchen zur Hilfe? Sie suchen eine kindgerechte Unterkunft? Sie möchten, daß Ihr Sprößling balinesisch tanzen lernt oder Schnitzen oder Flötespielen? Dieses Buch beantwortet nicht nur diese Fragen.

Wie, wohin und wann man mit Kindern am besten und preiswertesten reist, welche Gesundheitsvorkehrungen getroffen werden müssen, wie man den Kulturschock bei sich und den Kindern verhindert, wie man sie auf das fremde Land vorbereitet, was ein Kind lernen und erleben kann u.v.m. behandeln die beiden Autorinnen.

Adrienne Truelove und Tina Pentes sprechen aus Erfahrung; -zigmal haben sie die schönsten und kindgerechtesten Gegenden Indonesiens bereist, mit ihren fünf Kindern.

Peter-Rump-Verlag, Bielefeld

Sanft Reisen! Aber wie?

Christian Adler

Achtung Touristen

Der Beitrag eines Verhaltensforschers zum Thema Ferntourismus nebst Anregungen zum richtigen Verhalten im Ausland.

Stellen Sie sich vor: Es klingelt, Sie machen auf und vor der Tür steht ein Mann aus Papua-Neuguinea mit Lendenschurz und Kriegsbemalung. Ohne sich weiter um Sie zu kümmern, stürzt er in Ihr Wohnzimmer, in Ihr Schlafzimmer und macht Erinnerungsfotos. Er ist ein Tourist, der sich die ursprüngliche Behausung eines echten, deutschen Eingeborenen anschauen will. Was würden Sie tun?

Christian Adler, Verhaltensforscher und engagierter Weltreisender hat in verschiedenen Verkleidungen nicht nur "Tante Emma" nebenan "überfallen"... Seine Beobachtungen hier und in allen möglichen Ecken der Welt regen zum Nachdenken an und zur Überprüfung des eigenen Verhaltens.

Sein Buch ist eine eindringliche Bitte, nie zu vergessen, daß wir Touristen in Bali, Amazonien oder sonstwo Gäste sind. Ein Appell an Verständnis, Vernunft, Geduld und Toleranz, die wir alle bei unseren Reisen in ferne exotische Länder aufbringen sollten. Ein Ratgeber, wie wir erreichen können, auch in Zukunft gerne in fremden Ländern gesehen zu werden.

ISBN 3-922376-32-0
128 Seiten, viele Fotos,
DM 16.80

Wolfgang Jamann,
Thomas Menkhoff

Singapur
und Umgebung

288 Seiten, 75 Fotos,
20 Karten und Pläne, DM 26.80
ISBN 3-89416-210-4

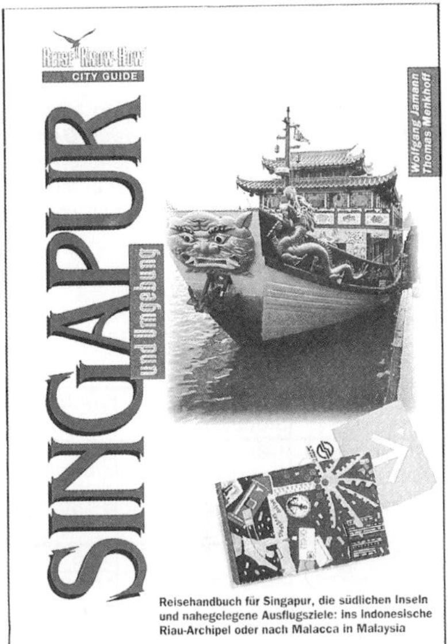

SINGAPUR bietet mehr als mondäne Einkaufszentren, Bankenhochhäuser und kulinarische Genüsse. Wegen seines Komforts ein idealer Einsteigeort für Asienneulinge, fasziniert die 'Löwenstadt' auch erfahrene Globetrotter. Nirgendwo sonst liegen Tradition und Moderne so nah beieinander:

Prachtvolle Tempelanlagen, eine pulsierende Chinatown, Little India und Arab Street kontrastieren mit den hypermodernen Neubaugebieten der Innenstadt. Idyllische Inseln, Badestrände und eine touristisch wenig erschlossene Umgebung bieten auch Stadtmüden Abwechslung.

Wer Asien kennenlernen möchte, Singapur bisher nur auf der Durchreise erlebt hat oder geschäftlich zu einem Aufenthalt "gezwungen" ist, findet in diesem Handbuch praktische Tips zu Unterkunft, Restaurants, Shopping sowie ausführliche Hintergrundinformationen, detaillierte Stadtteilbeschreibungen, für Geschäftsleute unentbehrliche Adressen und Vorschläge für Ausflüge in die Umgebung: vom indonesischen Rian-Archipel bis Malacca in Malaysia.

Reise Know-How Verlag Peter Rump Gmbh

Billigflüge nach Denpasar

Die untenstehende Liste bietet eine Übersicht aller wichtigen **Billigflüge nach Denpasar.** Die Daten wurden uns freundlicherweise von der Firma *Travel Overland* in München zur Verfügung gestellt. Natürlich ohne Gewähr, Stand Anfang 1996.

Bei Nachfragen an *Travel Overland:*
Barerstr. 73, 80799 München,
Tel.: 089/272760 Fax: 089/2725509

Es bedeuten:

● ***Abflugorte:*** Aus Platzgründen haben wir für die unterschiedlichen Flughäfen Nummern angegeben:

(1) Frankfurt, (2) München, (3) Berlin, (4) Hamburg, (5) Hannover, (6) Düsseldorf, (7) Köln, (8) Stuttgart, (9) Nürnberg, (11) Leipzig, (12) Dresden, (13) Bremen, (21) Amsterdam, (22) Luxemburg, (24) Basel, (25) Zürich, (26) Wien.

Innerhalb Deutschlands wird von einigen Gesellschaften ein Zubringerservice (Kennzeichnung: *RF*) von zwanzig Ausgangsorten mit dem *Rail & Fly-Ticket* der Bahn nach Frankfurt angeboten.

Fluglinie (Land)	***Abflugorte, Stopover***	***Gültigkeit (Tage)***	***Preise (von - bis)***	***Kinder (-2 / - 12)***	***Flugzeit, Reisezeit***	***Flug-tage***
British Airways (Großbritannien)	1-8, 11, 13 Jakarta	6-90	1866-2099	205,-/-25%	18/23	4
		6-180		298,-/-25%		
Cathay Pacific (Hongkong)	1, *RF* Hongkong	6-180	1766-1899	297,-/-50%	16,5/23,5	tgl.
China Airlines (Taiwan)	1, *RF* Hongkong	6-45	1699-2399	-85%/-50%	17/22	5
		15-180	1749-2449			
		365	1998-2776			
Garuda (Indonesien)	1	365	1421-1809 (1)	-	14,5/15,5	2
	RF	365	1532-1920 (1)	-		2
	1, *RF*	7-45	2050	205,-/-50%		3
	1, 2, 3, 21, 25, 26 alle: Bangkok, Singapur, Jakarta	180 365: +371,-	1799	298,-/-50%		3
KLM (Niederlande)	1-6, 6, 9, 11-13, 22, 24 Amsterdam	6-365	1565-1799 (2)	-	17/19,5	1
		6-90	1566-1899	-90%/-50%		
Lufthansa (BRD)	1, *RF*	6-180	1333-1477 (3)	-	14/15	2
			1777-2209	298,-/-50%		
Malaysian Airl. (Malaysia)	1, *RF* Kuala Lumpur, Johor Baharu	365	1544	686,-/-50%	15,5/19	4
Qantas (Australien)	1	180	1539 (4)	-	15/19	3
	1, *RF* alle: Bangkok, Singapur	6-180	1699-1899	298,-/-50%		5
Royal Air Brunei (Brunei)	1, *RF* +100 Bangkok, Bandar Seri Begawan	90 365: + 120,-	1799	205,-/-50%	17/21,5	1
Singapore Airl. (Singapur)	1, *RF* Singapur	365	1699-1833	686,-/-50%	14,5/16	tgl.
Thai Airways (Thailand)	1	365	1519 (5)	-	15/18	tgl.
	1, *RF*	180	1799	298,-/-50%		
	alle: Bangkok	365	2145	686,-/-50%		

Ausgangsorte für den Zubringerservice: Bayreuth, Berlin, Bonn, Bremen, Dortmund, Dresden, Düsseldorf, Friedrichshafen, Hamburg, Hannover, Hof, Kiel, Köln, Leipzig, München, Münster, Nürnberg, Paderborn, Saarbrücken, Stuttgart, Westerland.

●***Stopover***, an denen man evtl. gegen Zuschlag die Reise unterbrechen kann, werden extra angegeben.

●***Gültigkeit:*** Wird in Tagen angegeben. Wenn "von/bis" aufgeführt ist, nennt die erste Zahl die Mindest-Aufenthaltsdauer vor dem Rückflug.

●***Preis:*** Aufgeführt ist immer der niedrigste und höchste Hin- und Rückflugpreis (in DM) der billigsten Klasse für die angegebene Gültigkeitsdauer, inklusive der Zuschläge für das *Rail & Fly-Ticket*. Die Preise sind saisonbedingt. Die Kennzeichnungen für Sondertarife bedeuten:

(1) - Jugendtarif bis 27 Jahre, Studenten bis 34 Jahre
(2) - Jugendtarif bis 26 Jahre, Studenten bis 29 Jahre
(3) - Jugendtarif bis 24 Jahre, Studenten bis 29 Jahre
(4) - Jugend- und Studententarif bis 29 Jahre
(5) - Jugendtarif bis 29 Jahre, Studenten bis 34 Jahre

●Die regulären Flugpreise in der ***Business Class*** betragen 7177 DM, in der ***First Class*** zahlt man 12.113 DM. Diese Preise sind bei allen Gesellschaften gleich, sofern sie eine solche Klasse anbieten. Gelegentlich werden auch Flüge der Business Class zu Sondertarifen gehandelt.

●***Kinder:*** Kinder bis zu zwei Jahren haben keinen Anspruch auf einen Sitzplatz; für sie braucht aber auch nur der angegebene DM-Preis bezahlt werden, bzw. das, was nach Abzug der angegebenen Prozentzahl übrigbleibt. Kinder über zwei bis zwölf Jahre haben Anspruch auf einen Sitzplatz und erhalten ebenfalls Ermäßigung. Bei Jugend- und Studententarifen gibt es keine Kinderermäßigung.

●***Flugzeit/Reisezeit:*** Angegeben ist zuerst die Flugzeit, dann die gesamte Reisezeit inklusive Stops.

●***Flugtage:*** Hier ist die Anzahl von Flügen pro Woche angegeben.

Hilfe!

Dieses Reisehandbuch ist gespickt mit unzähligen Adressen, Preisen, Tips und Infos. Nur vor Ort kann überprüft werden, was noch stimmt, was sich verändert hat, ob Preise gestiegen oder gefallen sind, ob ein Hotel, ein Restaurant immer noch empfehlenswert ist oder nicht mehr, ob ein Ziel noch oder jetzt erreichbar ist, ob es eine Alternative gibt usw.

Die Autorin dieses Buches ist zwar stetig unterwegs und versucht, alle zwei Jahre eine komplette Aktualisierung zu erstellen, aber auf die Mithilfe von Reisenden kann sie nicht verzichten.

Darum: Schreiben Sie uns, was sich geändert hat, was besser sein könnte, was gestrichen bzw. ergänzt werden soll. Nur so bleibt dieses Buch immer aktuell und zuverlässig. Die besten und hilfreichsten Zuschriften belohnt der Verlag mit einem Freiexemplar der nächsten Auflage. Schreiben Sie direkt an:

Reise Know-How Verlag Peter Rump GmbH, Hauptstr. 198, D-33647 Bielefeld.

Danke!

Übersicht über Flüge und Fähren

(siehe auch Karte Transportwege)

Flüge

● *Von Sumbawa Besar nach Westen:*

Mataram	58.500 Rp
Denpasar	92.900 Rp

● *Von Bima nach Westen:*

Mataram	täglich	99.000 Rp
Denpasar	2x täglich	142.000 Rp
Surabaya	täglich	201.800 Rp
nach Osten:		
Labuan Bajo	täglich	62.000 Rp
Ruteng	täglich	98.400 Rp
Ende	täglich	98.400 Rp
Kupang	täglich	220.500 Rp

● *Von Labuan Bajo nach Westen:*

Bima	täglich	61.000 Rp
Mataram	täglich	159.500 Rp
Denpasar	täglich	200.000 Rp
nach Osten		
Ruteng	Mi, Do, Fr	50.000 Rp
Ende	Mo, Di, So	110.500 Rp
Kupang	Mi, Do, Fr	204.000 Rp
(mit Zwischenstop in Ruteng)		
	Mo, Di, So	204.000 Rp
(mit Zwischenstop in Ende)		

● *Von Ruteng nach Westen:*

Labuan Bajo	täglich	50.000 Rp
Bima	täglich	97.300 Rp
Mataram	täglich	192.400 Rp
Denpasar	täglich	206.700 Rp
Surabaya	täglich	293.300 Rp

(mit Stops in Mataram, Denpasar, bei manchen Flügen auch noch in Bima und Lb. Bajo)

nach Osten:		
Kupang	täglich	136.900 Rp

● *Von Ende nach Westen:*

Bajawa	Di, Fr, So	50.000 Rp
Labuan Bajo	Mo, Di, Sa, So	110.000 Rp
Bima	täglich	97.000 Rp
Mataram	Mo, Di, Fr, So	192.400 Rp
(außer So über Bajawa u. Bima)		
Denpasar	Mo,Di,Do,Fr,So	219.900 Rp
(Do über Bima, ansonsten Bajawa, Bima, Mataram)		
Surabaya	(s. Denpasar)	321.600 Rp
nach Osten:		
Kupang	tägl., außer Sa	97.300 Rp

● *Von Maumere nach Westen:*

Bima	täglich	120.000 Rp
Mataram	täglich	215.000 Rp
Denpasar	täglich	207.000 Rp
Surabaya	tägl., außer Mi	260.000 Rp
Jogyakarta	Di	320.000 Rp
Jakarta	Mo, Mi, Fr, Sa	420.000 Rp
(mit Boraq)		
nach Osten:		
Kupang	täglich	77.000 Rp
nach Norden:		
Ujungpandang	tägl.,auß.Mi,Fr	143.000 Rp
Balikpapan	tägl.,auß.Mi,Fr	309.000 Rp

● *Von Larantuka nach:*

Kupang	92.000 Rp

Fähren

● *Padangbai – Labuan Lembar*

2. Klasse	4.800 Rp
1. Klasse	8.700 Rp
Kind, 2. Kl.	2.500 Rp
Kind, 1. Kl.	4.700 Rp
Auto	60.000 Rp
Motorrad	5.300 Rp
Fahrrad	800 Rp

● *Labuan Lombok – Poto Tano*

Ekonomi A	3.100 Rp
Ekonomi B	2.000 Rp
Fahrrad	2.500 Rp
Motorrad	3.200 Rp
Auto	32.000 Rp

● *Sape (Sumb.) – Komodo – Labuan Bajo*

Komodo	7.000 Rp
Labuan Bajo	9.000 Rp

Routen der PELNI-Schiffe

KM Kelimutu
Surabaya/Java (Mo) -
Benoa/Bali (Di) -
Bima/Sumbawa (Mi) -
Waingapu/Sumba (Mi) -
Ende/Flores (Do) -
Kupang/Timor (Do) -
Dili/Timor (Fr) -
Kalahabi (Fr) -
Maumere/Flores (Sa) -
Ujung Pandang/Celebes (So) -
Maumere (Mo) -
Kalahabi (Di) -
Dili (Di) -
Kupang (Mi) -
Ende (Mi) -
Waingapu (Do) -
Bima (Do) -
Lb.Lembar/Lombok (Fr) -
Surabaya (Sa) -
Banjarmasin/Kalimantan (So) -
Surabaya (Mo) usw.

KM Tatamailau
Surabaya/Java (Mo) -
Banjarmasin/Kalimantan (Di) -
Cirebon/Java (Mi) -
Pontianak/Kalimantan (Fr) -
Cirebon (Sa) -
Banjarmasin (Mo) -
Surabaya (Di) -
Bebas/Sumbawa (Mi) -
Ujung Pandang/Sulawesi (Do) -
Labuan Bajo/Flores (Fr) -
Larantuka/Flores (Sa) -
Dili/Timor (Sa) -
Saumlaki (So) -
Tual (Mo) -
Dobo (Mo) -
Merauke/Irian Jaya (Mi) -
Tual (Fr) -
Kaimana/Irian Jaya (Sa) -
Fak Fak/Irian Jaya (Sa) -
Sorong/Irian Jaya (So) -
Fak Fak (So) -
Kaimana (Mo) -
Dobo (Mo) -
Tual (Di) -
Saumlaki (Mi) -
Dili (Do) -
Larantuka (Do) -
Labuan Bajo (Fr) -
Ujung Pandang (Sa) -
Bebas (So) -
Surabaya (Mo) usw.

KM Awu
Surabaya/Java (So) -
Benoa/Bali (Mo) -
Bima/Sumbawa (Di) -
Ujung Pandang/ab hier Sulawesi
(Di) -
Kendari (Do) -
Kolondale (Do) -
Luwuk (Fr) -
Gorontalo (Fr) -
Bitung (Sa) -
Lirung (So) -
Tahuna ((So) -
Bitung (Mo) -
Gorontalo (Mo) -
Luwuk (Di) -
Kolondale (Di) -
Kendari (Mi) -
Ujung Pandang (Do) -
Bima/Sumbawa (Fr) -
Benoa/Bali (Sa) -
Surabaya/Java (So) usw.

Register

A

B

C

D

Anhang

S

T

Kartenverzeichnis

Anhang

Sumbawa, Komodo

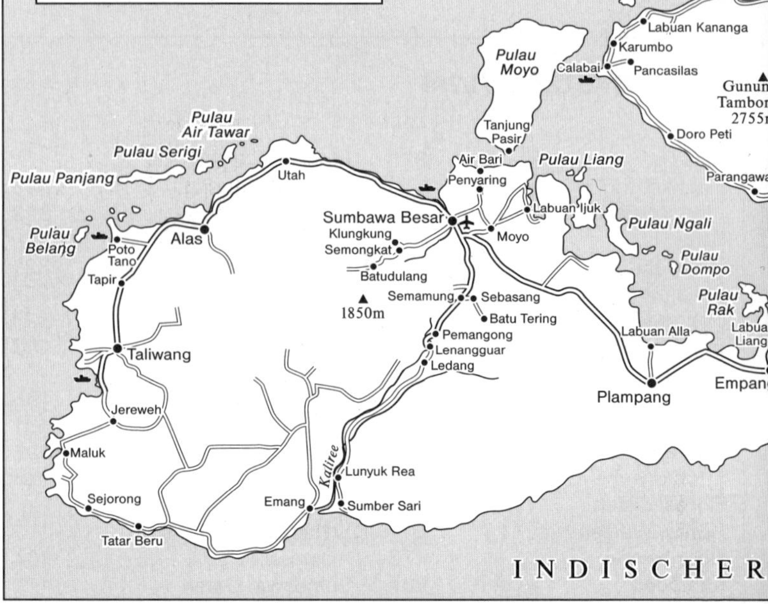

Flores

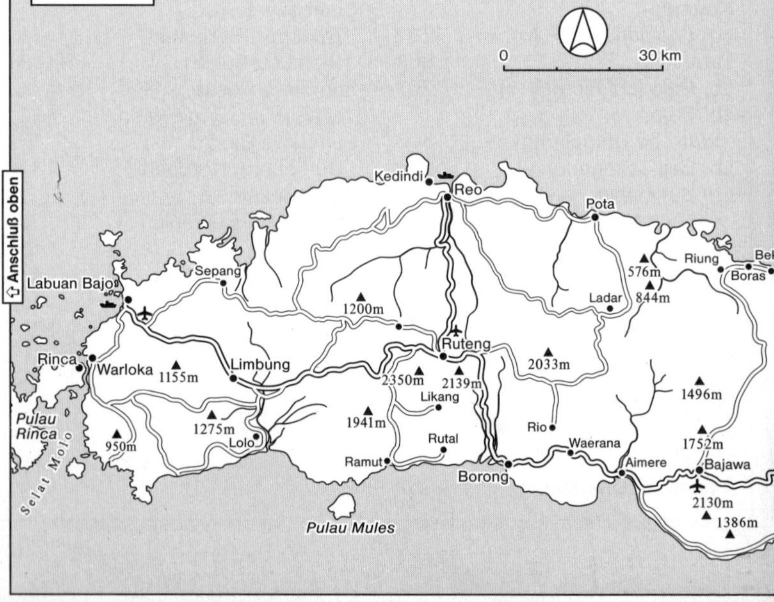